LEGAL RISKS OF
LISTED COMPANIES

上市公司法律风险

防范、控制与化解

柏利忠　王以成 /著

法律出版社 LAW PRESS·CHINA
北京

图书在版编目(CIP)数据

上市公司法律风险防范、控制与化解 / 柏利忠，王以成著. -- 北京 : 法律出版社，2022
ISBN 978 -7 -5197 -6495 -1

Ⅰ. ①上… Ⅱ. ①柏… ②王… Ⅲ. ①上市公司－公司法－研究－中国 Ⅳ. ①D922.291.914

中国版本图书馆 CIP 数据核字(2022)第 036210 号

上市公司法律风险防范、控制与化解
SHANGSHI GONGSI FALÜ FENGXIAN FANGFAN、KONGZHI YU HUAJIE

柏利忠　王以成　著

策划编辑 朱海波
责任编辑 朱海波
装帧设计 汪奇峰

出版发行 法律出版社
编辑统筹 法律应用出版分社
责任校对 王　丰　李景美
责任印制 刘晓伟
经　　销 新华书店

开本 710 毫米 × 1000 毫米　1/16
印张 29.75　**字数** 580 千
版本 2022 年 6 月第 1 版
印次 2022 年 6 月第 1 次印刷
印刷 三河市兴达印务有限公司

地址:北京市丰台区莲花池西里 7 号(100073)
网址:www.lawpress.com.cn
投稿邮箱:info@lawpress.com.cn
举报盗版邮箱:jbwq@lawpress.com.cn

销售电话:010－83938349
客服电话:010－83938350
咨询电话:010－63939796

书号:ISBN 978－7－5197－6495－1
定价:118.00 元

凡购买本社图书，如有印装错误，我社负责退换。电话:010－83938349

序言

近年，我国证券法治建设迎来重大利好：新《证券法》于2020年3月1日生效实施，证券市场全面推行注册制改革；《民法典》于2021年1月1日生效实施，对证券金融市场产生重要影响；《刑法修正案（十一）》于2021年3月1日生效实施，加大对证券犯罪打击力度；修订后的《行政处罚法》于2021年7月15日生效实施，完善行政处罚规则……法律法规的完善，昭示着我国证券资本市场朝着更加法治化、规则化的道路迈进，也体现了监管部门对证券市场违法违规行为"零容忍"的态度。新法规不断推陈出新，既是机遇，也是挑战。上市公司等资本市场各主体应树立合规经营意识，积极防控各类法律风险。在此情势下，我和王以成博士一起完成了本书的编写，希望本书能给上市公司及正申请IPO的公司等相关主体提供最新、最实用的法律风险防控指引。

伴随着改革开放的深入推进，资本市场逐年发展壮大，我国上市公司数量稳步增长，质量持续提升，在服务供给侧结构性改革和经济高质量发展中，发挥着日益重要的作用。伴随着北京证券交易所的成立，可以预见我国上市公司数量将会大幅增多。作为最重要的市场主体，上市公司在我国经济发展中可谓处于"基本盘"和"顶梁柱"的地位。要看到，上市公司在经营发展过程中，面临不确定的各类风险已成为常态。上市公司发展中所遇到的常见风险主要包括市场风险、政策风险、法律风险等，其中，法律风险尤为重要。本书所研究的上市公司法律风险是指上市公司因违反与证券相关的法律、法规（含纪律规章）而产生的法律风险。

2021年7月，中共中央办公厅、国务院办公厅联合印发《关于依法从严打击证券违法活动的意见》，强调从严打击证券违法犯罪行为，证监会亦多次发文明确对相关违法行为“零容忍”的态度。从近年所查处的证券违法违规案例看，上市公司法律风险主要集中于三大类：内幕交易行为、虚假陈述行为、操纵市场行为。基于此，本书将重点探讨这几类上市公司常见法律风险。此外，为实现企业的健康可持续发展，上市公司在日常经营活动中要注意防范合同风险、税务风险、债务风险、投资风险、舆情危机等其他法律风险，本书第五章对这些风险一并进行研究。认知风险的目的在于对其有效防控，本书第六章指出，为有效防范、控制、化解上市公司经营发展中所面临的诸多法律风险，需有效发挥各方合力，如上市公司自身合规经营、监管机构做好服务监管、中介机构勤勉尽责。

本书的最大特点可以用一个“新”字概括，本书编写的初衷即在新法规不断出台的背景下，针对证券资本市场不断涌现的新情况，通过援引最新、最典型案例的方式，系统梳理上市公司经营过程中可能出现的各类法律风险。本书编写中，编者尝试结合最新理论研究成果（如企业合规、证券行政和解制度、认罪认罚从宽制度等）及实践中最新技术，提出解决上市公司法律风险的策略建议，以期为上市公司的健康良性发展提供有益指导。

本书可以作为系统学习证券市场法律法规的工具书，书中依据和援引的法律法规均来自截至2022年4月底现行有效的文本，且按照上市公司法律风险不同类别这一逻辑线索合理编排，实用性强。

本书可以作为研习证券违法违规行为的案例书，书中援引了大量原汁原味法院生效判决及相关监管处罚文书。案例的选取有两个标准：一是“新”，书中90%以上案例为近三年裁决的案例，包含适用新《证券法》行政处罚首案“广东榕泰案”；二是“代表性”，书中所编选的案例不仅援引了证监会、最高院、最高检近年来所公布的典型案例，更是汇集了部分“首案”，如：操纵市场民事赔偿第一案、证券代表诉讼第一案、首例公司债券欺诈发行案等。

本书还可以作为理论研究的参考书，本书抛出大量极具理论研究价值的议题，并适当引入部分最新理论研究成果，与各位读者一起交流探讨。我国证券市场起步晚，相关的法律法规尚在不断完善的道路上，实践中各类证券违法违规行为层出不穷，迫切需要相关理论研究的深入跟进。为有效规制证券违法违规行为，需公法与私法、实体法与程序法形成联动之势，这给理论研究者提出更高要求，需具备一定的跨学科研究思维。如证券违法行为民事赔偿问题，既需要深刻把握民事实体法中的侵权责任理论，又需要精通民事诉讼法中的代表诉讼制度。

本书编写过程中,学习研究金融学等方面的知识之余,需要梳理与我国《证券法》相关的法律法规。证券法规的数量之众多,内容之庞杂,修订之频繁,远超过我国《证券法》本身。本书在编写过程中,不仅是汇集整理这些证券法规,而且需理顺众多证券法规的内在联系,同时还要随时关注证监会等部门对证券法规的修订。尽管这些工作相当浩繁,我们都全力做到认真严谨,力求将证券法领域发生的最新变化展示给读者。

上海问道有诚律师事务所的诸多同仁对本书的编写做了大量筹备工作,在此对他们的付出表示感谢,他们是:张晓峰、李洋、段小杰、李倩月、奚茜、王广荣、崔境桐、徐萌、浦蕾、史文彬、乔磊等。此外,要说明的是,本书在编写过程中,参考了部分网络中的文献资料,受篇幅所限,不能悉数感谢,敬请相关作者谅解。

法律出版社编辑朱海波对本书的出版给予了特别的关注和支持,并以认真严谨的工作态度对本书的排版设计提出了很好的意见和建议,对他的辛苦付出致以诚挚的感谢。

基于写作时间受限,法律法规依然在修订完善,资本市场新问题亦在不断涌现,本书无法详尽上市公司所有法律风险。加之编者个人能力有限,书中存在纰漏在所难免,真诚希望读者们多多批评指正。

柏利忠

2022年5月1日

目 录
Contents

第四章 上市公司常见法律风险解构之操纵证券市场

第五章 上市公司其他法律风险

第一章

上市公司法律风险概述

第一节 上市公司发展环境概述

建立和发展资本市场是党中央深化改革开放、建立健全社会主义市场经济体制的重大战略决策和实践探索。党的十八大以来,资本市场改革全面深化,基础制度建设着力加强,市场体系的包容性不断增强,市场主体的竞争力稳步提升,双向开放的深度广度日益拓展,市场生态的向好趋势持续巩固。目前,我国股票、债券市场规模均居全球第二,商品期货交易额连续多年位居世界前列,国际影响力与日俱增。资本市场以其应有的力量,给中国经济发展注入无限活力。①

作为宏观经济的重要组成部分,资本市场的发展与宏观经济情势存在必然关联。当宏观经济面趋好时,意味着企业发展好、居民收入多、消费能力强,生产领域和流通领域均呈现利好局面,上市公司通过红利派发使投资者获得丰厚回报,促使资本市场投资和交易活跃,反哺实体经济发展。反之,若宏观经济面趋于恶化,则意味着众多企业倒闭、居民收入减少、消费市场萧条,进而会波及生产领域和流通领域,上市公司红利派发减少或无红利,投资者对未来投资前景失去信心,往往会选择套现,使资本市场资金大量流出,进而影响整体市场经济的长足发展。基于以上分析,在解读上市公司法律风险之前,有必要认知宏观经济情势。

---

① 参见祝惠春:《资本市场为中国经济注入活力》,载中国经济网,http://finance.ce.cn/stock/gsgdbd/202104/09/t20210409_36454068.shtml。

一、风险无处不在——市场运行规律使然

(一)近年经济发展态势

突来的新冠肺炎疫情给各国经济带来前所未有的冲击与挑战,全球主要经济体经济指标下滑。我国通过发挥政策组合拳作用,统筹推进疫情防控和经济社会发展,疫情防控形势持续向好,经济运行边际改善、稳步复苏,经济社会基本面总体平稳健康。目前疫情在全球范围内尚未完全结束,我国居民收入和消费尚未恢复到疫情前的正常水平,仍处于"六稳六保"政策驱动下的缓慢恢复期,中国经济企稳根基尚需进一步筑牢。后疫情时代,企业发展风险与机遇并存,如何对之妥善认识并恰当回应,关乎企业的生死存亡。

1. 宏观经济形势严峻

(1)全球主要经济体衰退可能拖累我国经济

在新冠肺炎疫情冲击下,美国、德国、日本、俄罗斯、印度等全球主要经济实体的国内生产总值均呈现下降趋势。要看到,在经济全球化深入发展的今天,我国经济发展已经与世界经济深度融合,当世界其他主要经济体严重衰退时,我们也必须正视国外企业停工停产给我们产业链供应链带来的障碍、国际贸易投资可能出现的持续萎缩、境外疫情暴发导致我国商品出口严重下滑等问题。

(2)中美贸易摩擦影响我国经济的发展

美国在疫情冲击、经济低迷和民粹主义的背景下,奉行"美国优先"政策,采取极限施压方法对我国进行恫吓。多边主义和自由贸易体制受到冲击,中美关系在经贸、科技、金融等领域出现了较为激烈的摩擦。经贸摩擦叠加疫情冲击,严重影响了中美两国之间的进出口贸易。

(3)疫情防治措施和疫苗接种率不同,各国经济恢复呈分化趋势

由于各国疫情防治措施和疫苗接种率不同,各国经济恢复呈分化趋势。发达国家通过疫苗接种有望在短期内基本控制疫情。但是,由于疫苗紧缺,东南亚和拉美等地区的发展中国家疫苗接种率较低,疫情进一步蔓延态势加大。全球一致抗疫才能促进各国经济协同发展。同时,中美和中欧关系的正常化也有利于全球经济恢复。但美国和欧盟内部不同团体利益不一致,对中态度分化。

我国应从新的角度思考国际关系，积极联合美欧理性团体，创造合作机会。①

2. 资本市场危机重重

(1)消费萎靡和投资不足的危机

后疫情时代，消费者习惯和心理的恢复仍需要较长时间，这将造成传统服务业和商品消费需求的大幅萎缩；企业面临流动性困境将收缩投资，地方政府的基建投资受疫情防控影响进度较慢，也将导致投资不足；股市下跌带来的负财富效应和对未来经济不景气的预期也将导致消费萎缩和投资意愿减弱。

(2)进出口供应链受阻的危机

疫情的蔓延将从生产资料供应、资本供给和最终消费三个方面对全球供应链产生极大冲击。虽然我国正逐步恢复正常经济秩序，但许多工厂面临订单大幅下滑和进口原材料缺乏的困境。目前的现状是，全球抗疫行动难以在短期内彻底结束，进出口供应链受阻的情况很难迅速恢复正常。

(3)高估值股票分化的危机

需要注意的是，经济增长前景疲软同样会影响部分科技公司的长期竞争力和盈利能力。高估值公司需要从业绩层面来证明其内生性高增长的动力。否则，无论是科创板还是创业板上市公司，都可能面临市场估值的分化风险。

3. 企业发展举步维艰

(1)破产率高

由于规模小、业务单一，中小企业的自有现金流匮乏，且在产业链上处于弱势地位，稍有不慎就会破产。如受到疫情冲击最大的行业都是中小微企业密集的如住宿、餐饮、零售、娱乐等行业。国外疫情的持续蔓延，对出口领域影响也很大，这一领域也是以中小微企业为主导。与此同时，疫情致使企业延期复工，无法正常营业或滞后营业，而租金、工资等各种刚性支出不减，导致企业短期资金压力骤增。

(2)融资困难

疫情后，融资困难几乎是全国中小企业的共同难题，原因主要有以下几点：

---

① 参见李稻葵：《房地产行业杠杆率过高，警惕信贷突然收紧导致的债务危机》，载第一经济网，http://www.leadeco.com/wfly21/vip_doc/20922084.html，2021年12月26日访问。

一是中小企业的风险大、不确定性大、破产率高；二是信息不对称，中小企业的规模小，决定了固定成本可分摊性弱，难以提供规范和标准信息以供决策判断；三是财务不透明，财务缺乏必要的账务，财务制度不正规、不规范，无法正确地判断财务状况；四是贷款的运作费用高，通常中小企业信息收集、调研、分析、决策的费用是大企业费用的3～5倍。

（二）经济发展展望

新冠肺炎疫情之后，全球经济有望步入“三去”时代，即去科技主导、去贸易全球化和去企业巨头化。这会导致全球经济日益出现一个政策民粹化、经济平庸化的局面，我国面临的外围环境和风险跟过往的几次全球周期截然不同，有着天壤之别，比如疫情之后，全球会把过去30多年以美国为主导的单极世界加速地转向一个多极世界。中美之间的摩擦可能会旷日持久，比如双方会在科技、地缘政治、医疗、经济领域展开全面的竞争。跨国企业在这种情况下会改变策略，适应新的局势。如果中国能够通过未来的“三大改革”，即城市化2.0、产业链进一步开放以及人民币资产的国际化，就可以对冲掉中国的人口老化、债务率高和逆全球化带来的压力，跨越中等收入陷阱。①

中美贸易摩擦是挑战，也是机遇。首先，目前的中美贸易摩擦不是禁运，是增加关税，中国的相关产品还可以向美国出口，只是必须抽取额外关税；其次，贸易摩擦中价格竞争的成分可以化解；最后，中美贸易摩擦客观上促进中国高科技的发展。高关税带来的高价格，使国内相应高科技产品价格也要上升，导致盈利预期的上升。这反而是中国发展高科技，发展新兴产业的大好时机。一次性的价格上涨增加的盈利预期，将推动大规模的投资和大规模的进口替代。中美贸易摩擦对我国经济会带来一定的压力，同时也带来了技术升级和经济转型的机会，只要我们的宏观经济政策到位，是完全可以变挑战为机会的。

---

① 参见邢自强：《疫情后，全球经济迎来“三去”时代》，载《北大金融评论》2020年第3期。

（三）后疫情时代企业发展的机遇

1. 宏观市场的机遇

（1）人民币国际化地位提升的机遇

疫情危机的蔓延过程首先间接引发了油价暴跌，动摇了美元作为石油交易货币的重要性。国内疫情的有效防控凸显了中国体制在应对重大危机时的优势，有助于提升各方对人民币资产的信心。目前，我国已建立跨境支付系统LIPS，具有覆盖全球160多个国家和地区的实际业务，已做好准备迎接人民币在国际贸易支付市场、金融市场资产配置、外汇储备份额持续提升的机遇。

（2）吸引跨国资本配置境内资产的机遇

欧洲主要经济体早就陷入了负利率的“泥沼”，在疫情导致美国降息至零之后，我国债券市场能提供较高的回报和安全性，将吸引国际机构持续增加投资金额。当前A股和港股的蓝筹股处于历史估值的底部区域，且盈利具有较强的增长，对估值偏高的美国市场和增长乏力的欧洲市场仍具吸引力。长期来看，外资持股占比仍具有较大的趋势性提升空间。

2. 数字化转型发展的机遇

疫情倒逼传统企业主动识变求变应变，顺势而为推进传统线下业态数字化改造和转型升级。疫情虽严格限制了人员物资的现实接触，但得益于以5G、人工智能、云计算为代表的互联网信息技术、数字经济和实体经济深度融合，逐步形成了新的经济增长点，有效对冲了疫情造成的损失。数字经济、医疗器械、生命健康等新产业逐渐成为经济发展的新动能，远程办公、生鲜电商、无人零售等新模式出现了爆发性增长，线上商城、网上直播、微信小程序等购物模式推动了个性化精准营销。

数字化转型发展期，各行业发展迎来转型，以直播行业为代表的新兴行业发展态势良好。当下的直播经济主要表现出了以下几个趋势：首先，直播电商成为直播经济中最具爆发力的细分领域。直播行业从最初的才艺直播、游戏直播为主，发展到现在的电商直播后来居上，引来了众多资本和人才的竞相入局。受疫情影响，直播电商自2020年以来实现了爆炸式增长。无论是大公司还是小商家，乃至个人都在利用直播来推广营销。数据表明，直播电商的增长快，效率也比传统渠道更高。其次，直播经济在快速发展的同时，也产生了不少问题。

比如直播带货所引发的信任危机;行业过热造成网红高溢价;直播运营人才匹配不足;品牌商家成本不可控;直播货品排他性等恶性竞争,也将直接影响整个行业的发展,直播行业亟须统一标准化的服务管理标准监管。最后,直播行业的快速发展,带动了一大批新兴直播平台的快速增长。由于直播平台的头部格局已经相对稳定,新成立的小平台靠简单的模仿和复制,恐怕难以形成气候。

3. 政策扶持的机遇

近年来,随着我国经济发展进入新常态,发展方式转型升级逐渐成为发展核心,经济结构调整优化是我国走向高质量发展的必由之路。我国经济运行的主要矛盾仍然是供给侧、结构性的,在金融行业则具体体现在金融资源分配的不平衡,相比于国有、大型企业,民营、小微企业等经济薄弱环节获得的金融资源支持相对不足。因此,如何在把握好总量的同时,更好地发挥货币政策的结构调整功能,从新常态的视角来调整、创新货币政策工具、力度和节奏,成为新形势下央行货币政策操作的主要着眼点。在此背景下,我国央行结构性货币政策工具应运而生,如定向降准、抵押补充贷款、定向再贷款、再贴现以及新冠肺炎疫情暴发以来推出的直达实体经济货币政策工具等。

二、风险一触即发——飘忽不定的股市

(一)“2015 股灾”回顾

2015 年 6 月 15 日周一开市,大盘下跌 103 点,跌幅达 2%。虽然跌得狠,但很多人认为是技术性调整,股民依旧往里冲。6 月 16 日,大盘再跌 175 点,跌幅 3.47%,但依然有不少股民朋友选择“逢低入场”。6 月 19 日周五,大盘大跌 307 点,跌幅达到了 6.42%。这一跌完全出乎市场意料,各大媒体开始讨论巨幅波动的合理性。端午之后的大盘短暂反弹两天,但 6 月 25 日再跌 162 点,跌幅 3.46%,同时中小盘股票大面积暴跌,市场赚钱效应消耗殆尽。6 月 26 日“黑色星期五”,大盘深跌 334 点,创业板成为重灾区,暴跌达 9%,2000 多只个股以跌停报收。经过这一天,大部分股民已陷入深套,一些金融专业人士也不得不狠心斩仓离场,因为他们知道更狠的还在后面。周末,央行公布降息 0.25 个百分点,同时定向降准。“双降”的消息无疑是一种典型的利好,但周一开市,

A 股一反常态，短暂高开后一路低走，权重股纷纷跳水，题材股相继跌停，沪指盘中连破 4200 点、4100 点、4000 点、3900 点四大关口，收盘勉强报收 4053 点。至此，大盘在创下年内 5178 高点之后，10 个交易日竟跌逾千点，跌幅达 20%，救市呼声此起彼伏。

证监会因此紧急喊话，如“回调过快不利于股市平稳健康发展”，同时公布养老金入市比例，大盘在 6 月 30 日飙升 5%，暂时站上 4200 点。不过，利好消息的作用转瞬即逝。在 7 月 1 日这个好日子，大盘杀了个“回马枪”，沪指再度大跌 5.23%；两市约 1300 只个股跌停，很多股票已经跌破牛市起点价位。此时，几乎没有人再幻想牛市归来了，股民只能干瞪眼，看着指数继续暴跌。

7 月 3 日，又是千股跌停，又是将近 300 点的长阴，沪指创下 3629.56 点的本轮调整新低。场外配资基本全部爆仓，机构与个人损失惨重。随后，汇金出手护盘获得确认，高层回国救市，各大主要券商老总赴京共商策略，但即便如此，A 股的稳定局面仍只持续了 2 日。7 月 8 日，沪指大跌 6.97%，报 3467.40 点。沪深两市仅有 7 只股票上涨，1300 只股跌停，另有 1400 多家上市公司停牌，停牌数目竟然超过 A 股总数的一半。

2015 年的“股灾”充分表明，资本市场是一个没有硝烟但无比残酷的战场，是不同资金、不同机构、不同理念互相博弈的战场。

(二)资本市场危机重重

1. A 股市场瞬息万变——以“乐视网”、贾某某等行政处罚事件为例

2021 年 4 月 13 日，证监会发布重磅行政处罚决定书，[①]对“乐视网”、贾某某等作出处罚：因涉嫌连续 10 年财务造假、欺诈发行等证券违法违规行为，“乐视网”、贾某某被分别处以罚款 2.406 亿元和 2.412 亿元的处罚。同时，证监会对贾某某和杨某某两人采取了证券市场终身禁入的措施。此次巨额罚单意义重大，凸显了监管部门从严监管、从严处罚，对证券违法失信行为“零容忍”的态度。

乐视网成立于 2004 年 11 月，2010 年 8 月 12 日在创业板上市，曾是唯一一家在内地上市的视频网站，辉煌时刻的乐视网市值一度达到 1500 亿元。自

---

① 中国证监会行政处罚决定书〔2021〕16 号。

2017 年以来，乐视网业务遭遇重挫，公司资金严重短缺、业务收入大幅下滑。2018 年、2019 年连续两年归属于上市公司股东的期末净资产为负值，乐视网从创业板退市。2020 年 7 月 20 日，乐视网发布公告称，于 2020 年 7 月 21 日被深圳证券交易所摘牌，并于 2021 年 2 月 3 日进入全国中小企业股份转让系统。

2. 中概股未能幸免——以瑞幸咖啡事件为例

2020 年 4 月 2 日，瑞幸咖啡(LK. US)发布公告“自爆”公司 COO 刘某及其他内部人员伪造交易额约 22 亿元。事件爆发后，瑞幸股价盘前一度大跌超过 85% 并触发熔断，开盘后，瑞幸因 6 次盘中熔断暂停交易。

曾经，瑞幸咖啡被称为“民族品牌、资本市场收割机、优惠券打印机”。现今，瑞幸咖啡“自爆”22 亿元财务造假，令人唏嘘。中概股象征着中国企业，是我们的民族名片。瑞幸 22 亿元财务造假事件后，海外资本是否会继续信任中国企业？瑞幸虽然在美国上市，但其所募集资金也有来自国内的部分，所以此次瑞幸事件，不光是“割美国韭菜”，同样也是“割中国韭菜”。

造假事件发生后，美国已有多家律所就瑞幸财务造假、虚假和误导性陈述的行为对其提起集体诉讼，瑞幸公司及主要责任人员或将承担巨额民事赔偿责任。后据美国证券交易委员会官网消息，当地时间 2020 年 12 月 16 日，瑞幸咖啡同意支付 1.8 亿美元罚金，与美国证券交易委员会达成和解。

我国 2020 年 3 月 1 日起开始施行的《证券法》第 2 条第 4 款赋予了执法机关对境外证券发行和交易活动“长臂管辖权”。2020 年 4 月 3 日，中国证监会发表声明称将高度关注瑞幸咖啡财务造假事件，对该公司财务造假行为表示强烈的谴责：“不管在何地上市，上市公司都应当严格遵守相关市场的法律和规则，真实准确完整地履行信息披露义务。中国证监会将按照国际证券监管合作的有关安排，依法对相关情况进行核查，坚决打击证券欺诈行为，切实保护投资者权益。”

2020 年 7 月 31 日，证监会宣布，瑞幸咖啡财务造假调查处置工作取得了重要进展。调查显示，瑞幸咖啡境内运营主体及相关管理人员、相关第三方公司存在大规模虚构交易，虚增收入、成本、费用，虚假宣传等行为，违反了我国《会计法》《反不正当竞争法》的相关规定。

2020 年 9 月 18 日，市场监管总局及上海、北京市场监管部门对瑞幸咖啡(中国)有限公司、瑞幸咖啡(北京)有限公司及北京车行天下咨询服务有限公司、北京神州优通科技发展有限公司、征者国际贸易(厦门)有限公司等45家涉案公司作出行政处罚决定,处罚金额共计6100万元。

三、风险与机遇并存——利好法规政策

(一)《民法典》出炉

2020年5月28日,第十三届全国人大第三次会议表决通过了《民法典》,自2021年1月1日起施行。《民法典》系新中国历史上第一部以法典命名的法律,被称为"社会生活的百科全书""市场经济的基本法"。《民法典》共7编、1260条,各编依次为总则、物权、合同、人格权、婚姻家庭、继承、侵权责任,以及附则,总计10万余字,影响深远。《民法典》所倡导的价值理念契合市场经济规律,为市场各方主体利益保驾护航。

《民法典》尽管很少有直接规制证券金融行业的法条,但其中物权编、合同编的相关规定,是金融制度体系中的民商法基础,将会直接影响证券金融市场交易行为,从而给各市场主体带来一定的影响,兹举以下几点予以说明。

1. 抵押物物权变动的效力

《民法典》第406条规定,未经抵押权人同意,也可以发生物权变动的效力。这一规定颠覆了原《物权法》中关于未经抵押权人同意,禁止转让的强制性规则。而在金融业务中,金融机构往往是抵押权人,所以之前的业务中过分依赖抵押权的金融活动,比如商业银行常见的抵押经营贷款、抵押消费贷款等,可能都面临重新安排其具体合同条款,以保障债权安全。

2. 保证人承担保证责任默认推定类型的变更

《民法典》第688条规定:"当事人在保证合同中约定保证人和债务人对债务承担连带责任的,为连带责任保证。连带责任保证的债务人不履行到期债务或者发生当事人约定的情形时,债权人可以请求债务人履行债务,也可以请求保证人在其保证范围内承担保证责任。"这一规定颠覆了原《担保法》第19条的规定,"当事人对保证方式没有约定或者约定不明的,按照连带责任保证承担保证责任"。在金融业务中,金融机构往往是债权人,而保证人承担一般保证还是连带保证责任,对于债权人实现债权而言,有巨大的差别。一般保证人享有"先

诉抗辩权”,即只有债权人向债务人提起诉讼并且经过强制执行之后仍然不能实现债权的情况下,才可以向保证人主张承担保证责任。所以在后民法典时代,金融机构在签订保证合同条款时一定要注意保证方式的约定,否则将被推定为一般保证,这显然是对债权人不利的。

3. 新增加“将有的应收债权”为新的质权种类

《民法典》第 440 条规定了质权的种类,其中包括现有的以及将有的应收账款;《民法典》合同编第十六章将保理合同作为一种新增的有名合同单独一章进行规制。其中第 761 条规定:“保理合同是应收账款债权人将现有的或者将有的应收账款转让给保理人,保理人提供资金融通、应收账款管理或者催收、应收账款债务人付款担保等服务的合同。”可见,在《民法典》的定义中,明确包含了“将有的应收账款”,即保理合同可以涵盖对未来形成的应收账款。在目前的保理业务 ABS 中,主要针对的是既定形成的保理债权发行专项计划,现在《民法典》增加了对于将有的应收账款可以作为保理合同范围的规定,从而为未来的金融创新提供了法律依据,扩大了可以进行证券化的基础资产范围。

4. 明确保理债权登记的效力及其排他性

《民法典》第 768 条规定:“应收账款债权人就同一应收账款订立多个保理合同,致使多个保理人主张权利的,已经登记的先于未登记的取得应收账款;均已经登记的,按照登记时间的先后顺序取得应收账款;均未登记的,由最先到达应收账款债务人的转让通知中载明的保理人取得应收账款;既未登记也未通知的,按照保理融资款或者服务报酬的比例取得应收账款。”

本规定是处理目前保理业务中存在的重复融资问题的重要补充,是《民法典》中关于保理合同规定的最大闪光点。在这之前由于没有具体的规定,进行应收账款登记仅仅产生公示作用,并不能够像应收账款质押登记那样具有设立担保物权的明确法律后果。此条规定明确了重复融资时登记与未登记的不同受偿后果,是对保理业务在中登网登记效力的明确,这必将有效督促保理人完善业务登记,促进整个行业应收账款转让交易信息的公开化和准确度,从而有效遏制债权重复转让、重复融资等行为给债权人造成的风险。

(二)《证券法》修订

2019 年 12 月 28 日第十三届全国人大常委会第十五次会议修订通过《证券

法》,自 2020 年 3 月 1 日起施行。《证券法》全面推行注册制,对证券市场各行为主体传达诸多利好信息。

IPO 注册制,是相对于审批制、核准制而言的上市制度。发行人申请发行股票时,必须依法将公开的各种资料完全准确地向证券监管机构申报。证券监管机构的职责是对申报文件的全面性、准确性、真实性和及时性作形式审查,不对发行人的资质进行实质性审核和价值判断,将发行公司股票的良莠留给市场来决定。这意味着,未来申请上市的公司将只需要做到信息披露完整,不需要规定经营能力,不需要设定资金门槛,任何企业以后只要满足信息披露规范都可以申请上市。"推进股票发行注册制改革,是以信息披露为中心,由市场参与各方对发行人的资产质量、投资价值做出判断,进一步完善资本市场的投融资功能。"①

注册制的本质是理顺政府和市场的关系。注册制的本质,就是要改变股票发行过程中政府和市场的基本关系,让市场在资源配置中起决定性作用,也让政府更好地发挥作用;注册制的核心是信息披露。这是由注册制的本质决定的,对应的是如何让市场在资本市场资源配置中起决定性作用。要让市场在发行上市领域资源配置中起决定性作用,就要求企业将生产经营中的重要事项真实、充分、及时披露出来。由此,以信息披露为核心是注册制配套制度设计的"底层逻辑",贯穿发行上市审核、发行承销定价、上市后持续监管、退市、并购重组、再融资等重点环节;注册制的基石是法治化。注册制下,政府一方面需要还权于市场,后退一步;另一方面要在提供制度规则、加强日常监管、惩治违法行为、维护市场秩序、保护投资者合法权益等方面,更好地发挥作用,前进一步。

证券市场全面推行注册制,价值深远:(1)顺应市场发展需求。注册制的核心在于通过充分的信息公开,让投资者自主选择、自负盈亏,真正发挥市场的作用,而政府监管的中心由事前实质审查转为事后的严格执法。这一改革契合了资本市场的发展规律,资本市场的主要功能在于价值发现和资源配置,以帮助真正有潜力而又需要资金支持的优秀公司,重要的是"雪中送炭"而不是"锦上添花"。(2)激发市场主体活力。全面推行注册制后,在证券发行条件上,《证

---

① 李东方:《证券发行注册制改革的法律问题研究——兼评"〈证券法〉修订草案"中的股票注册制》,载《国家行政学院学报》2015 年第 3 期。

券法》将“具有持续盈利能力”改为“具有持续经营能力”。过往,审查的是企业过去3年的盈利能力情况并以此限制发行,此“往后看”审核机制产生一系列恶果,如部分企业为上市而造假使之符合条件,上市后却又丧失盈利能力了。即该机制无法实质确保上市公司质量问题,且会给新兴科创类企业上市造成巨大障碍。推行注册制后将会改进这一现状,公司上市与否不再“往后看”其过往盈利能力,而是“向前看”其持续经营能力,这对急需资金支持的新兴科创类企业无疑是极有利的。(3)维护投资者利益。顺应全面推行注册制的改革需求,《证券法》设置专章强化信息披露、完善投资者保护,并进一步加大违法行为惩罚力度。这些举措,很大程度上维护了投资者利益。如完善投资者保护中,明确规定发行人适当性义务,恪守“卖者尽责,买者自负”的投资理念,有助于投资者采取理性投资行为。而创设代表人诉讼制度,将会对损害投资者权益的行为提供明确救济方案,影响深远。

(三)《刑法》修正

《刑法》是保障各部门法得以顺利运行的强制手段,为打击资本市场违法犯罪的最后底线。2020年12月26日,第十三届全国人大常委会第二十四次会议审议通过了《刑法修正案(十一)》,自2021年3月1日起正式施行。与《证券法》相衔接,《刑法修正案(十一)》的重要亮点之一为加大对证券资本市场犯罪行为的惩治,这必将对证券市场各行为主体产生巨大震慑作用,促进上市公司重视合规建设。具体而言,《刑法修正案(十一)》对证券犯罪的修改主要有以下几个方面:

其一,大幅提高欺诈发行、信息披露造假等犯罪的刑罚力度,强化对控股股东、实际控制人等“关键少数”的刑事责任追究(《刑法》第160条、第161条)。对于欺诈发行,修正案将刑期上限由5年有期徒刑提高至15年有期徒刑,并将对个人的罚金由非法募集资金的1%~5%修改为“并处罚金”,取消5%的上限限制,对单位的罚金由非法募集资金的1%~5%提高至20%~100%。对于信息披露造假,修正案将相关责任人员的刑期上限由3年提高至10年,罚金数额由2万~20万元修改为“并处罚金”,取消20万元的上限限制。此外,修正案强化了对这类主体的责任追究,明确将控股股东、实际控制人组织、指使实施欺诈发行、信息披露造假,以及控股股东、实际控制人隐瞒相关事项导致公司披露虚假信息等行为纳入刑法规制范围。

其二,压实保荐人等中介机构的"看门人"职责(《刑法》第229条)。修正案明确将保荐人作为提供虚假证明文件罪和出具证明文件重大失实罪的犯罪主体,适用该罪追究刑事责任。同时,对于律师、会计师等中介机构人员在证券发行、重大资产交易活动中出具虚假证明文件、情节特别严重的情形,明确适用更高一档的刑期,最高可判处10年有期徒刑。

其三,完善操纵证券、期货市场罪的类型(《刑法》第182条)。回应执法司法实践,并参考《证券法》中的相关规定,针对市场中出现的新的操纵情形,修正案明确对"幌骗交易操纵""蛊惑交易操纵""抢帽子操纵"等新型操纵市场行为追究刑事责任。

《刑法修正案(十一)》重点修订证券关联犯罪的罪名与2019年12月修订的《证券法》有紧密联系。注册制改革背景下,信息披露对于资本市场交易的重要性得以提高,《证券法》设专章规定信息披露制度,以系统完善信息披露制度。在《证券法》强化信息披露要求的情况下,《刑法修正案(十一)》加大了对欺诈发行股票、债券罪,违规披露、不披露重要信息罪的惩戒力度,明确了保荐人提供虚假证明文件的刑事责任。同时,《证券法》扩大了证券的范围(加入存托凭证),增加公开发行文件(加入"或者其他公开发行募集文件"),修改操纵证券市场行为方式,明确控股股东、实际控制人组织、指使实施特定违法行为的责任,增加对证券违法行为的罚款等内容均在《刑法修正案(十一)》对证券关联犯罪的修订内容中有所体现。①

(四)《行政处罚法》修订

《行政处罚法》指导各类行政处罚行为,是证监会对证券市场相关违法主体作出行政处罚决定时所依据的基本法。2021年1月22日,全国人大常委会审议通过修订《行政处罚法》,并于2021年7月15日生效实施,该法的部分修正内容为证券执法提供有益指导。

1."轻微不罚""初次不罚"

《行政处罚法》(2021年修订)第33条规定:"违法行为轻微并及时改正,没

---

① 刘宪权:《金融犯罪最新刑事立法论评》,载《法学》2021年第1期。

有造成危害后果的,不予行政处罚。初次违法且危害后果轻微并及时改正的,可以不予行政处罚。当事人有证据足以证明没有主观过错的,不予行政处罚。法律、行政法规另有规定的,从其规定。对当事人的违法行为依法不予行政处罚的,行政机关应当对当事人进行教育。”

2. 完善“刑行衔接”

《行政处罚法》(2021 年修订)第 27 条规定:“违法行为涉嫌犯罪的,行政机关应当及时将案件移送司法机关,依法追究刑事责任。对依法不需要追究刑事责任或者免予刑事处罚,但应当给予行政处罚的,司法机关应当及时将案件移送有关行政机关。行政处罚实施机关与司法机关之间应当加强协调配合,建立健全案件移送制度,加强证据材料移交、接收衔接,完善案件处理信息通报机制。”

3. 完善处罚听证制度

《行政处罚法》(2021 年修订)第 63 条规定:“行政机关拟作出下列行政处罚决定,应当告知当事人有要求听证的权利,当事人要求听证的,行政机关应当组织听证:(一)较大数额罚款;(二)没收较大数额违法所得、没收较大价值非法财物;(三)降低资质等级、吊销许可证件;(四)责令停产停业、责令关闭、限制从业;(五)其他较重的行政处罚;(六)法律、法规、规章规定的其他情形。当事人不承担行政机关组织听证的费用。”

第二节 上市公司法律风险类型

一、违规违纪风险

本书所指的违规违纪风险是指上市公司及其董监高等责任主体的不当行为违反证券交易所的相关规范所应承担的纪律处分风险。

证券交易所对上市公司及相关监管对象实施的纪律处分包括：通报批评；公开谴责；公开认定3年以上不适合担任上市公司董事、监事、高级管理人员或者境外发行人信息披露境内代表；建议法院更换上市公司破产管理人或者管理人成员；暂不接受发行人提交的发行上市申请文件；暂不接受控股股东、实际控制人及其控制的其他发行人提交的发行上市申请文件；暂不接受保荐人、承销商、证券服务机构提交的文件；暂不接受保荐代表人及保荐人其他相关人员、承销商相关人员、证券服务机构相关人员签字的文件；限制投资者账户交易；收取惩罚性违约金等。

案例1－1：同方股份有限公司违纪处分案①

【基本案情】

2019年1月31日，同方股份有限公司（以下简称同方股份或公司）披露2018年年度业绩预亏公告，预计2018年度归属于上市公司股东的净利润为－11.5亿元至－17.2亿元，预计公司2018年度归属于上市公司股东扣除非经常性损益后的净利润为－14.5亿元至－20.2亿元。业绩预亏主

① 上海证券交易所纪律处分决定书〔2020〕35号。

要是计提各类资产减值所致,包括子公司北京壹人壹本信息科技有限公司(以下简称壹人壹本)商誉减值、参股公司深圳市华融泰资产管理有限公司(以下简称华融泰)与中国医疗网络有限公司长期股权投资减值及持有的陕西广电网络传媒(集团)股份有限公司股票出现可供出售金融资产减值。同时,公司在风险提示部分指出,前述资产减值测试工作正在进行中,减值金额存在不确定性;除上述事项外,不存在其他可能影响本次业绩预告内容准确性的重大不确定因素。

2019年4月25日,公司披露业绩预告更正公告,预计2018年亏损额度大幅增加,实现归属于上市公司股东的净利润为-38.8亿元左右。业绩预告更正的原因除上述事项外,增加子公司壹人壹本商誉减值金额并对其计提无形资产减值,还计提大额存货跌价损失、对子公司同方友友控股有限公司计提商誉减值、对持有的同方康泰产业集团有限公司股票计提减值及参股公司华融泰、天诚国际投资有限公司(以下简称天诚国际)出现投资亏损等。2019年4月26日,公司披露2018年年度报告,公司2018年度归属于上市公司股东的净利润为-38.8亿元。

公司年度业绩预告是投资者关注的重大事项,可能对公司股票价格及投资者决策产生重大影响。公司理应根据会计准则要求,充分、审慎地评估当期投资损益、存货跌价准备、资产减值等,确保预告业绩的准确性。但公司预告的业绩与实际业绩状况出现巨大偏差,差异金额巨大,归属于上市公司股东的净利润差额达21.6亿元,差异幅度达125%,情节严重;同时,公司未在业绩预告中对可能导致业绩预告不准确的事项进行充分、明确的风险提示。此外,公司也未及时对业绩预告进行更正,迟至2019年4月25日才发布业绩更正公告,更正信息披露不及时。

【处理结果】

上海证券交易所纪律处分委员会审核通过,根据《股票上市规则》第17.2条、第17.3条、第17.4条和《上海证券交易所纪律处分和监管措施实施办法》等有关规定,作出如下纪律处分决定:对同方股份及其时任董事长周某业、时任总裁黄某、时任财务总监周某英、时任独立董事兼审计委员会召集人何某、时任董事会秘书张某园予以公开谴责。

公司应当引以为戒,严格按照法律、法规和《股票上市规则》的规定规范运作，认真履行信息披露义务；董事、监事、高级管理人员应当履行忠实、勤勉义务，促使公司规范运作，并保证公司及时、公平、真实、准确和完整地披露所有重大信息。

案例 1-2：暴风集团股份有限公司违规处分案[①]

【基本案情】

一、有关违规事实

经查明，暴风集团股份有限公司（以下简称暴风集团）存在以下违规行为：

2019 年 2 月 25 日，暴风集团披露《关于公司重要事项的公告》，暴风集团、冯某与光大浸辉投资管理（上海）有限公司（以下简称光大浸辉）于 2016 年 3 月 2 日签署《关于收购 MP&Silva Holding S. A. 股权的回购协议》（以下简称回购协议），约定在暴风集团全资子公司暴风投资与光大浸辉共同设立特殊目的主体收购 MP&Silva Holding S. A.（以下简称 MPS）65% 的股权（以下简称初步收购）后，根据届时有效的监管规则，在合理可行的情况下暴风集团原则上最迟于初步收购交割完成后 18 个月内完成对 MPS 65% 股权的收购。因暴风集团未能在 18 个月内完成对 MPS 65% 股权收购所造成的特殊目的主体的损失，暴风集团需承担赔偿责任。对于上述回购协议，暴风集团未及时履行相应的审议程序和信息披露义务。

二、当事人申辩情况

在纪律处分过程中，暴风集团及相关当事人均提交了书面申辩意见，暴风集团和冯某提出了听证申请。暴风集团和冯某的主要申辩理由为回购协议属于框架性协议，协议双方后续签订了新的合作框架协议及有限合伙协议对回购协议进行了重新约定并予以披露，违规行为无主观故意。毕某钧的主要申辩理由为对暴风集团签署回购协议完全不知情，在暴风集团任职期间曾极力反对暴风集团投资 MPS。

三、纪律处分委员会审议情况

深圳证券交易所纪律处分委员会召开纪律处分听证会，听取了相关当事人的现场申辩。根据违规事实和情节，结合当事人的书面申辩和现场申辩情况，

---

① 深圳证券交易所违规处分公告(2020 年 9 月 16 日)。

纪律处分委员会审议后认为：

暴风集团签署的上述协议约定了暴风集团需要在约定期限内且满足特定条件的情况下，承担收购 MPS 65% 股权的义务，履行该回购义务可能对暴风集团财务状况产生重大影响，应当及时履行审议程序和信息披露义务。暴风集团后续签署并披露的合作框架协议及有限合伙协议，并未明确约定暴风集团的回购义务已解除或以前签署的回购协议已作废等，不能免除回购协议的披露义务。暴风集团因签署上述回购协议引发与光大浸辉的诉讼，并对暴风集团造成了严重影响。

暴风集团的违规事实清楚，情节严重，违反了交易所《创业板股票上市规则》(2014 年修订)和《创业板股票上市规则》(2018 年 11 月修订)第 1.4 条、第 2.1 条、第 9.2 条、第 9.3 条的规定。暴风集团提出的申辩理由不成立，对其申辩不予采纳。

暴风集团控股股东、实际控制人、董事长兼总经理冯某未能恪尽职守、履行诚信勤勉义务，违反了交易所《创业板股票上市规则》(2014 年修订)第 1.4 条、第 2.2 条、第 2.10 条、第 3.1.5 条、第 3.1.7 条和《创业板股票上市规则》(2018 年 11 月修订)第 1.4 条、第 2.2 条、第 2.11 条、第 3.1.5 条、第 3.1.7 条的规定，对暴风集团上述违规行为负有重要责任。冯某提出的申辩理由不成立，对其申辩不予采纳。

在暴风集团签署回购协议以及后续签署合作框架协议和有限合伙协议期间，毕某钧担任暴风集团董事兼董事会秘书，其申辩内容表明其当时已知晓收购 MPS 65% 股权的巨大风险，对暴风集团的违规行为负有重要责任。毕某钧未能恪尽职守、履行诚信勤勉义务，违反了交易所《创业板股票上市规则》(2014 年修订)和《创业板股票上市规则》(2018 年 11 月修订)第 1.4 条、第 2.2 条、第 3.1.5 条、第 3.2.2 条的规定，对暴风集团上述违规行为负有重要责任。毕某钧提出的申辩理由不成立，对其申辩不予采纳。

【处理结果】

鉴于上述违规事实及情节，依据深圳证券交易所《创业板股票上市规则》(2018 年 11 月修订)第 16.2 条、第 16.3 条、第 16.4 条的规定，深交所作出如下处分决定：

1. 对暴风集团给予公开谴责的处分；

2. 对暴风集团控股股东、实际控制人、董事长兼总经理冯某，时任董事兼董事会秘书毕某钧给予公开谴责的处分。

二、民事赔偿风险

(一)基本规定

在证券市场多发且为《证券法》所明确打击的内幕交易、虚假陈述和操纵市场等违法行为中，行为人往往谋取不该得的高额利益，违反证券市场的公平原则，在侵害投资者的合法权益时，违法行为人将面临对投资人的民事赔偿风险。

通说认为，因证券违法产生的民事责任之性质为侵权责任，作为规范民事法律关系的基本法的《民法典》对此进行了概括性的规定。例如，《民法典》第1165条规定："行为人因过错侵害他人民事权益造成损害的，应当承担侵权责任。依照法律规定推定行为人有过错，其不能证明自己没有过错的，应当承担侵权责任。"再如，《民法典》第1184条规定："侵害他人财产的，财产损失按照损失发生时的市场价格或者其他合理方式计算。"

关于常见证券违法侵权行为的民事责任问题，《证券法》作了以下规定：

第54条第2款规定：利用未公开信息进行交易给投资者造成损失的，应当依法承担赔偿责任。

第55条第2款规定：操纵证券市场行为给投资者造成损失的，应当依法承担赔偿责任。

第56条第4款规定：编造、传播虚假信息或者误导性信息，扰乱证券市场，给投资者造成损失的，应当依法承担赔偿责任。

第85条规定：信息披露义务人未按照规定披露信息，或者公告的证券发行文件、定期报告、临时报告及其他信息披露资料存在虚假记载、误导性陈述或者重大遗漏，致使投资者在证券交易中遭受损失的，信息披露义务人应当承担赔偿责任；发行人的控股股东、实际控制人、董事、监事、高级管理人员和其他直接责任人员以及保荐人、承销的证券公司及其直接责任人员，应当与发行人承担连带赔偿责任，但是能够证明自己没有过错的除外。

最高人民法院于2003年颁布的《关于审理证券市场因虚假陈述引发的民事赔偿案件的若干规定》对证券虚假陈述民事赔偿的适用程序予以了明确,近年来,法院也基于此规定受理了多起虚假陈述民事赔偿案件并一定程度上支持了投资者的索赔诉求。但综观《证券法》及相关法律法规,针对市场主体从事内幕交易、操纵市场等其他证券违法行为而施加的法律责任中几乎没有关于民事责任的具体规定,绝大多数都是诸如吊销资格证书、责令停业或关闭、没收违法所得、罚款等行政责任,以及当该违法行为构成犯罪时产生的刑事责任。述及证券领域长期忽视民事责任的原因,王利明教授认为,主要是"由于证券市场高度复杂和技术化,参与交易的投资者人数众多,影响证券价格以及投资者判断的因素也很多,当不法行为人从事某种违法行为以后,很难准确地判断该违法行为与受害人所遭受的损失之间的因果联系,以及该行为对受害人损害的影响程度,在一些情况下,甚至连违法行为的受害者都无法确定"。①

2022年1月21日,最高人民法院发布了《关于审理证券市场虚假陈述侵权民事赔偿案件的若干规定》(法释〔2022〕2号,以下简称《虚假陈述规定》),在整合原司法解释相关内容的基础上,新增了15条重要内容。2022年的司法解释细化了证券虚假陈述民事赔偿责任的构成要件(主观过错、虚假陈述行为、重大性、交易因果关系)、损失因果关系和损失计算、诉讼时效等问题。此外,2022年的司法解释还明确了控股股东和实际控制人组织指使财务造假、上市公司并购重组中交易对手方财务造假、上市公司业务相关方帮助进行财务造假等情形下相关主体的民事赔偿责任,"追首恶"与"打帮凶"并举,剑指资本市场财务造假的顽瘴痼疾,依法提高违法违规行为人的违法成本。

案例1-3:潘某等诉方正科技公司证券虚假陈述责任纠纷案②

【基本案情】

被告方正科技公司系在上海证券交易所上市的公司,其公开发行的股票代

---

① 王利明:《我国证券法中民事责任制度的完善》,载《法学研究》2001年第4期。

② 本案为2019年度上海法院金融商事审判十大案例之一,转引自北大法宝。

码为600601。2017年5月5日,中国证监会〔2017〕43号《行政处罚决定书》对被告方正科技公司及其他相关责任人作出行政处罚:认为方正科技公司未按照规定披露关联交易,方正科技公司等具有信息披露违法行为。根据《企业会计准则》,方正科技公司与其28家经销商因受方正集团控制而存在关联关系。方正科技公司在各期年报及2015年半年报中未依法披露与经销商的重大关联交易事项。原告据此起诉被告要求承担证券虚假陈述民事赔偿责任。

本案系一审法院在投资者诉方正科技公司证券虚假陈述责任纠纷系列案件中选定的示范案件。经双方当事人共同申请,法院委托中证中小投资者服务中心对本案投资者的投资差额损失、是否存在证券市场系统风险及相应的扣除比例进行了核定。

【裁判结果】

上海金融法院于2019年5月5日作出(2018)沪74民初330号民事判决:被告方正科技公司赔偿潘某等四人268,536.5元。一审判决后,方正科技公司提出上诉。上海市高级人民法院于2019年8月7日作出(2019)沪民终263号民事判决:驳回上诉,维持原判。

【裁判理由】

法院认为,在审查上市公司是否构成证券虚假陈述侵权时并不以其在实施行为时存在欺诈、诱导等主观故意为必要条件,而审查的核心是未披露的信息是否属于"重大事件",判断的标准应当是"信息披露是否足以影响投资者的投资决策或市场交易价格"。投资人在虚假陈述实施日及以后,至揭露日或者更正日之前买入与虚假陈述直接关联证券的行为应推定均受到了虚假陈述的诱导。投资者存在多笔买入卖出交易的,可采用自第一笔有效买入后的"移动加权平均法"确定证券平均买入价格。此种计算方法考虑了从实施日至揭露日整个期间内投资者每次买入证券的价格和数量,同时剔除了因卖出证券导致的盈亏问题,符合《关于审理证券市场因虚假陈述引发的民事赔偿案件的若干规定》的规定精神,能够较为客观、公允地反映投资者持股成本,避免畸高畸低的计算结果,更加被市场各方接受。关于证券市场系统风险因素扣除比例,如果采用统一比例扣除,将无法真实反映不同投资者经历的市场系统风险,导致形式公平而实质不公平的结果。因此,本案根据每个投资者的持股期间和交易记录,将同期个股跌幅均值与大盘、行业指数的跌幅同步对比,用相对比例方法确定市场风险对每个投资者损失的影响程度,所得结果更为公平合理。

本案系全国首例实施证券纠纷示范判决机制的案件。本案判决生效后至2020年4月,法院通过与中证中小投资者服务中心合作,以“示范判决+专业调解+司法确认”的方式处理涉方正科技公司虚假陈述系列案件1300余件,高效化解矛盾纠纷,及时维护投资者权益,取得良好效果。在案件的实体处理上,本案对近年来证券虚假陈述责任纠纷中有关行政处罚与民事侵权的关系、因果关系的认定、投资差额损失的计算方法、证券市场系统风险扣除比例等诸多法律争议问题进行了深入具体的分析论证,明确了行政处罚与民事侵权行为的关系,探索确立了既符合现有法律规定又相对公平合理的投资差额损失计算方法和科学化、精细化、个性化扣除证券市场系统风险的计算方法。本案较好地解决了以往司法实践中在证券市场系统风险的扣除问题上只能酌情认定统一比例的困扰,引入专业的定量数据分析和第三方专业机构损失核定机制,创造性地构建了精细化的损失计算方法,对同类案件具有较强的示范意义和引领作用。

(二)证券代表诉讼和先行赔付制度便利投资者索赔

1. 证券代表诉讼

《证券法》第95条明确对证券代表人诉讼制度予以了明确,并在第3款确立了“默示加入、明示退出”的证券集团诉讼制度,极大便利投资者提起和参加诉讼,降低投资者维权成本,保护投资者合法权益,有效惩治资本市场违法违规行为,给市场主体带来巨大震慑。

《证券法》第95条规定:投资者提起虚假陈述等证券民事赔偿诉讼时,诉讼标的是同一种类,且当事人一方人数众多的,可以依法推选代表人进行诉讼。

对按照前款规定提起的诉讼,可能存在有相同诉讼请求的其他众多投资者的,人民法院可以发出公告,说明该诉讼请求的案件情况,通知投资者在一定期间向人民法院登记。人民法院作出的判决、裁定,对参加登记的投资者发生效力。

投资者保护机构受五十名以上投资者委托,可以作为代表人参加诉讼,并为经证券登记结算机构确认的权利人依照前款规定向人民法院登记，但投资者明确表示不愿意参加该诉讼的除外。

最高人民法院于2020年7月23日通过《关于证券纠纷代表人诉讼若干问题的规定》（以下简称《代表人诉讼解释》）对证券代表诉讼制度的具体适用程序予以了完善。《代表人诉讼解释》第29条确立了证券代表诉讼判决效力扩张原则，该条规定："符合权利人范围但未参加登记的投资者提起诉讼，且主张的事实和理由与代表人诉讼生效判决、裁定所认定的案件基本事实和法律适用相同的，人民法院审查具体诉讼请求后，裁定适用已经生效的判决、裁定。适用已经生效裁判的裁定中应当明确被告赔偿的金额，裁定一经作出立即生效。代表人诉讼调解结案的，人民法院对后续涉及同一证券违法事实的案件可以引导当事人先行调解。"

需要说明的是，根据《证券法》第95条第3款及《代表人诉讼解释》第32条的规定，只能由投资者保护机构担任证券集团诉讼的诉讼代表人，且投保机构只能在获得50名以上投资者委托后方可启动相关诉讼程序。这一创设式规定有助于解决证券集体诉讼起诉难、诉讼效率低的困境，且可在一定程度上有助于杜绝美国由律师主导的证券集团诉讼滥俗的弊端，意义重大。目前我国仅有两家机构具有该主体资格：中证中小投资者服务中心和中国证券投资者保护基金有限责任公司（以下简称投保基金公司）。[①]

案例1-4：上海飞乐音响股份有限公司证券虚假陈述民事赔偿案[②]

【基本案情】

2020年8月，原告魏某等34名个人投资者共同推选其中4人作为诉讼代表人诉称，其系上海飞乐音响股份有限公司（股票代码：600651，以下简称飞乐音响）的投资者。2019年11月，中国证监会上海监管局作出行政处罚决定，认定飞乐音响因项目确认收入不符合条件，导致2017年半年度报告、三季度报告

① 参见黄江东、施蕾：《中国版证券集团诉讼制度研究——以新〈证券法〉第95条第3款为分析对象》，载《财经法学》2020年第3期。

② 参见《1.23亿元赔偿款315名投资者人均获赔39万元　证券纠纷普通代表人诉讼首案今宣判》，载上海金融法院网，http://www.shjrfy.gov.cn/jrfy/gweb/xx_view.jsp? pa=aaWQ9NDA0MAPdcssPdcssz。

收入、利润虚增及相应业绩预增公告不准确。原告认为，被告上述虚假陈述行为造成其重大投资损失，故起诉要求被告赔偿损失。上海金融法院作出民事裁定确定权利人范围并发布权利登记公告，根据《代表人诉讼解释》，经"明示加入"，共有315名投资者成为本案原告，其中5名原告当选代表人，诉请被告赔偿投资损失及律师费、通知费等合计1.46亿元。

被告辩称，该虚假陈述行为与原告投资决定不具有因果关系，原告主要是受到行业利好政策等因素影响而买入股票；被告股价受到系统风险的影响部分应予以扣除，且因被告经营情况恶化导致的损失属于正常投资风险，不应由被告赔偿，请求驳回原告诉请。

2021年3月30日，4名来自高等院校、行业监管部门的专家陪审员与3名法官共同组成合议庭公开开庭审理了案件。庭审中，双方当事人围绕被告虚假陈述行为与原告买入股票是否存在交易上的因果关系，被告虚假陈述行为与原告损失是否存在因果关系以及原告主张的律师费、通知费是否合理等争议焦点展开了充分辩论。庭审中就投资者损失核定还引入第三方专业辅助支持机制。

【裁判结果】

上海金融法院经审理认为，被告飞乐音响在发布的财务报表中虚增营业收入、虚增利润总额的行为构成证券虚假陈述侵权，应当承担民事赔偿责任。315名原告均于涉案虚假陈述实施日至揭露日期间买入飞乐音响股票，并在揭露日后因卖出或继续持有产生亏损，应当推定其交易与虚假陈述之间存在因果关系。被告证据不能证明原告明知涉案虚假陈述的存在仍买入股票，也不能证明原告的交易未受到虚假陈述的影响，其提出的行业利好政策等因素不足以排除交易因果关系的成立，但其中受证券市场风险因素所致的部分损失与涉案虚假陈述行为之间没有因果关系，被告不应对此承担赔偿责任。法院采纳中证资本市场服务中心出具的损失核定意见，认定原告所应获赔的损失金额为扣除证券市场风险因素后的投资差额损失与相应的佣金、印花税、利息损失之和。证券市场风险因素采用个股跌幅与同期指数平均跌幅进行同步对比的方法扣除，该方法将大盘指数、申万一级行业指数、申万三级行业指数作为组合参考指标体系，充分考虑了投资者每笔交易的权重，能够客观反映不同原告持股期间因市场风险因素对股价的具体影响程度。对于代表人为维护投资者权利进行诉讼所发生的律师费、通知费,法院对合理部分依法予以支持。法院判决被告应向原告支付投资损失赔偿款共计1.23亿余元,人均获赔39万余元。

一审判决后,投资者刘某、飞乐音响不服,向上海市高级人民法院提起了上诉。其中,刘某在一审权利登记公告前已经起诉,后撤回起诉并加入到普通代表人诉讼中。2021年9月29日,上海市高级人民法院组成五人合议庭,对该起证券虚假陈述责任纠纷案作出终审宣判,判决驳回投资者刘某、飞乐音响上诉,维持原判。

2. 先行赔付制度

为切实保护因欺诈发行、虚假陈述等证券违法行为而利益受损的投资者利益,《证券法》明确规定了先行赔付制度。该制度便利了受害投资者索赔,但无疑增加了相关责任主体的赔偿责任。

我国的先行赔付的探索始于2013年,国务院办公厅在《关于进一步加强资本市场中小投资者合法权益保护工作的意见》中要求健全中小投资者赔偿机制,督促违规或者涉案当事人主动赔偿投资者。① 证监会于2015年修订的《公开发行证券的公司信息披露内容与格式准则第1号——招股说明书》第18条规定:"保荐人承诺因其为发行人首次公开发行股票制作、出具的文件有虚假记载、误导性陈述或者重大遗漏,给投资者造成损失的,将先行赔偿投资者损失。"从法理基础上看,先行赔付是私法主体行为与公法权威共同作用的结果,在私法层面上将先行赔付人的侵权之债转化为合同之债,而在公法层面上发挥了行政和解的功能。在具体适用时,应当以自愿作为先行赔付的基础,将对先行赔付人的从轻减轻处罚作为激励机制。②

《证券法》第93条规定:发行人因欺诈发行、虚假陈述或者其他重大违法行为给投资者造成损失的,发行人的控股股东、实际控制人、相关的证券公司可以委托投资者保护机构,就赔偿事宜与受到损失的投资者达成协议,予以先行赔付。先行赔付后,可以依法向发行人以及其他连带责任人追偿。

---

① 参见周友苏主编:《证券法新论》,法律出版社2020年版,第381页。

② 参见肖羽、黄辉:《证券市场先行赔付:法理辨析与制度构建》,载《法学》2019年第8期。

案例1－5：万福生科欺诈发行先行赔付案①

2012年9月14日，创业板首家欺诈发行股票的上市公司万福生科被证监会立案稽查。2013年9月24日，经查实，证监会公布了对万福生科造假案作出的《行政处罚决定书》。认定万福生科存在以下违法事实：一是万福生科《首次公开发行股票并在创业板上市招股说明书》存在虚假记载，2008年至2010年分别虚增销售收入12,262万元、14,966万元、19,074万元，虚增营业利润2851万元、3857万元、4590万元，公司不符合公开发行股票的条件；二是《2011年年度报告》存在虚假记载，2011年虚增销售收入28,681万元；三是未就公司2012年上半年停产事项履行及时报告、公告义务；四是《2012年半年度报告》存在虚假记载和重大遗漏，虚增销售收入16,549万元，未披露前述公司部分生产线2012年上半年停产的事项。

证监会依法对万福生科、相关中介机构及有关责任人员给予警告、罚款、没收业务收入、暂停保荐业务许可、撤销证券从业资格等行政处罚，有的还采取终身证券市场禁入措施。欺诈发行及虚假记载行为涉嫌犯罪，被移送公安机关追究刑事责任。

2013年5月10日，为先行偿付符合条件的投资者因万福生科虚假陈述事件而遭受的投资损失，平安证券有限责任公司（以下简称平安证券）作为万福生科首次公开发行并上市的保荐机构及主承销商，出资3亿元设立"万福生科虚假陈述事件投资者利益补偿专项基金"，委托投保基金公司担任基金管理人，设立网上和网下两种方案与适格投资者实现和解。专项补偿基金采取了"先偿后追"的模式，由平安证券先以基金财产偿付符合条件的投资者，然后通过法律途径向万福生科虚假陈述的主要责任方及连带责任方追偿。若投资者不接受基金的补偿方案，可依法向有管辖权的人民法院提起诉讼，要求万福生科虚假陈述相关责任方予以赔偿。

专项补偿基金资产属于平安证券，投保基金公司与平安证券的法律关系为委托代理关系，负责基金的日常管理及运作。投保基金公司成立了专门的基金补偿工作组负责具体的投资者补偿执行工作，还独立指定商业银行作为基金托

---

① 参见《万福生科案：试水先行赔付 投资者主动维权》，载中国证券监督管理委员会网，http://www.csrc.gov.cn/pub/newsite/tzzbh1/tbtzzjy/tbfxff/201508/t20150803_282336.html。

管人、聘请专家组成专家委员会进行顾问咨询、聘请中介机构参与日常工作。基金的存续期间为成立之日起2个月，投保基金公司可以根据基金运作的实际情况延长基金存续期间，最迟不超过2013年12月31日。基金存续期间届满将由投保基金公司组织清算，剩余财产返还平安证券。截至2013年6月28日，同时完成网签及有效申报、与平安证券达成有效和解的适格投资者人数为12,756人，占适格投资者总人数的95.01%，对适格投资者支付的补偿金额为178,565,084元，占应补偿总金额的99.56%。7月3日，补偿资金已全部划付至适格投资者账户。

本案中，平安证券3亿元专项补偿基金的设立并委托投保基金公司管理、代为赔付受损投资者，开创了中国资本市场投资者损失先行补偿的先河，此种模式是类似事件解决方式上的新探索，也为未来建立更为快捷、有效的投资者保护基金，建立更为规范的市场规则作出了新的尝试。

三、行政违法风险

行政违法风险，是指上市公司因实施了某些证券违法违规行为而被证监会处以行政监管措施或行政处罚的风险。根据《证券法》第13章“法律责任”的相关规定，结合《股票发行与交易管理暂行条例》《证券市场禁入规定》《中国证券监督管理委员会冻结、查封实施办法》等规定，证监会采取的行政监管措施主要包括责令改正、监管谈话、出具警示函、责令公开说明、责令参加培训、责令定期报告、暂不受理与行政许可有关的文件、认为不适当人选、证券市场禁入、限制证券交易、冻结财产、查封财产等；证监会采取的行政处罚措施主要包括警告、责令改正、罚款、没收违法所得等。

对于欺诈发行、内幕交易、违规信息披露、操纵市场等常见证券违法行为，《证券法》明确规定了相应行政处罚标准：

《证券法》第181条规定：发行人在其公告的证券发行文件中隐瞒重要事实或者编造重大虚假内容，尚未发行证券的，处以二百万元以上二千万元以下的罚款；已经发行证券的，处以非法所募资金金额百分之十以上一倍以下的罚款。对直接负责的主管人员和其他直接责任人员，处以一百万元以上一千万元以下的罚款。发行人的控股股东、实际控制人组织、指使从事前款违法行为的,没收违法所得,并处以违法所得百分之十以上一倍以下的罚款;没有违法所得或者违法所得不足二千万元的,处以二百万元以上二千万元以下的罚款。对直接负责的主管人员和其他直接责任人员,处以一百万元以上一千万元以下的罚款。

《证券法》第182条规定:保荐人出具有虚假记载、误导性陈述或者重大遗漏的保荐书,或者不履行其他法定职责的,责令改正,给予警告,没收业务收入,并处以业务收入一倍以上十倍以下的罚款;没有业务收入或者业务收入不足一百万元的,处以一百万元以上一千万元以下的罚款;情节严重的,并处暂停或者撤销保荐业务许可。对直接负责的主管人员和其他直接责任人员给予警告,并处以五十万元以上五百万元以下的罚款。

《证券法》第183条规定:证券公司承销或者销售擅自公开发行或者变相公开发行的证券的,责令停止承销或者销售,没收违法所得,并处以违法所得一倍以上十倍以下的罚款;没有违法所得或者违法所得不足一百万元的,处以一百万元以上一千万元以下的罚款;情节严重的,并处暂停或者撤销相关业务许可。给投资者造成损失的,应当与发行人承担连带赔偿责任。对直接负责的主管人员和其他直接责任人员给予警告,并处以五十万元以上五百万元以下的罚款。

《证券法》第191条规定:证券交易内幕信息的知情人或者非法获取内幕信息的人违反本法第五十三条的规定从事内幕交易的,责令依法处理非法持有的证券,没收违法所得,并处以违法所得一倍以上十倍以下的罚款;没有违法所得或者违法所得不足五十万元的,处以五十万元以上五百万元以下的罚款。单位从事内幕交易的,还应当对直接负责的主管人员和其他直接责任人员给予警告,并处以二十万元以上二百万元以下的罚款。国务院证券监督管理机构工作人员从事内幕交易的,从重处罚。

《证券法》第192条规定:违反本法第五十五条的规定,操纵证券市场的,责令依法处理其非法持有的证券,没收违法所得,并处以违法所得一倍以上十倍以下的罚款;没有违法所得或者违法所得不足一百万元的,处以一百万元以上一千万元以下的罚款。单位操纵证券市场的,还应当对直接负责的主管人员和其他直接责任人员给予警告,并处以五十万元以上五百万元以下的罚款。

《证券法》第193条规定:违反本法第五十六条第一款、第三款的规定,编造、传播虚假信息或者误导性信息,扰乱证券市场的,没收违法所得,并处以违法所得一倍以上十倍以下的罚款;没有违法所得或者违法所得不足二十万元的,处以二十万元以上二百万元以下的罚款。

违反本法第五十六条第二款的规定,在证券交易活动中作出虚假陈述或者信息误导的,责令改正,处以二十万元以上二百万元以下的罚款;属于国家工作人员的,还应当依法给予处分。

传播媒介及其从事证券市场信息报道的工作人员违反本法第五十六条第三款的规定,从事与其工作职责发生利益冲突的证券买卖的,没收违法所得,并处以买卖证券等值以下的罚款。

《证券法》第197条规定:信息披露义务人未按照本法规定报送有关报告或者履行信息披露义务的,责令改正,给予警告,并处以五十万元以上五百万元以下的罚款;对直接负责的主管人员和其他直接责任人员给予警告,并处以二十万元以上二百万元以下的罚款。

发行人的控股股东、实际控制人组织、指使从事上述违法行为,或者隐瞒相关事项导致发生上述情形的,处以五十万元以上五百万元以下的罚款;对直接负责的主管人员和其他直接责任人员,处以二十万元以上二百万元以下的罚款。

信息披露义务人报送的报告或者披露的信息有虚假记载、误导性陈述或者重大遗漏的,责令改正,给予警告,并处以一百万元以上一千万元以下的罚款;对直接负责的主管人员和其他直接责任人员给予警告,并处以五十万元以上五百万元以下的罚款。

发行人的控股股东、实际控制人组织、指使从事上述违法行为,或者隐瞒相关事项导致发生上述情形的,处以一百万元以上一千万元以下的罚款;对直接负责的主管人员和其他直接责任人员,处以五十万元以上五百万元以下的罚款。

案例1-6:广东榕泰虚假陈述行政处罚案①

【基本案情】

一、未在规定期限内披露2019年年度报告

2019年12月24日,广东榕泰实业股份有限公司(以下简称广东榕泰)经上海证券交易所公司业务管理系统预约2019年年度报告的披露时间为2020年4月25日。后经两次申请变更,广东榕泰获批同意于4月30日披露公司2019年年度报告。

4月29日,因审计机构、评估机构与广东榕泰三方沟通未果,董事长杨某生决定向上海证券交易所申请股票停牌,指示董事会秘书徐某旭发布《关于无法在法定期限披露定期报告及公司股票停牌的公告》(公告编号:2020-007)。

6月19日,审计机构对广东榕泰2019年财务报告出具带强调事项段的保留意见。广东榕泰于6月21日收到审计机构正式审计报告纸质版。6月23日,广东榕泰发布了《2019年年度报告》,同日公司股票复牌。

综上,广东榕泰未在规定期限内披露公司2019年年度报告。

二、相关报告未按规定披露关联关系、日常经营性关联交易

(一)2018年年度报告、2019年年度报告未按规定如实披露关联关系

2008年6月至2019年4月,杨某生先后安排他人注册了揭阳市中粤农资有限公司(以下简称中粤农资)、揭阳市和通塑胶有限公司(以下简称和通塑胶)、揭阳市永佳农资有限公司(以下简称永佳农资)、广东国华机电设备安装有限公司(以下简称国华机电)4家公司,并作出了其他相关安排:由广东榕泰员工杨某彬、孙某蓉、吴某涛、孙某、刘某典等人分别担任上述4家公司的挂名股东;由广东榕泰员工吴某林、吴某珊、何某娜等分别负责保管相关公章、法人印鉴、网银U盾、网银用户名密码,以及负责资金划转、记账、报税等。因此,杨某生是中粤农资、和通塑胶、永佳农资、国华机电的实际控制人,依据《上市公司信息披露管理办法》(证监会令第40号)第71条有关"关联自然人直接或者间接控制的,除上市公司及其控股子公司以外的法人(为上市公司的关联法人)"的规定,广东榕泰与中粤农资、和通塑胶、永佳农资、国华机电构成关联

① 中国证券监督管理委员会广东监管局行政处罚决定书〔2021〕8号。

关系。

经查，广东榕泰在2018年年度报告、2019年年度报告中均未如实披露上述关联关系。

（二）2019年年度报告问询函回复、澄清公告存在虚假记载

2020年7月20日，上海证券交易所向广东榕泰下发《关于广东榕泰实业股份有限公司2019年年度报告的信息披露监管问询函》，问询问题包括请公司补充披露国华机电是否为关联方等情况、说明超过正常采购货物之外的资金往来情况，并逐一说明交易对方是否为关联方等情况。8月18日，经杨某生审批，广东榕泰披露《广东榕泰实业股份有限公司关于上海证券交易所对公司2019年年度报告的信息披露监管问询函的回复公告》，称公司未发现国华机电、和通塑胶、永佳农资、中粤农资与控股股东存在关联关系，控股股东及关联方确认与国华机电、和通塑胶、永佳农资、中粤农资不存在关联关系，也不存在资金借贷关系或者业务往来。

另外，某媒体于2020年8月15日发表题为《广东榕泰疑隐瞒三大供应商关联关系2018年合计采购逾4.5亿元》的报道，质疑广东榕泰未披露与上述4家公司的关联关系。8月18日，经杨某生审批，广东榕泰披露了《关于媒体报道的澄清公告》，称广东榕泰与和通塑胶、永佳农资、中粤农资、国华机电等供应商不存在关联关系。

经查，广东榕泰披露的2019年年度报告问询函回复、澄清公告的相关内容存在虚假记载。

（三）2018年年度报告、2019年年度报告未按规定披露日常经营性关联交易

和通塑胶、永佳农资、中粤农资3家关联方根据广东榕泰的采购需求，与外部原材料供应商接洽并签订原材料《购销合同》，采购的原材料主要包括尿素、木浆、三聚氰胺三大类。相关原材料采购多采用"先付款后发货"的方式进行，由广东榕泰根据3家关联方的付款需求，以银行转账或承兑汇票转让的方式将货款分别支付给3家关联方，再由关联方将货款支付给外部原材料供应商。外部原材料供应商收取货款后安排发货。由于3家关联方无仓储及实际生产业务，所有货物实际均由广东榕泰直接收货。多数情况下，3家关联方根据外部供应商开具的销售发票及前期与外部供应商签订的《购销合同》，按照1%左右的

毛利率确定对广东榕泰的销售价格及数量、金额，并相应向广东榕泰开具销售发票。

经查，2018 年度，广东榕泰合计向 3 家关联方采购原材料 41,903.02 万元（不含增值税），占广东榕泰 2018 年净资产的 13.16%。2019 年度，广东榕泰合计向 3 家关联方采购原材料 40,376.68 万元（不含增值税），占广东榕泰 2019 年净资产的 15.36%。2018 年年度报告、2019 年年度报告均未披露广东榕泰与和通塑胶、永佳农资、中粤农资发生的上述日常经营性关联交易情况。

三、2018 年年度报告、2019 年年度报告虚增利润

（一）广东榕泰 2018 年度通过虚构销售回款虚增利润 1224.69 万元

截至 2018 年 12 月 31 日，广东榕泰对揭阳市金铧贸易有限公司等 3 家客户的应收账款余额合计为 1224.69 万元。2019 年 3 月，广东榕泰发现该 3 家客户无法联系，且已经注销。

董事长杨某生为避免全额计提减值准备、影响公司 2018 年利润，组织财务总监郑某佳等人，利用公司自有资金通过和通塑胶、中粤农资及第三方机构循环支付，并制作虚假的代付款协议，虚构从上述 3 家客户收取货款 1224.69 万元，冲减对相关客户应收账款余额至零，从而免于对相关客户的应收账款计提坏账准备 1224.69 万元，导致 2018 年年度报告虚增利润 1224.69 万元，占 2018 年年度报告披露利润总额 17,833.45 万元的 6.87%。

（二）广东榕泰 2019 年度通过虚构销售回款虚增利润 3124.23 万元、通过虚构保理业务虚增利润 1177.99 万元，合计共虚增利润 4302.22 万元

1. 广东榕泰通过虚构销售回款虚增利润 3124.23 万元

截至 2019 年 11 月 30 日，广东榕泰对揭阳市百事佳鞋业有限公司（以下简称百事佳）等 10 家客户的应收账款余额为 3124.23 万元。2019 年年底，广东榕泰梳理应收账款的时候发现该 10 家客户已经注销，除百事佳外，其余 9 家客户均无法联系，且百事佳也无法归还欠款。

董事长杨某生为避免影响公司 2019 年利润，组织财务总监郑某佳等人，利用广东榕泰自有资金通过中粤农资及第三方机构循环支付，并制作虚假的代付款协议，虚构从上述 10 家客户收货款 3124.23 万元，冲减对相关客户应收账款余额至零，从而免于对相关客户的应收账款计提坏账准备 3124.23 万元，虚增 2019 年利润 3124.23 万元。

2. 广东榕泰通过虚构保理业务虚增利润 1177.99 万元

2019 年 4 月初，杨某生利用其同时控制广东榕泰全资子公司深圳金财通商业保理有限公司（以下简称金财通）以及和通塑胶、永佳农资、中粤农资的地位，组织公司人员虚构了金财通与和通塑胶、永佳农资、中粤农资开展保理业务的协议，约定金财通以受让应收账款债权为条件分别向和通塑胶、永佳农资、中粤农资提供融资 9000 万元、9000 万元、8000 万元并收取利息收入，达到增加公司 2019 年利润的目的。在制作保理协议的时候，由于和通塑胶、永佳农资、中粤农资没有可转让的应收账款，杨某生将 3 家企业的应收账款进行模糊化处理，上述保理协议本身没有列明应收账款的具体内容。杨某生在保理协议制作完成后交由财务总监郑某佳保管，用于在协议约定的时间节点，由郑某佳提醒和通塑胶、永佳农资、中粤农资归还保理款本金及利息。2019 年 11～12 月，分别收回保理款共 2.6 亿元，并于 2019 年 6～12 月收到保理利息款共 1213.33 万元，确认其他业务收入 1177.99 万元（不含增值税），造成广东榕泰 2019 年年度报告虚增利润 1177.99 万元。

【处理结果】

根据当事人违法行为的事实、性质、情节与社会危害程度，依据《证券法》第 197 条的规定，中国证券监督管理委员会广东监管局决定：

1. 对广东榕泰责令改正，给予警告，并处以 300 万元罚款，其中对广东榕泰未按照规定报送年度报告的行为，责令改正，给予警告，并处以 50 万元罚款；对广东榕泰披露的信息有虚假记载的行为，责令改正，给予警告，并处以 250 万元罚款。

2. 对杨某生给予警告，并处以 330 万元罚款，其中对其作为广东榕泰未按照规定报送年度报告的直接负责的主管人员，给予警告，并处以 30 万元罚款；对其作为广东榕泰披露的信息有虚假记载的直接负责的主管人员，给予警告，并处以 200 万元罚款；对其作为广东榕泰披露的信息有虚假记载的实际控制人，处以 100 万元罚款；对郑某佳给予警告，并处以 160 万元罚款，其中对其作为广东榕泰未按照规定报送年度报告的直接负责的主管人员，给予警告，并处以 20 万元罚款；对其作为广东榕泰披露的信息有虚假记载的直接负责的主管人员，给予警告，并处以 140 万元罚款；对朱某鹏给予警告，并处以 80 万元罚款；对林某雄、杨某给予警告，并分别处以 75 万元罚款；对罗某雄、林某金给予警告,并分别处以55万元罚款;对高某鹏、冯某升、陈某扶、郑某彬、杨某静、陈某扬给予警告,并分别处以50万元罚款;对徐某旭给予警告,并处以20万元罚款。

四、刑事犯罪风险

刑事犯罪风险,即指上市公司的严重违法行为触犯刑法规定,被科以刑事处罚的风险。

(一)《刑法修正案(十一)》对证券犯罪的修正

与2020年《证券法》相衔接,《刑法修正案(十一)》加大对证券资本市场犯罪行为的惩治,主要是对以下几个证券犯罪进行了修正:欺诈发行证券罪,违规披露、不披露重要信息罪,操纵证券、期货市场罪,提供虚假证明文件罪。(见表1-1)

表1-1 《刑法修正案(十一)》涉及条文对照

《刑法》原条文	《刑法修正案(十一)》新条文
第160条 【欺诈发行股票、债券罪】在招股说明书、认股书、公司、企业债券募集办法中隐瞒重要事实或者编造重大虚假内容,发行股票或者公司、企业债券,数额巨大、后果严重或者有其他严重情节的,处五年以下有期徒刑或者拘役,并处或者单处非法募集资金金额百分之一以上百分之五以下罚金。 单位犯前款罪的,对单位判处罚金,并对其直接负责的主管人员和其他直接责任人员,处五年以下有期徒刑或者拘役。	第160条 【欺诈发行证券罪】在招股说明书、认股书、公司、企业债券募集办法等发行文件中隐瞒重要事实或者编造重大虚假内容,发行股票或者公司、企业债券、存托凭证或者国务院依法认定的其他证券,数额巨大、后果严重或者有其他严重情节的,处五年以下有期徒刑或者拘役,并处或者单处罚金;数额特别巨大、后果特别严重或者有其他特别严重情节的,处五年以上有期徒刑,并处罚金。 控股股东、实际控制人组织、指使实施前款行为的,处五年以下有期徒刑或者拘役,并处或者单处非法募集资金金额百分之二十以上一倍以下罚金;数额特别巨大、后果特别严重或者有其他特别严重情节的,处五年以上有期徒刑,并处非法募集资金金额百分之二十以上一倍以下罚金。 单位犯前两款罪的,对单位判处非法募集资金金额百分之二十以上一倍以下罚金,并对其直接负责的主管人员和其他直接责任人员,依照第一款的规定处罚。

续表

《刑法》原条文	《刑法修正案(十一)》新条文
第 161 条　【违规披露、不披露重要信息罪】依法负有信息披露义务的公司、企业向股东和社会公众提供虚假的或者隐瞒重要事实的财务会计报告,或者对依法应当披露的其他重要信息不按照规定披露,严重损害股东或者其他人利益,或者有其他严重情节的,对其直接负责的主管人员和其他直接责任人员,处三年以下有期徒刑或者拘役,并处或者单处二万元以上二十万元以下罚金。	第 161 条　【违规披露、不披露重要信息罪】依法负有信息披露义务的公司、企业向股东和社会公众提供虚假的或者隐瞒重要事实的财务会计报告,或者对依法应当披露的其他重要信息不按照规定披露,严重损害股东或者其他人利益,或者有其他严重情节的,对其直接负责的主管人员和其他直接责任人员,处五年以下有期徒刑或者拘役,并处或者单处罚金;情节特别严重的,处五年以上十年以下有期徒刑,并处罚金。 前款规定的公司、企业的控股股东、实际控制人实施或者组织、指使实施前款行为的,或者隐瞒相关事项导致前款规定的情形发生的,依照前款的规定处罚。 犯前款罪的控股股东、实际控制人是单位的,对单位判处罚金,并对其直接负责的主管人员和其他直接责任人员,依照第一款的规定处罚。
第 182 条　【操纵证券、期货市场罪】有下列情形之一,操纵证券、期货市场,情节严重的,处五年以下有期徒刑或者拘役,并处或者单处罚金;情节特别严重的,处五年以上十年以下有期徒刑,并处罚金: (一)单独或者合谋,集中资金优势、持股或者持仓优势或者利用信息优势联合或者连续买卖,操纵证券、期货交易价格或者证券、期货交易量的; (二)与他人串通,以事先约定的时间、价格和方式相互进行证券、期货交易,影响证券、期货交易价格或者证券、期货交易量的; (三)在自己实际控制的账户之间进行证券交易,或者以自己为交易对象,自买自卖期货合约,影响证券、期货交易价格或者证券、期货交易量的; (四)以其他方法操纵证券、期货市场的。 单位犯前款罪的,对单位判处罚金,并对其直接负责的主管人员和其他直接责任人员,依照前款的规定处罚。	第 182 条　【操纵证券、期货市场罪】有下列情形之一,操纵证券、期货市场,影响证券、期货交易价格或者证券、期货交易量,情节严重的,处五年以下有期徒刑或者拘役,并处或者单处罚金;情节特别严重的,处五年以上十年以下有期徒刑,并处罚金: (一)单独或者合谋,集中资金优势、持股或者持仓优势或者利用信息优势联合或者连续买卖的; (二)与他人串通,以事先约定的时间、价格和方式相互进行证券、期货交易的; (三)在自己实际控制的账户之间进行证券交易,或者以自己为交易对象,自买自卖期货合约的; (四)不以成交为目的,频繁或者大量申报买入、卖出证券、期货合约并撤销申报的; (五)利用虚假或者不确定的重大信息,诱导投资者进行证券、期货交易的; (六)对证券、证券发行人、期货交易标的公开作出评价、预测或者投资建议,同时进行反向证券交易或者相关期货交易的; (七)以其他方法操纵证券、期货市场的。 单位犯前款罪的,对单位判处罚金,并对其直接负责的主管人员和其他直接责任人员,依照前款的规定处罚。

续表

《刑法》原条文	《刑法修正案(十一)》新条文
第229条 【提供虚假证明文件罪】承担资产评估、验资、验证、会计、审计、法律服务等职责的中介组织的人员故意提供虚假证明文件,情节严重的,处五年以下有期徒刑或者拘役,并处罚金。 【提供虚假证明文件罪】前款规定的人员,索取他人财物或者非法收受他人财物,犯前款罪的,处五年以上十年以下有期徒刑,并处罚金。 【出具证明文件重大失实罪】第一款规定的人员,严重不负责任,出具的证明文件有重大失实,造成严重后果的,处三年以下有期徒刑或者拘役,并处或者单处罚金。	第229条 【提供虚假证明文件罪】承担资产评估、验资、验证、会计、审计、法律服务、保荐、安全评价、环境影响评价、环境监测等职责的中介组织的人员故意提供虚假证明文件,情节严重的,处五年以下有期徒刑或者拘役,并处罚金;有下列情形之一的,处五年以上十年以下有期徒刑,并处罚金: (一)提供与证券发行相关的虚假的资产评估、会计、审计、法律服务、保荐等证明文件,情节特别严重的; (二)提供与重大资产交易相关的虚假的资产评估、会计、审计等证明文件,情节特别严重的; (三)在涉及公共安全的重大工程、项目中提供虚假的安全评价、环境影响评价等证明文件,致使公共财产、国家和人民利益遭受特别重大损失的。 有前款行为,同时索取他人财物或者非法收受他人财物构成犯罪的,依照处罚较重的规定定罪处罚。 【出具证明文件重大失实罪】第一款规定的人员,严重不负责任,出具的证明文件有重大失实,造成严重后果的,处三年以下有期徒刑或者拘役,并处或者单处罚金。

(二)证券违法行为常涉其他罪名

关于证券类犯罪,除了《刑法修正案(十一)》修改的几处重要内容外,上市公司及相关主体还要注意防范以下几类犯罪:

1. 内幕交易、泄露内幕信息罪与利用未公开信息交易罪

《刑法》第180条规定:"证券、期货交易内幕信息的知情人员或者非法获取证券、期货交易内幕信息的人员,在涉及证券的发行,证券、期货交易或者其他对证券、期货交易价格有重大影响的信息尚未公开前,买入或者卖出该证券,或者从事与该内幕信息有关的期货交易,或者泄露该信息,或者明示、暗示他人从事上述交易活动,情节严重的,处五年以下有期徒刑或者拘役,并处或者单处违法所得一倍以上五倍以下罚金;情节特别严重的,处五年以上十年以下有期徒刑,并处违法所得一倍以上五倍以下罚金。

单位犯前款罪的,对单位判处罚金,并对其直接负责的主管人员和其他直接责任人员,处五年以下有期徒刑或者拘役。

内幕信息、知情人员的范围,依照法律、行政法规的规定确定。

证券交易所、期货交易所、证券公司、期货经纪公司、基金管理公司、商业银行、保险公司等金融机构的从业人员以及有关监管部门或者行业协会的工作人员,利用因职务便利获取的内幕信息以外的其他未公开的信息,违反规定,从事与该信息相关的证券、期货交易活动,或者明示、暗示他人从事相关交易活动,情节严重的,依照第一款的规定处罚。”

2. 背信损害上市公司利益罪

《刑法》第169条之一规定:“上市公司的董事、监事、高级管理人员违背对公司的忠实义务,利用职务便利,操纵上市公司从事下列行为之一,致使上市公司利益遭受重大损失的,处三年以下有期徒刑或者拘役,并处或者单处罚金;致使上市公司利益遭受特别重大损失的,处三年以上七年以下有期徒刑,并处罚金:

(一)无偿向其他单位或者个人提供资金、商品、服务或者其他资产的;

(二)以明显不公平的条件,提供或者接受资金、商品、服务或者其他资产的;

(三)向明显不具有清偿能力的单位或者个人提供资金、商品、服务或者其他资产的;

(四)为明显不具有清偿能力的单位或者个人提供担保,或者无正当理由为其他单位或者个人提供担保的;

(五)无正当理由放弃债权、承担债务的;

(六)采用其他方式损害上市公司利益的。

上市公司的控股股东或者实际控制人,指使上市公司董事、监事、高级管理人员实施前款行为的,依照前款的规定处罚。

犯前款罪的上市公司的控股股东或者实际控制人是单位的,对单位判处罚金,并对其直接负责的主管人员和其他直接责任人员,依照第一款的规定处罚。”

最高人民检察院联合公安部于2022年4月29日发布的《关于公安机关管辖的刑事案件立案追诉标准的规定(二)》(以下简称《立案追诉标准(二)》)对

本罪的立案追诉标准进行了修正。

《立案追诉标准(二)》(2022 年修订)第 13 条规定:“上市公司的董事、监事、高级管理人员违背对公司的忠实义务,利用职务便利,操纵上市公司从事损害上市公司利益的行为,以及上市公司的控股股东或者实际控制人,指使上市公司董事、监事、高级管理人员实施损害上市公司利益的行为,涉嫌下列情形之一的,应予立案追诉:

(一)无偿向其他单位或者个人提供资金、商品、服务或者其他资产,致使上市公司直接经济损失数额在一百五十万元以上的;

(二)以明显不公平的条件,提供或者接受资金、商品、服务或者其他资产,致使上市公司直接经济损失数额在一百五十万元以上的;

(三)向明显不具有清偿能力的单位或者个人提供资金、商品、服务或者其他资产,致使上市公司直接经济损失数额在一百五十万元以上的;

(四)为明显不具有清偿能力的单位或者个人提供担保,或者无正当理由为其他单位或者个人提供担保,致使上市公司直接经济损失数额在一百五十万元以上的;

(五)无正当理由放弃债权、承担债务,致使上市公司直接经济损失数额在一百五十万元以上的;

(六)致使公司、企业发行的股票或者公司、企业债券、存托凭证或者国务院依法认定的其他证券被终止上市交易的;

(七)其他致使上市公司利益遭受重大损失的情形。”

(三)典型案例

案例 1-7:张家港保税区伊世顿国际贸易有限公司、金某献等操纵期货市场案①

【基本案情】

被告单位张家港保税区伊世顿国际贸易有限公司(以下简称伊世顿公司);被告人金某献,原系华鑫期货有限公司技术总监;被告人高某,原系伊世顿公司执行董事;被告人梁某中,原系伊世顿公司业务拓展经理。

① 参见《最高人民法院发布 7 件人民法院依法惩处证券、期货犯罪典型案例》,载中国法院网,https://www.chinacourt.org/article/detail/2020/09/id/5471380.shtml。

被告单位伊世顿公司于2012年9月成立,后通过被告人金某献在华鑫期货有限公司开设期货账户。2013年6月至2015年7月,伊世顿公司为逃避证券期货监管,通过被告人高某、金某献介绍,以租借或者收购方式,实际控制了19名自然人和7个法人期货账户,与伊世顿公司自有账户组成账户组,采用高频程序化交易方式从事股指期货合约交易。其间,伊世顿公司隐瞒实际控制伊世顿账户组、大量账户从事高频程序化交易等情况,规避中金所的监管措施,从而取得不正当交易优势;还伙同金某献等人,将自行研发的报单交易系统非法接入中金所交易系统,直接进行交易,从而非法取得额外交易速度优势。2015年6月1日至7月6日,伊世顿公司及被告人高某、梁某中伙同金某献,利用以逃避期货公司资金和持仓验证等非法手段获取的交易速度优势,大量交易中证500股指期货主力合约、沪深300股指期货主力合约合计377.44万手,从中非法获利3.893亿余元。被告人金某献还利用职务便利侵占华鑫期货有限公司资金1348万余元。

【裁判结果】

本案由上海市第一中级人民法院一审,上海市高级人民法院二审。法院认为,被告单位伊世顿公司,被告人高某、梁某中、金某献的行为均构成操纵期货市场罪,且情节特别严重;金某献的行为还构成职务侵占罪,依法应当数罪并罚。鉴于伊世顿公司能认罪悔罪,依法可以酌情从轻处罚;高某、梁某中具有自首情节,能认罪悔罪,依法可以减轻处罚,并适用缓刑;金某献两罪均具有自首情节,依法分别减轻处罚。据此,依法以操纵期货市场罪判处被告单位伊世顿公司罚金人民币3亿元,追缴违法所得人民币3.893亿元;判处被告人高某判处有期徒刑3年,缓刑4年,并处罚金人民币100万元;判处被告人梁某中有期徒刑2年6个月,缓刑3年,并处罚金人民币80万元;对被告人金某献以操纵期货市场罪、职务侵占罪判处有期徒刑5年,并处罚金人民币60万元。

第三节 上市公司法律风险危害

一、害己:对企业自身的危害

(一)影响公司运营

1. 影响上市公司公开发行证券

《上市公司证券发行管理办法》(2020 年修订)第 9 条第 1 项规定,上市公司最近 36 个月内违反证券法律、行政法规或规章,受到中国证监会的行政处罚,或者受到刑事处罚的,不得公开发行证券。

《上市公司证券发行管理办法》(2020 年修订)第 11 条第 5 项规定,上市公司或其现任董事、高级管理人员因涉嫌犯罪被司法机关立案侦查或涉嫌违法违规被中国证监会立案调查的,不得公开发行证券。

2. 影响上市公司非公开发行证券

《上市公司证券发行管理办法》(2020 年修订)第 39 条规定,上市公司现任董事、高级管理人员最近 36 个月内受到过中国证监会的行政处罚,或者最近 12 个月内受到过证券交易所公开谴责;上市公司或其现任董事、高级管理人员因涉嫌犯罪正被司法机关立案侦查或涉嫌违法违规正被中国证监会立案调查,不得非公开发行股票。

3. 影响上市公司重大资产重组

《上市公司重大资产重组管理办法》(2020 年修订)第 13 条规定,上市公司及其最近 3 年内的控股股东、实际控制人存在因涉嫌犯罪正被司法机关立案侦查或涉嫌违法违规正被中国证监会立案调查的情形的,不得实施重大资产重组。

(二)主体任职受限

1.影响董监高任职资格

《上海证券交易所上市公司自律监管指引第1号——规范运作》(2022年1月7日起施行)第3.2.2条规定:"董事、监事和高级管理人员候选人存在下列情形之一的,不得被提名担任上市公司董事、监事和高级管理人员:(一)《公司法》规定不得担任董事、监事、高级管理人员的情形;(二)被中国证监会采取不得担任上市公司董事、监事、高级管理人员的市场禁入措施,期限尚未届满;(三)被证券交易所公开认定为不适合担任上市公司董事、监事、高级管理人员,期限尚未届满;(四)最近36个月内受到中国证监会行政处罚;(五)最近36个月内受到证券交易所公开谴责或者2次以上通报批评;(六)法律法规、本所规定的其他情形。上述期间,应当以董事、监事和高级管理人员候选人经公司有权机构聘任议案审议通过的日期为截止日。"第3.2.3条规定:"上市公司在任董事、监事、高级管理人员出现本指引第3.2.2条第一款第(四)项、第(五)项规定的情形之一,董事会、监事会认为其继续担任董事、监事、高级管理人员职务对公司经营有重要作用的,可以提名其为下一届候选人,并应当充分披露提名理由。前述董事、监事提名的相关决议除应当经出席股东大会的股东所持股权过半数通过外,还应当经出席股东大会的中小股东所持股权过半数通过;前述高级管理人员提名的相关决议应当经董事会三分之二以上通过。前款所称中小股东,是指除公司董事、监事和高级管理人员以及单独或者合计持有公司5%以上股份的股东以外的其他股东。"

《上海证券交易所股票上市规则》(2022年1月修订)第4.3.3条、《深圳证券交易所股票上市规则》(2022年修订)第4.3.3条均规定,候选人存在下列情形之一的,不得被提名担任上市公司董事、监事和高级管理人员:(1)《公司法》规定不得担任董事、监事和高级管理人员的情形;(2)被中国证监会采取不得担任上市公司董事、监事和高级管理人员的市场禁入措施,期限尚未届满;(3)被证券交易所公开认定为不适合担任上市公司董事、监事和高级管理人员,期限尚未届满;(4)法律法规、证券交易所规定的其他情形。上述期间以公司董事会、股东大会等有权机构审议董事、监事和高级管理人员候选人聘任议案的日期为截止日。董事、监事和高级管理人员在任职期间出现前述第(1)项、第(2)项情形或者独立董事出现不符合独立性条件情形的,相关董事、监事和高级管理人员应当立即停止履职并由公司按相应规定解除其职务。董事、监事和高级管理人员在任职期间出现前述第(3)项、第(4)项情形的,公司应当在该事实发生之日起1个月内解除其职务,证券交易所另有规定的除外。相关董事、监事应被解除职务但仍未解除,参加董事会、监事会会议并投票的,其投票无效。同时,《上海证券交易所股票上市规则》(2022年1月修订)第4.4.4条规定:“上市公司董事会秘书应当具备履行职责所必需的财务、管理、法律等专业知识,具有良好的职业道德和个人品质。具有下列情形之一的人士不得担任董事会秘书:(一)本规则第4.3.3条规定的不得担任上市公司董事、监事或者高级管理人员的情形;(二)最近3年受到过中国证监会的行政处罚;(三)最近3年受到过证券交易所公开谴责或者3次以上通报批评;(四)本公司现任监事;(五)本所认定不适合担任董事会秘书的其他情形。”《深圳证券交易所股票上市规则》(2022年修订)第4.4.4条规定:“上市公司董事会秘书应当具备履行职责所必需的财务、管理、法律专业知识,具有良好的职业道德和个人品德。有下列情形之一的人士不得担任公司董事会秘书:(一)最近三十六个月受到中国证监会行政处罚;(二)最近三十六个月受到证券交易所公开谴责或者三次以上通报批评;(三)本公司现任监事;(四)本所认定不适合担任董事会秘书的其他情形。”

2. 市场禁入

根据《证券法》第221条之规定,证券市场禁入,是指在一定期限内直至终身不得从事证券业务、证券服务业务,不得担任证券发行人的董事、监事、高级管理人员,或者一定期限内不得在证券交易所、国务院批准的其他全国性证券交易场所交易证券的制度。《证券市场禁入规定》(2021年修订)第2条规定,中国证监会及其派出机构对违反法律、行政法规或者中国证监会有关规定的有关责任人员采取证券市场禁入措施,以事实为依据,遵循公开、公平、公正的原则。

与遏制证券违法行为的其他行政手段相比,证券市场禁入具有相当的严厉性,它剥夺相关人员担任上市公司董监高或从事证券业务的权利。据统计,2016年至2020年,证监会共对298人次的自然人采取市场禁入,其中,3年至5年和5年至10年两档次市场禁入共计216人次(占比约72%),终身市场禁入

82 人次(占比约 28%)。2021 年以来,证券监管部门加大对证券违法行为人的处罚力度,仅 2021 年上半年,证监会及地方证监局合计发布了 18 张市场禁入决定书,共 40 人被采取市场禁入措施,9 人被采取终身市场禁入措施。

证监会于 1997 年颁行的《证券市场禁入暂行规定》首次以规范性文件的方式设置该制度;2005 年修订的《证券法》以高位阶法律的形式对该制度予以确认;2019 年修订的《证券法》对市场禁入的类型进行了完善,增加“交易型”禁入新类型;与 2020 年《证券法》精神相匹配,证监会于 2021 年 6 月 1 日修改《证券市场禁入规定》(2021 年 7 月 19 日实施),进一步规范证券市场禁入制度的具体适用。

值得一提的是,2021 年修订的《证券市场禁入规定》第 4 条明确将市场禁入的类型分为身份类禁入和交易类禁入两类,第 7 条更是明确规定了八类终身身份类禁入。

《证券市场禁入规定》(2021 年修订)第 4 条规定:执法单位可以采取的市场禁入种类包括:

(一)不得从事证券业务、证券服务业务,不得担任证券发行人的董事、监事、高级管理人员;

(二)不得在证券交易场所交易证券。

执法单位可以根据有关责任人员的身份职责、违法行为类型、违法行为的社会危害性和违法情节严重的程度,单独或者合并适用前款规定的不同种类市场禁入措施。

《证券市场禁入规定》(2021 年修订)第 7 条规定:违反法律、行政法规或者中国证监会有关规定,情节严重的,可以对有关责任人员采取 3 年以上 5 年以下本规定第四条第一款第一项规定的证券市场禁入措施;行为恶劣、严重扰乱证券市场秩序、严重损害投资者利益或者在重大违法活动中起主要作用等情节较为严重的,可以对有关责任人员采取 6 年以上 10 年以下本规定第四条第一款第一项规定的证券市场禁入措施;有下列情形之一的,可以对有关责任人员终身采取本规定第四条第一款第一项规定的证券市场禁入措施:

(一)严重违反法律、行政法规或者中国证监会有关规定,被人民法院生效司法裁判认定构成犯罪的;

(二)从业人员等负有法定职责的人员,故意不履行法律、行政法规或者中

国证监会规定的义务,并造成特别恶劣社会影响,或者致使投资者利益受到特别严重损害,或者导致其他特别严重后果的;

(三)在报送或者公开披露的材料中,隐瞒、编造或者篡改重要事实、重要财务数据或者其他重要信息,或者组织、指使从事前述行为或者隐瞒相关事项导致发生上述情形,严重扰乱证券市场秩序,或者造成特别恶劣社会影响,或者致使投资者利益受到特别严重损害的;

(四)违反法律、行政法规或者中国证监会有关规定,从事欺诈发行、内幕交易、操纵证券市场等违法行为,严重扰乱证券市场秩序并造成特别恶劣社会影响,或者获取违法所得等不当利益数额特别巨大,或者致使投资者利益受到特别严重损害的;

(五)违反法律、行政法规或者中国证监会有关规定,情节严重,应当采取证券市场禁入措施,且存在故意出具虚假重要证据,隐瞒、毁损重要证据等阻碍、抗拒执法单位及其工作人员依法行使监督检查、调查职权行为的;

(六)因违反法律、行政法规或者中国证监会有关规定,5年内曾经被执法单位给予行政处罚2次以上,或者5年内曾经被采取本规定第四条第一款第一项规定的证券市场禁入措施的;

(七)组织、策划、领导或者实施重大违反法律、行政法规或者中国证监会有关规定的活动的;

(八)其他违反法律、行政法规或者中国证监会有关规定,情节特别严重的。

违反法律、行政法规或者中国证监会有关规定,影响证券交易秩序或者交易公平,情节严重的,可以对有关责任人员采取本规定第四条第一款第二项规定的证券市场禁入措施,禁止交易的持续时间不超过5年。

(三)企业退市风险

《证券法》第48条明确规定:"上市交易的证券,有证券交易所规定的终止上市情形的,由证券交易所按照业务规则终止其上市交易。证券交易所决定终止证券上市交易的,应当及时公告,并报国务院证券监督管理机构备案。"统计显示,截至2020年年底,我国沪、深两家证券交易所市场上市公司退市已经达到150家,其中,2020年共有16家A股上市公司被强制退市,另外有13家公司通过并购重组渠道退市，年内退市公司合计达29家。[①] 在全面实施注册制的大背景下，企业上市效率提升，实现资本市场"入口"便捷化；同时通过常态化、多元化的退市制度，畅通市场的"出口"，以实现市场优胜劣汰、优化资源配置的目的。

根据证监会《关于改革完善并严格实施上市公司退市制度的若干意见》（2021年废止）的规定，上市公司退市是指公司股票在证券交易所终止上市交易。上市公司退市制度是资本市场重要的基础性制度。一方面，上市公司基于实现发展战略、维护合理估值、稳定控制权以及成本效益法则等方面的考虑，认为不再需要继续维持上市地位，或者继续维持上市地位不再有利于公司发展，可以主动向证券交易所申请其股票终止交易。另一方面，证券交易所为维护公开交易股票的总体质量与市场信心，保护投资者特别是中小投资者合法权益，依照规则要求交投不活跃、股权分布不合理、市值过低而不再适合公开交易的股票终止交易，特别是对于存在严重违法违规行为的公司，证券交易所可以依法强制其股票退出市场交易。

沪、深两家证券交易所于2018年11月发布的《上市公司重大违法强制退市实施办法》细化了重大违法行为强制退市的认定标准：（1）上市公司首次公开发行股票申请或者披露文件存在虚假记载、误导性陈述或重大遗漏，被中国证监会依据《证券法》作出行政处罚决定，或者被人民法院依据《刑法》作出有罪生效判决；（2）上市公司发行股份购买资产并构成重组上市，申请或者披露文件存在虚假记载、误导性陈述或者重大遗漏，被中国证监会依据《证券法》作出行政处罚决定，或者被人民法院依据《刑法》作出有罪生效判决；（3）上市公司披露的年度报告存在虚假记载、误导性陈述或者重大遗漏，根据中国证监会行政处罚决定认定的事实，导致连续会计年度财务指标实际已触及《股票上市规则》规定的终止上市标准；（4）交易所根据上市公司违法行为的事实、性质、情节及社会影响等因素认定的其他严重损害证券市场秩序的情形。

需要注意的是，沪、深两家证券交易所于2022年1月全面修订的《股票上市规则》对退市制度进行了大量修订以契合《证券法》新规。如上海证券交易所

---

① 参见郭志强：《坏榜样：16家被强制退市，53家涉信披违规被查》，载《中国经济周刊》2020年第24期。

对四类强制退市指标均有完善:一是财务类指标方面,取消了原来单一的净利润、营业收入指标,新增扣非前后净利润孰低者为负且营业收入低于人民币1亿元的组合财务指标,同时对因财务类指标被实施退市风险警示的公司,下一年度财务类指标进行交叉适用;二是交易类指标方面,将原来的面值退市指标修改为"1元退市"指标,同时新增"连续20个交易日在交易所的每日股票收盘总市值均低于人民币3亿元"的市值指标;三是规范类指标方面,新增信息披露、规范运作存在重大缺陷且拒不改正和半数以上董事对于半年报或年报不保真且限期内不改正两类情形,并细化具体标准;四是重大违法类指标方面,在保留原欺诈发行、欺诈重组上市、根据行政处罚认定的事实公司实际财务指标已经触及退市标准的条款的基础上,进一步增加并明确重大财务造假退市量化标准。在退市程序上,主要包括以下三个方面的修改:一是取消暂停上市和恢复上市环节,明确上市公司连续两年触及财务类指标即终止上市;二是取消交易类退市情形的退市整理期设置,退市整理期首日不设涨跌幅限制,将退市整理期交易时限从30个交易日缩短为15个交易日;三是将重大违法类退市连续停牌时点从收到行政处罚事先告知书或法院判决之日延后到收到行政处罚决定书或法院生效判决之日。①

(四)典型案例

案例1-8:陈某铭、谢某市场禁入案②

【基本案情】

陈某铭,时为中昌大数据股份有限公司(以下简称中昌数据)实际控制人、中昌数据控股股东上海三盛宏业投资(集团)有限责任公司(以下简称三盛宏业)董事长及法定代表人;谢某,时任中昌数据总经理。

依据2005年《证券法》的有关规定,证监会对陈某铭、谢某、胡某操纵中昌数据股票行为进行了立案调查、审理,并依法向当事人告知了作出行政处罚的事实、理由、依据及当事人依法享有的权利。应当事人陈某铭、谢某的要求,证

---

① 参见《沪深交易所就退市相关业务规则发布答记者问摘选》,载中国证券监督管理委员会网,http://www.csrc.gov.cn/pub/newsite/tzzbh1/tb12386rx/202101/t20210127_391352.html。

② 中国证监会市场禁入决定书〔2021〕12号。

监会于2021年4月6日举行了听证会,听取了陈某铭、谢某及其代理人的陈述和申辩。本案现已调查、审理终结。

经查明,陈某铭、谢某存在以下违法事实:

1. 陈某铭等人控制使用101个证券账户。

根据询问笔录、资金往来记录、证券账户交易终端硬件信息等证据,2018年2月9日至2019年1月16日,陈某铭、谢某、胡某控制使用“蔡某波”等101个证券账户(以下简称账户组)交易中昌数据。

2. 陈某铭等人操纵中昌数据。

2018年2月9日至2019年1月16日,陈某铭因为资金紧张和三盛宏业及其一致行动人所持中昌数据的质押风险,安排谢某和胡某寻找、提供证券账户和配资资金并交易中昌数据,以维护中昌数据股价稳定。期间陈某铭控制的企业提供保证金、利息,胡某与谢某对接追加保证金等事宜。

2018年2月9日至2019年1月16日共计226个交易日,账户组均参与中昌数据交易,合计买入1.8亿股,买入金额28.6亿元,卖出1.8亿股,卖出金额28.8亿元。账户组在涉案期间有52个交易日的竞价成交占比超过当期市场成交量的30%;有98个交易日的申买数量占市场申买量比例超20%;有32个交易日的申卖量占市场申卖量比例超20%;有162个交易日持有中昌数据达到总股本5%以上。

2018年2月9日至2019年1月16日,账户组通过拉抬、对倒等手段影响股票交易价格和交易量。有34个交易日盘中股价涨幅超过2%,买入成交占比超过20%;有83个交易日存在账户组内证券账户之间交易中昌数据,对倒比例大于10%的有35个交易日,大于20%的有19个交易日。

2018年2月9日账户组开始建仓,持有22.2万股。2018年12月10日持有4619.3万股。上述期间,账户组期末持股量为期初持股量的208倍,股价累计上涨5.15%。

2018年12月11日至2019年1月9日,账户组集中拉抬中昌数据股价。2018年12月11日中昌数据收盘价13.88元,较前一日上涨6.20%。2019年1月9日中昌数据收盘价达到峰值20.90元,账户组持股也达到峰值5630.5万股。上述期间,账户组期末持股量较期初增加21.89%,股价累计上涨59.91%。

2019 年 1 月 10 日至 16 日,账户组大量减持,账户组持股量减少约 100%,股价累计下跌 35.89%。

综上,2018 年 2 月 9 日至 2019 年 1 月 16 日,陈某铭等人控制使用账户组,利用资金优势、持股优势连续集中交易中昌数据,同时在自己实际控制的账户之间交易,影响中昌数据交易价格,共计获利 11,472,258.06 元。

上述违法事实,有询问笔录、证券账户资料、银行账户资料、情况说明、交易所数据等证据证明,足以认定。

证监会认为,陈某铭、谢某的上述行为违反《证券法》第 77 条第 1 款第 1 项、第 3 项之规定,构成《证券法》第 203 条所述情形。

当事人陈某铭及其代理人提出如下申辩意见:第一,陈某铭只希望股价稳定在预期之上,没有操纵牟利的动机和企图,不存在操纵故意。第二,行为主体系三盛宏业,而非陈某铭。第三,账户组由胡某控制,交易决策由胡某做出。第四,违法所得计算错误,量罚过重。综上,请求不予市场禁入。

当事人谢某及其代理人提出如下申辩意见:第一,没有证据证明陈某铭因个人资金紧张而从事操纵行为。第二,谢某仅作为传话者角色转达了相关信息,未寻找账户和资金,未控制使用账户交易,未专门负责与胡某对接追加保证金等事宜,对其后胡某控制使用账户交易及三盛宏业提供保证金的具体情况也并不知情。第三,案涉行为为单位行为,而非个人行为。第四,处罚过严。综上,请求免于市场禁入。

经复核,证监会认为:

第一,在案证据和当事人申辩意见可以证明,陈某铭等人确有将股价稳定在一定预期之上从而规避质押风险的意图,并通过安排配资交易的方式实现上述目的,陈某铭、谢某知悉胡某拟拉抬股价的情况,当事人所称不存在操纵故意、操纵行为由胡某独立实施等说法不能成立。同时,谢某提供的情况说明及有关人员的询问笔录等在案证据可以证明谢某从事了借用账户和资金等具体行为,当事人所称其并非主动等辩解,不影响其实质性地参与了违法行为之事实的成立。基于以上,对当事人关于违法事实认定的申辩意见不予采纳。

第二,相关证据及当事人申辩意见表明,"稳定股价"系陈某铭起意并最终受益,且陈某铭对于三盛宏业内部资金划转是明知的,操纵行为主要系个人意志体现。三盛宏业内部虽有资金划转的审批决策,但并无证据证明其形成了操纵市场的单位意志。由此，应认定本案操纵为个人行为，而非单位行为。

第三，违法所得是指涉案账户组因操纵行为的所得而非操纵行为人的最终收益，本案违法所得认定并无不当。

【处理结果】

当事人陈某铭和谢某行为严重扰乱市场秩序、损害投资者利益，违法行为情节严重，依据2015年《证券法》第233条和《证券市场禁入规定》(证监会令第115号)第5条的规定，证监会决定：对陈某铭采取10年证券市场禁入措施，对谢某采取5年证券市场禁入措施。自证监会宣布决定之日起，在禁入期间内，除不得继续在原机构从事证券业务或者担任原上市公司、非上市公众公司董事、监事、高级管理人员职务外，也不得在其他任何机构中从事证券业务或者担任其他上市公司、非上市公众公司董事、监事、高级管理人员职务。

二、害他：对投资者、社会的危害

上市公司法律风险往往伴随重大违法违规行为而发生，极大破坏证券金融市场秩序，也会直接损害广大投资者合法权益，损害中小投资者的信心，影响市场的公平、公正、公开，严重时或将危及社会稳定。

具体而言，证券违法行为的危害主要表现在以下两个方面：

其一，破坏证券市场秩序。证券市场秩序是证券市场赖以运作和发挥作用的基本条件，任何对证券法律法规的违反，对证券市场秩序的破坏，都会在一定程度上影响证券市场功能的发挥。证券发行、证券交易、信息披露、上市公司收购等环节的违法行为都相应地破坏了各环节的秩序，严重的还会给市场造成较大冲击，危及社会稳定，造成恶劣的影响。

其二，损害中小投资者利益。广大投资者是证券市场的基石，没有广大投资者的积极参与，证券市场就不可能生存、发展。众所周知，每家上市公司均有上万甚至几十万的股东，证券违法行为往往会损害众多人的利益。

如在A股史上最大规模财务造假案——"康美药业财务造假案"中，康美药业的重大财务造假行为直接导致逾28万股民利益受损，严重破坏市场诚信基础和投资者信心，严重破坏信息披露制度的严肃性，引发市场波动，扰乱市场正常秩序。证监会相关负责人明确表示，康美药业2016年至2018年连续3年有预谋、有组织、系统性地实施财务造假约300亿元，涉案金额巨大、持续时间长、性质特别严重、社会影响恶劣、践踏法治、对市场和投资者毫无敬畏之心，严重损害了投资者的合法权益，严重破坏了资本市场健康生态。①

案例1－9：康美药业财务造假事件②

康美药业2001年3月19日在上海证券交易所上市，主营业务为中药饮片、中成药、化学药剂等产品的生产、销售，公司实际控制人为马某田、许某谨夫妇，产品供应广东省以及外省不少中医院使用。康美药业因造假而被立案调查前，公司市值最高时达1300多亿元，为市场关注的千亿市值白马股。

1. 康美药业公告财务“差错”。

2018年4月29日，康美药业发布了一份《关于前期会计差错更正的公告》。公告几乎将2017年财报结果推翻，即对2017年财报中包括货币资金、存货、营收等14项会计错误更正，尤其夸张的是2017年货币资金多计算了299亿元。

2. 正中珠江被立案调查。

2019年5月9日，因在康美药业审计中涉嫌违法违规，证监会向广东正中珠江会计师事务所（以下简称正中珠江）（特殊普通合伙）开出了《调查通知书》，对正中珠江进行立案调查。

3. 康美药业存在假存款、假收入。

2019年5月17日，证监会通报，2018年年底证监会日常监管发现，康美药业财务报告真实性存疑，涉嫌虚假陈述等违法违规，证监会当即立案调查。已初步查明，康美药业披露的2016年至2018年财务报告存在重大虚假，涉嫌违反《证券法》第63条等相关规定。一是使用虚假银行单据虚增存款，二是通过伪造业务凭证进行收入造假，三是部分资金转入关联方账户买卖本公司股票。

---

① 参见《证监会有关部门负责人就康美药业特别代表人诉讼问题答记者问》，载中国证券监督管理委员会网，http://www.csrc.gov.cn/pub/newsite/zjhxwfb/xwdd/202104/t20210416_396163.html。

② 参见《1天亏掉1个亿！曾造假300亿的公司又“爆雷”，业绩大变脸，上交所火速问询：又在造假?》，载微信公众号“每日经济新闻”2021年4月16日，https://mp.weixin.qq.com/s/cD---E1LWgi95QUE0VYwAw。

4. 康美药业深夜公告道歉，主动 ST。

证监会通报后，康美药业在 2019 年 5 月 17 日深夜公告道歉，并主动 ST。康美药业在公告称，经公司核查，公司与相关关联公司存在 88.79 亿元的资金往来，该等资金被相关关联公司用于购买公司股票。

5. 证监会再次通报康美药业案。

2019 年 8 月 16 日下午，证监会例行发布会再通报康美药业一案最新进展。证监会发言人高莉表示，2016～2018 年，康美药业涉嫌通过仿造、变造增值税发票等方式虚增营业收入，同时涉嫌未在相关年报中披露控股股东及关联方非经营性资金占用情况，使得相关年报存在虚假记载及重大遗漏。康美药业有预谋有组织长期系统实施财务造假行为，恶意欺骗投资者，影响极为恶劣，后果极为严重。

6. 康美药业被处罚，责任人遭市场禁入。

2020 年 5 月，证监会下达行政处罚决定，行政处罚中查清，康美药业《2016 年年度报告》虚增货币资金 225 亿元；《2017 年年度报告》虚增货币资金 299 亿元；《2018 年半年度报告》虚增货币资金 362 亿元。累计虚增货币资金 886 亿元。公司还未按规定披露期间控股股东及其关联方累计非经营性占用 116.19 亿元的关联交易。

经查，2016 年至 2018 年，康美药业实际控制人、董事长马某田等人涉嫌组织相关人员虚开和篡改增值税发票、伪造银行回款凭证、伪造定期存单，累计虚增收入近 300 亿元，虚增利润 40 亿元。

证监会表示，康美药业有预谋、有组织，长期、系统实施财务欺诈行为，践踏法治，对市场和投资者毫无敬畏之心，严重破坏资本市场健康生态。证监会发现案涉违法行为后，立即集中力量查办，持续公布执法进展，疫情期间通过多地远程视频会议方式召开听证会，听取当事人陈述申辩，并在坚持法治原则下从严从重从快惩处。

同时，证监会依法对康美药业违法违规案作出行政处罚及市场禁入决定，决定对康美药业责令改正，给予警告，并处以 60 万元罚款，对 21 名责任人员处以 10 万元至 90 万元不等罚款，对 6 名主要责任人采取 10 年至终身证券市场禁入措施。

7. 马某田被公安机关采取强制措施。

2020 年 7 月 10 日,康美药业发布《关于公司实际控制人被采取强制措施的公告》,称收到公司实际控制人马某田先生家属的通知,马某田先生因涉嫌违规披露、不披露重要信息罪被公安机关采取强制措施。马某田自 2020 年 5 月已不在公司担任任何职务。

8. 康美药业发布《2020 年度业绩预亏公告》。

2021 年 1 月 30 日,康美药业发布《2020 年度业绩预亏公告》称:“针对可能面临的投资者民事诉讼索赔,公司期末补充计提或有诉讼费用 50,000 万元。”

9. 正中珠江被罚没 5700 万元。

2021 年 2 月 18 日,证监会作出对正中珠江公布的行政处罚决定,因在康美药业审计业务中涉嫌违反相关法律法规,2019 年正中珠江被立案调查。证监会决定对正中珠江责令改正,罚没 5700 万元。

10. 民事索赔适用特别代表人诉讼程序。

2021 年 4 月 16 日晚,ST 康美药业公告了投资者民事诉讼索赔进展,中证中小投资者服务中心接受了黄某香等 56 名权利人的特别授权,将作为代表人参加对康美药业诉讼。根据最高人民法院指定,广州市中级人民法院将适用特别代表人诉讼程序审理本案。

11. 民事一审判决判赔投资者 24.59 亿元。

2021 年 11 月 12 日,广州中级人民法院就多名投资者与康美药业证券虚假陈述责任纠纷案件作出(2020)粤 01 民初 2171 号民事判决。一审判决判令康美药业向投资者赔偿投资损失累计 24.59 亿元,康美药业董事、监事、高级管理人员等主要责任人员,以及中介机构对此承担全部或部分连带责任。

12. 刑事一审判决判处马某田有期徒刑 12 年。

2021 年 11 月 17 日,广东省佛山市中级人民法院对康美药业原董事长、总经理马某田等 12 人操纵证券市场案公开宣判。马某田因操纵证券市场罪,违规披露、不披露重要信息罪以及单位行贿罪数罪并罚,被判处有期徒刑 12 年,并处罚金 120 万元;康美药业原副董事长、常务副总经理许某瑾及其他责任人员 11 人,因参与相关证券犯罪被分别判处有期徒刑并处罚金。

第二章

上市公司常见法律风险解构之内幕交易

根据《证券法》第53条之规定,内幕交易是指证券交易内幕信息的知情人和非法获取内幕信息的人在内幕信息公开前,利用内幕信息买卖相关证券、泄露内幕信息,或者建议他人买卖相关证券的行为。内幕交易本质上属于证券欺诈范畴,内幕人员利用内幕信息优势,与毫不知情的相对方进行交易,侵害了交易相对方的公平交易权,进而对交易相对方的合法财产权益构成严重威胁甚至造成实际损害,破坏证券市场交易制度的公平性,影响到一般投资人对证券市场公开、公正、公平的信赖。"内幕交易表面上对证券期货市场的侵害,是信息优势者对信息劣势者的掠夺,实质上是大范围释放信守规则无利可图的信号,进而减损证券期货市场本该被共同遵守的规范的效力。"①

内幕交易为各国证券法普遍规制的重要内容,我国自证券市场开放之初,即非常注重对内幕交易行为的规制,2019年修订的《证券法》加大对内幕交易行为的行政处罚力度。此外,内幕交易行为情节严重时将构成犯罪,《刑法》第180条明确规定了内幕交易、泄露内幕信息罪与利用未公开信息交易罪,这意味着内幕交易行为人除了承担行政罚款责任外,严重时或将承受牢狱之灾。

《证券法》第191条第1款规定:证券交易内幕信息的知情人或者非法获取内幕信息的人违反本法第五十三条的规定从事内幕交易的,责令依法处理非法持有的证券,没收违法所得,并处以违法所得一倍以上十倍以下的罚款;没有违法所得或者违法所得不足五十万元的,处以五十万元以上五百万元以下的罚款。单位从事内幕交易的,还应当对直接负责的主管人员和其他直接责任人员给予警告,并处以二十万元以上二百万元以下的罚款。国务院证券监督管理机构工作人员从事内幕交易的,从重处罚。

《刑法》第180条规定:证券、期货交易内幕信息的知情人员或者非法获取证券、期货交易内幕信息的人员,在涉及证券的发行,证券、期货交易或者其他对证券、期货交易价格有重大影响的信息尚未公开前,买入或者卖出该证券,或者从事与该内幕信息有关的期货交易,或者泄露该信息,或者明示、暗示他人从事上述交易活动,情节严重的,处五年以下有期徒刑或者拘役,并处或者单处违法所得一倍以上五倍以下罚金;情节特别严重的,处五年以上十年以下有期徒刑,并处违法所得一倍以上五倍以下罚金。

---

① 乔远主编:《金融警戒线:证券刑事法律实务探析》,法律出版社2018年版,第101页。

单位犯前款罪的，对单位判处罚金，并对其直接负责的主管人员和其他直接责任人员，处五年以下有期徒刑或者拘役。

内幕信息、知情人员的范围，依照法律、行政法规的规定确定。

证券交易所、期货交易所、证券公司、期货经纪公司、基金管理公司、商业银行、保险公司等金融机构的从业人员以及有关监管部门或者行业协会的工作人员，利用因职务便利获取的内幕信息以外的其他未公开的信息，违反规定，从事与该信息相关的证券、期货交易活动，或者明示、暗示他人从事相关交易活动，情节严重的，依照第一款的规定处罚。

案例2－1：周某伟内幕交易案①

【基本案情】

被告人周某伟，原系上海证券交易所上市公司监管一部副总监。2012年12月至2013年7月，被告人周某伟利用其担任上海证券交易所上市公司监管一部总监助理的职务便利，使用自己的工作账号和密码进入上海证券交易所《上市公司信息披露电子化系统》，浏览并获取上市公司提交审核的有关业绩增长、分红、重大合同等利好信息后，用办公室外网电脑，登录其实际控制的证券账户并买入相关股票15只，买入总金额共计852万余元，卖出总金额871万余元，非法获利17万余元。

【裁判结果】

法院认为，被告人周某伟利用其职务便利，作为证券交易内幕信息知情人，在涉及对证券交易价格有重大影响的信息尚未公开前买入该证券，于次日信息公告披露后卖出该证券，其行为已构成内幕交易罪，且情节特别严重，应依法惩处。周某伟案发后坦白罪行，积极退赃，认罪悔罪，依法可以从轻处罚。据此，以内幕交易罪判处周某伟有期徒刑5年，并处罚金人民币50万元。

本案被告人周某伟作为证券交易内幕信息知情人员，利用证券交易内幕信息从事内幕交易，证券交易成交额特别巨大，应当认定为“情节特别严重”。本

---

① 参见《最高人民法院发布7件人民法院依法惩处证券、期货犯罪典型案例》，载中国法院网，https://www.chinacourt.org/article/detail/2020/09/id/5471380.shtml。

案的正确处理,体现了从严惩处的精神,对证券交易所等证券监管人员从事内幕交易违法犯罪具有重要的警示作用。内幕交易违反证券市场公开、公平、公正的证券交易原则,严重扰乱证券市场秩序,损害广大投资者合法利益。

第一节 内幕信息的界定

证券市场作为信息市场，需要扭转内幕人员与投资者之间非对称的信息格局，保证投资者拥有充分、准确、全面、及时的信息。如何将公司信息有效、公开地传递给投资者，便成为证券市场正常运转的核心，然而内幕交易对信息的优先占用现象，严重损害了证券市场的运转机制。对内幕信息的优先占用是内幕交易存在的前提，确立内幕信息的认定标准是界定内幕交易行为的关键所在。[①]

一、内幕信息的类型

（一）基本规定

根据《证券法》第 52 条的规定，内幕信息是指在证券交易活动中，涉及发行人的经营、财务或者对该发行人证券的市场价格有重大影响的尚未公开的信息。《证券法》第 80 条第 2 款所列举的可能对上市公司、股票在国务院批准的其他全国性证券交易场所交易的公司的股票交易价格产生较大影响的 12 类重大事件均属内幕信息范畴，这些事件包括：

（1）公司的经营方针和经营范围的重大变化；（2）公司的重大投资行为，公司在一年内购买、出售重大资产超过公司资产总额百分之三十，或者公司营业用主要资产的抵押、质押、出售或者报废一次超过该资产的百分之三十；（3）公司订立重要合同、提供重大担保或者从事关联交易，可能对公司的资产、负债、

---

① 参见李有星、董德贤：《证券内幕信息认定标准的探讨》，载《浙江大学学报（人文社会科学版）》2009 年第 6 期。

权益和经营成果产生重要影响;(4)公司发生重大债务和未能清偿到期重大债务的违约情况;(5)公司发生重大亏损或者重大损失;(6)公司生产经营的外部条件发生的重大变化;(7)公司的董事、三分之一以上监事或者经理发生变动,董事长或者经理无法履行职责;(8)持有公司百分之五以上股份的股东或者实际控制人持有股份或者控制公司的情况发生较大变化,公司的实际控制人及其控制的其他企业从事与公司相同或者相似业务的情况发生较大变化;(9)公司分配股利、增资的计划,公司股权结构的重要变化,公司减资、合并、分立、解散及申请破产的决定,或者依法进入破产程序、被责令关闭;(10)涉及公司的重大诉讼、仲裁,股东大会、董事会决议被依法撤销或者宣告无效;(11)公司涉嫌犯罪被依法立案调查,公司的控股股东、实际控制人、董事、监事、高级管理人员涉嫌犯罪被依法采取强制措施;(12)国务院证券监督管理机构规定的其他事项。

《证券法》第81条第2款将发生可能对上市交易公司债券的交易价格产生较大影响的重大事件纳入内幕信息范畴,这些事件包括:

(1)公司股权结构或者生产经营状况发生重大变化;(2)公司债券信用评级发生变化;(3)公司重大资产抵押、质押、出售、转让、报废;(4)公司发生未能清偿到期债务的情况;(5)公司新增借款或者对外提供担保超过上年末净资产的百分之二十;(6)公司放弃债权或者财产超过上年末净资产的百分之十;(7)公司发生超过上年末净资产百分之十的重大损失;(8)公司分配股利,作出减资、合并、分立、解散及申请破产的决定,或者依法进入破产程序、被责令关闭;(9)涉及公司的重大诉讼、仲裁;(10)公司涉嫌犯罪被依法立案调查,公司的控股股东、实际控制人、董事、监事、高级管理人员涉嫌犯罪被依法采取强制措施;(11)国务院证券监督管理机构规定的其他事项。

需要说明的是,在判定某一信息是否属于内幕信息时,不应局限于以上列举式规定,应紧扣信息的重要性和未公开性要件予以识别。事实上,证监会在对内幕信息的认定上也秉持了该原则。

(二)常见类型

通过对2015~2019年5年间全部内幕交易案件的统计分析,执法实践中的

内幕信息类型主要集中于以下 8 大类:①

1. 公司的重大投资行为和重大购置财产决定。资本市场重大投资行为和购置财产常常以发行股份的方式支付对价,同时会伴有公司的增资计划,本书把这二类内幕信息类型合并为公司的重大投资行为和重大购置财产决定这一大类。经统计,共有 317 起内幕交易案件的内幕信息涉及公司的重大投资行为和重大购置财产决定,占内幕交易案件总数的 75.84%。

2. 公司分配股利计划。经统计,共有 56 起案件的内幕信息涉及公司分配股利的计划,占内幕交易案件总数的 13.40%。

3. 公司股权结构重大变化。经统计,共有 29 起案件的内幕信息涉及持有公司 5% 以上股份的股东或实际控制人持有股份或者控制公司的情况发生较大变化,以及其他上市公司股权结构的重大变化,占内幕交易案件总数的 6.94%。

4. 公司订立重要合同。经统计,共有 6 起案件的内幕信息涉及公司订立重要合同,占内幕交易案件总数的 1.44%。

5. 公司发生重大亏损或者重大损失。经统计,共有 4 起案件的内幕信息涉及公司发生重大亏损或者重大损失,占内幕交易案件总数的 0.96%。

6. 公司营业用主要资产的抵押、出售或者报废。经统计,共有 3 起案件的内幕信息涉及公司营业用主要资产的抵押、出售或者报废一次超过该资产的 30%,占内幕交易案件总数的 0.72%。

7. 上市公司高管重大变化。经统计,共有 1 起案件的内幕信息涉及上市公司高管的重大变化,占内幕交易案件总数的 0.24%。

8. 其他重要信息。经统计,共有 12 起案件的内幕信息涉及国务院证券监督管理机构认定的对证券交易价格有显著影响的其他重要信息,诸如拟实施股权激励计划的信息,财务快报、业绩大幅增长的信息,实际控制人倡议员工增持公司股票的信息等,占内幕交易案件总数的 2.87%。

从“公司的重大投资行为和重大购置财产决定”占全部内幕信息类型 70% 以上可以印证,内幕交易易发、高发于上市公司重大投资,尤其是重大资产重组过程中——这也是内幕交易历来重点防范的领域。从统计数据来看,该领域的

---

① 余伟平、李腾:《2015 年~2019 年五年间全部内幕交易案件的统计分析》,载微信公众号“锦论”2020 年 7 月 22 日,https://mp.weixin.qq.com/s/R0f-xw3ZOint8musojVtNw。

内幕交易预防工作依旧任重道远。数量排名第二的内幕交易案件发生于上市公司重大股利分配计划公布前,实践中,这类分配计划通常伴随着大比例的股票高送转。在境外成熟资本市场中,由于股票送转本质上只是数字游戏,因此对股票价格一般没有实质影响;但在我国,高送转常会引起股价的剧烈波动,几乎每年都有类似的内幕交易案例发生,令人唏嘘。

二、内幕信息的认定标准

一般认为,界定内幕信息时,有两项核心标准:重大性和未公开性。

(一)重大性

"重大性",是指对证券价格产生重大影响的可能性,是对内幕信息量的限制。[①] 所谓重大性,即"重大影响"。其中的"重大"一词,是指对投资者的投资决策有着举足轻重的影响,换句话说,不知情的交易对方如果知道真相,可能会作出相反的买卖决定。此外,由于这里仅限于对价格的影响,所以也不妨碍从"明显""显而易见"的意义上去理解"重大",即该信息一旦公开即会引起价格明显地上升或下降,这样更具体形象些。

并非所有的非公开信息均构成内幕信息,还需要考虑信息的重大性即公开后是否能对证券价格产生重大影响。如果信息对于证券价格的影响微不足道,则该信息并不构成内幕信息。一般认为,"重大性"主要可以从"投资者决策标准"和"股票价格影响标准"两个方面予以认定。

美国主要是通过判例来对信息重大性进行界定。在1976年的"诺斯威案"中,最高法院对"重要性"一词进行了详细界定。最高法院认为,如果一个理性的股东有相当大的可能认为一项遗漏的事实对于其作出如何投票的决定是重要的,则该遗漏的事实是重要的。在该案中,法院非常谨慎以免所定的重要标准过低,从而将过多的信息纳入"重要信息"的范畴,使管理层向股东提供众多无关紧要的信息,对决策机制产生不利影响。最高法院还进一步强调,如果公开遗漏的事实,有相当大的可能将使理性的投资者认为该事实改变了信息的整

---

① 参见胡光志:《内幕交易及其法律控制研究》,法律出版社2004年版,第74页。

体,则满足了“重要性”的要求。此外,法院认为一项重要的事实,不一定要求对投票结果是决定性的,即并不要求该事实重要到导致理性投资者改变其投票结果的程度。

(二)未公开性

所谓“未公开”,有两层含义:一是社会公众不知情;二是交易对方不知情。证券法上的内幕交易往往是一方知情而另一方不知情,而我们平常所称内幕交易或者幕后交易则是双方都知情,二者不能等同。对内幕信息的定义抓住“尚未公开”和“影响价格”两个特征就够了,公司的经营和财务与内幕信息的这两个特征之间应当是举例关系,而不是并列关系,也不是任何涉及公司经营或财务的信息都是内幕信息。值得探讨的是,《证券法》第52条第2款开头句“所列重大事件属于内幕信息”中,若加上几个字,修改为“所列重大事件在公开之前皆属内幕信息”,可能会更好一些。毕竟,如果信息已经公开,将不再是内幕信息。

实践中,判断某种信息是否具有公开性存在一个难点,即上市公司完成向社会公开的任务后到投资者知悉和消化该信息的期限之界定比较复杂。证券价格受多种因素的影响,内幕信息种类繁多,其对证券价格影响的敏感程度有强弱之分,股票的活跃程度、公司规模的大小、文化心理、传媒的现代化程度和投资者的个人素质等因素也分别在不同程度上影响着投资者所需要的分析、消化期间。所以到目前,即使是证券法治建设较为发达的国家,对于判定知情人员是否在禁止期限内进行内幕交易,多凭法官的自由心证,根据公正、公平之法理来衡量。

三、内幕信息的敏感期

为准确认定内幕交易行为,明晰内幕信息的敏感期很重要。交易行为发生在内幕信息敏感期内是认定内幕交易行为的基础,直接关乎内幕交易时间范围的框定。内幕信息的敏感期,是指内幕信息自形成至公开的期间,即从内幕信息开始形成之日起至内幕信息公开或者该信息对证券的交易价格不再有显著影响时止为内幕信息的价格敏感期。而在内幕信息形成之前或内幕信息公开后的交易行为，一般不被纳入内幕交易行为的评价范畴。

（一）敏感期的起点

一般认为，内幕信息的形成时间为内幕信息敏感期的起算点。根据最高人民法院、最高人民检察院《关于办理内幕交易、泄露内幕信息刑事案件具体应用法律若干问题的解释》（以下简称《内幕交易解释》）之规定，影响内幕信息形成的动议、筹划、决策或者执行人员，其动议、筹划、决策或者执行初始时间，应当认定为内幕信息的形成之时。

该规定最大化圈定内幕信息初始形成时间点，毕竟上市公司的重大合同、增资计划等重大信息的形成过程一般属于“要式”行为，需经过正规程序予以通过，一般会留下可视化的会议纪要或相关决议等证明文件。需要思考的是，若严格根据《内幕交易解释》的规定认定内幕信息敏感期的起点，一定程度会放纵部分内幕交易行为，毕竟重大事件在出台之前，一般会有前期磋商、讨论、准备时间，该时间是否也应纳入内幕信息的敏感期评价范畴？本书认为，内幕交易敏感期起点的认定不易过于严苛，可基于通常社会化理解予以评判，即“只要从事后来看动议、筹划等行为对内幕信息形成具有实质性影响或不可或缺的，则应当把动议、筹划等行为之初的时间认定为内幕信息形成时间”。①

（二）敏感期的终点

敏感期的终点即敏感期的结束时间点，是指内幕信息的公开时间。信息公开的目标是使广大的、不特定的投资者能够获得他们赖以评估公司价值的充分信息，信息的充分公开是信息机制的必然要求，等到投资者掌握了充足、必要的信息时，那些知道内幕的人手中的信息也就失去了其作为内幕信息的优越性，从而使大家都站在了同一起跑线上，达到了信息占有的公平。②

内幕信息公开，是指内幕信息在中国证监会指定的刊物、网站等媒体披露，或者被一般投资者能够接触到的全国性报刊、网站等媒体揭露，或者被一般投资者广泛知悉和理解。即在内幕信息公开的判定中兼采形式标准和实质标准

---

① 乔远主编：《金融警戒线：证券刑事法律实务探析》，法律出版社 2018 年版，第 108 页。

② 参见朱锦清：《证券法学》，北京大学出版社 2007 年版，第 108 页。

的双重认定方式,将内幕信息在相关网站、刊物披露视为形式标准,《上市公司信息披露管理办法》亦有相关规定,上市公司及其他信息披露义务人依法披露信息,应当在证券交易所的网站和符合中国证监会规定条件的媒体发布,同时将其置备于公司住所、证券交易所,供社会公众查阅。将被投资者广泛知悉视为实质标准。该双重认定标准规则,符合大众普遍能理解的一般常理和经验法则,有一定的合理性。当然,实践中关于内幕交易敏感期时间段的认定由证监会通过函件方式予以确认,证监会在具体认定过程中并非一概采取上述严格形式标准,而是在有充分证据证明内幕信息形成公开时间有前置情形时,一般会以前置的时间点认定为内幕信息形成时间段,符合实质公平原则。

(三)典型案例

案例2-2:吉某信托公司内幕交易案①

【基本案情】

人造板生产是森某股份有限公司(以下简称森某公司,系上市公司)的重要业务,原材料来自控股股东森某集团下属单位的采伐剩余物。因国家林业局规定2015年4月起禁伐天然林,森某集团和森某公司拟将林业相关业务从森某公司置出。2015年5月、6月,森某集团的董事长柏某新安排人员研究森某公司的人造板业务整合路径,拟装入森某集团下属的人造板集团。2015年12月7日,森某公司公告董事会审议通过重大资产重组预案,拟以人造板业务资产、负债、子公司股权向人造板集团增资,并获得人造板集团约40.08%股权。森某公司以人造板业务等向森某集团的人造板集团出资、参股事项信息公开前为内幕信息。内幕信息不晚于2015年6月底形成,公开于2015年12月7日。柏某新全面负责人造板业务整合事宜,是内幕信息知情人。吉某信托公司董事长高某波与柏某新较为熟悉,两人在涉案账户交易森某公司股票前后电话联系频繁。高某波通过电话下达交易指令,吉某信托公司控制使用涉案账户在内幕信息敏感期内大量买入森某公司股票并在复牌后全部卖出,交易行为明显异常,盈利43,733,230.05元。

---

① 参见《最高检、证监会联合发布证券违法犯罪典型案例》,载最高人民检察院网,https://www.spp.gov.cn/spp/xwfbh/wsfbh/202011/t20201106_484204.shtml。

本案听证过程中，当事人吉某信托公司主张，根据国家政策、森某公司官方网站信息、股吧讨论以及森某公司股价走势等，涉案内幕信息已经公开；相关交易行为是高某波个人行为，不应认定为单位违法；吉某信托公司仅收取固定信托报酬，不享有涉案账户的收益，没有违法所得，不应被没收任何收入和处以罚款等。高某波主张，买入森某公司股票是基于市场上的公开信息以及专业判断，买入时其已提交辞职申请，没有为吉某信托公司内幕交易的主观动机等。

证监会复核认为：林业局公布的国家政策性信息，森某公司官方网站公布的日常经营性、战略规划性信息，以及股吧等平台的讨论信息，并不是关于涉案资产重组的具体信息，也不是在证监会指定媒体发布并置备于官方网站、证券交易所的依法披露的信息，不能据此判断内幕信息已经公开；高某波在违法行为期间实际履行吉某信托公司董事长职责，其交易决策系职务行为；吉某信托公司是否仅收取固定报酬以及是否享有账户收益，不改变吉某信托公司异常交易森某公司股票的事实。

【处理结果】

2017 年 12 月，证监会作出行政处罚决定，认定吉某信托公司的上述行为违反了 2005 年《证券法》第 73 条和第 76 条第 1 款的规定，构成 2005 年《证券法》第 202 条所述内幕交易行为。证监会决定，没收吉某信托公司违法所得 43, 733, 230. 05 元，并处以 43, 733, 230. 05 元罚款；对高某波给予警告，并处以 20 万元罚款。2018 年 2 月，吉某信托公司、高某波向证监会申请行政复议，请求撤销相关行政处罚决定；同年 3 月，证监会复议决定维持原行政处罚决定。

准确把握内幕信息敏感期中内幕信息的公开时间要件，才能严厉打击内幕交易违法行为。《证券法》明确"非公开性"是内幕信息应当具备的要素，亦明确重大信息应通过法定途径发布。本案当事人辩称的国家政策性信息、公司新闻、股吧平台讨论信息，只是据以猜测、分析、推断的模糊信息，并非本案认定的内幕信息，亦非由上市公司在证监会指定的媒体发布，不能据此认为内幕信息已经公开。重大信息依法公开，是保证广大社会公众知悉相关信息，保障投资者公平知情权的重要基础。

第二节 内幕交易的行为主体

证券内幕交易行为人主体适格是认定内幕交易的前提，只有在认定证券内幕交易主体适格之后才能对“利用”内幕信息进行交易、获利金额或避免损失金额等要素进行判断。内幕交易的行为主体具有一定的特定性，只有属于法律法规规定的内幕人范围内的人员，才可能触犯内幕交易这根“高压线”。内幕交易的行为主体即内幕人，是指内幕信息公开前直接或者间接获取内幕信息的人，包括自然人和单位。单位是指法人和其他非法人组织，包括公司、企业、事业单位、机关、社会团体等。具体而言，根据《证券法》和《刑法》的相关规定，内幕交易的行为主体主要包括内幕信息“知情人员”和“非法获取”内幕信息人员两大类。

一、内幕信息知情人

《证券法》第51条列举了内幕信息知情人范围，具体包括：

1. 发行人及其董事、监事、高级管理人员；

2. 持有公司百分之五以上股份的股东及其董事、监事、高级管理人员，公司的实际控制人及其董事、监事、高级管理人员；

3. 发行人控股或者实际控制的公司及其董事、监事、高级管理人员；

4. 由于所任公司职务或者因与公司业务往来可以获取公司有关内幕信息的人员；

5. 上市公司收购人或者重大资产交易方及其控股股东、实际控制人、董事、监事和高级管理人员；

6. 因职务、工作可以获取内幕信息的证券交易场所、证券公司、证券登记结算机构、证券服务机构的有关人员；

7. 因职责、工作可以获取内幕信息的证券监督管理机构工作人员；

8. 因法定职责对证券的发行、交易或者对上市公司及其收购、重大资产交易进行管理可以获取内幕信息的有关主管部门、监管机构的工作人员；

9. 国务院证券监督管理机构规定的可以获取内幕信息的其他人员。

与2005年《证券法》相比，2019年修订的《证券法》扩充了内幕信息知情人的法定类型与范围。2005年《证券法》中内幕信息知情人主要限定为上市公司内部人员、证券监管机构以及证券市场中介机构。在修订后，《证券法》不仅对前述范围进一步细化，同时顺应监管难点问题，扩大了知情人范围，新增以下主体：(1)发行人；(2)发行人实际控制的公司及其董监高；(3)因与公司业务往来可以获取内幕信息的人员；(4)上市公司收购人或重大资产交易方及其控股股东、实际控制人、董监高；(5)因法定职责对证券的发行、交易或者对上市公司及其收购、重大资产交易进行管理可以获取内幕信息的有关主管部门、监管机构的工作人员。此外，本次修订将证券监管机构、证券服务机构等证券市场参与主体的有关人员明确为"因职务、工作可以获取内幕信息"的有关人员。

整体而言，我国法律对证券内幕人员的界定不仅局限于上市公司内部人员，实际上还包括有可能优先接触公司内幕信息，且对于该信息负有不得私自泄露或利用得利的其他人员。简言之，对于内幕人员的界定，关键并不在于其是否为内部人员，而在于其是否能够通过合法途径接触或获得内幕信息。[①] 根据《证券法》第51条之规定，结合上交所、深交所颁布的行业规范要求，[②]可将内幕信息知情人范围概括为以下几类。

(一)高级管理人员

高级管理人员是上市公司董监高及实控人的概括性称谓，他们拥有得知内幕信息的天然便捷性。《证券法》第51条前3项所规定的人员即本范围内人

① 参见钱列阳、谢杰：《证券期货犯罪十六讲》，法律出版社2019年版，第86页。

② 如《上海证券交易所上市公司自律监管指引第2号——信息披露事务管理》(2022年1月7日)、《深圳证券交易所上市公司自律监管指引第1号——主板上市公司规范运作》(2022年1月7日)、《深圳证券交易所上市公司自律监管指引第2号——创业板上市公司范规运作》(2022年1月7日)。

员，具体包括：发行人及其董事、监事、高级管理人员；持有公司5%以上股份的股东及其董事、监事、高级管理人员，公司的实际控制人及其董事、监事、高级管理人员；发行人控股或者实际控制的公司及其董事、监事、高级管理人员。需要说明的是，公司高级管理人员作为内幕信息知情人是一个比较宽泛的概括，实践中具体认定时，需结合发行人的内部结构，对内幕信息知情人进行穿透，以最大限度保障发行人利益角度予以实质认定。

《公司法》第216条规定：（一）高级管理人员，是指公司的经理、副经理、财务负责人，上市公司董事会秘书和公司章程规定的其他人员。（二）控股股东，是指其出资额占有限责任公司资本总额百分之五十以上或者其持有的股份占股份有限公司股本总额百分之五十以上的股东；出资额或者持有股份的比例虽然不足百分之五十，但依其出资额或者持有的股份所享有的表决权已足以对股东会、股东大会的决议产生重大影响的股东。（三）实际控制人，是指虽不是公司的股东，但通过投资关系、协议或者其他安排，能够实际支配公司行为的人。

（二）因职责或工作原因获取内幕信息人

根据《证券法》第51条第4项、第6项、第7项、第8项的规定，因职责或工作原因获取内幕信息人员分为4类：(1)由于所任公司职务或者因与公司业务往来可以获取公司有关内幕信息的人员；(2)因职务、工作可以获取内幕信息的证券交易场所、证券公司、证券登记结算机构、证券服务机构的有关人员；(3)因职责、工作可以获取内幕信息的证券监督管理机构工作人员；(4)因法定职责对证券的发行、交易或者对上市公司及其收购、重大资产交易进行管理可以获取内幕信息的有关主管部门、监管机构的工作人员。

（三）其他利害关系人

这里的其他利害关系人主要包括《证券法》第51条第5项的“上市公司收购人或者重大资产交易方及其控股股东、实际控制人、董事、监事和高级管理人员”及因家庭关系获知内幕信息的人员。因家庭关系获知内幕信息的人员，则是指《证券法》第51条所规定的证券交易内幕信息知情人中自然人的配偶、父母、子女及其他亲属关系。

(四)典型案例

案例2-3:周某诉中国证券监督管理委员会行政处罚案①

【基本案情】

2016年8月16日,中国证券监督管理委员会(以下简称中国证监会)作出〔2016〕101号《行政处罚决定书》,认定:山东江泉实业股份有限公司与唯美度科技(北京)有限公司所进行的重大资产重组事项属于证券法规定的重大事件,相关信息属于内幕信息。张某作为中间介绍人参与本次重大资产重组筹划,是内幕信息知情人;周某从张某处获悉内幕信息,并于涉案期间内控制"周某某""赖某""李某"账户买入"江泉实业",并于2014年5月12日至10月8日卖出获利。周某某的行为违反了《证券法》第73条和第76条第1款的规定,构成2015年《证券法》第202条所述内幕交易行为,违法所得为12,640,120.03元。中国证监会依据《证券法》第202条的规定,决定对周某某没收违法所得12,640,120.03元,并处以12,640,120.03元罚款。周某某不服,提起行政诉讼。

【判决结果】

北京市第一中级人民法院于2017年3月20日作出(2016)京01行初1076号判决,认为:本案中,四川省公安厅公安局作出终止侦查决定书川公直(经)终侦字〔2015〕01号,以"证据不足"决定终止对周某某的侦查程序,系刑事侦查机关对犯罪嫌疑人是否符合刑事追诉标准作出的独立判断,并不影响之后行政处罚程序的进行,不能成为中国证监会作出被诉决定的程序阻却事由。中国证监会有权在接受公安机关移送案件后,对刑事侦查程序中所获取的证据进行审查,并依据2015年《证券法》有关规定进行行政处罚。对于内幕信息的知悉是内幕交易行为人的主观状态,是构成内幕交易行为的要件之一。通常表现为行为人对内幕信息的性质、内容、可获益性等的明知状态。证券监管实践中,对行为人主观明知状态的认定往往存在直接证据缺失的困难,故需结合其外在行为进行特征分析。本案中,周某某与内幕信息知情人张某某关系密切,在内幕信

---

① 参见《北京法院发布十大金融典型行政案件》,载中国法院网,https://www.chinacourt.org/article/detail/2017/12/id/3130580.shtml。

息公开前与其联络频繁。二人为师生关系,曾合作炒股并进行其他投资,相互推荐股票,二人之间亦存在资金往来。周某某理应知晓张某某长期参与资本市场操作的事实。在中国证监会提交的周某某陈述中,周某某认可其从张某某处获知山东江泉实业股份有限公司有重组预期且成功可能性极大,并知晓张某某作为中间人参与了相关事项。中国证监会在综合分析原告交易行为特征基础上,认定周某某知悉内幕信息并利用内幕信息实施内幕交易行为并无不当。判决驳回了周某某的诉讼请求,周某某提出上诉,北京市高级人民法院于2017年8月18日作出(2017)京行终2804号判决,驳回上诉,维持原判。

本案系行为人从证券中介人员处获取内幕信息进行内幕交易的典型案例。本案具有以下典型意义:首先,明确了证券处罚行刑衔接过程中刑事司法机关所获取的证据及有关认定意见对证券行政处罚的适用效力。认为刑事司法程序和行政处罚程序是两个独立的程序,两者在证明标准、法律适用方面均存在区别。公安机关以"证据不足"对行为人所作终结侦查决定不能成为行政机关作出行政处罚的阻却事由。刑事司法机关获取的证据经过审查可以作为行政处罚的证据使用。其次,对内幕信息行为人主观知悉状态的认定标准进行了探索,认为知悉内幕信息的认定是对交易时点与内幕信息发展时点吻合度、原告交易行为的合理性等因素进行分析基础上的综合认定,尤其是应当将原告的交易行为置于作为一个整体的内幕信息发展过程中进行分析。

二、非法获取内幕信息人

(一)非法获取内幕信息人的界定

非法获取内幕信息人,是指利用骗取、套取、偷听、监听或者私下交易等非法手段获取内幕信息的人员。根据《内幕交易解释》第2条的规定,具有以下3种行为的认为应当认定为"非法获取证券、期货交易内幕信息的人员":

(1)利用窃取、骗取、套取、窃听、利诱、刺探或者私下交易等手段获取内幕信息的;(2)内幕信息知情人员的近亲属或者其他与内幕信息知情人员关系密切的人员,在内幕信息敏感期内,从事或者明示、暗示他人从事,或者泄露内幕信息导致他人从事与该内幕信息有关的证券、期货交易，相关交易行为明显异常，且无正当理由或者正当信息来源的；(3)在内幕信息敏感期内，与内幕信息知情人员联络、接触，从事或者明示、暗示他人从事，或者泄露内幕信息导致他人从事与该内幕信息有关的证券、期货交易，相关交易行为明显异常，且无正当理由或者正当信息来源的。

基于罪刑法定原则的要求，在认定"非法获取内幕信息人员"范围时，应将其限定在从内幕人员处获得信息的第二手消息受领人范围内。在内幕交易、泄露内幕信息的行为中，从第二手消息受领人及后手那里获取内幕信息的人不应成为内幕交易罪的主体，因为他们得到的信息本来就是传来信息，能否被接受利用还要依靠受领者自己的判断，如果对这些人也科以刑事责任，无疑将扩大刑法的处罚面。

（二）无意中获取内幕信息的定性

实践中多发的无意中获取内幕信息是否为非法获取？有学者认为，通过消极不违法的行为获取内幕信息，既不属于内幕信息的知情人员，也不属于非法获取内幕信息的人员中所谓的"中性人员"，中性人员就是通过既不违法也不合法的中性方式获取了内幕信息并利用该内幕信息获利的人。[①] 也有学者指出，非法获取内幕信息的人员仅指"直接接受或接触第一手情报的人"，法律要求这些人负有保密义务，而那些从"直接接受或接触第一手情报的人员"处得到的"第二手"或"第三手"传来信息的人，他们没有保密义务，不能成为内幕交易罪的主体。[②] 不同意见认为，"非法获取内幕信息人员"是指一种客观上的不法，即除了法律规定的内幕信息的知情人员以外的任何人，只要知悉该内幕信息就是"非法"。当然，这里的行为人"不该获得而获得"本身尚不构成犯罪，还需要进一步实施内幕交易或再泄露行为，否则不能构成内幕交易、泄露内幕信息罪。基于此，将"非法获得"作宽泛解释并不会扩大犯罪的打击面。

《内幕交易解释》并未对"非法"的内涵予以明确化，而是根据交易行为事实（从事、建议从事、泄露信息导致他人从事）与交易行为评价（明显异常且无正

---

① 参见喻福东：《证券内幕交易罪概念的重新界定》，载《求索》2006年第2期。

② 参见章惠萍、徐安仕：《论内幕交易罪》，载《河北法学》2002年第1期。

当性事由）逆向证明内幕信息知情人员的近亲属、关系密切人、敏感期的联络接触人等非法获取内幕信息。《内幕交易解释》第 2 条不仅通过限制行为主体类型的方式将偶然、无意地听到内幕信息人员排除在内幕交易犯罪行为主体之外，而且在第 3 条极为详尽地列举了“相关交易行为明显异常”的核心判断指标，实质性提升了非法获取内幕信息人员基于内幕信息从事内幕交易犯罪行为证明规则的明确性。[①]

如在“杭萧钢构（600477，SH）内幕交易案”中，陈某兴在和杭萧钢构公司的一位工作人员吃饭时获悉了内幕信息，其后进行的交易被法院认定属于“内幕交易”。问题在于，陈某兴不属于《证券法》第 51 条列举的“知情人”，只能以“非法获取内幕信息的人”认定其主体身份，但吃饭间无意获悉杭萧钢构工作人员提及的内幕信息，常理看这一行为又不包含任何非法手段，如何认定其“非法”？法院对此给出的解释是：对“非法获取”内幕信息中“非法”的理解，并非是指获取内幕信息的手段“非法”，这意味着任何《证券法》第 51 条所列举的“内幕信息的知情人”之外的主体，原则上都被禁止知悉内幕信息，一旦他们知道内幕信息，无论是主动获取还是被动知悉，就是“非法”，法院判定相关责任人承担民事责任有一定的依据。[②]

考虑到我国证券、期货市场尚处于发展阶段，无意中获取内幕信息的人员从事内幕交易或者泄露内幕信息的情形十分复杂，实践中难以准确把握，基于审慎考量，《内幕交易解释》未将此类人员明确规定为非法获取内幕信息人员。因此，无意中获取内幕信息的人原则上不构成犯罪，但不排除承担行政责任或民事赔偿责任。

（三）典型案例

案例 2－4：顾某内幕交易案[③]

【基本案情】

北京慧聪国际资讯有限公司（以下简称慧聪网）法定代表人为郭某（另案处

---

① 参见钱列阳、谢杰：《证券期货犯罪十六讲》，法律出版社 2019 年版，第 129～130 页。

② 参见曾洋：《证券内幕交易主体识别的理论基础及逻辑展开》，载《中国法学》2014 年第 2 期。

③ 本案系上海市高级人民法院 2021 年第一批参考性案例。

理)。北京知行锐景科技有限公司(以下简称知行锐景,系“中关村在线”运营主体)的股东为郭某、刘某。知行锐景运营“中关村在线”网站及相关资产的日常业务,慧聪网实际拥有知行锐景的控制权。2015 年 12 月 28 日或 29 日,郭某与上海钢联电子商务股份有限公司(以下简称上海钢联)董事长朱某在江西省南昌市就上海钢联收购慧聪网控股的“中关村在线”网站优质资产进行了商议并达成初步意向,后双方对收购事项开展了多次磋商。2016 年 2 月 25 日,上海钢联发布重大事项停牌公告;同年 4 月 27 日,上海钢联发布公告,拟通过发行股份及支付现金方式购买慧聪网控股的知行锐景 100% 股权。

郭某作为上述内幕信息的知情人员,于 2015 年年底或 2016 年 1 月初,将“上海钢联拟收购慧聪网优质资产”等内幕信息泄露给被告人顾某。2016 年 1 月至 2 月,顾某通过潘某证券账户合计买入“上海钢联”股票 18.203 万股,成交金额人民币 766.70 万余元(以下币种均为人民币),股票卖出后共获利 126.65 万元。

2017 年 9 月 29 日,被告人顾某经公安机关电话通知后到案,但到案之初拒不供述本案的主要事实,直到移送审查起诉前才如实供述了本案的主要事实。顾某到案后,向司法机关退出了违法所得并预缴罚金共计 253.30 万元。

【裁判结果】

上海市第二中级人民法院于 2018 年 9 月 3 日作出(2018)沪 02 刑初 28 号刑事判决:(1)被告人顾某犯内幕交易罪,判处有期徒刑 5 年,并处罚金人民币 130 万元;(2)违法所得予以追缴。

一审宣判后,被告人顾某不服,提出上诉。上海市高级人民法院于 2019 年 7 月 24 日作出(2018)沪刑终 86 号刑事裁定:驳回上诉,维持原判。

【裁判理由】

法院生效裁判认为:本案的争议焦点在于顾某是否属于非法获取证券交易内幕信息的人员,其行为是否构成内幕交易罪。

首先,顾某属于非法获取证券交易内幕信息的人员。根据《刑法》第 180 条第 1 款的规定,内幕交易、泄露内幕信息罪的犯罪主体包括证券、期货交易内幕信息的知情人员和非法获取证券、期货交易内幕信息的人员。根据最高人民法院、最高人民检察院《关于办理内幕交易、泄露内幕信息刑事案件具体应用法律若干问题的解释》(本案中简称《内幕交易刑事解释》)第 2 条的规定,非法获取证券、期货交易内幕信息的人员包括 3 类人员，即非法手段型获取内幕信息的人员、特定身份型获取内幕信息的人员和积极联系型获取内幕信息的人员。

非法手段型获取内幕信息的人员，是指利用窃取、骗取、套取、窃听、利诱、刺探或者私下交易等手段获取内幕信息的人员。即获取信息的手段行为本身是非法的。特定身份型获取内幕信息的人员，是指内幕信息知情人员的近亲属或者其他与内幕信息知情人员关系密切的人员，在内幕信息敏感期内，从事或者明示、暗示他人从事，或者泄露内幕信息导致他人从事与该内幕信息有关的证券、期货交易，相关交易行为明显异常，且无正当理由或者正当信息来源的人员。即获取信息的手段行为未必是非法的，但其作为特定身份的人员不应获取内幕信息。内幕信息知情人员的近亲属或者其他与内幕信息知情人员关系密切的人员，因其获取内幕信息具有天然的便利条件，因此，加大对内幕信息的保密力度，除了强化内幕信息知情人员的保密力度外，还应设置内幕信息知情人员的近亲属以及其他与其关系密切的人员的保密义务。实践中，非法获取内幕信息的人员也多为"特定身份型"。根据《内幕交易刑事解释》第 2 条第 2 项的规定，内幕信息知情人员的近亲属以及其他与其关系密切的人员，无论是主动获取还是被动知悉内幕信息，均属于非法获取内幕信息的人员。积极联系型获取内幕信息的人员，是指在内幕信息敏感期内，与内幕信息知情人员联络、接触，从事或者明示、暗示他人从事，或者泄露内幕信息导致他人从事与该内幕信息有关的证券、期货交易，相关交易行为明显异常，且无正当理由或者正当信息来源的人员。即主动联络、接触行为未必是非法的，但结合行为目的分析，行为人毕竟是从内幕信息的知情人员处获取不应该获取的内幕信息，因此其获取行为是非法的。综上，非法手段型获取内幕信息的人员和积极联系型获取内幕信息的人员，都是主动获取内幕信息。而特定身份型获取内幕信息的人员，既可以是主动获取也可以是被动知悉内幕信息。

本案中，顾某与涉案内幕信息知情人员郭某相识多年，在借贷业务上有合作，关系较好，顾某属于与郭某关系密切的人员。郭某作为内幕信息知情人员，向顾某泄露了该内幕信息；顾某作为与郭某关系密切的人员，从郭某处获取了不应该获取的内幕信息，根据《内幕交易刑事解释》第 2 条第 2 项的规定，无论是主动获取还是被动知悉内幕信息，其都属于特定身份型获取内幕信息的人员。

其次，顾某实施了内幕交易行为，其行为构成内幕交易罪，且情节特别严重。顾某作为非法获取证券交易内幕信息的人员，从他人处非法获取证券交易内幕信息后，在涉及证券的发行或其他对证券交易价格有重大影响的信息尚未公开前，合计买入“上海钢联”股票共计766万余元，抛售后获利126万余元，相关交易行为明显异常，且无正当理由或者正当信息来源。根据《内幕交易刑事解释》第7条的规定，证券交易成交额在50万元以上，或者获利数额在15万元以上的，属于“情节严重”；证券交易成交额在250万元以上，或者获利数额在75万元以上的，属于“情节特别严重”。结合本案，无论是证券交易成交额还是获利数额，均已达到情节特别严重标准，故顾某的行为构成内幕交易罪，且情节特别严重。

综上，顾某作为非法获取证券交易内幕信息的人员，从他人处非法获取证券交易内幕信息后，在涉及证券的发行或其他对证券交易价格有重大影响的信息尚未公开前，买入该证券，相关交易行为明显异常，且无正当理由或者正当信息来源，其行为构成内幕交易罪，且情节特别严重，依法应处5年以上10年以下有期徒刑，并处违法所得一倍以上五倍以下罚金。顾某虽不具有法定减轻处罚情节，但一审法院充分考虑其在检察机关提起公诉前能如实供述其主要犯罪事实、自愿认罪认罚、退出违法所得并预缴罚金等情节，对其判处有期徒刑5年，并处罚金人民币130万元，量刑并无不当。

三、“老鼠仓”的认定

（一）“老鼠仓”解读

“老鼠仓”指庄家在用公有资金拉升坐庄个股股价前，先用自己个人（亲友团）的资金在低位建仓，再用公有资金将股价拉升至高位，个人仓位率先卖出获利，最后套牢亏损的是机构（公有）和散户的资金。[①] 由于证券从业人员先天具有信息优势，因此证券市场中的“老鼠仓”行为就像打牌时能看到对家底牌并随意出老千一样，不但违背了职业经理人的一般诚信原则，而且属于严重的职业

① 参见蔡曦蕾：《“老鼠仓”问题法律应对探析》，载《山东警察学院学报》2009年第2期。

操守问题,还涉嫌犯罪。这种行为本质上与诈骗无异,甚至可以等同于贪污、盗窃,它公然窃取了投资者的财富,辜负了投资者的信任。

“老鼠仓”为法律法规所明确禁止的行为,在刑法语境中被称为“利用未公开信息交易罪”,为《刑法修正案(七)》新增规制情形。《刑法》第180条第4款规定:“证券交易所、期货交易所、证券公司、期货经纪公司、基金管理公司、商业银行、保险公司等金融机构的从业人员以及有关监管部门或者行业协会的工作人员,利用因职务便利获取的内幕信息以外的其他未公开的信息,违反规定,从事与该信息相关的证券、期货交易活动,或者明示、暗示他人从事相关交易活动,情节严重的,依照第一款的规定处罚。”有学者指出,“利用未公开信息交易罪”中的职务便利,应当是指证券交易所、期货交易所、证券公司、期货经纪公司、基金管理公司、商业银行、保险公司等金融机构的从业人员以及有关监管部门或行业协会的工作人员,主管、管理、从事以及履行本职工作、义务或者其他一切与职务有关的便利条件。①

2019年最高人民法院、最高人民检察院《关于办理利用未公开信息交易刑事案件适用法律若干问题的解释》(以下简称《利用未公开信息交易解释》)第1条和第6条分别对“内幕信息以外的其他未公开的信息”及“明示、暗示他人从事相关交易活动”的标准进行了界定。“内幕信息以外的其他未公开的信息”主要包括:证券、期货的投资决策、交易执行信息;证券持仓数量及变化、资金数量及变化、交易动向信息;其他可能影响证券、期货交易活动的信息。“明示、暗示他人从事相关交易活动”应当综合以下方面进行认定:行为人具有获取未公开信息的职务便利;行为人获取未公开信息的初始时间与他人从事相关交易活动的初始时间具有关联性;行为人与他人之间具有亲友关系、利益关联、交易终端关联等关联关系;他人从事相关交易的证券、期货品种、交易时间与未公开信息所涉证券、期货品种、交易时间等方面基本一致;他人从事的相关交易活动明显不具有符合交易习惯、专业判断等正当理由;行为人对明示、暗示他人从事相关交易活动没有合理解释。

在中国股市中,“老鼠仓”的主角也一直在变化。20世纪90年代所谓的“庄家时代”,“老鼠仓”的主角以券商工作人员为主,结果就是这些玩“老鼠仓”

---

① 刘宪权:《金融犯罪刑法学原理》,上海人民出版社2020年版,第365页。

的个人赚得盆满钵满，而许多券商则被掏了个空。进入21世纪后，公募基金成了市场中最大的玩家，基金经理也成了"老鼠仓"的重灾区。但直到2007年，对上投摩根基金经理唐某的查处才正式揭开了基金业"老鼠仓"黑幕的冰山一角。而除公募基金外，私募基金、券商资管、券商保代、券商自营、保险资金、上市公司大股东、大户游资等实际上也都暗藏着不少"老鼠仓"。

(二)典型案例

案例2－5：马某利用未公开信息交易案[①]

【基本案情】

原审被告人马某，原博时基金管理有限公司博时精选股票证券投资基金经理。2013年8月21日被逮捕，2014年3月28日被取保候审。2014年10月20日因犯利用未公开信息交易罪被判处有期徒刑3年，缓刑5年。现在深圳市福田区司法局接受社区矫正。

2014年3月24日以(2014)深中法刑二初字第27号刑事判决，认定被告人马某犯利用未公开信息交易罪，判处有期徒刑3年，缓刑5年，并处罚金人民币1884万元；违法所得人民币18,833,374.74元依法予以追缴，上缴国库。宣判后，深圳市人民检察院以原判适用法律错误，量刑明显不当为由提出抗诉，广东省人民检察院支持抗诉。广东省高级人民法院经依法公开开庭审理，于2014年10月20日以(2014)粤高法刑二终字第137号刑事裁定，驳回抗诉，维持原判。裁判发生法律效力后，广东省人民检察院认为生效裁判确有错误，提请最高人民检察院按照审判监督程序提出抗诉。最高人民检察院于2014年12月8日以高检审刑抗〔2014〕1号刑事抗诉书向法院提出抗诉。法院依法组成合议庭，公开开庭审理了本案。最高人民检察院代理检察员张志强、罗曦出庭履行职务。原审被告人马某及其辩护人张某松到庭参加诉讼。现已审理终结。

广东省深圳市中级人民法院一审认定，2011年3月9日至2013年5月30日，被告人马某担任博时基金管理有限公司旗下的博时精选股票证券投资经理，全权负责投资基金投资股票市场，掌握了博时精选股票证券投资基金交易

① (2015)刑抗字第1号，摘自中国裁判文书网：《原审被告人马某利用未公开信息交易案再审刑事判决书》。

的标的股票、交易时间和交易数量等未公开信息。马某在任职期间利用其掌控的上述未公开信息，从事与该信息相关的证券交易活动，操作自己控制的“金某”“严某甲”“严某乙”三个股票账户，通过临时购买的不记名神州行电话卡下单，先于（1～5个交易日）、同期或稍晚于（1～2个交易日）其管理的“博时精选”基金账户买卖相同股票76只，累计成交金额人民币10.5亿余元，非法获利人民币18,833,374.74元。2013年7月17日，马某主动到深圳市公安局投案。

上述事实，有博时精选股票交易流水账单，金某、严某甲、严某乙三人的证券账户交易流水账单、账户情况说明及开户资料，博时基金管理有限公司人事调整通知，关于基金经理注册通知，基金经理授权表，博时基金管理有限公司出具的《关于博时精选基金投资指令下达人的说明》，博时精选基金投资指令记录，中国证券监督管理委员会出具的《马某利用未公开信息交易案案情说明》《关于马某涉嫌利用未公开信息交易案有关问题的认定函》，中国证券监督管理委员会深圳监管局出具的《关于马某涉嫌利用未公开信息交易股票案情况的函》《马某涉嫌利用未公开信息交易股票案案件调查终结报告》，协助冻结财产通知书，马某书写的《关于主动退缴非法所得的申请书》，深圳市公安局经济犯罪侦查局出具的《投案经过》和《马某投案自首的认定》，李某某的《员工入职表》，马某出差记录等书证，证人金某、严某甲、严某乙、李某某、曹某等人的证言及被告人马某的供述等证据证实。

广东省深圳市中级人民法院认为，被告人马某作为基金管理公司从业人员，利用其职务便利所获取的未公开信息，违反规定，从事与该信息相关的证券交易活动，情节严重，其行为已构成利用未公开信息交易罪。公诉机关指控的罪名成立，依法应予惩处。但《刑法》中并未对利用未公开信息交易罪规定“情节特别严重”的情形，因此，依法只能认定马某的行为属于“情节严重”。马某具有自动投案的情节，且到案之后能如实供述其所犯罪行，是自首，依法可以从轻处罚。马某认罪态度良好，其违法所得能从扣押冻结的财产中全额返还，判处的罚金亦能全额缴纳，确有悔罪表现，另经深圳市福田区司法局社区矫正和安置帮教科调查评估，对马某宣告缓刑对其所居住的社区没有重大不良影响，符合适用缓刑的条件，决定对其适用缓刑。依照《刑法》第180条第1款、第4款，第67条第1款，第72条，第73条，第52条，第53条，第64条之规定，判决：（1）被告人马某犯利用未公开信息交易罪，判处有期徒刑3年，缓刑5年，并处罚金人民币1884万元;(2)违法所得人民币18,833,374.74元依法予以追缴,上缴国库。

一审宣判后,广东省深圳市人民检察院抗诉提出,被告人马某的行为应认定为犯罪情节特别严重,依照“情节特别严重”的量刑档次处罚;马某的行为不属于退赃,应当认定为被司法机关追赃。一审判决适用法律错误,量刑明显不当,应当依法改判。

广东省人民检察院支持抗诉认为,《刑法》第180条第1款规定的内幕交易、泄露内幕信息罪存在“情节严重”和“情节特别严重”两种情形和两个量刑档次,该条第4款规定,利用未公开信息交易情节严重的,依照第1款的规定处罚。从刑法设置上来说,同一法条的不同款项在处罚上应该有一个协调性,这种处罚的参照不可能只是部分参照,应该是全部参照。本案中,马某的证券交易成交额为10.5亿余元,获利1800多万元,应认定其犯罪“情节特别严重”,一审判决认定其犯罪“情节严重”,属于认定情节错误,应予纠正。马某有自首情节,且积极退赃,一审对其作出判三缓五的处罚,基本符合法定的量刑幅度。

广东省高级人民法院二审查明的事实和采信的证据与一审相同。

广东省高级人民法院认为,《刑法》第180条第4款规定,证券交易所、期货交易所等金融机构从业人员以及有关监管部门或者行业协会的工作人员,利用未公开信息交易,情节严重的,依照第1款的规定处罚,该条款并未对利用未公开信息交易罪规定有“情节特别严重”情形;而根据第180条第1款的规定,情节严重的,处5年以下有期徒刑或者拘役,并处或者单处违法所得一倍以上五倍以下罚金,故本案马某利用未公开信息,非法交易股票76只,累计成交金额人民币10.5亿余元,从中获利人民币1883万余元,属于犯罪情节严重,应在该量刑幅度内判处刑罚。原审判决认定事实清楚,证据确实、充分,量刑适当,审判程序合法。抗诉机关的抗诉理由不成立,不予采纳。依照《刑法》第180条第1款、第4款,第67条第1款,第72条,第73条,第64条以及《刑事诉讼法》第225条第1款第1项之规定,裁定驳回抗诉,维持原判。

二审裁定生效后,广东省人民检察院提请最高人民检察院按照审判监督程序向法院提出抗诉。最高人民检察院抗诉提出,《刑法》第180条第4款属于援引法定刑的情形,应当引用第1款处罚的全部规定;利用未公开信息交易罪与内幕交易、泄露内幕信息罪的违法与责任程度相当,法定刑亦应相当;马某的行为应当认定为犯罪情节特别严重,对其适用缓刑明显不当。本案终审裁定以《刑法》第 180 条第 4 款未对利用未公开信息交易罪规定有“情节特别严重”为由,对此情形不作认定,降格评价被告人的犯罪行为,属于适用法律确有错误,导致量刑不当,并且对类似案件及法律适用有重大误导,应当依法纠正。

原审被告人马某对原审认定的事实和定罪量刑均无异议。其辩护人提出,《刑法》第 180 条第 4 款未规定利用未公开信息交易罪有“情节特别严重”的情形,从法条文义、立法本意和“有利于被告人”的司法理念来看,原审裁判理解法律正确;马某具有自首、积极全额退赃并足额缴纳罚金等从轻、减刑处罚情节,原审裁判量刑适当,对马某适用缓刑符合罪刑相适应原则;目前能查阅到的所有案例均依法按“情节严重”量刑,为保障司法统一、维护司法权威、彰显司法公正,应依法驳回最高人民检察院抗诉。

最高人民法院再审查明,原审被告人马某在担任博时基金管理有限公司博时精选股票证券投资经理期间,利用其掌控的未公开信息,从事与该信息相关的证券交易活动,买卖股票 76 只,累计成交金额人民币 10.5 亿余元,案发后马某投案自首的事实与原审认定一致。证实以上事实的书证、证人证言、被告人供述等证据已经原审庭审举证、质证,再审予以确认。

另查明,原审被告人马某利用未公开信息从事证券交易活动,非法获利数额应为人民币 19,120,246.98 元。证明该事实的证据有再审中法院依职权调取的中国证券监督管理委员会深圳监管局出具的《关于马某利用未公开信息交易案的复函》。该证据已在再审庭审中经出庭检察员和辩护人双方质证并予确认,马某亦认可。原审认定马某非法获利数额人民币 18,833,374.74 元属计算错误,应予以更正。

对最高人民检察院抗诉理由和辩护人辩护意见评判如下:

《刑法》第 180 条第 4 款援引法定刑的情形,应当是对第 1 款全部法定刑的引用,即利用未公开信息交易罪应有“情节严重”“情节特别严重”两种情形和两个量刑档次。从立法目的上理解,由于我国基金、证券、期货等领域中,利用未公开信息交易行为比较多发,行为人利用公众投入的巨额资金作后盾,以提前买入或者提前卖出的手段获得巨额非法利益,将风险与损失转嫁给其他投资者,不仅对其任职单位的财产利益造成损害,而且严重破坏了公开、公正、公平的证券市场原则,严重损害客户投资者或处于信息弱势的散户利益,严重损害金融行业信誉,影响投资者对金融机构的信任,进而对资产管理和基金、证券、期货市场的健康发展产生严重影响。为此,《刑法修正案(七)》新增利用未公开信息交易罪,并将该罪与内幕交易、泄露内幕信息罪规定在同一法条中,说明两罪的违法与责任程度相当。利用未公开信息交易罪也应当适用“情节特别严重”。从法条文意理解,首先,《刑法》第 180 条第 4 款中的“情节严重”是入罪条款,最高人民检察院、公安部《关于公安机关管辖的刑事案件立案追诉标准的规定(二)》对利用未公开信息交易罪规定了追诉的情节标准,说明该罪需达到“情节严重”才能被追诉。利用未公开信息交易罪属情节犯,立法要明确其情节犯属性,就必须借助“情节严重”的表述,以避免“情节不严重”的行为入罪。其次,本条款中“情节严重”并不兼具量刑条款的性质,刑法条文中大量存在“情节严重”兼具定罪条款及量刑条款性质的情形,但无一例外均在其后列明了具体的法定刑,《刑法》第 180 条第 4 款中“情节严重”之后,并未列明具体的法定刑,而是参照内幕交易、泄露内幕信息罪的法定刑,因此本款中的“情节严重”仅具有定罪条款的性质,而不具有量刑条款的性质。从立法技术上理解,援引法定刑是指对某一犯罪并不规定独立的法定刑,而是援引其他犯罪的法定刑作为该犯罪的法定刑。《刑法》第 180 条第 4 款援引法定刑的目的是避免法条文字表述重复,并不属于法律规定不明确的情形。综上,《刑法》第 180 条第 4 款虽然没有明确表述“情节特别严重”,但是根据本条款设立的立法目的、法条文意及立法技术,应当包含“情节特别严重”的情形和量刑档次。法条没有重复表述不等同于法律没有明确规定。在法律已有明确规定的情况下,应当适用该法律规定,而不再适用有利于被告人的原则。

基于上述对《刑法》第 180 条第 4 款援引法定刑的理解,在明确利用未公开信息交易罪有“情节严重”“情节特别严重”两种情形和两个量刑档次的前提下,本案应对马某的行为是否属于情节特别严重予以评价。目前虽然没有关于利用未公开信息交易罪“情节特别严重”认定标准的专门规定,但鉴于《刑法》规定利用未公开信息交易罪是参照内幕交易、泄露内幕信息罪的规定处罚,最高人民法院、最高人民检察院《关于办理内幕交易、泄露内幕信息刑事案件具体应用法律若干问题的解释》将成交额 250 万元以上、获利 75 万元以上等情形认定为内幕交易、泄露内幕信息罪“情节特别严重”的标准,利用未公开信息交易罪也应当遵循相同的标准。马某利用未公开信息进行交易活动,累计成交额达人民币10.5亿余元，非法获利人民币达1912万余元，已远远超过上述标准，且在案发时属全国查获的该类犯罪数额最大者，参照《内幕交易解释》，马某的犯罪情节应当属于“情节特别严重”。

综上，最高人民检察院对《刑法》第180条第4款援引法定刑的理解及原审被告人马某的行为属于犯罪情节特别严重的抗诉意见正确，应予采纳；辩护人的辩护意见不能成立，不予采纳。原审裁判因对《刑法》第180条第4款援引法定刑的理解错误，导致降格认定了马某的犯罪情节，进而对马某判处缓刑确属不当，应予纠正。

【裁判结果】

最高人民法院认为，原审被告人马某作为基金管理公司从业人员，利用职务便利获取的未公开信息，违反规定，从事与该信息相关证券交易活动的行为已构成利用未公开信息交易罪。马某利用未公开信息交易股票76只，累计成交额人民币10.5亿余元，非法获利人民币1912万余元，属于情节特别严重，应当依法惩处。鉴于马某主动从境外回国投案自首；在未受控制的情况下，将股票兑成现金存在涉案三个账户中并主动向中国证券监督管理委员会说明情况，退还了全部违法所得；认罪悔罪态度好；赃款未挥霍，原判罚金刑得已全部履行等情节，对马某可予减轻处罚。第一审判决、第二审裁定认定事实清楚，证据确实、充分，定罪准确，但因对法律条文理解错误，导致量刑不当，应予纠正。依照《刑法》第180条第4款、第1款，第67条第1款，第52条，第53条，第64条及最高人民法院《关于适用〈中华人民共和国刑事诉讼法〉的解释》第389条第3项的规定，判决如下：维持广东省高级人民法院（2014）粤高法刑二终字第137号刑事裁定和深圳市中级人民法院（2014）深中法刑二初字第27号刑事判决中对原审被告人马某的定罪部分；撤销广东省高级人民法院（2014）粤高法刑二终字第137号刑事裁定和深圳市中级人民法院（2014）深中法刑二初字第27号刑事判决中对原审被告人马某的量刑及追缴违法所得部分；原审被告人马某犯利用未公开信息交易罪，判处有期徒刑3年，并处罚金人民币1913万元；违法所得人民币19,120,246.98元依法予以追缴，上缴国库。

本案中，马某作为基金管理公司从业人员，利用职务便利获取的未公开信息，违反规定，从事与该信息相关证券交易活动的行为已构成利用未公开信息交易罪。其利用未公开信息进行交易活动，累计成交金额人民币 10.5 亿余元，非法获利人民币 1912 万余元，犯罪数额远远超过《内幕交易解释》中"情节特别严重"的认定标准，且案发时属全国查获该类犯罪数额最大者，应当认定其犯罪情节特别严重。依照《刑法》第 180 条第 1 款规定，对马某本应在 5 年以上 10 年以下判处刑罚，鉴于马某能主动从境外回国投案自首、退还了全部非法所得和全额缴纳了罚金，认罪悔罪态度良好等情节，对马某可予减轻处罚。最高人民法院认为，原审裁判因对法律条文理解错误，导致降格评判马某的犯罪情节，对马某判处有期徒刑 3 年，缓刑 5 年不当，应予纠正。本案的依法改判，不仅有利于正确审理该类犯罪案件，统一法律适用标准，而且有利于加大对该类犯罪的惩处力度，进一步规范我国证券市场管理秩序。值得一提的是，2019 年最高人民法院、最高人民检察院《利用未公开信息交易解释》第 7 条明确了利用未公开信息交易罪所规定的"依照第一款的规定处罚"包括"情节特别严重"的规定，统一了法律适用标准。

第三节 内幕交易的表现

根据《证券法》第53条和《刑法》第180条之规定，[①]内幕交易行为主要表现为三种形式：利用内幕信息买卖相关证券、泄露内幕信息、根据内幕信息建议他人买卖证券。需要注意的是，根据《内幕交易解释》第4条之规定，具有下列情形之一的，不属于《刑法》第180条第1款规定的从事与内幕信息有关的证券、期货交易：(1)持有或者通过协议、其他安排与他人共同持有上市公司5%以上股份的自然人、法人或者其他组织收购该上市公司股份的；(2)按照事先订立的书面合同、指令、计划从事相关证券、期货交易的；(3)依据已被他人披露的信息而交易的；(4)交易具有其他正当理由或者正当信息来源的。

一、利用内幕信息买卖相关证券

内幕人员利用获取的内幕信息进行证券买卖是内幕交易最传统、最常见的一种情况。内幕信息知情人或非法获取内幕信息人掌握了内幕信息后，在该内幕信息形成公开前买卖了相关股票，就可以从该公司证券上涨或者下跌的差价中获得利润。[②] 关于内幕信息和内幕人员的范围本章前两节已进行了详细介

---

① 《证券法》第53条第1款规定："证券交易内幕信息的知情人和非法获取内幕信息的人，在内幕信息公开前，不得买卖该公司的证券，或者泄露该信息，或者建议他人买卖该证券。"《刑法》第180条第1款规定："证券、期货交易内幕信息的知情人员或者非法获取证券、期货交易内幕信息的人员，在涉及证券的发行，证券、期货交易或者其他对证券、期货交易价格有重大影响的信息尚未公开前，买入或者卖出该证券，或者从事与该内幕信息有关的期货交易，或者泄露该信息，或者明示、暗示他人从事上述交易活动，情节严重的，处五年以下有期徒刑或者拘役，并处或者单处违法所得一倍以上五倍以下罚金；情节特别严重的，处五年以上十年以下有期徒刑，并处违法所得一倍以上五倍以下罚金。"

② 赵曾海、门美子、陈闻涛：《禁区——证券市场法律边界》，法律出版社2016年版，第54页。

绍,本节不再赘述。为更好地把握利用内幕信息买卖相关证券这一内幕交易行为类型,有以下两点需要关注。

(一)获取内幕信息的方式

基于本章第二节的论述可知,内幕交易中的内幕人员包括内幕信息知情者和非法获取内幕信息人员,这意味着内幕信息的获取方式包括法定正当方式获得和非法获得两种途径。法定内幕信息人基于特定身份,通过参加会议、接收邮件、担任监管审批岗位、履行保荐代表人职责、履行督导专员职责等均可在内幕信息形成后及时获知内幕信息,这类人员获知内幕信息是正当合法的。而非法获取内幕信息的人员原本并非法定内幕信息知情人,只能通过窃听、骗取、套取等非正当手段非法获取。①

另外需要说明的是,内幕人员利用内幕信息买卖证券既可以是以自己的名义买卖,也可以借他人之名义买卖或借他人之账户买卖,还可以和他人合伙买卖。其中,盗用信息者进行内幕交易指的是明知对方是内幕人而故意套取、盗取有关内幕信息,并根据该内幕信息进行交易。

(二)交易行为明显异常的认定

内幕信息敏感期内,内幕信息知情人员的近亲属和关系密切人员所从事的相关交易行为明显异常是认定其行为是否构成内幕交易的重要标准。② 根据《内幕交易解释》第3条之规定,“相关交易行为明显异常”,要综合以下情形,从时间吻合程度、交易背离程度和利益关联程度等方面予以认定:

1. 开户、销户、激活资金账户或者指定交易(托管)、撤销指定交易(转托管)的时间与该内幕信息形成、变化、公开时间基本一致的;

2. 资金变化与该内幕信息形成、变化、公开时间基本一致的;

3. 买入或者卖出与内幕信息有关的证券、期货合约时间与内幕信息的形成、变化和公开时间基本一致的;

4. 买入或者卖出与内幕信息有关的证券、期货合约时间与获悉内幕信息的

---

① 参见乔远主编:《金融警戒线:证券刑事法律实务探析》,法律出版社2018年版,第115页。

② 参见《内幕交易解释》第2条、第3条。

时间基本一致的；

5. 买入或者卖出证券、期货合约行为明显与平时交易习惯不同的；

6. 买入或者卖出证券、期货合约行为，或者集中持有证券、期货合约行为与该证券、期货公开信息反映的基本面明显背离的；

7. 账户交易资金进出与该内幕信息知情人员或者非法获取人员有关联或者利害关系的；

8. 其他交易行为明显异常情形。

本规定从以下三个方面的典型特征认定相关交易行为是否明显异常：一是时间吻合程度。即从行为时间与内幕信息形成、变化、公开的时间吻合程度把握。所要比对的时间主要有以下三类：行为人开户、销户、激活资金账户或者指定交易（托管），撤销指定交易（转托管）时间；资金变化时间；相关证券、期货合约买入或者卖出时间。二是交易背离程度。即从交易行为与正常交易的背离程度把握。正常交易主要体现在以下两点：基于平时交易习惯而采取的交易行为；基于证券、期货公开信息而理应采取的交易行为。三是利益关联程度。即从账户交易资金进出与该内幕信息知情人员或者非法获取人员有无关联或者利害关系把握。

（三）典型案例

案例2－6：孙某生内幕交易案①

【基本案情】

一、内幕信息的形成与公开过程

2019年7月1日中午，新城控股时任董事长王某华在新城控股17楼办公室，约孙某生商量应对因涉嫌猥亵儿童被受害者家属报警事项。之后，孙某生到其他楼层办事。

2019年7月1日13时左右，上海市公安局派出所民警4人到新城控股大厦A座前台，时任董事长王某华的秘书张某在17楼贵宾接待室接待了来访的民警。王某华司机余某杰告知张某，王某华大约要一个半小时后回来。当孙某生再次回到新城控股17楼时，遇到了民警并被带回派出所进行询问，当天晚上

① 中国证监会行政处罚决定书〔2020〕44号。

孙某生从派出所出来时看到王某华也在派出所接受询问。

2019年7月2日13时左右，新城控股王某松接到派出所电话，要求其前往派出所。

2019年7月2日23时左右，王某松和妻子陈某前往派出所，听取王某华对于接下来工作的安排。王某松在公安人员陪同下会见了王某华。

2019年7月3日9时30分左右，王某松通知董事吕某平，副总经理、董事梁某诚，副总裁、董事陈某力，财务负责人管某冬，董秘陈某，定于2019年7月3日13时左右召开会议。

2019年7月3日13～14时，王某松、梁某诚、陈某力、吕某平、管某冬、陈某、张某萍陆续到达会议室，王某松于会上口头告知王某华在派出所配合调查事宜，要求公司董事、高管评估风险，做好风险防范预案，与会董事、高管请王某松取得进一步确认文件，以备做好信息披露工作。

2019年7月3日15时左右，王某松接到派出所电话，前往派出所。

2019年7月3日16时30分左右，王某松领取了书面拘留通知书并返回公司，据上海市公安局出具的拘留通知书，“我局已于2019年7月2日16时58分时将涉嫌猥亵儿童罪的王某华刑事拘留”。新城控股董事会自此确认时任董事长王某华被刑事拘留事宜，由董事会秘书陈某组织开展信息披露工作。

2019年7月3日21时48分左右，新城控股向上海证券交易所网站上传信息披露文件，并于7月4日刊载于指定信息披露媒体。

新城控股时任董事长王某华涉嫌猥亵儿童接受公安机关调查事项，属于《上市公司信息披露管理办法》第30条第2款第11项“公司董事、监事、高级管理人员涉嫌违法违纪被有权机关调查或者采取强制措施”规定的情形，属于2005年《证券法》第67条第2款第12项规定的“重大事件”，在信息公开前，属于2005年《证券法》第75条第2款第1项所述的内幕信息。该信息形成于2019年7月1日，公开于2019年7月4日。

二、孙某生内幕交易“新城控股”

（一）孙某生知悉内幕信息

孙某生与王某华认识十几年。7月1日王某华去派出所之前曾叫孙某生到其办公室见面，协助其处理因涉嫌猥亵儿童被受害者家属报警事项。当天孙某生曾就上述事项被派出所民警带到派出所进行问询，在离开派出所时，孙某生看到王某华也在派出所接受问询。因此,孙某生知悉内幕信息。

(二)孙某生控制使用“孙某生”“钱某娟”证券账户交易“新城控股”的情况

“孙某生”证券账户于2001年4月25日开立于国海证券上海世纪大道证券营业部,下挂沪市股东普通账户号A19××××181和深市股东普通账户号005××××503。“钱某娟”证券账户开立于招商证券上海娄山关路证券营业部,下挂沪市股东普通账户号A19××××567和深市股东普通账户号010××××354。孙某生与钱某娟为夫妻关系,内幕信息敏感期前后,“孙某生”证券账户与“钱某娟”证券账户没有大额资金进出,资金来源主要为夫妻的自有资金。

“孙某生”“钱某娟”证券账户2019年7月2日、3日卖出“新城控股”,均通过孙某生本人手机号进行交易。孙某生承认“孙某生”“钱某娟”证券账户实际控制人为孙某生本人,并承认2019年7月2日、3日卖出“新城控股”的交易行为是孙某生本人作出的。

在内幕信息敏感期内,“孙某生”证券账户于2019年7月2日、3日卖出“新城控股”25,000股,成交金额1,036,209元;“钱某娟”证券账户于2019年7月2日、3日卖出“新城控股”25,000股,成交金额1,038,365元,避损金额合计654,335.56元。

(三)孙某生卖出“新城控股”的时间与获悉内幕信息的时间、内幕信息的形成时间高度吻合

2019年7月1日,孙某生与内幕信息知情人王某华接触,知悉王某华因涉嫌猥亵儿童接受公安机关调查一事,7月2日“孙某生”“钱某娟”证券账户各抛售“新城控股”20,000股,7月3日“孙某生”“钱某娟”证券账户各抛售“新城控股”5000股,7月4日新城控股关于公司实际控制人兼董事长被刑拘事项的信息披露文件刊载于指定信息披露媒体。

从“孙某生”“钱某娟”证券账户的交易流水来看,5月15日至7月1日一直未交易“新城控股”,7月1日孙某生知悉王某华因涉嫌猥亵儿童接受公安机关调查后,7月2日、3日突击卖出“新城控股”。孙某生卖出“新城控股”的时间与获悉内幕信息的时间、内幕信息的形成时间高度吻合,其在敏感期内为了避损而卖出“新城控股”的动机明显。

上述违法事实,有询问笔录、新城控股公告及说明、交易记录、银行账户资料、银证转账记录等证据证明,足以认定。

【处理结果】

孙某生的上述行为违反了2005年《证券法》第73条、第76条第1款的规定,构成2005年《证券法》第202条所述内幕交易。根据当事人违法行为的事实、性质、情节与社会危害程度,依据2005年《证券法》第202条的规定,证监会决定:没收孙某生违法所得654,335.56元,并处以1,308,671.12元的罚款。

2019年新城控股董事长猥亵幼女一案轰动全国,本案内幕消息知情人孙某生利用自己与内幕信息知情人王某华的密切关系,在内幕信息敏感期内与王某华接触并知悉内幕信息,后非法利用该内幕信息从事"新城控股"股票交易,避损654,335.56元,属于典型的内幕人员利用内幕信息买卖证券型内幕交易行为,证监会对其进行相应行政处罚于法有据。

二、泄露内幕信息

泄露内幕信息,是指行为人将处于保密状态的内幕信息公开化,通过明示、暗示、书面或口头等方式,透露、提供给不应知悉该信息的人员,使信息受领人享有据此信息进行相关证券交易的可能性。需要说明的是,泄露内幕信息型内幕交易不要求接受信息人必须依据内幕信息进行了相关证券的买卖,原因在于内幕人员负有信息保密义务,其泄露行为本身就已经侵害了公司的权利和利益。与掌握内幕信息者直接进行证券交易相比,泄露内幕信息行为对证券市场、投资者及发行人所造成的损害往往更大。毕竟内幕信息的知悉人员一般范围较小,不仅人数较少且财力有限,他们买卖股票的数量一般不会太大。而泄露内幕信息则会引起受领人之间相互辗转告知,使参与买卖股票的人数和数量剧增,进而引发严重后果。[①] 一般认为,泄露内幕信息行为可分为"泄密"和"再泄密"两种情形。

(一)"泄密"

"泄密"是指内幕信息知情人员直接将内幕信息泄露给他人的行为。"泄

① 参见钱列阳、谢杰:《证券期货犯罪十六讲》,法律出版社2019年版,第108页。

密”的行为手段可分为传统泄露方式和新型泄露方式。

传统泄露方式是指内幕信息知情者通过交谈或公开演讲、授课等方式将内幕信息泄露给他人,这里的“他人”既可以是配偶、父母、子女及其他亲朋好友,也可以是同事、客户甚至陌生人,“他人”的身份不受限制,只要“他人”足以理解或了解相关内幕信息内容,即可认定构成泄密。

新型泄露方式是指通过诸如电子邮件、微信、微博等多种通讯软件进行泄露内幕信息的行为。伴随科技进步特别是互联网技术的突飞猛进,人们交流信息的方式发生巨大变化,这就给泄露内幕提供了新的传播途径。需要说明的是,通过微信等即时聊天工具发送相关内幕信息后又被撤回的,只要该信息被对方感知,也构成泄露。

(二)“再泄密”

“再泄密”,即泄露二手或多手内幕信息,是指非内幕人员获取内幕信息后,又将该内幕信息泄露给他人的行为。① 当然,泄露的方式也包括前述传统泄露方式和新型泄露方式,不再赘述。

“再泄密”行为是否当然应当承担法律责任?要考虑非内幕人员获取内幕信息是主动获取还是被动获取。非内幕人员是主动获取内幕信息的,其负有保密的义务,若再次泄露该内幕信息,是对保密义务的违反,当然需承担相应责任。有学者认为,在被动知悉的情况下,非内幕人员因为是消极的内幕信息的知情者,不存在承担保密的义务,因而即使第三人根据该信息进行了交易,也不应当认定为内幕交易。② 基于法益保护目的,本书认为,不论内幕信息在传递者间辗转多少环节,也不论是直接接受者还是间接接受者,其泄露行为都构成内幕交易,只是并非所有行为都构成犯罪。

---

① 美国“IBM收购莲花公司内幕交易案”是全球内幕交易判例史上“再泄密”最“经典”的案例:1995年,IBM公司欲收购莲花公司,IBM公司女秘书劳瑞雅得知内幕信息后告知其丈夫罗伯特,罗伯特将消息告知另一好友杰瑞,杰瑞将消息告知弟弟和其他两位同事……本案中,内幕信息被传递达6层之多、涉及25名被告,最终被法院判决构成证券欺诈或者以证券欺诈与美国证券交易委员会达成和解。转引自钱列阳、谢杰:《证券期货犯罪十六讲》,法律出版社2019年版,第108~109页。

② 参见张军主编:《破坏金融管理秩序罪》,中国人民公安大学出版社1999年版,第277~278页。

（三）典型案例

案例2－7：陈某啸内幕交易、泄露内幕信息案①

【基本案情】

被告人陈某啸，原系安徽皖瑞税务师事务所有限责任公司负责人。2013年11月至2014年9月，江苏东源电器集团股份有限公司（以下简称东源电器）进行重组事宜。2014年4月1日东源电器股票停牌，同年9月10日东源电器公告重大资产重组信息并复牌。薛某年（时任金通智汇投资管理有限责任公司负责人，另案处理）系东源电器重组内幕信息的知情人员。2013年11月中旬至2014年3月31日，被告人陈某啸多次联络、接触薛某年，并使用本人证券账户共买入东源电器股票1022万余股，成交金额6919万余元。2014年9月19日和24日，陈某啸将东源电器股票全部抛售，非法获利1.03亿余元。在前述东源电器重组内幕信息敏感期内，陈某啸还将该信息泄露给同事明某、石某，明某买入东源电器股票2900股，在股票停牌之前卖出，亏损2983.26元；石某买入东源电器247,100股，成交金额167万余元，在股票复牌后卖出，非法获利276万余元。

2014年7月至2015年2月，安徽巢东水泥股份有限公司（以下简称巢东股份）进行重组事宜。薛某年为巢东股份重组内幕信息的知情人员。2014年9月20日，被告人陈某啸在合肥徐同泰酒店宴请薛某年等人时，获知巢东股份和浙江顾家家居合作的内幕信息，并于2014年9月22日、25日、26日买入巢东股份239万余股，成交金额2673万余元。2014年9月29日，巢东股份股票停牌。2015年2月6日巢东股份复牌，陈某啸于复牌当日通过大宗交易方式将巢东股份股票全部卖出，亏损4万余元。在巢东股份重组的内幕信息敏感期内，陈某啸将该信息泄露给明某、石某，明某买入巢东股份8万余股，成交金额99万余元，在股票复牌后卖出，非法获利208万余元；石某买入巢东股份11万股，成交金额121万余元，在股票复牌后卖出，非法获利214万余元。

---

① 参见《最高人民法院发布7件人民法院依法惩处证券、期货犯罪典型案例》，载中国法院网，https://www.chinacourt.org/article/detail/2020/09/id/5471380.shtml。

【裁判结果】

本案由安徽省蚌埠市中级人民法院一审,安徽省高级人民法院二审。法院认为,被告人陈某啸系非法获取证券交易内幕信息的人员,其在内幕信息尚未公开前,从事与内幕信息有关的股票交易;陈某啸还将内幕信息泄露给他人,导致他人从事与该内幕信息有关的股票交易,其行为已经构成内幕交易、泄露内幕信息罪,且情节特别严重。据此,以内幕交易、泄露内幕信息罪判处被告人陈某啸有期徒刑7年,并处罚金1.5亿元。

本案是内幕交易、泄露内幕信息的典型案例。根据最高人民法院、最高人民检察于2012年6月1日实施的《内幕交易解释》之规定,非法获取证券、期货内幕信息的人员包括三类:一是利用窃取、骗取、套取、窃听、利诱、刺探或者私下交易等手段获取内幕信息的;二是内幕信息知情人员的近亲属或者其他与内幕信息知情人员关系密切的人员获取内幕信息的;三是在内幕信息敏感期内,与内幕信息知情人员联络、接触并获取内幕信息的。本案中,被告人陈某啸为了牟取非法利益,积极联系、接触证券交易内幕信息知情人,非法获取内幕信息,从事内幕交易,并泄露内幕信息导致他人从事内幕交易,情节特别严重,应依法严惩。

三、根据内幕信息建议他人买卖证券

(一)建议行为的认定

《刑法》原第180条有关内幕交易罪行为方式的列举中仅规定了两种方式:内幕交易行为和泄露内幕信息行为,《刑法修正案(七)》增加了建议行为这一新类型,即行为人在其获知内幕信息的基础上,通过明示或暗示的方式建议他人进行证券、期货交易的行为。之后出台的《证券法》亦明确将“建议他人买卖证券”归入内幕交易行为的规制范畴。

结合司法实践,建议他人买卖证券行为主要有以下几种表现形式:信息获悉者明示、暗示他人从事相关交易,被对方采纳并实施;信息获悉者进行明示、暗示,没有被他人采纳并实施;在透露内幕信息内容的基础上,信息获悉者明示、暗示他人从事交易;在没有透露信息内容的情况下,信息获悉者建议他人从事交易,他人基于其专业金融知识及具有相关从业背景等原因,无须信息获悉者提供进一步的信息内容与交易理由等。

认定此类内幕交易行为时,需要明确以下几点:第一,双方当事人的一方必须是内幕人,而另一方是非内幕人;第二,内幕人是建议他人从事证券交易,包括交易的时间、价位、证券的种类等,这些建议是基于内幕人对内幕信息的掌握而做出的,并不是直接将内幕信息提供给他人;第三,内幕人的主观上是故意,即知道或应当知道他人会接受建议从事证券交易,仍然建议他人买卖相关证券;第四,接受建议的他人必须实施证券交易行为。如果他人没有根据建议进行交易行为,内幕人的行为仅构成泄露内幕信息。这是与内幕人泄露内幕信息的行为之区别。

(二)典型案例

案例2-8:王某泄露内幕信息并建议他人买卖证券案①

【基本案情】

一、内幕信息的形成、公开过程及知情人

2015年11月中下旬,岭南园林子公司上海恒润数字科技有限公司董事长刘某与德马吉国际展览有限公司(以下简称德马吉)董事长王某聊到岭南园林有收购展览展示企业的意愿,王某表示可以考虑。

2015年12月初,刘某向岭南园林董事长尹某卫推荐做展览展示业务的德马吉,尹某卫认为展览展示行业与岭南园林业务互补,希望尽快与德马吉商谈,并将此事交由公司证券部负责实施。

2015年12月下旬,根据尹某卫指派,岭南园林董事会秘书秋某和董事陈某前往德马吉洽谈,但无果而返。洽谈后,秋某向尹某卫汇报了情况,尹某卫要求继续跟进。

2016年1月上旬,秋某和陈某再次到德马吉与王某洽谈,并称岭南园林收购德马吉后,将给予资金、资源等方面的支持。王某表示可以考虑,但因其妻子师某欣坚持要德马吉上新三板,王某称会去做说服工作。此后,秋某与

---

① 中国证监会行政处罚决定书〔2019〕137号。

王某多次就收购事宜进行沟通,王某的态度逐渐转向愿意将德马吉卖给岭南园林。

2016年1月底,秋某和王某对PE倍数、收购价格、岭南园林对德马吉在海外业务拓展方面给予资金、资源支持等问题进行了比较深入、具体的洽谈。王某、师某欣倾向于将德马吉卖给岭南园林,岭南园林的收购意向也非常明确。双方不晚于2016年1月31日就岭南园林收购德马吉100%股权达成口头意向。

2016年1月底,王某曾电话联系刘某,称与岭南园林的重组进展很好,基本谈妥,并向刘某咨询关于换股价格的问题。

2016年2月上旬,岭南园林与德马吉进一步增强合作意愿,明确春节后再谈PE的最终倍数。2月18日左右,岭南园林与德马吉确定收购的PE倍数为15倍。2月25日,岭南园林因重大事项申请临时停牌,并于当天发布停牌公告。

2016年3月9日,岭南园林与德马吉签订《关于股权收购的备忘录》。4月19日,岭南园林发布《发行股份及支付现金购买资产并募集配套资金报告书(草案)》,披露岭南园林拟购买德马吉100%股权,交易金额为37,500万元。

证监会认为,岭南园林拟收购德马吉100%股权相关事宜属于2015年《证券法》第67条第2款第2项规定的重大事件,在公开前属于2015年《证券法》第75条第1款和第2款第1项规定的内幕信息。该内幕信息不晚于2016年1月31日形成,2016年4月19日公开。王某为内幕信息知情人,其知悉内幕信息的时间不晚于2016年1月31日。

二、王某泄露内幕信息并建议郑某买卖证券

郑某是王某的姐夫。2014年年初,王某引导郑某入市投资股票并指导其炒股。2016年2月7日,王某在与郑某打电话拜年时建议郑某关注并买入"岭南园林"。

2016年2月14日和19日,郑某先后组织资金共85万元,并操作其本人证券账户于2016年2月15日和22日分2笔买入"岭南园林",共成交20,800股,成交金额合计774,472元。经计算,涉案交易亏损87,989.12元。郑某的交易活动与内幕信息形成、变化和公开过程高度吻合,行为明显异常,且其不能作出合理解释或提出证据排除内幕交易。

【处理结果】

上述违法事实，有相关公告文件、收购备忘录、询问笔录、通讯记录、证券账户资料等证据证明，足以认定。证监会认为，王某的上述行为违反了2015年《证券法》第76条第1款的规定，构成2015年《证券法》第202条所述泄露内幕信息并建议他人买卖证券；郑某的上述行为违反了2015年《证券法》第73条和第76条第1款的规定，构成2015年《证券法》第202条所述内幕交易。根据当事人违法行为的事实、性质、情节与社会危害程度，依据2015年《证券法》第202条的规定，证监会决定：对王某处以10万元罚款；责令郑某依法处理非法持有的证券，并对其处以10万元罚款。

第四节 内幕交易的责任

一、民事赔偿

《证券法》第 53 条第 3 款规定："内幕交易行为给投资者造成损失的，应当依法承担赔偿责任。"《证券法》第 220 条确立的民事责任优先原则，[①]也可在一定程度上增强投资者索赔的信心。

（一）基本规定

2019 年《证券法》关于内幕交易民事责任做出了诸多修订，主要体现为：

1. 内幕交易的赔偿主体范围扩大

内幕交易的赔偿主体不再局限于"行为人"，扩大至内幕信息知情人、接受泄露信息的人员以及参与证券交易的其他人员等。

《证券法》第 53 条第 1～2 款规定：证券交易内幕信息的知情人和非法获取内幕信息的人，在内幕信息公开前，不得买卖该公司的证券，或者泄露该信息，或者建议他人买卖该证券。

持有或者通过协议、其他安排与他人共同持有公司百分之五以上股份的自然人、法人、非法人组织收购上市公司的股份，本法另有规定的，适用其规定。

2. 新增"老鼠仓"行为民事责任的条款

《证券法》第 54 条规定：禁止证券交易场所、证券公司、证券登记结算机构、

① 《证券法》第 220 条规定："违反本法规定，应当承担民事赔偿责任和缴纳罚款、罚金、违法所得，违法行为人的财产不足以支付的，优先用于承担民事赔偿责任。"

证券服务机构和其他金融机构的从业人员、有关监管部门或者行业协会的工作人员,利用因职务便利获取的内幕信息以外的其他未公开的信息,违反规定,从事与该信息相关的证券交易活动,或者明示、暗示他人从事相关交易活动。

利用未公开信息进行交易给投资者造成损失的,应当依法承担赔偿责任。

3. 增设“投资者保护”专章

《证券法》明确规定,如发生纠纷,投资者可向投资者保护机构寻求调解等多种利益保护方式。

《证券法》第 90 条第 1 款规定:上市公司董事会、独立董事、持有百分之一以上有表决权股份的股东或者依照法律、行政法规或者国务院证券监督管理机构的规定设立的投资者保护机构(以下简称投资者保护机构),可以作为征集人,自行或者委托证券公司、证券服务机构,公开请求上市公司股东委托其代为出席股东大会,并代为行使提案权、表决权等股东权利。

《证券法》第 94 条第 1 ~2 款规定:投资者与发行人、证券公司等发生纠纷的,双方可以向投资者保护机构申请调解。普通投资者与证券公司发生证券业务纠纷,普通投资者提出调解请求的,证券公司不得拒绝。

投资者保护机构对损害投资者利益的行为,可以依法支持投资者向人民法院提起诉讼。

(二)法理释明

需要思考的是,内幕交易行为的民事责任是何种责任?理论界一直对内幕交易的民事责任存在违约责任与侵权责任之争。本书认为,投资人买卖证券的行为是通过证券公司进行的,在集中竞价的证券交易中,每日参与证券买卖的人数众多,买卖双方通常无直接接触,而是通过内幕人与经纪商在集中竞价机制中撮合成交的,反向交易人之间并未发生缔约关系,因此认定违约责任有失偏颇。实际上,在内幕交易存在的情况下,各投资者获得信息的渠道不公平,投资机会亦不公平,侵犯非内幕交易投资者的知情权,由此引起的损害赔偿应认定为侵权损害赔偿责任。

司法实践中,内幕交易民事侵权责任纠纷应关注以下几点问题。

1. 内幕交易行为人主观过错

在我国目前司法实践内幕交易诉讼中,仍需由控方证明内幕交易人的主观故意性认定。内幕交易行为应归属为特殊侵权行为,其行为模式具有较强的隐蔽性,应适用最高人民法院《关于民事诉讼证据的若干规定》第 7 条之规定,“人民法院可以根据公平原则和诚实信用原则。综合当事人举证能力等因素确定举证责任的承担”。

2. 内幕交易行为与投资者损失间因果关系认定

我国目前法律法规或者司法解释并未对内幕交易与投资者损失的因果关系方面作出具体明确规定,本书认为,法院在认定内幕交易与投资者损失的因果关系方面,可采用推定因果关系的做法。具体可参考最高人民法院《关于审理证券市场虚假陈述侵权民事赔偿案件的若干规定》的相关规定进行认定。最高人民法院《关于审理证券市场虚假陈述侵权民事赔偿案件的若干规定》第 11 条规定:“原告能够证明下列情形的,人民法院应当认定原告的投资决定与虚假陈述之间的交易因果关系成立:(一)信息披露义务人实施了虚假陈述;(二)原告交易的是与虚假陈述直接关联的证券;(三)原告在虚假陈述实施日之后、揭露日或更正日之前实施了相应的交易行为,即在诱多型虚假陈述中买入了相关证券,或者在诱空型虚假陈述中卖出了相关证券。”第 12 条规定:“被告能够证明下列情形之一的,人民法院应当认定交易因果关系不成立:(一)原告的交易行为发生在虚假陈述实施前,或者是在揭露或更正之后;(二)原告在交易时知道或者应当知道存在虚假陈述,或者虚假陈述已经被证券市场广泛知悉;(三)原告的交易行为是受到虚假陈述实施后发生的上市公司的收购、重大资产重组等其他重大事件的影响;(四)原告的交易行为构成内幕交易、操纵证券市场等证券违法行为的;(五)原告的交易行为与虚假陈述不具有交易因果关系的其他情形。”

3. 内幕交易民事赔偿执行问题

内幕交易民事诉讼大多存在原告数量众多、损害赔偿额难以认定等问题,以往司法实践中民事赔偿执行较难。《证券法》增设“投资者保护”专章,确立了“先行赔付制度”(《证券法》第 93 条)和“代表人诉讼制度”(《证券法》第 95 条)。为推进代表人诉讼制度的有效运行,最高人民法院《代表人诉讼解释》于 2020 年 7 月 31 日施行。该规定将因证券市场虚假陈述、内幕交易、操纵市场等行为引发的索赔纳入司法解释的范畴。以上新规为内幕交易民事赔偿迎来新契机。

《证券法》第 93 条规定：发行人因欺诈发行、虚假陈述或者其他重大违法行为给投资者造成损失的，发行人的控股股东、实际控制人、相关的证券公司可以委托投资者保护机构，就赔偿事宜与受到损失的投资者达成协议，予以先行赔付。先行赔付后，可以依法向发行人以及其他连带责任人追偿。

《证券法》第 95 条规定：投资者提起虚假陈述等证券民事赔偿诉讼时，诉讼标的是同一种类，且当事人一方人数众多的，可以依法推选代表人进行诉讼。

对按照前款规定提起的诉讼，可能存在有相同诉讼请求的其他众多投资者的，人民法院可以发出公告，说明该诉讼请求的案件情况，通知投资者在一定期间向人民法院登记。人民法院作出的判决、裁定，对参加登记的投资者发生效力。

投资者保护机构受五十名以上投资者委托，可以作为代表人参加诉讼，并为经证券登记结算机构确认的权利人依照前款规定向人民法院登记，但投资者明确表示不愿意参加该诉讼的除外。

（三）典型案例

案例 2－9："8·16 光大证券乌龙指案"——我国首例内幕交易民事索赔案[①]

【基本案情】

2013 年 8 月 16 日，星期五。这一天，上证指数以 2075 点低开。直到 11 时，大盘一直处于低位徘徊的状态。

11 时 5 分，大批权重股瞬间被一两个大单拉升之后，又跟着涌现出大批巨额买单，继而带动了整个股指和其他股票的上涨，涨逾 5%，以致多达 50 多只权重股瞬间集体触及涨停。

11 时 15 分起，上证指数开始产生第二波拉升，这一次最高到达 2198 点，在 11 时 30 分收盘时，上证指数为 2149 点。

在得知可能源于光大证券自身的程序错误，从而引发上证综指异常波动后，当日不晚于 11 时 40 分，时任光大证券总裁的徐某明火速召集了时任光大证券助理总裁杨某忠、时任光大证券计划财务部总经理兼办公室主任沈某光和

---

① 参见《我国内幕交易民事赔偿第一案"8·16 光大证券乌龙指"引发的内幕交易赔偿系列案回顾》，载中国审判网，http://www.chinatrial.net.cn/news/9997.html。

时任光大证券策略投资部总经理杨某波开会,达成了通过做空股指期货、卖出ETF对冲风险的意见,并决定由杨某波负责实施。

11时59分左右,时任光大证券董事会秘书的梅某在不知情的状况下,在与记者高某的通话中否认了市场上流传的关于"光大证券自营盘70亿元乌龙指"的传闻。随后,高某发布了《光大证券就自营盘70亿乌龙传闻回应:子虚乌有》一文。12时13分,梅某向高某表示需进一步核查情况,要求删除文章。但此时该文已无法撤回,而且文章发布后又被其他不少门户网站转载。

13时,光大证券公告称因重要事项未公告,临时停牌。

当日13时一开市,光大证券策略投资部几乎全员出动,通过卖空股指期货、卖出ETF对冲风险。截至14时22分,共卖出股指期货空头合约IF1309、IF1312共计6240张,合约价值43.8亿元,获利7414万元;卖出价值1.35亿元和12.8亿元的180ETF、50ETF,又规避损失1307万元。获利合计8721万元。

在光大证券紧锣密鼓地弥补损失之时,许多尚未了解真相的投资者却作出了与市场涨跌方向相反的操作,进而造成了损失。

14时22分左右,光大证券终于发布公告,称"公司策略投资部自营业务在使用其独立套利系统时出现问题"。14时55分,光大证券官网一度无法登录,或因短时间内浏览量过大以致崩溃。

当天股市上的惊涛骇浪终于在15时收盘后暂停了下来。而现实中却依然波诡云谲。

16时27分左右,中国证监会在通气会上表示,"上证综指瞬间上涨5.96%,主要原因是光大证券自营账户大额买入""目前上交所和上海证监局正抓紧对光大证券异常交易的原因展开调查"。

后据媒体披露,此次"乌龙指事件"主要出自光大证券策略交易系统的订单"重下"新功能。当天11时2分左右,在第三次180ETF套利下单时,交易员发现有24个个股申报不成功,就想使用"重下"的新功能,于是程序员在旁边指导着操作了一番。然而这个新功能尚未实盘验证过,程序把买入24个成份股,误写成了买入24组180ETF成份股,结果生成巨量订单。实际报单规模达686亿元,到达交易所的申报是234亿元,最终成交72.7亿元。

2013年11月,中国证监会正式作出〔2013〕59号《行政处罚决定书》,认定光大证券公司在异常交易行为发生后,掌握了内幕信息。"光大证券公司为挽回损失，在2013年8月16日13时开市后至14时22分之间(简称‘内幕交易时间段’)，将所持股票转换为ETF卖出和卖空股指期货合约对冲风险，该行为构成《中华人民共和国证券法》第二百零二条和《期货交易管理条例》第七十条所述内幕交易行为。”

中国证监会最终决定，没收光大证券非法所得8721万元，并处以5倍罚款；对4位相关决策责任人徐某明、杨某忠、沈某光、杨某波分别予以警告、罚款60万元，并宣布上述4人为期货市场禁止进入者，对其采取终身的证券市场禁入措施。

此外，作为光大证券董事会秘书，梅某在对具体事实不知情的情况下，明知对方为新闻记者，轻率地对未经核实的信息予以否认，构成信息误导。中国证监会决定，“责令梅某改正，并处以20万元罚款。”

虽然中国证监会对由此次“乌龙指”引发的内幕交易行为作出了处罚，但是对于众多投资者、特别是中小投资者跟进买入所造成的损失问题尚未明确。

2013年11月15日，最高人民法院专门下发通知，明确起诉人以中国证监会对光大证券公司作出的行政处罚决定为依据，以行政处罚决定确认的违法行为侵害其合法权益、导致其损失为由，采取单独诉讼或者共同诉讼方式向法院提起民事诉讼的，人民法院应当受理。该通知同时明确，应由中级人民法院作为一审法院管辖。

2013年12月2日，上海市第二中级人民法院受理了第一件“8·16光大证券乌龙指”引发的内幕交易赔偿案件，此后又陆续受理了其他系列案件，合计为507件。

在证监会对光大证券内幕交易作出行政处罚之后，光大证券策略投资部原总经理杨某波不服行政处罚，提出了行政诉讼，该案先后历经一审、二审。由于这一行政诉讼涉及内幕交易的认定问题，因此其结果将影响到内幕交易赔偿系列案的审理推进。2015年5月4日，北京市高级人民法院作出二审判决，驳回了杨某波的上诉请求，维持证监会对杨某波的行政处罚决定及市场禁入决定。

根据相关法律规定，“8·16光大证券乌龙指”赔偿案的诉讼时效将于2015年11月届满。当行政诉讼终于尘埃落定之时，因光大证券内幕交易而受损的投资者的诉讼时效期间已所剩不多。如果不及时判决，一大批尚未起诉而在等待观望的投资者的权益可能将难以得到法律的保护。

为此,在各方面条件基本成熟的情况下,2015 年 9 月 30 日,上海市第二中级人民法院对第一批 8 起光大证券内幕交易案件进行了宣判。在这 8 起案件中,其中 4 件案件法院判决支持了原告诉请,2 件判决部分支持原告诉请,2 件判决驳回原告诉请。从比例而言,支持投资者的诉请居多,开创了中国内幕交易民事赔偿之先例。

关于侵权行为与损害后果的因果关系认定。合议庭认为,由于证券、期货市场的特殊性,由被侵害的投资者提供证据证明内幕交易的因果关系几乎不可能。对此,可参照最高人民法院《关于审理证券市场因虚假陈述引发的民事赔偿案件的若干规定》,推定因果关系。即在光大证券公司实施内幕交易行为期间,如果投资者从事了与内幕交易行为主要交易方向相反的证券交易行为,而且投资者买卖的是与内幕信息直接关联的证券、证券衍生产品或期货合约,最终遭受损失,则应认定内幕交易与投资者的损失之间具有因果关系。至于内幕交易人进行内幕交易的数量多少和时间长短,内幕交易人是否因内幕交易获得实际利益,其内幕交易行为是否对相关证券、期货品种的交易价格产生实质性影响,都不影响对内幕交易侵权因果关系的认定。另外,基于交易品种的不同,因果关系亦有所不同。如果原告投资者进行 50ETF、180ETF、IF1309、IF1312 交易,可推定存在因果关系;如果原告投资者进行 50ETF、180ETF 的成份股交易,因光大证券公司在内幕交易期间 50ETF、180ETF 的成交量与市场同期成交量相比巨大,足以通过套利机制等因素影响 50ETF、180ETF 成份股的价格,故也可推定 50ETF、180ETF 成份股损失与光大证券公司内幕交易行为存在因果关系。至于上述品种之外的交易品种,与光大证券公司内幕交易品种的价格关联性极为微弱,无法认定存在法律上认可的因果关系。

除了因果关系之外,对于交易方向的认定、损失的计算,合议庭也进行了有益的探索。比如,针对交易方向而言,50ETF、180ETF 以及相应的成份股交易规则为 T+1(一种股票交易制度,即当日买进的股票,要到下一个交易日才能卖出),可根据买卖方向判断交易方向。对于股指期货 IF1309、IF1312 而言,基于股指期货摊低成本、规避风险的策略,投资者会存在反复买卖行为,这种情况下可根据内幕交易时间段内投资者买入的总手数与卖出总手数进行比较来认定交易方向。

【裁判结果】

3 年后终于“尘埃落定”。从第一件案件的受理至最后一件案件的判决,前后历经整整970日。

经统计，对于全部507起案件，上海市第二中级人民法院判决部分或全部支持原告投资者诉请的共有354件，判决驳回95件，撤诉58件，判决支持的占判决案件总数的78.84%；在判决结案的案件中，原告主张损失总金额为6284万余元，合计判决支持4101万余元，支持数额比例为65.26%。上诉案件105件，上诉率为20.71%。在二审已审结的案件中，尚无改判、发回重审的案件。

此系列案件判决生效后，因被告光大证券股份有限公司未能履行生效法律文书确定的义务，诸多原告向上海市第二中级人民法院申请强制执行。截至2016年年底，上海市第二中级人民法院已受理该系列执行案434件，涉案标的达3918万余元，目前案件均已全额执行到位。

总体来看，该系列案的判决依法制裁了内幕交易行为，保护了投资者的利益，对证券市场产生了积极的作用。最高人民法院院长周强批示指出，“效果较好，应推广与总结相关审判经验”。

“8·16光大证券乌龙指案”引发的系列内幕交易民事赔偿案，终于在近3年的时间里顺利处理完毕，同时也给我们留下了许多思考。我国当前对证券市场内幕交易多采取行政处罚的方式予以制裁和规范，但这些手段无法弥补投资者的损失，内幕交易行为人理应承担相应的民事赔偿责任。然而，长期以来，立法对此规定的过于原则，司法解释迟迟未能出台，客观上致使以往在民事赔偿上未能取得突破性进展。受理这一系列案件之后，为维护资本市场的公开、公平、公正，保护中小投资者的利益，上海市第二中级人民法院对解决相关法律适用难题进行了探索，最终判决光大证券赔偿相关投资者的损失，从而开创了我国内幕交易民事赔偿先例。

二、行政处罚

（一）基本规定

《证券法》第191条规定：证券交易内幕信息的知情人或者非法获取内幕信息的人违反本法第五十三条的规定从事内幕交易的，责令依法处理非法持有的证券,没收违法所得,并处以违法所得一倍以上十倍以下的罚款;没有违法所得或者违法所得不足五十万元的,处以五十万元以上五百万元以下的罚款。单位从事内幕交易的,还应当对直接负责的主管人员和其他直接责任人员给予警告,并处以二十万元以上二百万元以下的罚款。国务院证券监督管理机构工作人员从事内幕交易的,从重处罚。

违反本法第五十四条的规定,利用未公开信息进行交易的,依照前款的规定处罚。

(二)推定规则在内幕交易行政处罚案件中的适用

有关内幕交易行政处罚的难点在于"内幕交易行为"的认定,执法实践中往往运用推定规则进行认定,有必要对推定规则予以系统认知。

1. 基本规定

有关内幕交易的推定规则主要规定在 2011 年最高人民法院《关于审理证券行政处罚案件证据若干问题的座谈会纪要》(以下简称《座谈会纪要》)和《内幕交易解释》两份司法文件中。

《座谈会纪要》第一部分就行政处罚案件的举证问题予以了明确:"监管机构根据行政诉讼法第三十二章、最高人民法院《关于行政诉讼证据若干问题的规定》第一条的规定,对作出的被诉行政处罚决定承担举证责任。人民法院在审理证券行政处罚案件时,也应当考虑到部分类型的证券违法行为的特殊性,由监管机构承担主要违法事实的证明责任,通过推定的方式适当向原告、第三人转移部分特定事实的证明责任。"

《座谈会纪要》第五部分与《内幕交易解释》对内幕交易的推定问题采用了一脉相承的认定逻辑,主要就内幕信息知情人的近亲属、密切关系人和联络接触人等主体的内幕交易行为(特别是"交易行为明显异常的认定")进行了推定。

需要注意的是,《座谈会纪要》是对证券违法行为作出行政处罚的指导性文件,相比于规制刑事犯罪的《内幕交易解释》,推定规则的适用存在区别,如证明标准不同。

2. 疑难问题

(1)证明标准问题

关于证明标准问题,学界通说认为,刑事诉讼适用排除合理怀疑标准,民事诉讼适用优势证据标准,行政诉讼适用介于合理怀疑标准和优势证据标准之间的明显优势证据标准。但要注意,该标准并不绝对,在具体案件适用时应具体问题具体分析,如行政诉讼的证明标准应当与案件的具体性质和严重程度成比例关系,案件越重大复杂,证明标准应当越高。

《座谈会纪要》根据不同主体与内幕信息知情人之间身份关系的远近,确立了推定规则的梯度证明标准:近亲属以及其他有密切关系的人员,由于和法定内幕信息知情人身份关系密切,该类主体证券交易活动与涉案内幕信息"基本吻合"即可推定其获悉内幕信息;而其他在敏感期内与内幕信息知情人联络、接触的人员,由于身份关系密切程度下降,内幕信息传递的可能性亦随之下降,监管部门须证明相关证券交易活动与内幕信息"高度吻合"方能推定该类主体获悉内幕信息,进而认定内幕交易行为成立。相比"基本吻合""较为吻合"等标准,"高度吻合"的证明要求更高,虽然达不到排除合理怀疑的证明程度,但远高于民事诉讼的优势证明标准。这意味着,具有一般认知水平的普通人,在比对交易行为和内幕信息之后,都足以产生当事人利用了内幕信息进行交易的确信。

(2)传递型内幕交易案件慎用"二次推定"

《座谈会纪要》和《内幕交易解释》确立的推定规则,主要适用于内幕信息知情人的近亲属、密切关系人和联络接触人等主体,针对的是内幕信息从知情人向上述主体传递的一次传递过程,不涉及多次传递。但实践中,存在知情人的近亲属、有密切关系人和联络接触人等知悉内幕信息主体二次传递内幕信息的可能性。

要看到,第一次推定的结论本身便具有高度盖然性,第二次推定再将第一次推定作为下一次推定的大前提,而不是以法律或者常识性认识作为推定的大前提,这本身是违反逻辑学正确推理方法的,也必将导致结论更加具有或然性,因而缺乏正当的法理基础。基于此,在证券监管及司法实践中,一般不宜适用"二次推定"规则认定内幕交易。

"唐某军内幕交易案"中,裁判法官就"内幕信息经多级传递后能否认定相关交易行为的违法性”的论述可供参考:“在判断当事人经过多级传递后知悉内幕信息并利用该信息进行交易时,应当更为谨慎,对证据的关联性、全面性应有更高的要求。主要应综合考量信息接受人与信息源头、信息传递人之间的关系,内幕信息传递的介质是否能够固定、留痕以及涉案人对内幕信息的认知、其他异常交易情况等。”

(3)合理抗辩:关于不构成内部交易的反驳

实践中,当事人常常以“熟悉特定行业、拥有特定行业投资经验、过去关注并交易涉案股票、长期采用在特定时间段集中资金交易特定股票投资”,“根据新闻报道以及专业人士推荐”,“对股票基本面向好的判断及对类股进行对比的基础上进行交易”等理由证明其交易行为并不异常。但这些内容空洞、指向宽泛的反驳理由一般不被监管机构和司法机关采信。对此,可以参考原《内幕交易行为认定指引(试行)》第 19 ~ 20 条列举的不构成内幕交易的抗辩事由予以合理抗辩,要注意,该指引目前已失效,但其规定对当今的执法实践依然具有参考价值。

原《内幕交易行为认定指引(试行)》第 19 条规定:“上市公司、上市公司控股股东或其他市场参与人,依据法律、行政法规和规章的规定,进行下列市场操作的,不构成内幕交易行为:

(一)上市公司回购股份;

(二)上市公司控股股东及相关股东行为履行法定或约定的义务而交易上市公司股份;

(三)经中国证监会许可的其他市场操作。”

原《内幕交易行为认定指引(试行)》第 20 条规定:“有下列情形之一的,行为人的证券交易活动不构成内幕交易行为:

(一)证券买卖行为与内幕信息无关;

(二)行为人有正当理由相信内幕信息已公开;

(三)为收购公司股份而依法进行的正当交易行为;

(四)事先不知道泄露内幕信息的人是内幕人或泄露的信息为内幕系信息;

(五)中国证监会认定的其他正当交易行为。”

（三）典型案例

案例2－10：汪某元、汪某琤内幕交易行政处罚案[①]

【基本案情】

一、涉案内幕信息的形成和公开过程

2014年年底，健康元的实际控制人朱某国准备减持鸿信行有限公司（系健康元第二大股东，以下简称鸿信行）持有的健康元股份，并让健康元公司董秘邱某丰咨询减持的有关政策和方式。2015年2月中上旬，欧某平向朱某国表示愿意帮他减持健康元股票。考虑到腾讯公司的影响力，朱某国于2015年2月、3月向马某腾提出希望腾讯公司入股健康元，马某腾同意以其在香港的投资公司帮忙受让部分健康元股票。期间欧某平亦和马某腾沟通过帮朱某国减持一事。

3月14日下午，朱某国和欧某平在香港见面时沟通了鸿信行减持健康元股票事宜，会谈过程中朱某国发微信向邱某丰咨询鸿信行减持后资金汇往香港的问题。

3月24日晚，朱某国、欧某平、马某腾在香港聚会时，就欧某平、马某腾参与鸿信行减持健康元股份一事达成一致，马某腾委托欧某平具体操作。此后直到4月1日，欧某平与朱某国商定了整个鸿信行减持的框架方案，包括转让价格、转让数量、转让方式等。

4月1日15时，朱某国微信通知邱某丰，鸿信行确定减持健康元股票。经申请，健康元公司股票自4月2日起停牌。

2015年4月4日，健康元发布《关于本公司第二大股东拟转让本公司股份等事宜意向的公告》，披露了鸿信行转让所持有的健康元股份及鸿信行股东转让其所持有的鸿信行公司全部已发行权益的意向，具体为：鸿信行以13元/股的价格向石某君、高某、唐某分别转让健康元2.59%、4.40%、4.66%的股份；鸿信行的股东将持有的鸿信行全部股份转让给妙枫有限公司（欧某平实际控制）、Advance Data Services Limited（马某腾实际控制），转让完成后，欧某平、马某腾通过鸿信行间接持有健康元7439.184万股股份，占健康元总股本的4.81%。

证监会认为，鸿信行在股权转让前持有健康元16.46%的股份，上述鸿信行

---

① 中国证监会行政处罚决定书〔2020〕10号。

减持及股权转让信息属于2005年《证券法》第67条第2款第8项规定的“持有公司百分之五以上股份的股东或者实际控制人，其持有股份或者控制公司的情况发生较大变化”的事项，根据2005年《证券法》第75条第2款第1项的规定，在公告前为内幕信息。此外，前述信息中的马某腾通过受让鸿信行股份间接入股健康元事项，在公告后引起市场广泛关注，其对健康元股价的影响印证了该信息的重大性。

综合上述情况，本案内幕信息即鸿信行减持及股权转让信息形成的时间不晚于2015年3月14日，公开于4月4日。朱某国、欧某平、马某腾等作为相关当事人，参与了减持事项的动议、策划，为内幕信息知情人。

二、汪某元、汪某琤内幕交易“健康元”

汪某元、汪某琤系父女关系。内幕信息敏感期内，汪某元、汪某琤使用“汪某元”“汪某琤”“沈某蓉”等21个账户大量买入“健康元”，共计获利906,362,681.39元。具体情况如下：

（一）汪某元、汪某琤控制使用账户情况

内幕信息敏感期内，汪某元、汪某琤控制使用了“汪某元”“汪某琤”“沈某蓉”等12个自然人账户和四川信托有限公司－宏赢五号结构化证券投资集合资金信托计划（以下简称四川信托－宏赢五号）等9个机构账户，具体账户情况不予赘述。

（二）涉案账户交易“健康元”情况

内幕信息敏感期内，涉案账户从2015年3月16日开始大量买入“健康元”，截至4月1日共计买入88,631,885股，买入金额1,008,537,292.86元，卖出13,813,053股，卖出金额184,508,346.43元，期间净买入74,818,832股，净买入金额824,028,946.43元。经计算，涉案账户在本案内幕信息敏感期内买入“健康元”的盈利为906,362,681.39元。

（三）交易特征

除“汪某琤”“谢某康”账户外，其他涉案账户均系在内幕信息敏感期内首次买入“健康元”，且买入金额巨大，同时普遍存在卖出其他股票集中交易“健康元”的情形，买入意愿十分强烈，并随着内幕信息确定性的增强进一步放大交易量。

（四）当事人关于交易动机的解释

根据汪某元和汪某琤笔录，买入“健康元”是根据其自己的决策。在内幕信息敏感期之前，汪某琤即已使用谢某康及其本人账户购买过“健康元”。到了2015年3月，健康元发布股权激励草案，准备授予员工股权激励，汪某琤认为，该信息是很强的利好。3月25日，上证报和中证报同时推荐健康元，认为健康元会有环保法的利好，之后汪某琤即持续加仓。

（五）与内幕信息知情人联络、接触情况

内幕信息敏感期内，汪某元与欧某平通话5次，具体日期为2015年3月14日、15日、17日、21日、25日。

2015年3月14日下午，朱某国与欧某平在香港商议鸿信行减持事宜时，汪某元也在香港并与欧某平有通话。

3月24日晚，朱某国、欧某平和马某腾在香港参加众安保险融资成功酒会，并就鸿信行减持事宜达成一致时，汪某元也应邀参加酒会，并见了朱某国、欧某平和马某腾等人。

以上事实，有健康元公告和相关情况说明、相关证券账户资料、银行账户资料、询问笔录、通话记录、电子设备取证信息、盈利计算结果等证据证明，足以认定。

【处理结果】

证监会认为，汪某元在内幕信息敏感期内与内幕信息知情人欧某平、朱某国存在联络、接触，并与其女儿汪某琤共同控制使用“汪某元”“汪某琤”“沈某蓉”等21个账户，在2015年3月16日至4月1日大量交易健康元股票，金额巨大，买入意愿十分强烈，其买入“健康元”时间与其和内幕信息知情人联络、接触时间高度吻合，交易行为明显异常，且无正当理由或正当信息来源。汪某元、汪某琤的上述行为，违反了2005年《证券法》第73条、第76条第1款的规定，构成2005年《证券法》第202条所述的内幕交易行为。

根据当事人违法行为的事实、性质、情节与社会危害程度，依据2005年《证券法》第202条的规定，证监会决定：没收汪某元、汪某琤违法所得906, 362, 681. 39元，并处以2, 719, 088, 044. 17元罚款。

三、刑事犯罪

我国《刑法》第180条对有关内幕交易行为的刑事责任问题予以了明确，确立了内幕交易、泄露内幕信息罪及利用未公开信息交易罪两个罪名。《内幕交易解释》与《利用未公开信息交易罪解释》对责任主体的认定、情节严重、情节特别严重的情形等予以了详细规定，对惩治内幕交易犯罪行为具有重大意义。

（一）内幕交易、泄露内幕信息罪

1.定罪量刑

《刑法》第180条前3款规定：证券、期货交易内幕信息的知情人员或者非法获取证券、期货交易内幕信息的人员，在涉及证券的发行，证券、期货交易或者其他对证券、期货交易价格有重大影响的信息尚未公开前，买入或者卖出该证券，或者从事与该内幕信息有关的期货交易，或者泄露该信息，或者明示、暗示他人从事上述交易活动，情节严重的，处五年以下有期徒刑或者拘役，并处或者单处违法所得一倍以上五倍以下罚金；情节特别严重的，处五年以上十年以下有期徒刑，并处违法所得一倍以上五倍以下罚金。

单位犯前款罪的，对单位判处罚金，并对其直接负责的主管人员和其他直接责任人员，处五年以下有期徒刑或者拘役。

内幕信息、知情人员的范围，依照法律、行政法规的规定确定。

（1）非法获取证券、期货交易内幕信息的人员的认定

《内幕交易解释》第2条规定：具有下列行为的人员应当认定为刑法第一百八十条第一款规定的“非法获取证券、期货交易内幕信息的人员”：

（一）利用窃取、骗取、套取、窃听、利诱、刺探或者私下交易等手段获取内幕信息的；

（二）内幕信息知情人员的近亲属或者其他与内幕信息知情人员关系密切的人员，在内幕信息敏感期内，从事或者明示、暗示他人从事，或者泄露内幕信息导致他人从事与该内幕信息有关的证券、期货交易，相关交易行为明显异常，且无正当理由或者正当信息来源的；

（三）在内幕信息敏感期内，与内幕信息知情人员联络、接触，从事或者明示、暗示他人从事，或者泄露内幕信息导致他人从事与该内幕信息有关的证券、期货交易，相关交易行为明显异常，且无正当理由或者正当信息来源的。

（2）相关交易行为明显异常的认定

《内幕交易解释》第3条规定：本解释第二条第二项、第三项规定的“相关交

易行为明显异常”,要综合以下情形,从时间吻合程度、交易背离程度和利益关联程度等方面予以认定:

(一)开户、销户、激活资金账户或者指定交易(托管)、撤销指定交易(转托管)的时间与该内幕信息形成、变化、公开时间基本一致的;

(二)资金变化与该内幕信息形成、变化、公开时间基本一致的;

(三)买入或者卖出与内幕信息有关的证券、期货合约时间与内幕信息的形成、变化和公开时间基本一致的;

(四)买入或者卖出与内幕信息有关的证券、期货合约时间与获悉内幕信息的时间基本一致的;

(五)买入或者卖出证券、期货合约行为明显与平时交易习惯不同的;

(六)买入或者卖出证券、期货合约行为,或者集中持有证券、期货合约行为与该证券、期货公开信息反映的基本面明显背离的;

(七)账户交易资金进出与该内幕信息知情人员或者非法获取人员有关联或者利害关系的;

(八)其他交易行为明显异常情形。

2. 追诉标准

《立案追诉标准(二)》(2022年修订)第30条规定:证券、期货交易内幕信息的知情人员、单位或者非法获取证券、期货交易内幕信息的人员、单位,在涉及证券的发行,证券、期货交易或者其他对证券、期货交易价格有重大影响的信息尚未公开前,买入或者卖出该证券,或者从事与该内幕信息有关的期货交易,或者泄露该信息,或者明示、暗示他人从事上述交易活动,涉嫌下列情形之一的,应予立案追诉:

(一)获利或者避免损失数额在五十万元以上的;

(二)证券交易成交额在二百万元以上的;

(三)期货交易占用保证金数额在一百万元以上的;

(四)二年内三次以上实施内幕交易、泄露内幕信息行为的;

(五)明示、暗示三人以上从事与内幕信息相关的证券、期货交易活动的;

(六)具有其他严重情节的。

内幕交易获利或者避免损失数额在二十五万元以上,或者证券交易成交额在一百万元以上,或者期货交易占用保证金数额在五十万元以上,同时涉嫌下

列情形之一的,应予立案追诉:

(一)证券法规定的证券交易内幕信息的知情人实施或者与他人共同实施内幕交易行为的;

(二)以出售或者变相出售内幕信息等方式,明示、暗示他人从事与该内幕信息相关的交易活动的;

(三)因证券、期货犯罪行为受过刑事追究的;

(四)二年内因证券、期货违法行为受过行政处罚的;

(五)造成其他严重后果的。

(二)利用未公开信息交易罪

1.定罪量刑

《刑法》第180条第4款规定:证券交易所、期货交易所、证券公司、期货经纪公司、基金管理公司、商业银行、保险公司等金融机构的从业人员以及有关监管部门或者行业协会的工作人员,利用因职务便利获取的内幕信息以外的其他未公开的信息,违反规定,从事与该信息相关的证券、期货交易活动,或者明示、暗示他人从事相关交易活动,情节严重的,依照第一款的规定处罚。

需要说明的是,《刑法》第180条第4款所确立的利用未公开信息交易罪为《刑法修正案(七)》新增加的罪名,将实践中多发的"老鼠仓"行为纳入刑法规制范畴。有关"老鼠仓"的具体行为认定请参照本章第二节,此处不再赘述。

(1)何为未公开信息?

《利用未公开信息交易解释》第1条规定:刑法第一百八十条第四款规定的"内幕信息以外的其他未公开的信息",包括下列信息:

(一)证券、期货的投资决策、交易执行信息;

(二)证券持仓数量及变化、资金数量及变化、交易动向信息;

(三)其他可能影响证券、期货交易活动的信息。

(2)如何理解明示、暗示他人从事相关交易活动?

《利用未公开信息交易解释》第4条规定:刑法第一百八十条第四款规定的行为人"明示、暗示他人从事相关交易活动",应当综合以下方面进行认定:

(一)行为人具有获取未公开信息的职务便利;

(二)行为人获取未公开信息的初始时间与他人从事相关交易活动的初始

时间具有关联性；

（三）行为人与他人之间具有亲友关系、利益关联、交易终端关联等关联关系；

（四）他人从事相关交易的证券、期货品种、交易时间与未公开信息所涉证券、期货品种、交易时间等方面基本一致；

（五）他人从事的相关交易活动明显不具有符合交易习惯、专业判断等正当理由；

（六）行为人对明示、暗示他人从事相关交易活动没有合理解释。

2. 追诉标准

《立案追诉标准（二）》（2022年修订）第31条规定：证券交易所、期货交易所、证券公司、期货公司、基金管理公司、商业银行、保险公司等金融机构的从业人员以及有关监管部门或者行业协会的工作人员，利用因职务便利获取的内幕信息以外的其他未公开的信息，违反规定，从事与该信息相关的证券、期货交易活动，或者明示、暗示他人从事相关交易活动，涉嫌下列情形之一的，应予立案追诉：

（一）获利或者避免损失数额在一百万元以上的；

（二）二年内三次以上利用未公开信息交易的；

（三）明示、暗示三人以上从事相关交易活动的；

（四）具有其他严重情节的。

利用未公开信息交易，获利或者避免损失数额在五十万元以上，或者证券交易成交额在五百万元以上，或者期货交易占用保证金数额在一百万元以上，同时涉嫌下列情形之一的，应予立案追诉：

（一）以出售或者变相出售未公开信息等方式，明示、暗示他人从事相关交易活动的；

（二）因证券、期货犯罪行为受过刑事追究的；

（三）二年内因证券、期货违法行为受过行政处罚的；

（四）造成其他严重后果的。

(三)典型案例

案例2-11:王某、王某玉等人内幕交易、泄露内幕信息案①

【基本案情】

2014年,某基金公司总经理王某,向上市公司青某公司推荐华某公司的超声波制浆技术,并具体参与了青某公司收购该超声波制浆技术及非公开发行股票的全过程。其中,2014年8月6日至7日,王某参与了项目的考察洽谈活动,并于同月28日与青某公司、华某公司签订了《三方合作框架协议书》,约定了某基金公司、青某公司、华某公司的合作内容。2014年10月14日,青某公司公告停牌筹划重大事项。2015年1月29日,青某公司发布签订收购超声波制浆专利技术框架协议的公告。2015年2月12日,青某公司复牌并公告非公开发行股票预案。中国证监会依法认定,上述公告内容系内幕信息,内幕信息敏感期为2014年8月7日至2015年2月12日。在内幕信息敏感期内,被告人王某分别与其朋友尚某、妹妹王某玉、妹夫陈某、战友王某仪联络、接触。上述人员及王某仪的妻子王某红在青某公司内幕信息敏感期内大量买入该公司股票共计1019万余股,成交金额2936万余元,并分别于青某公司因重大事项停牌前、发布收购超声波制浆技术及非公开发行股票信息公告复牌后将所持有的青某公司股票全部卖出,非法获利共计1229万余元。

福建省泉州市公安局以王某涉嫌泄露内幕信息罪,王某玉、尚某、陈某、王某仪、王某红等5人涉嫌内幕交易罪向泉州市人民检察院移送起诉。

在检察机关审查过程中,王某、王某玉、尚某、陈某不供认犯罪事实,王某仪、王某红如实供述了犯罪事实。泉州市人民检察院对全案证据进行了细致审查分析,认为现有证据能够证明王某玉、尚某、陈某、王某仪在涉案股票内幕信息敏感期内均与内幕信息知情人王某联络、接触,并从事与该内幕信息有关的股票交易,交易行为具有明显异常性,且无法作出合理解释,足以认定王某构成泄露内幕信息罪、王某玉等5人构成内幕交易罪。2016年10月10日、11日,12月28日,泉州市人民检察院分别以王某仪、王某红涉嫌内幕交易罪,尚某、陈某

---

① 参见《最高检、证监会联合发布证券违法犯罪典型案例》,载最高人民检察院网,https://www.spp.gov.cn/spp/xwfbh/wsfbh/202011/t20201106_484204.shtml。

涉嫌内幕交易罪,王某涉嫌泄露内幕信息罪、王某玉涉嫌内幕交易罪提起公诉。

【裁判结果】

2017 年 11 月 13 日,泉州市中级人民法院分别作出一审判决,以泄露内幕信息罪判处被告人王某有期徒刑六年六个月,并处罚金人民币 1235 万元;以内幕交易罪分别判处被告人尚某有期徒刑六年、陈某有期徒刑五年、王某仪有期徒刑三年、王某红有期徒刑三年、王某玉有期徒刑六个月,并处罚金不等,违法所得予以追缴。其中,对犯罪情节较轻、能如实供述犯罪事实、积极退赃、具有悔罪表现的王某仪、王某红依法从轻处罚并宣告缓刑。一审宣判后,王某、王某玉和尚某、陈某提出上诉。2018 年 12 月 28 日,福建省高级人民法院裁定维持原判,该判决已生效。

第三章

上市公司常见法律风险解构之虚假陈述

根据最高人民法院于2022年1月21日发布的《虚假陈述规定》第4条之规定，信息披露义务人违反法律、行政法规、监管部门制定的规章和规范性文件关于信息披露的规定，在披露的信息中存在虚假记载、误导性陈述或者重大遗漏的，人民法院应当认定为虚假陈述。虚假陈述行为是对证券市场信息披露义务的违背，有学者指出，“虚假陈述，应当是广泛包括了各种违反信息披露义务的行为，行为人在其出具的披露文件中有虚假记载、误导性陈述或者重大遗漏等问题出现，都可以认定其行为属于虚假陈述”。①

作为一种常见的侵害中小投资者权益的违法行为，虚假陈述将严重危害证券市场的交易安全和资本安全，对证券市场的稳定发展造成负面影响。信息披露是投资者进行风险识别和风险评估的依据，而只有保证信息披露的真实性与可靠性，才能使证券市场得以长久发展。若虚假陈述行为泛滥不能得到有效治理，将会导致投资者无法根据发行人的真实信用与偿付能力作出投资决定，从而蒙受不该有的经济损失，且投资者和潜在投资者很可能将会逐渐丧失对证券市场的信任感，转而寻求其他投资产品以替代证券投资，最终将会导致证券市场的萎缩。

案例3－1：丹东欣泰电气股份有限公司、温某等欺诈发行股票、违规披露重要信息案②

【基本案情】

2011年3月30日，丹东欣泰电气股份有限公司（以下简称欣泰电气公司）提出在创业板上市的申请因持续盈利能力不符合条件而被证监会驳回。2011年至2013年6月，被告人温某、刘某合谋决定采取虚减应收账款、少计提坏账准备等手段，虚构有关财务数据，并在向证监会报送的首次公开发行股票并在创业板上市申请文件的定期财务报告中载入重大虚假内容。2014年1月3日，证监会核准欣泰电气公司在创业板上市。随后欣泰电气公司在《首次公开发行股票并在创业板上市招股说明书》中亦载入了具有重大虚假内容的财务报告。

① 叶林：《证券法》，中国人民大学出版社2006年版，第271页。

② 《最高人民法院2020年9月24日发布7件人民法院依法惩处证券、期货犯罪典型案例》，载中国法院网，https://www.chinacourt.org/article/detail/2020/09/id/5471380.shtml。

2014 年 1 月 27 日,欣泰电气公司股票在深圳证券交易所创业板挂牌上市,首次以每股发行价 16.31 元的价格向社会公众公开发行 1577.8 万股,共募集资金 2.57 亿元。

被告单位欣泰电气公司上市后,被告人温某、刘某继续沿用前述手段进行财务造假,向公众披露了具有重大虚假内容的 2013 年年度报告、2014 年半年度报告、2014 年年度报告等重要信息。2017 年 7 月,深圳证券交易所决定欣泰电气公司退市、摘牌,主承销商兴业证券股份有限公司先行赔付 1 万余名投资人的损失共计 2.36 亿余元。

【裁判结果】

本案由辽宁省丹东市中级人民法院审理。宣判后,在法定期限内没有上诉、抗诉,原判已发生法律效力。法院认为,被告单位欣泰电气公司、被告人温某、刘某的行为均构成欺诈发行股票罪;被告人温某、刘某的行为还构成违规披露重要信息罪,依法应当数罪并罚。温某到案后如实供述自己的罪行,刘某具有自首情节,依法可以从轻处罚。据此,依法以欺诈发行股票罪判处被告单位欣泰电气公司罚金人民币 832 万元;以欺诈发行股票罪、违规披露重要信息罪判处被告人温某有期徒刑三年,并处罚金人民币 10 万元;以欺诈发行股票罪、违规披露重要信息罪判处被告人刘某有期徒刑二年,并处罚金人民币 8 万元。

本案是上市公司在申请上市前后连续财务造假而受到刑事处罚并被依法强制退市的典型案例。目前,我国正在推进以信息披露为核心的证券发行注册制。市场主体的诚信建设,事关资本市场长期健康发展。欺诈发行、财务造假等违法犯罪行为,严重挑战信息披露制度的严肃性,严重破坏市场诚信基础,严重损害投资者利益,是证券市场的"毒瘤",必须坚决依法从严惩处。本案的正确处理,充分体现了对资本市场违法犯罪行为"零容忍"的态度和决心,对当前从严惩处资本市场财务造假、欺诈违法犯罪行为具有重要警示作用。

第一节 信息披露的基本要求

虚假陈述行为与信息披露制度息息相关，虚假陈述本质上属于信息披露违法违规行为，有必要对信息披露制度予以全面的认知。信息披露，又称信息公开制度，是指公开发行证券的公司在证券发行与交易诸环节中，依法将有关信息资料，真实、准确、完整、及时地进行披露，以供证券投资者作出投资判断的法律制度。对公开发行证券的公司实行信息披露制度是现代证券市场的核心内容，贯穿于证券发行、流通的全过程，是证券公开原则的具体体现。[①]

但在当前，部分上市公司的信息披露仍然存在违反规定的情况，而上市公司的信息披露发生问题会降低投资者参与证券市场的积极性，甚至导致扭曲市场信息，降低资源配置的效率等严重后果。如不断曝出的上市公司信息披露方面的丑闻正是这种严重后果凸显的表现：蓝田股份发生的信息隐瞒事件使广大投资者提高了对信息披露完整性的认识；从"年度黑马"到"年度最大骗局"，琼民源的财务欺诈事件使投资者对年报真实性有了顾虑；经历了 ST 棱光的故意推迟财务信息的发布，股民们发现信息披露的及时性也逐渐成为上市公司套取他们资金的一大手段。鉴于此，分析信息披露存在的问题，寻求规范信息披露的措施，提高上市公司透明度，仍然是当前证券市场亟待解决的一个重要问题。本节就上市公司信息披露制度的基本要求进行梳理解读。

一、信息披露主体

《证券法》及相关法律法规就信息披露义务人的范围进行了规定，如《证券

① 参见范健、王建文：《证券法》(第 3 版)，法律出版社 2020 年版，第 159 页。

法》第78条第1款规定:“发行人及法律、行政法规和国务院证券监督管理机构规定的其他信息披露义务人,应当及时依法履行信息披露义务”;《上市公司信息披露管理办法》(2021年修订)第62条在《证券法》第78条规定的基础上对信息披露义务人的范围进行了进一步明确,该条规定:“信息披露义务人,是指上市公司及其董事、监事、高级管理人员、股东、实际控制人,收购人,重大资产重组、再融资、重大交易有关各方等自然人、单位及其相关人员,破产管理人及其成员,以及法律、行政法规和中国证监会规定的其他承担信息披露义务的主体。”此外,《证券法》第82条第3款规定:“发行人的董事、监事和高级管理人员应当保证发行人及时、公平地披露信息,所披露的信息真实、准确、完整”;《上市公司信息披露管理办法》(2021年修订)第4条亦规定:“上市公司的董事、监事、高级管理人员应当忠实、勤勉地履行职责,保证披露信息的真实、准确、完整,信息披露及时、公平。”

需要注意的是,对证券信息披露质量发挥重要作用的组织或者个人(保荐人、发行人的控股股东等)也应对虚假陈述行为承担责任。《证券法》第85条规定:“信息披露义务人未按照规定披露信息,或者公告的证券发行文件、定期报告、临时报告及其他信息披露资料存在虚假记载、误导性陈述或者重大遗漏,致使投资者在证券交易中遭受损失的,信息披露义务人应当承担赔偿责任;发行人的控股股东、实际控制人、董事、监事、高级管理人员和其他直接责任人员以及保荐人、承销的证券公司及其直接责任人员,应当与发行人承担连带赔偿责任,但是能够证明自己没有过错的除外。”

中国证监会《关于实施〈合格境外机构投资者和人民币合格境外机构投资者境内证券期货投资管理办法〉有关问题的规定》第11条规定:“合格境外投资者名下的境外投资者的境内证券投资达到信息披露要求的,作为信息披露义务人,应当通过合格境外投资者向交易场所提交信息披露文件。合格境外投资者应当充分了解其名下的境外投资者的境内证券持仓情况,并督促其严格履行信息披露的有关规定。”

综上所述,本书认为,上市公司信息披露主体既包括《证券法》明确规定的信息披露义务人,也包括相关责任人。即以下人员均为信息披露的主体:证券发行人,上市公司及其控股股东、实际控制人、收购人,上市公司的董事、监事、高级管理人员、上市公司重组中的证券公司及证券服务机构、交易相对人及境外投资者等。

需要说明的是，证券市场的另一类义务人有时不负有直接的披露义务，但依照法律对披露文件的真实性、完整性、准确性和及时性的要求承担担保义务，一旦披露文件里含有虚假陈述内容，他们将承担法律责任。这类人员可视为广义上的信息披露义务人，主要包括发行人和上市公司的控股股东、实际控制人、董监高以及其他直接责任人，发行人和上市公司的保荐人、承销商，以及为证券发行、上市交易等证券业务活动制作、出具专业文件和报告的证券服务机构等。①

二、信息披露内容

上市公司信息披露制度的根本目的在于保护投资者的财产利益，维护资本市场的良好秩序。法律对信息披露的内容作了详尽的规定。一般认为，完整的信息披露制度包含证券发行的信息披露制度与持续信息披露制度。

（一）发行信息披露

发行信息披露，是指证券发行人为募集资金，在证券募集时进行的信息披露，一般包含招股说明书、募集说明书两部分内容。

1. 招股说明书

根据《公开发行证券的公司信息披露内容与格式准则第 1 号——招股说明书》（2015 年修订）规定，除发行人因信息披露可能违反国家保密规定或者严重损害公司利益外，发行人（拟上市公司）应当在招股说明书中披露以下主要内容：发行概况、风险因素、发行人基本情况、业务和技术、同业竞争与关联交易、公司治理、财务会计信息、管理层讨论与分析、业务发展目标、募集资金运用、股利分配政策、有关中介机构声明等重要事项。

（1）发行概况

发行概况主要包括：发行股票的类型（A 股、B 股、H 股或 N 股）；发行股数（本次发行股数以及是否涉及老股转让）；每股面值、发行价格；预计发行日期；

---

① 参见周友苏主编：《证券法新论》，法律出版社 2020 年版，第 329 页。

拟上市的证券交易所(上交所或深交所);发行后总股本;发行方式与发行对象;相关财务指标;发行费用概算;本次发行的有关当事人(发行人、保荐机构、发行人法律顾问、财务审计机构、资产评估机构、股票登记机构、保荐机构收款银行、申请上市交易所);发行人与中介机构无相关关联关系的说明;与本次发行上市有关的重要日期(询价推介时间、定价公告日期、申购日期和交款日期、股票上市日期)。

(2)发行人声明

发行人声明主要包括:发行人对所披露信息真实性、准确性作出承诺;发行人自负经营风险,投资者自负投资风险。

(3)风险因素

各类风险因素主要包括:应当由企业根据自身风险点的判断依据重要性程度的高低在招股说明书中进行披露,主要包括:市场竞争加剧的风险(行业风险、竞争优势流失风险);公司规模扩大带来的管理风险;技术风险;市场区域集中风险;季节性风险(投资者不能简单地以某季度或中期的财务数据来推算公司全年的财务状况、经营成果及现金流量);招投标风险;研发风险(特别针对高新技术企业);应收账款余额较大的风险(坏账风险、坏账准备计提对公司经营业绩的风险、占用流动资金的风险);财务风险(财务杠杆较高影响公司偿债能力的风险、存货周转率较低影响公司变现能力的风险等);募集资金项目风险,指通过发行股票所融入资金拟进行投资所面临的潜在风险,包括市场风险以及大幅资产折旧或者摊销上升风险;人力资源风险;税收优惠政策变化的风险。

(4)发行人基本情况

发行人基本情况主要包括:发行人概况(名称、注册资本、法定代表人、联系方式、经营范围);发行人改制重组情况(设立方式以及改制过程、发起人、发行人成立时以及改制后拥有的主要资产和实际从事的主要业务、改制前后发行人的业务流程以及业务联系、出资资产的产权变更情况、发行人独立运行情况等);发行人历次验资情况(设立验资、实际出资、历次增资验资);发行人的组织机构(发行人及其子公司的股权结构、发行人内部组织结构图、发行人主要职能部门);子公司的简要情况;发行人有关股本情况;公开发行股票前后的股本情况(公开发行的股份需占发行后股本总额的25%以上,同时需要考虑前十名自然人股东在发行人处担任的职务以及国有股东、外资股东、战略投资者和新增股东的情况等)。

(5)业务与技术

业务与技术主要包括:发行人所处行业的基本情况(行业分类、行业特征以及发展前景、行业管理体制、国家实施的行业有关政策、行业竞争状况、行业利润水平变动趋势以及变动原因,影响行业发展的因素分析);发行人在行业中的竞争地位,分析发行人在行业中的竞争优势及劣势;发行人主营业务状况(主营产品的性能与用途、主要业务总体流程图、主要经营模式、主要业务构成情况以及报告期内主要供应商情况等);发行人主要资产构成以及在研项目情况。

(6)同业竞争与关联交易

同业竞争与关联交易主要包括:同业竞争情况说明;关联交易情况说明(披露母子公司的基本情况;披露可以对公司控制、共同控制的企业的基本情况;与上述主体间的经常性关联交易、偶发性关联交易等)。

(7)公司治理

公司治理主要包括:公司股东大会制度是否完善;发行人内部控制制度情况,包含针对公司具体情况所采取的保证内控制度和公司治理的措施、对应收账款管理的措施、对采购管理的措施等。

(8)财务会计信息

财务会计信息主要包括:报告期内主要会计政策和会计估计(收入确认原则、金融资产分类、应收款项坏账准备的确认标准、坏账准备、存货跌价准备、资产的确认与分类、研究与开发支出的会计处理方法等);公司财务报告事项(最近一期期末的资产情况、最近一期期末的主要债项、股东权益、报告期内现金流量的基本情况);主要财务指标及计算说明;资产评估和验资情况(发行人设立时及报告期内资产评估情况、发行人设立时及报告期内历次验资情况)。

(9)管理层讨论与分析

管理层讨论与分析主要包括:财务状况分析(资产及负债的主要构成情况、同行业资产负债比例构成);资产分析;负债分析;公司偿债能力分析;资本性支出分析;财务状况和盈利能力的未来趋势分析(行业发展因素、市场需求因素、营业成本因素、募集资金的影响)。

(10)业务发展目标

业务发展目标主要包括:发行人的发展计划(公司未来两年的发展战略目

标、公司业务发展计划等);拟定并实施计划所依据的假设条件以及将面临的主要困难;实施发展计划拟采用的方式、方法和途径;拟定的发展计划与现有业务的关系。

(11)募集资金运用

募集资金运用主要包括:本次募集资金投资项目具体情况(项目概况、项目背景及必要性、投资概算、项目建设内容、技术水平、环保问题及采取的措施、项目效益分析)。

(12)股利分配政策

股利分配政策主要包括:公司采取的股利分配政策;公司最近三年股利实际分配情况;发行前滚存利润的分配政策;公司发行上市后股利分配政策;上市后股东分红回报规划。

(13)其他重要事项

2. 募集说明书

根据《公开发行证券的公司信息披露内容与格式准则第 34 号——发行优先股募集说明书》以及《公司信用类债券信息披露管理办法》,上市公司以发行优先股或者债券(含可转债)的方式筹集资金时,应当制作募集说明书并予以披露。本书以华晨电力股份公司公开发行 2016 年公司债券募集说明书(第一期)为例,介绍上市公司募集说明书的主要内容。

(1)发行概况

发行概况主要包括:本次债券发行批准及核准情况(董事会议案是否已获股东大会审批、中国证监会是否核准、发行人获准后是否采取分期发行方式);本次债券的主要条款[债券名称、发行主体、发行规模、超额配售选择权(是否存在、超额限度)、债券期限、债券形式、票面金额、发行价格、债券认购单位、债券利率及其确定方式、起息日、付息日、兑付日、还本付息方式、担保情况、募集资金专项账户、信用级别、债券受托管理人、发行方式、发行对象、承销方式、募集资金用途、上市安排、是否进行质押式回购、税务提示等]。

(2)风险因素

风险因素主要包括:本次债券的投资风险;财务风险:未来资本性支出较大的风险、其他应收款回收风险、受限资产规模较大风险、有息债务规模较大的风险、短期债务偿债压力较大的风险、财务费用增长风险;管理风险:子公司较多带来的管理风险、环境保护管理风险、安全生产风险、突发事件引发的治理结构突然变化的风险;政策风险等。

(3)债券保障措施(相应的增信机制、偿债计划)

债券保障措施主要包括:本期债券的偿债计划(利息、本金以及偿债资金来源);偿债应急保障方案(流动资产变现、调整信用账期增加现金流、调整投资活动);本次债券的偿债保障措施;违约情形及其解决措施。

(4)发行人基本情况

发行人基本情况主要包括:发行人概况(名称、住所、法定代表人、办公地址以及联系方式等基本信息);发行人历史沿革(发行人设立及更名情况、发行人股本变动情况、公司股权结构及重大资产重组情况、发行人对其他企业的重要权益投资情况:子公司、合营公司、联营公司);发行人主要业务(发行人主营业务情况概述、公司主要产品及收入构成情况、发行人电力业务板块经营情况);发行人发展策略以及经营方针;违法违规及受处罚情况;发行人独立运营情况;关联交易(关联方及关联关系、关联交易情况、关联方应收应付款项、关联交易制度、决策权利和程序)。

(5)财务会计信息

财务会计信息主要包括:资产负债表、利润表、现金流量表、股东权益变动表;合并报表范围的变化(最近三年及最近一期增加或减少的合并单位的相关说明);最近三年及最近一期主要财务指标;发行人最近三年及最近一期非经常性损益明细表;管理层讨论与分析;发行人有息债务情况。

(6)债券持有人会议

债券持有人会议主要包括:债券持有人行使权利的形式;债券持有人会议召开规则(会议的召集、通知、出席与召开以及受托管理人的变更)。

(7)债券受托管理人

债券受托管理人主要包括:债券受托管理人聘任及受托管理协议签订情况;债券受托管理协议主要事项(受托管理事项、发行人的权利和义务、债券受托管理人的权利、义务及行使权利、履行义务的方式、程序、发行人);管理事务报告(年度报告、临时报告)。

(8)发行人、中介机构及相关人员声明

(二)持续信息披露

持续信息披露,又称继续信息公开、持续信息公开,是指证券进入证券交易所上市交易后,证券发行人及法律、行政法规和国务院证券监督管理机构规定的其他信息披露义务人依法向社会投资者披露对投资者投资决策有重大影响的信息。[1] 我国《证券法》明确规定了定期报告、临时报告两大持续信息披露形式。

1. 定期报告

根据《上市公司信息披露管理办法》(2021年修订)第12~13条之规定,上市公司需定期披露公司年度报告、中期报告。其中,年度报告应当在每个会计年度结束之日起四个月内,中期报告应当在每个会计年度的上半年结束之日起两个月内编制完成并披露。

《上市公司信息披露管理办法》(2021年修订)第14条规定:年度报告应当记载以下内容:

(一)公司基本情况;

(二)主要会计数据和财务指标;

(三)公司股票、债券发行及变动情况,报告期末股票、债券总额、股东总数,公司前十大股东持股情况;

(四)持股百分之五以上股东、控股股东及实际控制人情况;

(五)董事、监事、高级管理人员的任职情况、持股变动情况、年度报酬情况;

(六)董事会报告;

(七)管理层讨论与分析;

(八)报告期内重大事件及对公司的影响;

(九)财务会计报告和审计报告全文;

(十)中国证监会规定的其他事项。

《上市公司信息披露管理办法》(2021年修订)第15条规定:中期报告应当记载以下内容:

(一)公司基本情况;

---

① 参见范健、王建文:《证券法》(第3版),法律出版社2020年版,第163~164页。

(二)主要会计数据和财务指标;

(三)公司股票、债券发行及变动情况、股东总数、公司前十大股东持股情况,控股股东及实际控制人发生变化的情况;

(四)管理层讨论与分析;

(五)报告期内重大诉讼、仲裁等重大事件及对公司的影响;

(六)财务会计报告;

(七)中国证监会规定的其他事项。

定期报告反映的是公司运行的相关信息,公司运行的情况与公司股东尤其是中小投资者的利益密切相关,上市公司应当依据《公开发行证券的公司信息披露内容与格式准则第 2 号——年度报告的内容与格式》(2021 年修订)、《公开发行证券的公司信息披露内容与格式准则第 3 号——半年度报告的内容与格式》(2021 年修订)之规定进行公司报告的定期披露。

通观以上规定,上市公司定期报告的主要内容包括以下两类:

(1)公司基本情况

公司基本情况主要包括:公司基本信息(股票概况:股票种类、交易场所、股票简称、股票代码;公司办公地址、电子邮箱等);报告期公司主要业务简介(公司从事的主要业务、公司经营模式:采购模式、生产模式、销售模式;公司所处行业情况说明:公司所处的行业、行业发展概况;公司主要会计数据和财务指标:股本及股东情况:普通股股东和表决权恢复的优先股股东数量及前 10 名股东持股情况、公司于控股股东之间的产权及控制关系、公司与实际控制人之间的产权及控制关系;公司债券情况)。

(2)公司经营状况讨论与分析

公司经营状况主要包括:报告期内主要经营情况(报告期内实现的合并营业收入、利润总额);行业形势分析;公司经营状况回顾;公司暂停上市或者具有终止上市危险时的情况说明;公司对会计政策、会计估计变更的原因及影响的分析说明;公司对重大会计差错更正原因及影响的分析说明;公司财务报表合并范围相对于上一年度财务报告相比发生变化的具体说明。

2. 临时报告

在我国的证券法律体系中,临时报告适用的是“价格敏感标准”,即凡是能对证券市场上公司股票价格客观上产生较大影响的“重大事件”都应当进行披露。我国《证券法》第 80 条通过列举式与概括式相结合的方式对相关“重大事件”进行了说明。

2021 年修订的《上市公司信息披露管理办法》第 22 条对“重大事件”作了一定调整，在援引《证券法》第 80 条第 2 款规定的重大事件之余，还对公司经营、业绩、管理层等可能对股价产生较大影响的事件进行规定，并新增了“聘任或者解聘为公司审计的会计师事务所”这一重大事件，反映出监管层对上市公司财务造假行为的密切关注。

《全国法院民商事审判工作会议纪要》（以下简称《九民纪要》）第 85 条指出，审判实践中，部分人民法院对重大性要件和信赖要件存在混淆认识，以行政处罚认定的信息披露违法行为对投资者的交易决定没有影响为由否定违法行为的重大性，应当引起注意。重大性是指可能对投资者进行投资决策具有重要影响的信息，虚假陈述已经被监管部门行政处罚的，应当认为是具有重大性的违法行为。在案件审理过程中，对于一方提出的监管部门作出处罚决定的行为不具有重大性的抗辩，人民法院不予支持，同时应当向其释明，该抗辩并非民商事案件的审理范围，应当通过行政复议、行政诉讼加以解决。

《证券法》第 80 条规定：发生可能对上市公司、股票在国务院批准的其他全国性证券交易场所交易的公司的股票交易价格产生较大影响的重大事件，投资者尚未得知时，公司应当立即将有关该重大事件的情况向国务院证券监督管理机构和证券交易场所报送临时报告，并予公告，说明事件的起因、目前的状态和可能产生的法律后果。

前款所称重大事件包括：

（一）公司的经营方针和经营范围的重大变化；

（二）公司的重大投资行为，公司在一年内购买、出售重大资产超过公司资产总额百分之三十，或者公司营业用主要资产的抵押、质押、出售或者报废一次超过该资产的百分之三十；

（三）公司订立重要合同、提供重大担保或者从事关联交易，可能对公司的资产、负债、权益和经营成果产生重要影响；

（四）公司发生重大债务和未能清偿到期重大债务的违约情况；

（五）公司发生重大亏损或者重大损失；

（六）公司生产经营的外部条件发生的重大变化；

（七）公司的董事、三分之一以上监事或者经理发生变动，董事长或者经理无法履行职责；

（八）持有公司百分之五以上股份的股东或者实际控制人持有股份或者控制公司的情况发生较大变化，公司的实际控制人及其控制的其他企业从事与公司相同或者相似业务的情况发生较大变化；

（九）公司分配股利、增资的计划，公司股权结构的重要变化，公司减资、合并、分立、解散及申请破产的决定，或者依法进入破产程序、被责令关闭；

（十）涉及公司的重大诉讼、仲裁，股东大会、董事会决议被依法撤销或者宣告无效；

（十一）公司涉嫌犯罪被依法立案调查，公司的控股股东、实际控制人、董事、监事、高级管理人员涉嫌犯罪被依法采取强制措施；

（十二）国务院证券监督管理机构规定的其他事项。

公司的控股股东或者实际控制人对重大事件的发生、进展产生较大影响的，应当及时将其知悉的有关情况书面告知公司，并配合公司履行信息披露义务。

《上市公司信息披露管理办法》（2021 年修订）第 22 条规定：发生可能对上市公司证券及其衍生品种交易价格产生较大影响的重大事件，投资者尚未得知时，上市公司应当立即披露，说明事件的起因、目前的状态和可能产生的影响。

前款所称重大事件包括：

（一）《证券法》第八十条第二款规定的重大事件；

（二）公司发生大额赔偿责任；

（三）公司计提大额资产减值准备；

（四）公司出现股东权益为负值；

（五）公司主要债务人出现资不抵债或者进入破产程序，公司对相应债权未提取足额坏账准备；

（六）新公布的法律、行政法规、规章、行业政策可能对公司产生重大影响；

（七）公司开展股权激励、回购股份、重大资产重组、资产分拆上市或者挂牌；

（八）法院裁决禁止控股股东转让其所持股份；任一股东所持公司百分之五以上股份被质押、冻结、司法拍卖、托管、设定信托或者被依法限制表决权等，或者出现被强制过户风险；

（九）主要资产被查封、扣押或者冻结；主要银行账户被冻结；

（十）上市公司预计经营业绩发生亏损或者发生大幅变动；

（十一）主要或者全部业务陷入停顿；

（十二）获得对当期损益产生重大影响的额外收益，可能对公司的资产、负债、权益或者经营成果产生重要影响；

（十三）聘任或者解聘为公司审计的会计师事务所；

（十四）会计政策、会计估计重大自主变更；

（十五）因前期已披露的信息存在差错、未按规定披露或者虚假记载，被有关机关责令改正或者经董事会决定进行更正；

（十六）公司或者其控股股东、实际控制人、董事、监事、高级管理人员受到刑事处罚，涉嫌违法违规被中国证监会立案调查或者受到中国证监会行政处罚，或者受到其他有权机关重大行政处罚；

（十七）公司的控股股东、实际控制人、董事、监事、高级管理人员涉嫌严重违纪违法或者职务犯罪被纪检监察机关采取留置措施且影响其履行职责；

（十八）除董事长或者经理外的公司其他董事、监事、高级管理人员因身体、工作安排等原因无法正常履行职责达到或者预计达到三个月以上，或者因涉嫌违法违规被有权机关采取强制措施且影响其履行职责；

（十九）中国证监会规定的其他事项。

上市公司的控股股东或者实际控制人对重大事件的发生、进展产生较大影响的，应当及时将其知悉的有关情况书面告知上市公司，并配合上市公司履行信息披露义务。

三、信息披露原则

为确保证券市场信息资源分配的均衡性和公平性，维护证券投资者的信心以及证券市场秩序，信息披露义务人应当依照一定的标准衡量和约束自己的披露行为。即信息披露应当有一个基本尺度，依照这一尺度进行披露，该披露行为有效；违反或未达到该基本尺度的，披露义务人就要承担相应的法律责任。

这一基本尺度就是信息披露制度的基本原则。①

《证券法》第78条对信息披露原则进行了基本界定:"发行人及法律、行政法规和国务院证券监督管理机构规定的其他信息披露义务人,应当及时依法履行信息披露义务。信息披露义务人披露的信息,应当真实、准确、完整,简明清晰,通俗易懂,不得有虚假记载、误导性陈述或者重大遗漏。"该条第1款明示了及时性原则要求,第2款为真实性、准确性、完整性原则要求。另外,《证券法》第80条第1款亦要求上市公司应当及时公布相关信息。② 因此,上市公司信息披露的基本原则包括真实性原则、准确性原则、完整性原则、及时性原则。此外,《上市公司信息披露管理办法》(2021年修订)第3条第1款在真实、准确、完整等原则基础上,提出了信息披露应当"简明清晰、通俗易懂"的要求,该条规定:"信息披露义务人应当及时依法履行信息披露义务,披露的信息应当真实、准确、完整,简明清晰、通俗易懂,不得有虚假记载、误导性陈述或者重大遗漏。"

(一)真实性原则

所谓信息披露的真实性,是指信息披露义务人应当以信息的客观面目进行披露,不得有虚假记载、误导或欺骗。真实性是信息披露制度的根本原则,几乎成为信息披露制度的前提性假设。③ 根据相关法律规定,通过口头、书面等明示或默示的方式,将所需披露信息没有任何失真地对投资主体进行公开是对我国上市公司信息披露制度真实性的实质要求。证券市场的投资者根据这些真实有效的信息进行投资选择,进而促进整个资本市场的资本流通。

投资者所获取的市场信息,根据内容性质将其大致分为预测性、评价性和描述性三个方面,信息披露真实性原则对此三方面信息做了不同要求。预测性信息主要是关于上市公司运营状况方面内容,真实性原则要求所披露内容可以反映该上市公司当前的市场信息及此信息对其他相关信息的价值导向。评价性信息的重要性体现在该信息可以作为对事实状况分析的其他信息的重要参

---

① 参见周友苏主编:《证券法新论》,法律出版社2020年版,第319页。

② 《证券法》第80条第1款规定:"发生可能对上市公司、股票在国务院批准的其他全国性证券交易场所交易的公司的股票交易价格产生较大影响的重大事件,投资者尚未得知时,公司应当立即将有关该重大事件的情况向国务院证券监督管理机构和证券交易场所报送临时报告,并予公告,说明事件的起因、目前的状态和可能产生的法律后果。"

③ 程茂军:《上市公司信息披露法律规制研究》,中国法制出版社2019年版,第42页。

考。所披露的信息是否能够和披露主体的现实情况保持客观一致则是对描述性信息的直接要求。

(二)完整性原则

为了上市公司的良好稳定发展,及时消除当前现有或潜在的不利因素,要求上市公司所披露的信息必须全面且完整。这是一项具体要求,由于信息是投资者进行投资选择、价值判断的重要参考依据,如上市公司所披露的信息不够完整,则十分容易出现类似于虚假和失实信息给投资者带来的不良后果。具体而言,信息披露的完整性标准有质和量两方面的规定性:在信息披露的质上必须是"重大信息",即能够较大影响证券市场价格的重大事件;在信息披露的量上,必须使投资者拥有足以作出投资决策的完整信息。[①] 需要注意的是,完整地披露信息针对的是法律法规所作出明确要求的信息,并非完全的信息公开。《股票发行与交易管理暂行条例》明确指出:"上市公司可以不公布与公司重要利益直接相关的事件,如果不公布不会导致公司的股票价格上涨或者下跌,对公司的整体股价没有太大影响,经证券所同意,可以不予公布此信息。"即在信息公开有可能给上市公司利益带来不可逆转的损失的特殊情况下,公司内部可以酌情处理。

(三)准确性原则

由于语言的模糊性和歧义性,上市公司在信息披露的过程中容易出现语义漏洞或者语义误导,使广泛投资者在交易过程中因此承担了不必要的责任和损失。准确性原则要求上市公司对信息披露的内容和表达必须详尽和准确,不可以误导和混淆主要信息。真实性原则与准确性原则两者之间有相似之处,但二者有显著差异。真实性原则更加强调披露的信息和客观事实是否达到了客观标准上的一致,而准确性原则更加侧重所披露的信息是否准确、清晰,能否保证绝大多数相关人的理解和客观事实达到客观上的一致,从而极大可能地减少混淆。而且准确性原则也要求信息的通俗性,避免过于专业的术语,使投资者无法对信息进行有效判断和解读。质言之,信息披露的真实性强调的是已公开信

---

① 参见《证券法》第78条、第80条。

息与信息所反映事实之间的一致性，完整性强调的已公开信息与实际将影响证券价格之事实的总量上的统一性，而信息公开准确性则强调信息发布者与信息接受者之间，以及各个信息接受者之间对同一信息在理解上的一致性。[①]

（四）及时性原则

现代社会中常强调“时间就是金钱”，在资本市场中这一理念体现的尤为明显。影响投资者经济活动的内幕交易行为，就是内幕人员提前掌握交易信息，通过扩大自己与公众投资者了解交易信息的时间差，进行获利或避害。因此，及时性原则强调上市公司所披露的各项信息需及时且有效。作为影响投资者经济活动的主要参考材料，上市公司必须在一定时效内，及时地发布和更新交易信息，保证投资者在最快时间内获得信息源，作出客观理性的经济决策，否则再真实准确的信息在时间滞后性的影响下，也会间接变为“虚假信息”，削弱信息在市场交易过程中的重要作用。而且及时地发布信息不仅可以保障公众投资者的合法财产权益，也可以通过缩短各方利益者对信息了解的时间差，让内幕交易行为得到极大的遏制，加强市场交易监管，更好地促进市场交易的良性竞争。

《证券法》第79条规定：上市公司、公司债券上市交易的公司、股票在国务院批准的其他全国性证券交易场所交易的公司，应当按照国务院证券监督管理机构和证券交易场所规定的内容和格式编制定期报告，并按照以下规定报送和公告：（一）在每一会计年度结束之日起四个月内，报送并公告年度报告，其中的年度财务会计报告应当经符合本法规定的会计师事务所审计；（二）在每一会计年度的上半年结束之日起二个月内，报送并公告中期报告。

《上市公司信息披露管理办法》（2021年修订）第24条规定：上市公司应当在最先发生的以下任一时点，及时履行重大事件的信息披露义务：

（一）董事会或者监事会就该重大事件形成决议时；

（二）有关各方就该重大事件签署意向书或者协议时；

（三）董事、监事或者高级管理人员知悉该重大事件发生时。

---

① 刘慧娟：《国际证券市场信息披露监管制度研究》，对外经贸大学2014年博士学位论文，第37页。

在前款规定的时点之前出现下列情形之一的，上市公司应当及时披露相关事项的现状、可能影响事件进展的风险因素：

（一）该重大事件难以保密；

（二）该重大事件已经泄露或者市场出现传闻；

（三）公司证券及其衍生品种出现异常交易情况。

（五）典型案例

案例3－2：乐视网、贾某亭等行政处罚案①

【基本案情】

一、乐视网于2007年至2016年财务造假，其报送、披露的申请首次公开发行股票并上市（以下简称IPO）相关文件及2010年至2016年年报存在虚假记载

经查，乐视网2007年虚增收入939.95万元，虚增利润870.23万元（虚增利润占当期披露利润总额的59.27%，下同）；2008年虚增收入4615.52万元，虚增利润4308.25万元（136.00%）；2009年虚增收入9375.76万元，虚增利润8883.18万元（186.22%）；2010年虚增收入9961.80万元，虚增利润9443.42万元（126.19%）；2011年虚增收入6937.65万元，虚增利润6529.13万元（39.75%）；2012年虚增收入8965.33万元，虚增利润8445.10万元（37.04%）；2013年虚增收入19,998.17万元，虚增利润19,339.69万元（78.49%）；2014年虚增收入35,194.19万元，虚增成本590.38万元，虚增利润34,270.38万元（470.11%）；2015年虚增收入39,922.39万元，虚减成本943.40万元，虚增利润38,295.18万元（516.32%）；2016年虚增收入51,247.00万元，虚增成本3085.15万元，虚增利润43,276.33万元（－131.66%）。

（一）首次发行阶段，乐视网通过虚构业务及虚假回款等方式虚增业绩以满足上市发行条件，并持续到上市后

1.通过贾某亭实际控制的公司虚构业务，并通过贾某亭控制的银行账户构建虚假资金循环的方式虚增业绩。具体如下：

2007年，乐视网通过北京亿融通投资咨询有限公司（以下简称亿融通）虚构业务、虚构资金循环，虚增业务收入279.15万元，相应虚增利润263.80万元。

① 中国证监会行政处罚决定书〔2021〕16号。

2007 年、2008 年和 2009 年，乐视网通过北京通联信达科技有限公司（以下简称通联信达）虚构业务、虚构资金循环，分别虚增业务收入 660.80 万元、606.50 万元和 3.99 万元，相应虚增利润 624.46 万元、573.14 万元和 3.77 万元。2008 年和 2009 年，乐视网通过网联万盟科技有限公司（以下简称网联万盟）虚构业务、虚构资金循环，分别虚增业务收入 568 万元和 115.66 万元，相应虚增利润 536.76 万元和 109.30 万元。2009 年和 2010 年，乐视网通过天津世通天宇科技有限公司（以下简称世通天宇）虚构业务、虚构资金循环，分别虚增业务收入 1046.89 万元和 1228.14 万元，相应虚增利润 989.31 万元和 1160.59 万元。2008 年和 2009 年，乐视网通过南京新墨客科技有限公司（以下简称南京新墨客）虚构业务、虚构资金循环，虚增业务收入 186 万元和 447.37 万元，相应虚增利润 175.77 万元和 422.76 万元。上述公司均为贾某亭实际控制的公司。

2. 通过虚构与第三方公司业务，并通过贾某亭控制的银行账户构建虚假资金循环的方式虚增业绩。具体如下：

2008 年至 2012 年，乐视网通过虚构与北京新锐力广告有限公司（以下简称新锐力）业务并虚构资金循环，分别虚增收入 706 万元、1810.85 万元、2754.66 万元、1286.10 万元、95 万元，相应虚增利润 667.17 万元、1711.26 万元、2603.16 万元、1215.36 万元、89.78 万元。2008 年和 2009 年，乐视网通过虚构与北京中视龙圣广告有限公司（以下简称中视龙圣）业务并虚构资金循环，分别虚增收入 535.70 万元和 324.54 万元，相应虚增利润 506.23 万元和 306.69 万元。2009 年，乐视网通过虚构与北京激活广告传媒有限公司（以下简称激活广告）业务并虚构资金循环，虚增收入 657.69 万元，相应虚增利润 621.52 万元。2009 年至 2015 年通过虚构与北京春秋天成广告有限公司（以下简称春秋天成）业务并虚构资金循环，分别虚增收入 518.60 万元、1401 万元、2131 万元、1890 万元、4304.64 万元、1961.58 万元和 306.60 万元，相应虚增利润 490.08 万元、1323.94 万元、2013.80 万元、1786.05 万元、4304.64 万元、1961.58 万元和 306.60 万元。

3. 在与客户真实业务往来中，通过冒充回款等方式虚增业绩。具体如下：

2008 年至 2016 年，乐视网在与联动优势科技有限公司（以下简称联动优势）业务往来中，通过冒充客户回款方式，分别虚增收入 141.62 万元、750.09 万元、1509.87 万元、1534.42 万元、370.29 万元、-88.64 万元、-325.64 万元、

16.80 万元、-23.70 万元，合计 3885.10 万元，相应虚增利润 133.83 万元、708.84万元、1426.83 万元、1450.02 万元、349.93 万元、-83.77 万元、-307.73 万元、16.80 万元、-23.70 万元，合计 3865.93 万元。2008 年至 2013 年，乐视网在与中国联合网络通信集团有限公司（以下简称中国联通）业务往来中，通过冒充客户回款方式，分别虚增收入 1871.33 万元、3700.07 万元、2010.37 万元、1569.25 万元、1589.13 万元、-361.03 万元，合计 10,377.07 万元，相应虚增利润 1768.76 万元、3496.57 万元、1899.80 万元、1482.95 万元、1501.73 万元、-341.18 万元，合计 9806.33 万元。

（二）2010 年乐视网上市后财务造假情况

2010 年乐视网上市后，除利用自有资金循环和串通“走账”虚构业务收入外，还通过伪造合同、以未实际执行框架合同或单边确认互换合同方式继续虚增业绩。

1. 虚构广告业务确认收入，在没有资金回款的情况下，应收账款长期挂账，虚增业务收入和利润。具体如下：

2014 年和 2015 年，乐视网通过上海久尚广告传播有限公司虚构业务、应收账款长期挂账，分别虚增收入 943.40 万元、943.40 万元，相应虚增利润 943.40 万元、943.40 万元。2015 年，乐视网通过北京灵集科技有限公司虚构业务、应收账款长期挂账，虚增收入 2689.53 万元，相应虚增利润 2689.53 万元。2015 年，乐视网通过上海睦集网络科技有限公司虚构业务、应收账款长期挂账，虚增收入 2688.68 万元，相应虚增利润 2688.68 万元。2015 年和 2016 年，乐视网通过北京美度美秀电子商务有限公司虚构业务、应收账款长期挂账，分别虚增收入 910.49 万元、127.24 万元，相应虚增利润 910.49 万元、127.24 万元。2015 年，乐视网通过上海河马文化科技股份有限公司虚构业务、应收账款长期挂账，虚增收入 1886.79 万元，相应虚增利润 1886.79 万元。2015 年至 2016 年，乐视网通过北京易美广告有限公司（以下简称易美广告）虚构业务、应收账款长期挂账，分别虚增收入 5849.06 万元、242.45 万元，相应虚增利润 5849.06 万元、242.45 万元。2013 年至 2016 年，乐视网通过北京德荣佳益广告有限公司虚构业务、应收账款长期挂账，分别虚增收入 207.55 万元、16.13 万元、968.52 万元、-85.83 万元，相应虚增利润 207.55 万元、16.13 万元、968.52 万元、-85.83 万元。2014 年和 2015 年，乐视网通过北京学之途网络科技有限公司（以下简称学之途)虚构业务、应收账款长期挂账,分别虚增收入972.19万元和-740.18万元,相应虚增利润972.19万元和-740.18万元。2016年,乐视网通过北京维旺明科技有限公司天津分公司虚构业务、应收账款长期挂账,虚增收入4720.75万元,相应虚增利润4720.75万元。

2.虚构广告业务确认收入,在没有资金回款的情况下,后续通过无形资产冲抵全部或部分应收账款,相应虚计成本和利润。具体如下:

2015年、2016年乐视网通过广州唯品会信息科技有限公司虚构业务,分别虚增收入2638.93万元、186.10万元,相应虚增利润2638.93万元、186.10万元。乐视网通过奥凯航空有限公司天津分公司虚构业务,2014年虚增收入和成本12.26万元和13万元,2015年虚增收入4490.57万元,相应2014年、2015年分别虚增利润-0.74万元、4490.57万元。2015年,乐视网通过山水文园凯亚房地产开发有限公司(以下简称山水文园)虚构业务,虚增收入943.40万元,相应虚增利润943.40万元。

3.继续通过虚构与第三方公司业务,通过贾某亭控制银行账户构建虚假资金循环的方式虚增业绩。具体如下:

2010年、2011年、2012年、2013年和2014年,乐视网通过虚构与广州绩鼎网络科技发展有限公司业务并虚构资金循环,分别虚增收入546.47万元、416.88万元、3081.33万元、1741.95万元和1205.31万元,相应虚增利润516.41万元、393.95万元、2911.86万元、1646.14万元和1205.31万元。2014年乐视网通过虚构与北京中润无限科技有限公司业务并虚构资金循环,虚增收入1389.44万元,相应虚增利润1389.44万元。2010年、2012年和2013年乐视网通过虚构与北京环宇移通科技发展有限公司业务并虚构资金循环,分别虚增收入511.30万元、1939.57万元和592.68万元,相应虚增利润483.17万元、1832.89万元和560.09万元。2013年和2014年,乐视网通过虚构与北京方园金盛科技有限公司业务并虚构资金循环,分别虚增收入3011.52万元和3585.08万元,相应虚增利润2845.89万元和3585.08万元。2013年和2014年,乐视网通过虚构与北京迈吉伙伴广告有限公司业务并虚构资金循环,分别虚增收入1415.09万元和4653.77万元,相应虚增利润1415.09万元和4653.77万元。2013年、2014年,乐视网通过虚构与圣于地(上海)广告有限公司业务并虚构资金循环,分别虚增收入3467.50万元、5201.89万元,相应虚增利润

3467.50 万元、5201.89 万元。2015 年,乐视网通过虚构与北京联袂互动科技有限公司业务并虚构资金循环,虚增收入 1163.77 万元,相应虚增利润 1163.77 万元。2014 年,乐视网通过虚构与山西慧聪意达广告有限公司业务并虚构资金循环,虚增收入 4682.55 万元,相应虚增利润 4682.55 万元。

4. 通过第三方公司虚构业务确认收入,同时通过贾某亭控制的银行账户构建部分虚假资金循环和记应收账款长期挂账方式虚增业绩。具体如下:

2016 年,乐视网通过虚构与北京科联汇通科技有限公司业务、虚构部分资金循环和应收账款长期挂账,虚增收入 5518.87 万元,相应虚增利润 5518.87 万元。2015 年、2016 年,乐视网通过虚构与天津数集科技有限公司业务、虚构部分资金循环和应收账款长期挂账,分别虚增收入 3113.21 万元、5504.51 万元,相应虚增利润 3113.21 万元、5504.51 万元。2016 年,乐视网通过虚构与北京数集科技有限公司业务、虚构部分资金循环和应收账款长期挂账,虚增收入 4905.66 万元,相应虚增利润 4905.66 万元。2016 年,乐视网通过虚构与新疆数集信息科技有限公司业务、虚构部分资金循环和应收账款长期挂账,虚增收入 4622.64 万元,相应虚增利润 4622.64 万元。2016 年,乐视网通过虚构与中荷德昌盛网络技术(北京)有限公司业务、虚构部分资金循环和应收账款长期挂账,虚增收入 4716.98 万元,相应虚增利润 4716.98 万元。2016 年,乐视网通过虚构与北京懿利文化传媒有限公司业务、虚构部分资金循环和应收账款长期挂账,虚增收入 5443.40 万元,相应虚增利润 5443.40 万元。2014 年、2015 年和 2016 年,乐视网通过虚构与北京瑞尔互动广告有限公司业务、虚构部分资金循环和应收账款长期挂账,分别虚增收入 1886.79 万元、943.40 万元和 3773.58 万元,相应虚增利润 1886.79 万元、943.40 万元和 3773.58 万元。2016 年,乐视网通过虚构与北京鸿鑫元熙智库信息技术有限公司业务、虚构部分资金循环和应收账款长期挂账,虚增收入 5471.70 万元,相应虚增利润 5471.70 万元。2016 年,乐视网通过虚构与北京博格创联信息技术有限公司业务、虚构部分资金循环和应收账款长期挂账,虚增收入 5603.77 万元,相应虚增利润 5603.77万元。

5. 通过与客户签订并未实际执行的广告互换框架合同或虚构广告互换合同确认业务收入,虚增业绩。具体如下:

2014 年、2015 年,乐视网将与北京鼎诚文众广告有限公司签订的未执行互换框架合同确认收入,分别虚增收入 377.36 万元和 2547.17 万元,相应虚增利润 377.36 万元和 2547.17 万元。2015 年,乐视网将与北京博思百川国际广告传媒有限公司签订的未执行互换框架合同确认收入,虚增收入 2641.51 万元,相应虚增利润 2641.51 万元。2014 年、2015 年,乐视网将与上海魔山广告传播有限公司签订的未执行互换框架合同确认收入,分别虚增收入 1264.15 万元、1122.64 万元,相应虚增利润 1264.15 万元、1122.64 万元。2014 年,乐视网将与北京光华路五号传媒发展有限公司签订的未执行互换框架合同确认收入,虚增收入 1358.49 万元,相应虚增利润 1358.49 万元。2014 年,乐视网将与上海宾谷网络科技有限公司签订的未执行互换框架合同确认收入,虚增收入 1415.09 万元,相应虚增利润 1415.09 万元。2014 年,乐视网将与上海沃盟广告有限公司签订的互换框架合同未执行部分确认收入,虚增收入 943.40 万元,相应虚增利润 943.40 万元。2013 年,乐视网将虚构的与北京航美影视文化有限公司(以下简称航美影视)的资源置换合同确认收入,虚增收入 5706.91 万元,相应虚增利润 5706.91 万元,2014 年 12 月 31 日,乐视网虚构从航美影视购买广告资源,虚增销售费用 2964.17 万元,相应虚减利润 2964.17 万元,2016 年 7 月 31 日,乐视网虚构从航美影视购买广告资源,虚增成本 3085.15 万元,相应虚减利润 3085.15 万元。2015 年,乐视网将与上海悦会信息科技有限公司签订的未执行框架合同确认收入,虚增收入 896.23 万元,相应虚增利润 896.23 万元。2015 年,乐视网将与广东南方新视界传媒科技有限公司签订的未执行框架合同确认收入,虚增收入 1132.08 万元,相应虚增利润 1132.08 万元。2014 年、2015 年和 2016 年,乐视网将与广州市柯圣广告有限公司签订的未执行框架合同确认收入,分别虚增收入 905.66 万元、2883.02 万元和 518.87 万元,相应虚增利润 905.66 万元、2883.02 万元和 518.87 万元。

6. 利用广告互换合同,以只计收入或虚计收入但不计成本的方式虚增业绩。具体如下:

2014 年乐视网与上海第一财经传媒有限公司签订广告互换合作协议,实际执行,但乐视网虚计收入,同时未确认成本,虚增收入 622.64 万元,虚减成本 754.72 万元,相应虚增利润 1377.36 万元。通过上述类似方式,乐视网通过与上海三众广告有限公司签订互换合同,2014 年虚增收入 566.04 万元,虚减成本 471.70 元,相应虚增利润 1037.74 万元,2015 年虚减收入 566.04 万元,相应虚减利润566.04万元。乐视网通过与上海高钧广告有限公司广告有限公司签订互换合同,2015年虚增收入452.83万元,虚减成本943.40万元,相应虚增利润1396.23万元。乐视网通过与上海海泰广告传媒有限公司(之后业务承载主体变更为上海鸿狐文化传播有限公司)签订互换业务协议,在2014年虚减成本1132.08万元,相应虚增利润1132.08万元。乐视网通过与广州锋网信息科技有限公司北京分公司和广州市太平洋广告有限公司北京分公司开展互换业务,2014年虚减成本1556.60万元,相应虚增利润1556.60万元。

乐视网上述连续10年虚增业绩的行为致使其报送和披露的IPO招股说明书、2010年至2016年年报存在虚假记载,违反了《证券法》第63条的规定,构成《证券法》第193条所述的信息披露违法行为。乐视网时任董事长贾某亭全面负责乐视网工作,组织、决策、指挥乐视网及有关人员参与造假,未勤勉尽责,且在有关发行文件、定期报告上签字并保证所披露的信息真实、准确、完整;时任财务总监杨某杰,直接组织实施了有关财务造假行为,未勤勉尽责,且在有关发行文件、定期报告上签字并保证所披露的信息真实、准确、完整。上述二人在财务造假中,采取隐瞒、编造重要事实等特别恶劣的手段,造假金额巨大,持续时间长,发挥了组织、策划、领导、实施作用,违法情节特别严重,为直接负责的主管人员;时任负责广告业务的董事刘某组织实施了安排公司配合"走账"等有关财务造假行为,且在涉案发行文件、定期报告上签字并保证所披露的信息真实、准确、完整,涉案期间一直担任高管,在乐视网财务造假中发挥了较大组织作用,未勤勉尽责,违法情节较为严重,属于上述违法行为的其他责任人员;时任监事吴某按照贾某亭、杨某杰等人的安排,通过联系有关企业、设立公司、保管公章、组织实施有关"走账"等行为,直接参与上述违法行为,未勤勉尽责,在有关定期报告确认意见上签字并保证所披露的信息真实、准确、完整,在乐视网财务造假中发挥了较大作用,违法情节较为严重,属于其他直接责任人员;其余时任董事、监事、高管的赵某、谭某、吉某庆、张某犟、朱某、曹某等人,未勤勉尽责,在有关定期报告确认意见上签字并保证所披露的信息真实、准确、完整,属于其他直接责任人员。贾某亭作为乐视网实际控制人,指使相关人员从事上述违法行为,构成《证券法》第193条第3款所述的违法行为。

二、乐视网未按规定披露关联交易

2017年4月17日,乐视网以"增资款"名义转给全资子公司重庆乐视小额贷款公司(以下简称乐视小贷)2.1亿元,乐视小贷收到上述2.1亿元后,立即以贷款名义分7笔每笔3000万元将资金转给7家乐视网关联公司,上述7家公司收到资金后,当日便将资金全部转给乐视控股(北京)有限公司(以下简称乐视控股)。上述贷款构成关联交易,根据《深圳证券交易所创业板股票上市规则》(2014年修订)第10.2.4条"交易金额在100万元以上,且占上市公司最近一期经审计净资产绝对值0.5%以上的关联交易,应当经董事会审议后及时披露"的规定,上述事项是应当经乐视网董事会审议并及时披露的关联交易事项,但乐视网未按规定及时披露,违反了《证券法》第63条以及第67条第1款、第2款第12项和《上市公司信息披露管理办法》(证监会令第40号)第48条的规定,构成《证券法》第193条第1款所述的信息披露违法行为。乐视网时任董事长贾某亭未勤勉尽责,是乐视网未披露关联交易违法行为直接负责的主管人员;时任监事会主席吴某代表7家关联方中的4家签字,知悉该关联交易事项,未勤勉尽责,导致乐视网未披露上述关联交易,是上述违法行为其他直接责任人员。

三、乐视网未披露为乐视控股等公司提供担保事项

2016年2月,乐视网对乐视控股在乐视云计算机有限公司《股权收购及担保合同》项下的回购义务提供无限连带保证,担保金额为10亿元,至2019年可能承担的最大回购金额为17.5亿元,占最近一期(2014年)经审计净资产的29.92%(最大回购金额占比52.35%)。乐视致新电子科技(天津)有限公司(以下简称乐视致新)系乐视网2012年至2017年并表子公司。2016年12月,乐视致新对其关联公司对外应付货款和存货采购共计5208.37万美元提供担保,金额折合人民币3.47亿元,占乐视网最近一期(2015年)经审计净资产的9.10%。2015年4月、2016年4月乐视网对乐视体育文化发展有限公司A+轮、B轮融资的投资者承担回购义务,分别涉及回购金额10.2亿元和103.95亿元,分别占最近一期(2014年、2015年)经审计净资产的30%和272.48%。

根据《深圳证券交易所创业板股票上市规则》(2014年修订)第9.11条"上市公司发生本规则第9.1条规定的'提供担保'事项时,应当经董事会审议后及时对外披露"以及"属于下列情形之一的,还应当在董事会审议通过后提交股东大会审议:(一)单笔担保额超过公司最近一期经审计净资产10%的担保……(六)对股东、实际控制人及其关联人提供的担保"的规定,上述三项均属应及时

披露的事项，但乐视网未按规定及时披露，也未在2016年年报中披露，违反了《证券法》第63条以及第67条第1款、第2款第12项和《上市公司信息披露管理办法》（证监会令第40号）第30条第2款第17项的规定，构成《证券法》第193条第1款所述的信息披露违法行为。时任董事长贾某亭参与上述对外担保有关事项，未勤勉尽责，是乐视网未披露对外担保事项违法行为直接负责的主管人员。时任董事会秘书赵某直接参与对外担保有关事项，并负责公司信息披露工作，未勤勉尽责，导致乐视网未及时披露上述担保事项，为其他直接责任人员。

四、乐视网未如实披露贾某芳、贾某亭向上市公司履行借款承诺的情况

（一）贾某芳减持及履行借款承诺情况

2014年12月6日，乐视网发布《关于股东向公司提供借款的计划》（公告编号2014－061），贾某芳（贾某亭姐姐）向乐视网出具承诺函，计划在未来1个月内，通过协议转让或者大宗交易集中转让的方式处置所持有的乐视网股票，所得全部借给乐视网作为营运资金使用。该笔借款将用于乐视网日常经营，乐视网可在规定期限内根据流动资金需要提取使用，借款期限将不低于60个月，免收利息。2014年12月11日，乐视网发布《关于股东向公司提供借款暨关联交易的公告》（公告编号2014－119），与贾某芳签署第一份《借款协议》，借款金额为不少于1.78亿元，借款期限不低于60个月，免收利息，用于补充乐视网营运资金。2015年2月2日，乐视网发布《关于股东向公司提供借款暨关联交易的公告》（公告编号2015－006），与贾某芳签署第二份《借款协议》，借款金额为不少于15亿元，借款期限不低于60个月，免收利息，用于补充乐视网营运资金。乐视网将上述事项列为上市公司股东承诺事项，并在2014年年报中披露了从贾某芳处借入资金10.16亿元。

2014年12月6日起，贾某芳减持16.09亿元，并从华泰证券转出减持资金13.58亿元，其中5.36亿元转予乐视网。根据乐视网接收借款的银行账户资料及乐视网还款审批单，自2014年9月30日至2017年5月10日，乐视网从贾某芳处借款发生额共计80.20亿元。但贾某芳在向乐视网借款期间频繁的抽回借款。自2014年10月31日至2017年5月10日，乐视网共偿还贾某芳借款56笔，累计发生还款80.2亿元，其中可查到的付款审批单39份，该39份审批单中仅有23份审批单在“董事长”处有签名，且均为贾某亭授权时任乐视控股某工

作人员签署。相关还款未经股东大会审议。

(二)贾某亭减持及履行借款承诺情况

贾某亭于2015年分两次减持乐视网股票,减持前贾某亭持有818,084,729股,占总股本的44.21%。

2015年5月26日,乐视网发布《关于控股股东、实际控制人股份减持计划的公告》(公告编号2015-048),实际控制人贾某亭在公告中称拟计划在未来6个月内(2015年5月29日至11月28日),部分减持自己所持有的乐视网股票,并承诺将其所得全部借给公司作为营运资金使用,乐视网可在规定期限内根据流动资金需要提取使用,借款期限将不低于60个月,免收利息。

2015年6月23日,乐视网发布《乐视网信息技术(北京)股份有限公司第二届董事会第五十六次会议决议公告》(公告编号2015-061),"近日,公司将与贾某亭先生签署第一笔资金的《借款协议》,借款金额为不少于25亿元,借款期限将不低于10年(120个月),免收利息,用于补充公司营运资金。借款到期后,公司将有权根据自身经营状况自主决定续借或者偿还,所涉关联交易亦需经董事会与股东会审议,届时贾某亭先生将回避对应关联的表决,若续借此笔资金,仍将免收利息。后续减持所得资金借款,相关条款将与本次保持一致"。

2015年7月28日,乐视网发布《维护公司股价稳定的公告》(公告编号2015-082),该公告指出乐视网响应中国证监会《关于上市公司股东及董事、监事、高级管理人员增持本公司股票相关事项的通知》文件精神,针对当前资本市场的非理性波动,为维护资本市场的健康稳定发展,保护全体投资者利益,同时基于对公司未来发展的信心以及对目前股票价值的合理判断,支持公司未来持续稳定发展,本公司积极采取措施如下:对于近期减持所得资金借予上市公司事项,贾某亭先生追加承诺如下:(1)已经减持所得资金将全部借予上市公司使用,上市公司进行还款后,还款所得资金贾某亭先生将自收到还款之日起6个月内全部用于增持乐视网股份。(2)贾某亭先生届时增持同样数量股份时,若增持均价低于减持均价,则减持所得款项与增持总金额的差额将无偿赠与上市公司。在减持之日至增持之日期间内发生派息、送股、资本公积金转增股本等除权除息事项,所减持股票的价格与数量将相应进行调整。按照该公告,贾某亭将减持资金借予上市公司系乐视网在2015年股市异常波动中稳定股价的重要举措之一。

2015年7月28日，乐视网发布《关于承诺事项履行情况专项披露的公告》（公告编号2015－083），该公告指出贾某亭与公司签署的不少于25亿元的《借款协议》，正持续履行中，承诺人严格履行承诺，未发生违反承诺的情形。同时指出贾某亭具备履约能力，将按照承诺根据上市公司资金需求进行减持，减持资金长期借予公司无偿使用。同时也提示了贾某亭不履行承诺的风险及对贾某亭不能履约时的制约措施。

2015年10月30日，乐视网发布《简式权益变动报告书（鑫根基金）》与《关于承诺事项专项披露的公告》（公告编号2015－111），贾某亭以股份转让方式转让1亿股给深圳市鑫根下一代颠覆性技术并购基金壹号投资合伙企业（有限合伙），占公司当时总股本的5.39%，转让金额为32亿元，转让所得金额全部无息借予上市公司使用，借款期限将不低于60个月。

乐视网2015年年报、2016年年报将减持资金借予上市公司的承诺履行情况进行了披露，称贾某亭在报告期遵守了所做借款的承诺。

经查，2015年6月1日至6月3日，贾某亭通过华泰证券账户大宗交易方式累计减持35,240,300股，占公司当时总股本的1.9042%，减持金额总计约25亿元，扣除应缴税费后约22.4亿元。上述资金随后转入其他账户，贾某亭此次减持资金并未借予上市公司使用。2015年10月，贾某亭收到第二次转让款后立即将税后所得26亿元转给乐视网，随后在短期内通过复杂划转将大部分资金分批转到贾某亭、贾某芳、贾某民、乐视控股等非上市公司体系银行账户。梳理资金流向后，贾某亭此次减持资金26亿元仅有6.3亿元留在了乐视网，其余去向贾某亭控制的账户。

自2015年6月15日至2017年5月10日，乐视网从贾某亭处发生多次借款，但均被频繁抽回，并未履行其承诺。自2015年6月15日至2016年11月15日（2016年11月15日之后，贾某亭未向乐视网继续提供借款），其间乐视网从贾某亭处借款发生额共计113.44亿元。自2015年6月29日至2017年5月10日，乐视网共偿还贾某亭借款46笔，累计发生还款113.44亿元，其中可查到的付款审批单40份，有6笔共计22亿余元付款未找到审批单。查到的40份审批单中仅有26份审批单在“董事长”处有签名，且仅有3份为贾某亭签署，其余23份均为贾某亭授权乐视控股某工作人员签署。所有还款均未按照乐视网2015－061、2015－083、2015－111公告披露的经股东大会审议。

2017年9月20日，乐视网向贾某亭出具了《关于提醒并要求贾某亭先生继续履行借款承诺的函》；2017年10月26日，乐视网分别向贾某芳、贾某亭出具了《关于再次提醒并要求贾某芳女士继续履行借款承诺的函》《关于再次提醒并要求贾某亭先生继续履行借款承诺的函》。相关函件均要求贾某亭、贾某芳履行借款承诺，但二人均没有继续履行承诺并于2017年11月9日分别向乐视网出具《关于本人无息借款与上市公司承诺事项的回函》，二人均称"因2016年下半年，公司出现资金危机，至2017年上半年，资金危机持续加重，本人已将减持所得资金全部用于乐视公司业务发展及其所涉及的债务偿付等，目前已无力继续履行无息借款与上市公司的承诺"。

综上，贾某亭仅短暂将部分减持资金借给上市公司使用，就抽回相关借款，违背减持及借款承诺。乐视网发布的《关于承诺事项履行情况专项披露的公告》及2015年年度报告、2016年年度报告中披露的承诺事项履行情况与实际不符，存在虚假记载，贾某芳实际履行承诺情况未在2015年年度报告、2016年年度报告的"公司实际控制人、股东、关联方、收购人以及公司等承诺相关方在报告期内履行完毕及截至报告期末尚未履行完毕的承诺事项"项下披露，存在重大遗漏。上述行为违反了《证券法》第63条的规定，构成《证券法》第193条第1款所述的信息披露违法行为。时任董事长贾某亭违反承诺，直接指使相关人员抽回自己及贾某芳借款，未勤勉尽责，是乐视网相关披露文件存在虚假记载、重大遗漏违法行为直接负责的主管人员。贾某亭作为乐视网实际控制人，指使相关人员从事上述违法行为，构成《证券法》第193条第3款所述的违法行为。

五、乐视网2016年非公开发行股票行为构成欺诈发行

2015年5月25日，乐视网召开第二届董事会第五十二次会议，审议通过乐视网非公开发行股票议案。2015年8月31日，乐视网召开第二届董事会第六十三次会议，审议通过乐视网非公开发行股票的调整事项。2015年9月23日，乐视网非公开发行股票申请经中国证监会发行审核委员会审核，并获无条件通过。2016年5月19日，中国证监会出具《关于核准乐视网信息技术(北京)股份有限公司非公开发行股票的批复》(证监许可〔2016〕1089号)，2016年5月25日乐视网召开第三届董事会第二十一次会议，审议通过延长乐视网非公开发行股东大会决议有效期的议案。2016年8月8日乐视网非公开发行上市。乐视网本次非公开发行新股10,664.30万股，募集资金47.99亿元，申报披露的三

年一期财务数据期间为2012年至2014年及2015年1~6月。根据前述关于乐视网财务造假的事实，乐视网不符合发行条件，以欺骗手段骗取发行核准。

乐视网上述行为违反了《证券法》第13条、第20条，《上市公司证券发行管理办法》（证监会令第57号）第39条第1项的规定，构成《证券法》第189条第1款所述的欺诈发行违法行为。

时任董事长贾某亭、财务总监杨某杰在推动乐视网上述发行事项及涉及的财务造假事项中发挥了组织、策划、领导、实施作用，在财务造假中，采取隐瞒、编造重要事实等特别恶劣的手段，造假金额巨大，未勤勉尽责，在报送、披露的发行申请文件上签字并保证所披露的信息真实、准确、完整，违法情节特别严重，是乐视网欺诈发行行为直接负责的主管人员。时任监事吴某、副总经理贾某民直接参与相关财务造假行为，未勤勉尽责，在发行申请文件上签字并保证所披露的信息真实、准确、完整，在欺诈发行中发挥较大作用，违法情节较为严重。时任董事、监事、高管的刘某、邓某、谭某、张某、吉某庆、沈某芳等人，未勤勉尽责，在发行申请文件上签字并保证所披露的信息真实、准确、完整，是乐视网欺诈发行行为的其他直接责任人员。根据前述关于乐视网财务造假的事实，贾某亭作为乐视网实际控制人，指使相关人员从事上述财务造假事项，导致公司申请非公开发行申报披露的2012年至2014年及2015年1~6月三年一期财务数据存在严重虚假记载，构成《证券法》第189条第2款所述的违法行为。

以上事实，有相关临时报告和定期报告、发行申请文件、记账凭证、客户往来核算资料、情况说明、当事人笔录、证人证言、银行账户流水、证券账户交易记录、企业工商登记资料等证据证明，足以认定。

【处理结果】

根据当事人违法行为的事实、性质、情节与社会危害程度，证监会决定：

1. 对乐视网2007年至2016年连续10年财务造假，致使2010年报送和披露的IPO申报材料、2010年至2016年年度报告存在虚假记载的行为，未依法披露关联交易、对外担保的行为以及对贾某亭、贾某芳履行承诺的披露存在虚假记载、重大遗漏的行为，根据《证券法》第193条的规定，对乐视网责令改正，给予警告，并处以60万元罚款；对贾某亭、杨某杰给予警告，并分别处以30万元罚款；对刘某给予警告，并处以25万元罚款；对吴某给予警告，并处以20万元罚款；对赵某给予警告，并处以10万元罚款；对谭某给予警告，并处以8万元罚款;对吉某庆、张某翚给予警告,并处以5万元罚款;对朱某、曹某给予警告,并处以3万元罚款。贾某亭作为乐视网实际控制人,指使从事上述相关信息披露违法行为,对其给予警告,并处以60万元罚款,合计对贾某亭罚款90万元。

2. 对2016年乐视网非公开发行欺诈发行行为,根据《证券法》第189条的规定,对乐视网处以募集资金5%即2.4亿元罚款;对贾某亭、杨某杰处以30万元罚款;对贾某民、吴某处以20万元罚款;对刘某、邓某、谭某、张某、吉某庆处以5万元罚款;对沈某芳处以3万元罚款。贾某亭作为乐视网实际控制人,指使从事上述违法行为,对其处以2.4亿元罚款,合计罚款240,300,000元。

综上所述,对乐视网合计罚款240,600,000元,对贾某亭合计罚款241,200,000元,对杨某杰合计罚款60万元,对吴某合计罚款40万元,对刘某合计罚款30万元,对贾某民合计罚款20万元,对谭某合计罚款13万元,对吉某庆、赵某分别罚款10万元,对邓某、张某翚、张某分别罚款5万元,对沈某芳、朱某、曹某分别罚款3万元。

第二节 虚假陈述的表现

根据《虚假陈述规定》第 4 ~5 条的规定,证券虚假陈述主要包括虚假记载、误导性陈述、重大遗漏、不正当披露四种行为方式。

一、虚假记载

(一)虚假记载的界定

根据《虚假陈述规定》第 4 条第 2 款的规定,虚假记载,是指信息披露义务人披露的信息中对相关财务数据进行重大不实记载,或者对其他重要信息作出与真实情况不符的描述,包括发生业务不入账、虚构业务入账、不按照相关规定进行会计核算和编制财务会计报告,以及其他在信息披露中记载的事实与真实情况不符的,应当认定构成未按照规定披露信息的信息披露违法行为。目前,我国的上市公司存在一定的会计信息失真的现象,公司管理层出于自身利益的考虑,采取歪曲、隐满实际信息的方式,夸大公司的实力和盈利能力,严重危害了证券市场的健康发展。

虚假记载的方式很多,尤在财务报表中经常出现。财务报表虚构事实主要有以下几类:(1)虚增资产负债比例,虚构公司偿债能力;(2)虚构投资者权益,夸大公司实力;(3)虚报盈利,虚构资产价值;(4)虚构成本费用率,夸大公司效益。[①]

实践中,企业往往采用如提前或推迟确认收入方式在不同年度间调节利

① 参见范健、王建文:《证券法》(第 3 版),法律出版社 2020 年版,第 294 页。

润,随意增减固定资产预计使用年限调节折旧费用,对同一交易事项采用不同的计量模式确定公允价值,或非法转回以前年度确认的减值损失。部分企业还利用关联方交场转移利润,如通过母公司豁免大额债务或者进行大额捐赠等手段,直接向上市公司输送利润,帮助上市公司扭亏为盈。

(二)典型案例

案例3-3:康得新复合材料集团股份有限公司财务造假案①

【基本案情】

一、2015年至2018年年度报告存在虚假记载

2015年1月至2018年12月,康得新复合材料集团股份有限公司(以下简称康得新)通过虚构销售业务,虚构采购、生产、研发、产品运输费用等方式,虚增营业收入、营业成本、研发费用和销售费用,导致2015年至2018年年度报告虚增利润总额分别为2,242,745,642.37元、2,943,420,778.01元、3,908,205,906.90元、2,436,193,525.40元,分别占各年度报告披露利润总额的136.22%、127.85%、134.19%、711.29%,康得新2015年至2018年年度报告中披露的利润总额存在虚假记载。

根据康得投资集团有限公司(以下简称康得集团)与北京银行股份有限公司(以下简称北京银行)西单支行签订的《现金管理业务合作协议》,康得新及其合并财务报表范围内3家子公司在北京银行西单支行尾号为3796、3863、4181、5278账户(以下简称北京银行账户组)的资金被实时、全额归集到康得集团在北京银行西单支行尾号为3258的账户。康得新北京银行账户组各年年末实际余额为0。康得新2015年至2018年年度报告中披露的银行存款余额分别为9,571,053,025.20元(其中北京银行账户组余额为4,599,634,797.29元)、14,689,542,575.86元(其中北京银行账户组余额为6,160,090,359.52元)、17,781,374,628.03元(其中北京银行账户组余额为10,288,447,275.09元)、14,468,363,032.12元(其中北京银行账户组余额为12,209,443,476.52元)。康得新2015年至2018年年度报告中披露的银行存款余额存在虚假记载。

---

① 中国证监会行政处罚决定书〔2020〕71号。

二、未及时披露及未在年度报告中披露为控股股东提供关联担保的情况

2016年至2018年，康得新子公司张家港康得新光电材料有限公司(以下简称康得新光电)分别与厦门国际银行股份有限公司北京分行、中航信托股份有限公司签订了4份《存单质押合同》，约定以康得新光电大额专户资金存单为康得集团提供担保，2016年至2018年担保债务本金分别为1,482,700,000.00元、1,463,050,000.00元、1,463,050,000.00元。

根据2005年《证券法》第67条第2款第3项，《上市公司信息披露管理办法》(证监会令第40号)第31条第1款第2项、第71条第1款第2项及《深圳证券交易所股票上市规则》(2014年修订、2018年修订、2018年11月修订)第9.1条、第9.11条的规定，康得新应当在签订担保合同之日起2个交易日内，披露其签订担保合同及对外提供担保事项。康得新未按规定及时披露上述重大事件。

根据《公开发行证券的公司信息披露内容与格式准则第2号——年度报告的内容与格式》(证监会公告〔2016〕31号、证监会公告〔2017〕17号)第40条及第41条第2项的规定，康得新应当在相关年度报告中披露其为关联方提供担保的情况。康得新未在2016年至2018年年度报告中披露该事项，导致相关年度报告存在重大遗漏。

三、未在年度报告中如实披露募集资金使用情况

2015年和2016年，康得新以非公开发行方式分别募集资金净额298,226.92万元、478,422.59万元，用于向康得新光电增资，建设年产1.02亿平方米先进高分子膜材料项目、年产1亿片裸眼3D模组产品项目及归还银行贷款。2018年7月至12月，康得新利用与中国化学赛鼎宁波工程有限公司(以下简称化学赛鼎)、沈阳宇龙汽车(集团)有限公司(以下简称宇龙汽车)签订的《采购委托协议》，将募集资金从专户转出，以支付设备采购款的名义分别向化学赛鼎、宇龙汽车支付21.74亿元、2.79亿元，化学赛鼎和宇龙汽车按照康得新要求将收到的资金转付给指定供应商，转出的募集资金经过多道流转后，主要资金最终回流至康得新，用于归还银行贷款、配合虚增利润等方面。

康得新在2018年年度报告中披露，报告期内已使用募集资金总额36.88亿元，全部用于建设年产1.02亿平方米先进高分子膜材料项目和年产1亿片裸眼3D膜组产品项目，报告期不存在募集资金变更用途情况。康得新未如实

披露募集资金使用情况，导致2018年年度报告存在虚假记载。

上述违法事实，有相关公告、虚构业务工作底稿、虚构业务资金平账记录、合同文件、工作台账、电子邮件、货运提单、财务账册及凭证、情况说明、《现金管理业务合作协议》、银行账户资料、银行流水、质押合同、担保合同、委托采购协议、相关人员笔录等证据证明，足以认定。

康得新的上述行为违反了2005年《证券法》第63条及第67条第1款的规定，构成2005年《证券法》第193条第1款所述行为。

【处理结果】

根据当事人违法行为的事实、性质、情节与社会危害程度，依据2005年《证券法》第193条第1款、第3款的规定，证监会决定：

1. 对康得新责令改正，给予警告，并处以60万元罚款；

2. 对钟某给予警告，并处以90万元罚款，其中作为直接负责的主管人员罚款30万元，指使从事信息披露违法罚款60万元；

3. 对王某给予警告，并处以30万元罚款；

4. 对徐某给予警告，并处以20万元罚款；

5. 对张某雄给予警告，并处以15万元罚款；

6. 对肖某给予警告，并处以10万元罚款；

7. 对隋某军、苏某锋、单某泽、刘某松、杜某静给予警告，并分别处以5万元罚款；

8. 对邵某圆、张某红给予警告，并分别处以3万元罚款。

二、误导性陈述

(一)误导性陈述的界定

根据《虚假陈述规定》第4条第3款的规定，误导性陈述，是指信息披露义务人披露的信息隐瞒了与之相关的部分重要事实，或者未及时披露相关更正、确认信息，致使已经披露的信息因不完整、不准确而具有误导性。即信息披露义务人在披露文件中对所披露的信息做引起投资者误解的描述，从而使一般的理性投资者对信息的理解判断发生偏差，达到误导投资者投资的目的。

实践中,证券市场多发的误导性陈述类型主要有三种:语义存在歧义型、晦涩难解型、半真半假型。语义存在歧义型是指对所披露信息的描述可以使人产生多种不同的理解,可以基于此种依据产生此种理解,也可以基于彼种基础产生彼种理解;晦涩难解型是指信息披露文件中记载的事项是真实的,但是由于描述方式的复杂程度较高,使一般公众基于一般知识难以理解信息所表达的内容;半真半假型是指在信息披露文件中通过减少披露信息量,不完整进行信息描述,从而达到误导投资者的目的。误导性陈述违反了信息披露制度准确性原则,应加以禁止。

真实、准确是上市公司信息披露应当遵循的基本准则。真实性要求在财务信息披露中不得有作虚假记载、误导性陈述等欺诈投资者的行为,上市公司对所披露信息的真实性要求是最基本的也是首要的。准确性则要求披露义务人在信息披露过程中尽量不含糊,运用简洁易懂的语言,使人们对其意思的理解不存在歧义。在真实性和准确性原则的要求下,上市公司在进行信息披露时应当避免存有误导性陈述。

(二)典型案例

案例3-4:广东四通集团股份有限公司虚假陈述纪律处分案①

【基本案情】

经查明,2021年1月29日,广东四通集团股份有限公司(以下简称公司)披露2020年年度业绩预减公告称,预计公司2020年度归属于上市公司股东的净利润(以下简称净利润)为0到400万元,同比减少100.00%到90.82%;实现扣非后净利润亏损1099万元到亏损1499万元,同比减少135.20%到125.80%。

2021年4月13日,公司披露业绩预告更正公告称,预计2020年度实现净利润约为亏损450万元到亏损500万元,同比减少110%到111%;扣非后净利润约亏损1900万元到亏损2000万元,同比减少145%到147%。业绩更正的主要原因:一是公司投资的潮州民营投资股份有限公司(以下简称潮民投)未提供经审计财务报表,公司按照最新取得的潮民投2020年度未审财务报表确认当期亏损24.83万元,从而使公司本年度净利润减少206.16万元;二是公司将原

① 上海证券交易所纪律处分决定书〔2021〕81号。

确认为可弥补亏损的递延所得税资产275.00万元转回,从而使公司本年度净利润减少275.00万元;三是公司对被投资单位潮州市广展通瓷业有限公司按权益法核算的投资收益,根据该公司提供的2020年度经审计后净利润金额重新核算后,减少公司本年度投资收益55.37万元。2021年4月14日,公司披露2020年年度报告显示,2020年公司实现净利润为-487.39万元,同比由盈转亏;实现扣非后净利润-1941.54万元,同比由盈转亏,年度业绩情况与公司更正后的业绩预告基本一致。

公司年度业绩是投资者关注的重大事项,可能对公司股价及投资者决策产生重大影响。公司理应根据会计准则要求,对当期业绩进行客观、谨慎估计,合理判断投资收益、递延所得税资产等相关科目,并采取适当的会计处理,确保预告业绩的准确性。公司2020年年度业绩预减公告中预计年度业绩盈利,但实际业绩亏损,与预告业绩相比发生盈亏方向变化的重大变化。公司业绩预告披露不准确,影响了投资者的合理预期。公司也未在业绩预减公告中披露影响业绩准确性的风险事项,相关风险提示不充分。同时,公司迟至2021年4月13日才披露业绩预告更正公告,更正公告不及时。

综上,公司业绩预告信息披露不准确,更正公告披露不及时。公司的上述行为违反了《上海证券交易所股票上市规则》(以下简称《股票上市规则》)第2.1条、第2.6条、第11.3.3条等有关规定。公司时任董事长蔡某城作为公司主要负责人和信息披露第一责任人,时任总经理蔡某通作为公司经营管理主要人员,时任财务总监陈某辉作为财务负责人,时任独立董事兼审计委员会召集人于某叶作为财务会计事项的主要督导人员,时任董事会秘书黄某鹏作为公司信息披露事务具体负责人,未能勤勉尽责,对公司的违规行为负有责任,违反了《股票上市规则》第2.2条、第3.1.4条、第3.1.5条和第3.2.2条等有关规定及其在《董事(监事、高级管理人员)声明及承诺书》中作出的承诺。对于本次纪律处分事项,公司及有关责任人在规定期限内均回复无异议。

【处理结果】

鉴于上述违规事实和情节,经上海证券交易所(以下简称本所)纪律处分委员会审核通过,根据《股票上市规则》第16.2条、第16.3条、第16.4条,《上海证券交易所纪律处分和监管措施实施办法》和《上海证券交易所上市公司自律监管规则适用指引第2号——纪律处分实施标准》等有关规定,本所作出如下纪律处分决定：对公司和时任董事长蔡某城、时任总经理蔡某通、时任财务总监陈某辉、时任独立董事兼审计委员会召集人于某叶、时任董事会秘书黄某鹏予以通报批评。

三、重大遗漏

（一）重大遗漏的界定

根据《虚假陈述规定》第4条第4款的规定，重大遗漏，是指信息披露义务人违反关于信息披露的规定，对重大事件或者重要事项等应当披露的信息未予披露。即信息披露义务人在信息披露文件中未按照法律、行政法规、规章和规范性文件以及证券交易所业务规则关于重大事件或者重要事项信息披露要求披露信息，遗漏重大事项。由于重大遗漏的对象是证券市场上的重大信息，该信息的缺失会严重影响投资者的投资判断，并且使证券价格产生大幅波动，重大遗漏严重损害信息披露制度的完整性原则，因此该行为应严厉禁止。

重大遗漏是一种消极的不实陈述，以不作为的方式进行。实践中，证券市场多发的重大遗漏情形主要有以下两种：

1. 关联方交易披露不够完整

关联交易内容披露的不够完整主要体现在：对关联交易要素如交易金额或相应的比例、未结算项目的金额或相应的比例、交易价格、定价策略等往往不予披露，即使披露了也未说明有关资产是否经过审计、评估，是否按照独立企业的核算原则予以定价等，使投资者很难了解到关联交易的实际情况。许多上市公司在揭示股东持股情况时，掩盖了许多关联方，有的公司只说明关联交易，未说明关联方究竟是何关系，有的只说明交易量，没有说明金额的方向。

2. 非财务信息披露不足

非财务信息是指企业财务信息以外的社会、环境信息，主要包括企业履行社会责任和环境责任等方面。我国上市公司在非财务信息的披露方面，整体仍处于起步阶段。近年来由于非财务信息披露不足而产生巨大负面影响的例子屡见不鲜：国内知名的有色金属公司中金岭南2010年10月发布公告，其下属的韶关冶炼厂因排放重金属污染再次污染北江上游河段造成环境污染而全面停产。国家环境保护部出台《上市公司环境信息披露指南(征求意见稿)》,其中对上市公司环境信息披露作了严格的规定,要求上市公司必须在环境事件发生1日内发布临时环境报告,披露相关环境信息。但中金岭南在铭污染事件发生相关环保部门发现后3日才向社会发布相应信息公告。

(二)典型案例

案例3-5:永城煤电控股集团有限公司等虚假陈述行政处罚案[①]

经查明,永城煤电控股集团有限公司(以下简称永煤控股)存在以下违法事实:

1. 虚假披露货币资金。

永煤控股自2007年成立至证监会调查前,均根据控股股东河南能源化工集团(以下简称河南能化)的要求进行资金归集,永煤控股资金被自动归集至其在河南能源化工集团财务有限公司(系河南能化控股子公司,以下简称财务公司)开立的账户。随后河南能化资金管理中心通知永煤控股将大部分归集资金转到河南能化在财务公司开立的账户。不同于永煤控股自身库存现金、银行存款等可以被随时支取的货币资金,被归集的资金由河南能化资金管理中心负责调度,永煤控股需经审批后方可使用。因被归集的资金由河南能化资金管理中心调度,上述资金事实上已由河南能化统筹用于其他项目。

根据《企业会计准则——基本准则》第12条的规定,企业应当以实际发生的交易或者事项为依据进行会计确认、计量和报告,如实反映符合确认和计量要求的各项会计要素及其他相关信息。根据《企业会计准则第30号——财务报表列报》第9条的规定,性质或功能不同的项目,应当在财务报表中单独列报,但不具有重要性的项目除外。因此,上述被河南能化资金管理中心调度的资金属于永煤控股债权性质的往来款。但永煤控股仍将上述资金计入货币资金项目下并在财务报表中予以披露。

2018年1月至2020年10月,永煤控股累计发行银行间债务融资工具21期(以下简称21期债务融资工具),非公开发行公司债3期(以下简称私募债)。在相关债务融资工具和私募债募集说明书、定期报告等文件中,永煤控股将应

---

① 中国证监会行政处罚决定书〔2021〕44号。

收河南能化的往来款作为货币资金列报，导致其合并报表层面虚增货币资金，其中，2017 年至 2020 年 9 月 30 日财务报表分别虚增 112.74 亿元、235.64 亿元、241.07 亿元、271.74 亿元，分别占其当期披露货币资金总额的 54.03%、62.56%、57.28%、57.86%，分别占其当期披露资产总额的 7.94%、14.52%、14.68%、15.74%。

证监会认为，永煤控股私募债募集说明书及相关定期报告中关于货币资金的内容存在虚假记载的行为，违反了 2005 年《证券法》第 63 条、2019 年《证券法》第 78 条第 2 款、《公司债券发行与交易管理办法》（证监会令第 113 号，下同，以下简称《公司债管理办法》）第 4 条的规定。永煤控股 21 期债务融资工具相关注册申请文件和募集说明书及相关定期报告中关于货币资金的内容存在虚假记载的行为，违反了《银行间债券市场非金融企业债务融资工具管理办法》（人民银行令〔2008〕第 1 号，以下简称《债务融资工具管理办法》）第 7 条的规定。永煤控股前述行为构成 2005 年《证券法》第 193 条第 1 款、2019 年《证券法》第 197 条第 2 款所述虚假记载行为。侯某宁、强某民为对上述行为直接负责的主管人员，成某梅、任某明、张某勇、孙某建为其他直接责任人员。

2. 其他信息披露违规行为。

（1）部分债务融资工具募集说明书中关于受限货币资金的陈述存在虚假记载。

根据《非金融企业债务融资工具公开发行注册文件表格体系》（2016 年版，2020 年修订）M-6-6 的要求，永煤控股在 2018 年 1 月至 2020 年 6 月发行的债务融资工具募集说明书中，将承兑汇票保证金、信用保证金等受限货币资金纳入受限资产披露范围，但披露的受限资金金额与实际不符。具体如下：

2018 年 1 月至 3 月，永煤控股以 2017 年 9 月 30 日财务数据为基准，累计发行 3 期债务融资工具，相应募集说明书中披露受限货币资金金额为 10.68 亿元。经查，永煤控股 2017 年 9 月 30 日受限货币资金实际为 17.32 亿元，少披露的金额占当期披露货币资金的 2.84%、占其当期披露资产总额的 0.44%。

2020 年 6 月至 10 月，永煤控股分别以 2020 年 3 月 31 日、6 月 30 日财务数据为基准，累计发行 6 期债务融资工具，相应募集说明书中披露受限货币资金金额为 3.60 亿元。经查，2020 年 3 月 31 日、6 月 30 日，永煤控股受限货币资金实际分别为 102.18 亿元、147.22 亿元，少披露的金额占当期披露货币资金的比例分别为20.28%、28.74%，占其当期披露资产总额的比例分别为5.73%、8.26%。

证监会认为，永煤控股未如实披露受限货币资金的行为违反了《债务融资工具管理办法》第7条的规定，构成2005年《证券法》第193条第1款、2019年《证券法》第197条第2款所述虚假记载行为。侯某宁、强某民为对上述行为直接负责的主管人员，成某梅、任某明、张某勇、孙某建为其他直接责任人员。

(2)未按规定披露股权质押事项，导致债务融资工具募集说明书存在重大遗漏。

2017年9月，永煤控股为获取30亿元贷款，将所持永煤集团股份有限公司93,516万股股权质押给交银国际信托有限公司。相应股权按上一年度期末净资产折算的价值约为50亿元，占其上一年度披露总资产的3.61%。根据《非金融企业债务融资工具公开发行注册文件表格体系》(2016年版，2020年修订)M－6－6的要求，企业应当披露受限资产情况，包括近一期的资产抵押、质押、留置和其他限制用途安排，以及其他具有可对抗第三人的优先偿付负债的情况。经查，永煤控股未在21期债务融资工具募集说明书中披露前述股权质押事项。

证监会认为，永煤控股未披露股权质押事项的行为违反了《债务融资工具管理办法》第7条的规定，构成2005年《证券法》第193条第1款、2019年《证券法》第197条第2款所述情形。侯某宁、强某民为对上述行为直接负责的主管人员，张某勇、孙某建、成某梅、任某明为其他直接责任人员。

上述违法事实，有永煤控股和河南能化等出具的情况说明、相关融资工具发行文件、相关请示和批复、相关会议纪要、相关合同、相关财务凭证和套账、股权划转相关资料、相关公告、相关人员询问笔录等证据证明，足以认定。

【处理结果】

根据当事人违法行为的事实、性质、情节和社会危害程度，依据中国人民银行、证监会、发展改革委《关于进一步加强债券市场执法工作的意见》(银发〔2018〕296号)、《公司债管理办法》、《债务融资工具管理办法》以及2005年《证券法》和2019年《证券法》相关规定，证监会决定：

1. 根据2019年《证券法》第197条第2款的规定，对永煤控股给予警告，并处以300万元罚款；对强某民给予警告，并处以55万元罚款；对任某明、孙某建、张某勇给予警告，并分别处以 50 万元罚款。

2. 根据 2005 年《证券法》第 193 条第 1 款，对侯某宁给予警告，并处以 15 万元罚款；对成某梅给予警告，并处以 10 万元罚款。

四、不正当披露

（一）不正当披露的界定

不正当披露，即《虚假陈述规定》第 5 条所规定的“未按照规定披露信息”，是指信息披露义务人未按照规定的期限、方式等要求及时、公平披露信息。即信息披露义务人违反法律的规定不及时向社会公众披露信息或者披露信息的方式违反法律或证券监督管理部门的要求，不正当披露违反了信息披露制度的及时性原则。我国对证券市场信息披露的时间都有明确的规定，如年度报告、中期报告及季度报告的公告时间等都规定得比较详细。如果信息披露义务人不按照这些时间的规定公布信息，即违反了及时性要求。此外，披露信息都有法律规定的渠道如报刊媒体、网站等，不得在法律规定以外的场合公布信息，或者将在法定渠道之外公布信息视为未进行信息披露。如果违反了前述两种情况之一就构成不正当披露，其违法者主观心态为作为或者消极不作为。

实践中，证券市场多发的不正当披露情形主要有以下几种：

1. 不及时披露

由于存在信息的不对称的问题，投资者相对上市公司经营者而言，不够了解公司经营情况的变化和公司目前的整体发展态势，因此上市公司需要及时和依法对公司有关的重要信息进行披露，使投资者在规定时间内获知公司的最新情况。按照我国《公开发行股票公司信息披露实施细则（试行）》的规定，上市公司的中期报告应在每个会计年度的上半年结束后，于 2 个月内编制并报送完成，年度报告则在每个会计年度结束后的 4 个月内编制和报送完成。这一规定一方面给予了上市公司足够的时间做好报告的编制工作，另一方面也使投资者了解的公司的信息不至于迟滞和落后。

2. 不严肃披露

虽然国家已制定大量有关信息披露的标准和规定，但许多问题依然存在，上市公司信息披露还是不够认真严肃。有时上市公司在信息披露的时间、地点、场合和内容的选择上比较随意,造成大量的绯闻和内幕信息。这些看似有据但毫无根据的信息很大程度上助长了证券市场滥用行为。作为一家上市公司,应该采取严肃、谨慎的态度,注重言行,对所披露的内容负责,但事实是一些上市公司不考虑公司形象,披露信息时可选择性极大。证券监管机构已多次强调,上市公司必须在指定的报纸发布信息,但有些公司不在指定的报纸上发布,而是在某些小地方的小报公布信息,甚至有些公司发布虚假信息欺骗公众或严重误导投资者并从中获利,这都增加证券市场的风险,直接损害投资者的利益。

3. 不主动披露

由于信息披露并不是法律法规中规定的发行人或上市公司应该承担的义务,发行人在整个过程中凭借自身的主动性去尽披露之职责,上市公司在经营管理方面存在一些不愿被广大投资人洞悉知晓的暗点,从而对信息披露产生了一种害怕和逃避心态,基于这种心态作祟,他们在实践中通常会有能够少披露就尽量少披露,能不披露就尽量不披露的做法。所以说他们只是尽披露的形式主义,而不是真正地向投资者传达有价值、有意义的信息以供判断。

4. 预测性信息的违规披露

预测性信息主要包括对财务数据的预测性描述、对未来经营计划的描述、对未来经济表现的描述等信息,具有主观性、预测性和不确定性的特征。预测性信息违规披露主要包括三种类型:一是预测失败,指信息披露义务人所披露的预测信息和将要发生的情形极度不符;二是在进行信息预测时没有声明所存在的风险;三是在预测性信息存在的基础发生变化时,信息披露义务人没有对信息进行及时的更新。

目前结合世界各国对预测性信息的描述,按照监管者对其预测程度的不同,将预测性信息分为两种,即强制性预测信息和自愿性预测信息。强制性预测信息即前景性信息,目前已经了解到的发展趋势并对未来发展趋势产生重大影响的不确定的信息;自愿性预测信息即预测型陈述,其建立的基础是对现实假设的前提下的不确定性因素的信息。我国对预测性信息披露的规定内容主要是发展规划和盈利预测,发展规划在年度和半年度报告中披露,盈利预测在招股或配股说明书中披露,但是目前两者的预测准确率极低,从而导致大部分预测性信息以预测失败告终。

(二)典型案例

案例3－6:山东龙力生物科技股份有限公司等虚假陈述案①

【基本案情】

1. 山东龙力生物科技股份有限公司(以下简称龙力生物)2015 年年度、2016 年半年度、2016 年年度报告中财务报表里银行存款项目存在虚假记载。

2015 年 1 月 1 日至 2016 年 12 月 31 日,龙力生物删除、修改、伪造大量会计凭证、相关单据,以及将部分募集资金从募集资金专户转入一般户用于日常经营和归还贷款。通过上述方式,龙力生物《2015 年年度报告》虚增银行存款 49,893.18 万元,占公司披露总资产的 18.5%;《2016 年半年度报告》虚增银行存款 12,099.35 万元,占公司披露总资产的 3.52%;《2016 年年度报告》虚增银行存款 12,663.86 万元,占公司披露总资产的 3%。

龙力生物还通过删除应付票据及部分债务对应的保证金账户方式虚减银行存款。2015 年,公司内部账套显示银行存款科目共有 99 个银行账户(账户代码为 100201 至 100299),其他货币资金余额为 6600 万元,公司对外披露银行存款科目下共有 32 个银行账户(账户代码为 100201 至 100232),其他货币资金余额为 0 元。2016 年,公司内部账套显示银行存款科目共有 99 个银行账户(账户代码为 100201 至 100299),6 月 30 日和 12 月 31 日的其他货币资金科目余额分别为 6000 万元、4500 万元。公司对外披露的银行存款科目下共有 39 个银行账户(账户代码为 100201 至 100239),6 月 30 日和 12 月 31 日的其他货币资金余额为 0。

程某博、高某先、高某娟、孔某军、尹某增、聂某才、倪某嫣、杜某正、刘某哲、王某旗、王某、阎某龙、刘某存、刘某磊、荣某、肖某在上述年度报告审议中投赞成票或签字,刘某秀在 2016 年半年度、2016 年年度报告审议中投赞成票或签字。程某博、高某先等人应保证财务报告真实、准确、完整,应当对龙力生物披露的上述定期报告存在虚假陈述承担法律责任。对上述行为直接负责的主管人员有程某博、高某先、刘某秀。高某娟、孔某军、尹某增、聂某才、倪某嫣、杜某正、刘某哲、王某旗、王某、阎某龙、刘某存、刘某磊、荣某、肖某是龙力生物信息

---

① 中国证监会行政处罚决定书〔2021〕3 号。

披露违法行为的其他直接责任人员。

上述违法事实，有龙力生物《2015年年度报告》、《2016年半年度报告》、《2016年年度报告》、《龙力生物关于货币资金披露虚假记载的说明》、龙力生物账户余额表、银行存款明细账、删除账户清单及部分银行账户开户凭证或对账单节选、各银行账户资金流水、询问笔录等证据证明，足以认定。

2. 龙力生物在2015年年度、2016年半年度、2016年年度、2017年半年度报告中财务报表相关会计科目中披露的对外借款存在虚假记载，其中借款本金累计虚减983,546万元、与借款相关的融资费用累计虚减66,980.81万元。

(1)龙力生物通过删除短期借款、长期借款、其他应付款、应付票据等科目中与借款相关记账凭证的方式，导致2015年年度、2016年半年度、2016年年度、2017年半年度报告中财务报表相关会计科目存在虚假记载。上述期间龙力生物少披露(虚减)的短期借款等负债金额分别为171,930万元、238,980万元、282,354万元、290,282万元。龙力生物2015年年度、2016年半年度、2016年年度、2017年半年度报告对外披露的资产总额分别为269,686.04万元、343,713.06万元、422,644.93万元、437,541.99万元，各期间虚减的负债金额分别占对外披露总资产的63.75%、69.53%、66.81%、66.34%。

(2)龙力生物通过删除与借款相关的利息费用、居间服务费等记账凭证的方式，导致2015年年度、2016年半年度、2016年年度、2017年半年度报告中财务报表相关会计科目存在虚假记载，上述期间龙力生物少披露(虚减)的财务费用(利息支出、服务费)、管理费用分别合计为13,942.77万元、8631.39万元、24,677.11万元、19,729.54万元，导致虚增当期利润总额分别为13,942.77万元、8631.39万元、24,677.11万元、19,729.54万元。龙力生物2015年年度、2016年半年度、2016年年度、2017年半年度报告对外披露的利润总额分别为6411.42万元、5323.26万元、14,086.98万元、7206.53万元，因各期间虚减融资费用导致虚增的利润总额分别占对外披露利润总额的217.47%、162.14%、175.18%、273.77%。

程某博、高某先、刘某秀、高某娟、孔某军、尹某增、聂某才、倪某嫣、杜某正、刘某哲、王某旗、王某、阎某龙、刘某存、刘某磊、荣某、肖某在年度报告审议中投赞成票或签字，应保证财务报告真实、准确、完整，应当对龙力生物披露的定期报告存在虚假陈述承担法律责任，对上述行为直接负责的主管人员有程某博、高某先、刘某秀。高某娟、孔某军、尹某增、聂某才、倪某嫣、杜某正、刘某哲、王某旗、王某、阎某龙、刘某存、刘某磊、荣某、肖某是龙力生物信息披露违法行为的其他直接责任人员。

上述违法事实,有龙力生物提供的《关于公司未披露对外借款的说明及其明细表》,龙力生物2015年半年度、2015年年度、2016年半年度、2016年年度、2017年半年度、2017年年度报告中关于对外借款事项的披露情况、相关银行资料,《关于公司融资费用的说明》,对外借款事项中涉及的借款合同、财务凭证、明细账,债权方的相关资料,套账明细账,龙力生物融资服务费相关合同,相关记账凭证,2015年半年度、2015年年度、2016年半年度、2016年年度、2017年半年度、2017年年度报告中关于财务费用、管理费用的披露情况,询问笔录等证据证明,足以认定。

3. 2016年至2018年,龙力生物未按照规定履行218,600万元担保的临时信息披露义务,部分担保事项也未按照规定在2015年年度、2016年半年度、2016年年度、2017年半年度、2017年年度、2018年半年度、2018年年度报告中予以披露。

2016年1月1日至2018年12月31日,龙力生物未及时披露对外担保事项103笔、累计金额218,600万元。此外,对于上述103笔担保及2015年发生的39笔、累计金额72,500万元的担保,龙力生物除在2017年年度报告中披露35笔、累计金额77,515万元的担保以外,其余107笔、累计金额213,585万元的担保均未在相应年度的定期报告中予以披露。

根据《关于规范上市公司对外担保行为的通知》(2005年11月14日,证监发〔2005〕120号)第1条第2款、第5款的规定,公司应当及时披露上述事实。根据《公开发行证券的公司信息披露内容与格式准则第3号——半年度报告的内容与格式》(2014年修订证监会公告〔2014〕22号第28条及第29条,2016年修订证监会公告〔2016〕32号、2017年修订证监会公告〔2017〕18号第38条、第39条)的相关条款、《公开发行证券的公司信息披露内容与格式准则第2号——年度报告的内容与格式》(证监会公告〔2015〕24号、2016年修订证监会公告〔2016〕31号、2017年修订证监会公告〔2017〕17号)第40条、第41条的规定,公司应当在相关年度报告、半年度报告中披露上述担保情况,龙力生物未在2015年年度、2016年半年度、2016年年度、2017年半年度、2017年年度、2018年半年度、2018 年年度报告中披露上述事实，存在重大遗漏。

程某博、高某先、刘某秀、高某娟、孔某军、尹某增、聂某才、倪某嫣、杜某正、刘某哲、王某旗、王某、阎某龙、刘某存、刘某磊、荣某、肖某在年度报告审议中投赞成票或签字，应保证财务报告真实、准确、完整，应当对龙力生物披露的定期报告存在虚假陈述承担法律责任。对上述行为直接负责的主管人员有程某博、高某先、高某娟，在年度报告签字的刘某秀、孔某军、尹某增、聂某才、倪某嫣、杜某正、刘某哲（承担 2015 年年度、2016 年半年度、2016 年年度、2017 年半年度报告虚假陈述的法律责任）、王某旗（承担 2015 年年度、2016 年半年度、2016 年年度、2017 年半年度、2018 年半年度、2018 年年度报告虚假陈述的法律责任）、王某、阎某龙、刘某存、刘某磊、荣某（承担 2015 年年度、2016 年半年度、2016 年年度、2017 年半年度报告虚假陈述的法律责任）、肖某为其他直接责任人员。

上述违法事实，有龙力生物提供的关于对外担保事项的说明及明细表，2015 年至 2018 年相应年度关于对外担保事项的部分定期报告，《2015 年至今对外担保相关公告》，对外担保事项中涉及的借款合同、担保合同，相关债权人提供的证明文件，相关人员询问笔录等证据证明，足以认定。

4. 自 2017 年 12 月起，龙力生物涉及大量诉讼、仲裁案件，公司未按照规定及时履行临时信息披露义务，未及时披露的重大诉讼、仲裁金额合计为 284, 327.56 万元。

2017 年度，龙力生物发生重大诉讼案件 2 起，涉诉金额合计 32, 156 万元，公司未及时披露；2018 年度，龙力生物发生重大诉讼、仲裁案件 102 起，涉案金额合计 252, 171.56 万元，公司未及时披露。龙力生物 2017 年、2018 年未及时履行信息披露义务的重大诉讼、仲裁事项涉案金额分别为 32, 156 万元、252, 171.56 万元，分别占 2017 年、2018 年公司披露净资产 -34, 865.65 万元、-323, 636.73 万元的 92.23%、77.92%。

根据 2005 年《证券法》第 67 条第 2 款第 10 项，《上市公司信息披露管理办法》第 30 条第 2 款第 10 项、第 71 条的规定，公司应当及时披露上述事实。龙力生物未按要求及时披露上述重大事项。对上述行为直接负责的主管人员为程某博、高某娟。

上述违法事实，有龙力生物提供的《龙力生物部分案件诉讼事项情况说明》及《山东龙力生物科技股份有限公司诉讼、仲裁明细表》、相关案件司法材料、

2015 年至 2018 年相应年度关于重大诉讼、仲裁事项的部分定期报告、相关临时公告、相关人员询问笔录等证据证明，足以认定。

5. 擅自改变首次公开发行股票所募集资金的用途，2015 年度、2016 年半年度及 2017 年半年度《募集资金使用与存放情况专项报告》披露的募集资金专户余额存在虚假记载。

(1)2017 年公司未履行审议程序擅自改变首次公开发行股票所募集资金的用途。

2011 年 7 月，龙力生物首次公开发行股票募集资金总额为 100, 200 万元，扣除发行费用后实际募集资金净额为 92, 700 万元。募集资金到位后，龙力生物持续在未履行审议程序的情况下将募集资金转入公司一般银行账户，用于归还公司到期债务及补充流动资金。2016 年 12 月 27 日，公司将以前年度累计未履行审议程序使用的募集资金归还至募集资金专户。

龙力生物 2014 年年度股东大会决议，使用超募资金 13, 232. 15 万元建设“食品保健品 GMP 项目”，该项目总投资为 48, 000 万元，除超募资金外，其余部分由公司自筹。公司 2015 年年度股东大会决议将沼气发电项目、4000 吨木质素项目和精制食品级木糖及结晶阿拉伯糖联产项目节余募集资金 9783. 97 万元结转至“食品保健品 GMP 项目”资金账户。上述两项合计，承诺投入“食品保健品 GMP 项目”募集资金共计 23, 016. 12 万元，截至 2017 年年底累计投入该项目 4664. 01 万元，剩余 18, 352. 11 万元于 2017 年在未履行审议程序的情况下分笔转入公司一般银行账户用于归还银行贷款，且至今尚未偿还。

(2)2015 年度、2016 年半年度及 2017 年半年度《募集资金使用与存放情况专项报告》披露的募集资金专户余额存在虚假记载。

2015 年以来公司只披露了实际投入募投项目的工程支出，未披露将募集资金转入一般银行账户使用的情况，并虚假披露募集资金专户存款余额，其中《2015 年募集资金存放与使用情况专项报告》披露的募集资金余额虚增 22, 793. 96 万元，《2016 年半年度募集资金存放与使用情况专项报告》披露的募集资金专户余额虚增 22, 642. 10 万元，《2017 年上半年募集资金存放与使用情况专项报告》披露的募集资金专户余额虚增 27, 367. 75 万元。

根据 2005 年《证券法》第 15 条，公司改变募集资金用途，必须经股东大会作出决议。根据《上市公司监管指引第 2 号——上市公司募集资金管理和使用的监管要求》(证监会公告〔2012〕44 号)第 11 条,上市公司应当真实、准确、完整地披露募集资金的实际使用情况。董事会应当每半年度全面核查募集资金投资项目的进展情况,出具《公司募集资金存放与实际使用情况的专项报告》并披露。根据《公开发行证券的公司信息披露内容与格式准则第 3 号——半年度报告的内容与格式》(2014 年修订)第 19 条、《公开发行证券的公司信息披露内容与格式准则第 2 号——年度报告的内容与格式》(2014 年修订)第 21 条的规定,上市公司应当披露报告期内募集资金的使用情况。

程某博、高某先、高某娟、孔某军、尹某增、聂某才、倪某嫣、杜某正、刘某哲、王某旗、王某、阎某龙、刘某存、刘某磊在上述定期报告审议中投赞成票或签字,刘某秀、荣某、肖某在 2016 年半年度及 2017 年半年度定期报告审议中投赞成票或签字,上述人员应保证财务报告真实、准确、完整,应当对龙力生物披露的定期报告存在虚假陈述承担法律责任。对上述行为直接负责的主管人员有程某博、高某先。高某娟、孔某军、尹某增、聂某才、倪某嫣、杜某正、刘某哲、王某旗、王某、阎某龙、刘某存、刘某磊在上述定期报告审议中投赞成票或签字,刘某秀、荣某、肖某在 2016 年半年度及 2017 年半年度定期报告审议中投赞成票或签字,为对上述行为负责的其他直接责任人员。

以上事实,有龙力生物提供的有关募集资金使用情况的说明、募集资金转入一般银行账户使用明细表、项目付款台账、2011 年至 2017 年募集资金专户银行存款明细账、各募集资金专户银行对账单、相关人员询问笔录等证据证明,足以认定。

证监会认为,对于上述事实 1 至事实 4,龙力生物虚增银行存款、虚减对外借款及相关费用、未披露对外担保、未及时披露重大诉讼和仲裁,导致所披露的《2015 年年度报告》《2016 年半年度报告》《2016 年年度报告》《2017 年半年度报告》《2017 年年度报告》《2018 年半年度报告》《2018 年年度报告》存在虚假记载和重大遗漏,龙力生物上述行为违反了 2005 年《证券法》第 63 条有关"发行人、上市公司依法披露的信息,必须真实、准确、完整,不得有虚假记载、误导性陈述或者重大遗漏"及第 65 条、第 66 条有关半年度报告、年度报告的规定,构成 2005 年《证券法》第 193 条第 1 款所述"发行人、上市公司或者其他信息披露义务人未按照规定披露信息,或者披露的信息有虚假记载、误导性陈述或者重大遗漏”的行为。

对于上述事实5,龙力生物擅自改变首次公开发行股票所募集资金的用途,2015年度、2016年半年度及2017年半年度《募集资金使用与存放情况专项报告》披露的募集资金专户余额存在虚假记载,龙力生物上述行为违反了2005年《证券法》第15条、第63条及第65条、第66条有关半年度报告、年度报告的规定,构成2005年《证券法》第193条第1款、第194条所述行为。

龙力生物董事、监事、高级管理人员违反了2005年《证券法》第68条“上市公司董事、高级管理人员应当对公司定期报告签署书面确认意见。上市公司监事会应当对董事会编制的公司定期报告进行审核并提出书面审核意见。上市公司董事、监事、高级管理人员应当保证上市公司所披露信息真实、准确、完整”之规定以及《上市公司信息披露管理办法》第58条第1款“上市公司董事、监事、高级管理人员应当对公司信息披露的真实性、准确性、完整性、及时性、公平性负责,但有充分证据证明其已经履行勤勉尽责义务的除外”之规定,构成2005年《证券法》第193条第1款所述的违法行为。

程某博作为龙力生物的实际控制人,决策、指使公司上述事项的行为构成了2005年《证券法》第193条第3款“发行人、上市公司或者其他信息披露义务人的控股股东、实际控制人指使从事前两款违法行为的,依照前两款的规定处罚”所述情形,构成了2005年《证券法》第194条的情形。

【处理结果】

根据当事人违法行为的事实、性质、情节与社会危害程度,依据2005年《证券法》第193条第1款、第3款的规定,证监会决定:

1. 对龙力生物责令改正,给予警告并处以60万元罚款。

2. 对程某博给予警告,并处以90万元罚款,其中作为直接负责的主管人员罚款30万元,作为实际控制人罚款60万元;依据2005年《证券法》第194条的规定,对程某博给予警告,并处以60万元罚款,其中作为直接负责的主管人员罚款20万元,作为实际控制人罚款40万元。对程某博合计罚款150万元。

3. 对高某先给予警告,并处以20万元罚款。依据2005年《证券法》第194条第1款的规定,对高某先给予警告,并处以10万元罚款。合计罚款30万元。

4. 对高某娟给予警告,并处以20万元罚款。

5. 对刘某秀给予警告,并处以10万元罚款。

6. 对孔某军、尹某增、聂某才、倪某嫣、杜某正等5人给予警告,并分别处以8万元罚款。

7. 对刘某哲、王某旗给予警告,并分别处以5万元罚款。

8. 对王某、阎某龙、刘某存、刘某磊、荣某、肖某等6人给予警告,并分别处以3万元罚款。

第三节 虚假陈述的责任

一、民事赔偿

虚假陈述违反的是一种诚信义务，信息披露义务人违反了信息披露义务以及诚实信用原则，投资者基于信赖其虚假陈述而遭受到损失，虚假陈述行为人将承担民事赔偿责任。《证券法》第85条明确规定："信息披露义务人未按照规定披露信息，或者公告的证券发行文件、定期报告、临时报告及其他信息披露资料存在虚假记载、误导性陈述或者重大遗漏，致使投资者在证券交易中遭受损失的，信息披露义务人应当承担赔偿责任。"值得一提的是，2022年出台的《虚假陈述规定》明确废除了旧司法解释规定的须经中国证券监督管理委员会及其派出机构调查并作出生效处罚决定后提起民事诉讼的前置程序，放宽对原告起诉提交初步证据的要求，极大便利了投资者提起民事侵权诉讼。

需要说明的是，证券虚假陈述民事纠纷作为资本市场争议解决中比较特殊的一类纠纷，其大致特点如下：第一，纠纷主要涉及经济利益，但大多数纠纷的金额不大；第二，纠纷专业性强；第三，纠纷双方在财力、专业能力上普遍相差悬殊；第四，纠纷涉众性强，敏感度高，市场影响大。[①] 实践中，虚假陈述民事赔偿认定的难点在于因果关系及赔偿数额的认定。

（一）因果关系

在虚假陈述的民事赔偿中，不能仅仅因信息披露主体存在虚假陈述行为就

① 参见范愉：《中小投资者保护与证券业纠纷解决机制的构建》，载《投资者》2018年第2期。

要求其承担民事赔偿责任,投资者只有基于对虚假陈述行为的信赖进行相关投资并遭到损失时,才可以行使损害赔偿请求权。即虚假陈述与损失赔偿之间应存有因果关系。认定虚假陈述行为同投资损失之间存在因果关系构成法院裁判理由中的重要部分。2022 年《虚假陈述规定》第 11 条和第 12 条从积极和消极两个方面对投资损失和虚假陈述之间因果关系进行了规范。

《虚假陈述规定》第 11 条规定:原告能够证明下列情形的,人民法院应当认定原告的投资决定与虚假陈述之间的交易因果关系成立:

(一)信息披露义务人实施了虚假陈述;

(二)原告交易的是与虚假陈述直接关联的证券;

(三)原告在虚假陈述实施日之后、揭露日或更正日之前实施了相应的交易行为,即在诱多型虚假陈述中买入了相关证券,或者在诱空型虚假陈述中卖出了相关证券。

《虚假陈述规定》第 12 条规定:被告能够证明下列情形之一的,人民法院应当认定交易因果关系不成立:

(一)原告的交易行为发生在虚假陈述实施前,或者是在揭露或更正之后;

(二)原告在交易时知道或者应当知道存在虚假陈述,或者虚假陈述已经被证券市场广泛知悉;

(三)原告的交易行为是受到虚假陈述实施后发生的上市公司的收购、重大资产重组等其他重大事件的影响;

(四)原告的交易行为构成内幕交易、操纵证券市场等证券违法行为的;

(五)原告的交易行为与虚假陈述不具有交易因果关系的其他情形。

根据《虚假陈述规定》第 7 条和第 8 条之规定,虚假陈述实施日,是指信息披露义务人作出虚假陈述或者发生虚假陈述之日。信息披露义务人在证券交易场所的网站或者符合监管部门规定条件的媒体上公告发布具有虚假陈述内容的信息披露文件,以披露日为实施日;通过召开业绩说明会、接受新闻媒体采访等方式实施虚假陈述的,以该虚假陈述的内容在具有全国性影响的媒体上首次公布之日为实施日。虚假陈述揭露日,是指虚假陈述在具有全国性影响的报刊、电台、电视台或监管部门网站、交易场所网站、主要门户网站、行业知名的自媒体等媒体上,首次被公开揭露并为证券市场知悉之日。

《九民纪要》第 84 条指出,虚假陈述的揭露和更正,是指虚假陈述被市场所知悉、了解,其精确程度并不以“镜像规则”为必要,不要求达到全面、完整、准确的程度。原则上,只要交易市场对监管部门立案调查、权威媒体刊载的揭露文章等信息存在明显的反应,对一方主张市场已经知悉虚假陈述的抗辩,人民法院依法予以支持。

(二)数额认定

《虚假陈述规定》就虚假陈述损害赔偿的数额和计算方法予以了详细规定:

《虚假陈述规定》第25条规定:信息披露义务人在证券交易市场承担民事赔偿责任的范围,以原告因虚假陈述而实际发生的损失为限。原告实际损失包括投资差额损失、投资差额损失部分的佣金和印花税。

《虚假陈述规定》第26条规定:投资差额损失计算的基准日,是指在虚假陈述揭露或更正后,为将原告应获赔偿限定在虚假陈述所造成的损失范围内,确定损失计算的合理期间而规定的截止日期。

在采用集中竞价的交易市场中,自揭露日或更正日起,被虚假陈述影响的证券集中交易累计成交量达到可流通部分100%之日为基准日。

自揭露日或更正日起,集中交易累计换手率在10个交易日内达到可流通部分100%的,以第10个交易日为基准日;在30个交易日内未达到可流通部分100%的,以第30个交易日为基准日。

虚假陈述揭露日或更正日起至基准日期间每个交易日收盘价的平均价格,为损失计算的基准价格。

无法依前款规定确定基准价格的,人民法院可以根据有专门知识的人的专业意见,参考对相关行业进行投资时的通常估值方法,确定基准价格。

《虚假陈述规定》第27条规定:在采用集中竞价的交易市场中,原告因虚假陈述买入相关股票所造成的投资差额损失,按照下列方法计算:

(一)原告在实施日之后、揭露日或更正日之前买入,在揭露日或更正日之后、基准日之前卖出的股票,按买入股票的平均价格与卖出股票的平均价格之间的差额,乘以已卖出的股票数量;

(二)原告在实施日之后、揭露日或更正日之前买入,基准日之前未卖出的股票,按买入股票的平均价格与基准价格之间的差额,乘以未卖出的股票数量。

《虚假陈述规定》第28条规定:在采用集中竞价的交易市场中,原告因虚假陈述卖出相关股票所造成的投资差额损失，按照下列方法计算：

（一）原告在实施日之后、揭露日或更正日之前卖出，在揭露日或更正日之后、基准日之前买回的股票，按买回股票的平均价格与卖出股票的平均价格之间的差额，乘以买回的股票数量；

（二）原告在实施日之后、揭露日或更正日之前卖出，基准日之前未买回的股票，按基准价格与卖出股票的平均价格之间的差额，乘以未买回的股票数量。

《虚假陈述规定》第31条规定：人民法院应当查明虚假陈述与原告损失之间的因果关系，以及导致原告损失的其他原因等案件基本事实，确定赔偿责任范围。

被告能够举证证明原告的损失部分或者全部是由他人操纵市场、证券市场的风险、证券市场对特定事件的过度反应、上市公司内外部经营环境等其他因素所导致的，对其关于相应减轻或者免除责任的抗辩，人民法院应当予以支持。

（三）赔偿机制

1. 先行赔付制度

《证券法》第93条规定：发行人因欺诈发行、虚假陈述或者其他重大违法行为给投资者造成损失的，发行人的控股股东、实际控制人、相关的证券公司可以委托投资者保护机构，就赔偿事宜与受到损失的投资者达成协议，予以先行赔付。先行赔付后，可以依法向发行人以及其他连带责任人追偿。

先行赔付制度本质上系当事人通过非正式诉讼的自决模式化解纠纷，是纠纷双方当事人基于《民法典》的自愿原则，[①]通过自行协商而达成和解协议的行为。这种和解协议实质为诉讼外和解协议。先行赔付制度在解决证券纠纷方面，有着诉讼裁判制度所无法取代的价值。[②]

2. 证券代表人诉讼制度

《证券法》增设"证券代表人诉讼制度"，为证券虚假陈述受害者进行民事赔偿提供更便捷高效的维权方式。

---

① 《民法典》第5条规定："民事主体从事民事活动，应当遵循自愿原则，按照自己的意思设立、变更、终止民事法律关系。"

② 参见陈洁：《证券市场先期赔付制度的引入及适用》，载《法律适用》2015年第8期。

《证券法》第95条规定：投资者提起虚假陈述等证券民事赔偿诉讼时，诉讼标的是同一种类，且当事人一方人数众多的，可以依法推选代表人进行诉讼。

对按照前款规定提起的诉讼，可能存在有相同诉讼请求的其他众多投资者的，人民法院可以发出公告，说明该诉讼请求的案件情况，通知投资者在一定期间向人民法院登记。人民法院作出的判决、裁定，对参加登记的投资者发生效力。

投资者保护机构受五十名以上投资者委托，可以作为代表人参加诉讼，并为经证券登记结算机构确认的权利人依照前款规定向人民法院登记，但投资者明确表示不愿意参加该诉讼的除外。

(四)典型案例

案例3－7：康美药业股份有限公司虚假陈述民事赔偿案①

【基本案情】

原告顾某骏、刘某君等11名投资者与被告康美药业股份有限公司(以下简称康美药业)、马某田、许某瑾等证券虚假陈述责任纠纷一案，顾某骏、刘某君经11名原告共同推选为拟任代表人，同时请求诉讼请求相同并申请加入本案诉讼的其他投资者，一并提起普通代表人诉讼。法院于2020年12月31日依法受理，并经审查决定适用普通代表人诉讼程序审理本案。2021年3月30日，原告顾某骏、刘某君等11名投资者向法院申请追加广东正中珠江会计师事务所(特殊普通合伙)(以下简称正中珠江)、杨某蔚、张某璃、刘某、苏某升为本案被告。2021年4月8日，中证中小投资者服务中心有限责任公司(以下简称投服中心)称接受了黄某香等56名权利人的特别授权，向法院申请作为代表人参加诉讼。经最高人民法院指定管辖，法院适用特别代表人诉讼程序审理本案，并于2021年7月27日公开开庭进行了审理。

投服中心代表原告顾某骏、黄某香等55,326名投资者向法院提出诉讼请求：(1)判令马某田、许某瑾赔偿案涉投资者的投资差额损失；(2)判令马某田、许某瑾赔偿案涉投资者的佣金、印花税、利息，佣金标准统一为万分之三，印花税标准统一为千分之一，利息按照同期银行存款利率计算；(3)判令其他被告对

① (2020)粤01民初2171号。

案涉投资者的上述损失承担全部的连带责任。

一、案涉信息披露行为的相关事实

2001年3月19日，康美药业在上海证券交易所主板上市，证券代码600518，证券简称曾为“康美药业”“ST康美”，现简称“＊ST康美”。

2017年4月20日和2018年4月26日、8月29日，康美药业在上海证券交易所网站和巨潮资讯网及中国证监会指定报纸上先后披露了《2016年年度报告》《2017年年度报告》《2018年半年度报告》。

2018年10月15日晚开始，网上陆续出现文章，质疑康美药业货币资金真实性，指出可能存在财务造假等问题。主要包括：2018年10月15日晚，微信公众号“初善投资”发布标题为《康美药业究竟有没有谎言》的文章，该文认为康美药业货币资金真实性可疑、造假特征明显，建议各位投资者小心。

2018年10月16日，微信公众号“市值相对论”发布标题为《千亿康美药业闪崩！大存大贷大现金大质押哪个是坑?》的文章，该文指出康美药业存在存贷双高、大股东股票质押比例高和中药材贸易毛利率高等问题，质疑康美药业存在财务造假。前述文章被多家影响范围较大的媒体广泛转载，引起激烈反响。康美药业股票10月16日盘中一度触及跌停，收盘跌幅5.97%，此后连续3日以跌停价收盘，而同期(2018年10月16～19日)上证指数跌幅为0.69%，医药生物(申万)指数(801150)跌幅为4.01%。同时，以“康美药业”为关键词的百度搜索指数、百度资讯指数、各类媒体转载指数在2018年10月16日之后均呈现爆炸性增长。例如，百度资讯指数，2018年10月16日之前几日康美药业百度资讯指数为1000多，但至2018年10月16日猛增至4620，在10月17日、18日分别达到了8014和10,792。

二、争议焦点

综合原告、被告的诉辩意见，本案的争议焦点在于：案涉虚假陈述行为的认定；原告投资损失与案涉虚假陈述行为之间有无因果关系；各被告赔偿责任的认定。

(一)案涉虚假陈述行为的认定

最高人民法院《关于审理证券市场因虚假陈述引发的民事赔偿案件的若干规定》(2003年)第17条第1款规定：“证券市场虚假陈述，是指信息披露义务人违反证券法律规定，在证券发行或者交易过程中，对重大事件作出违背事实真相的虚假记载、误导性陈述,或者在披露信息时发生重大遗漏、不正当披露信息的行为。"

中国证监会作出的《行政处罚决定书》(〔2020〕24 号)查明,康美药业披露的《2016 年年度报告》《2017 年年度报告》《2018 年半年度报告》中,存在虚增营业收入、利息收入及营业利润,虚增货币资金和未按规定披露控股股东及其关联方非经营性占用资金的关联交易情况,属于对重大事件作出违背事实真相的虚假记载和披露信息时发生重大遗漏的行为;《行政处罚决定书》(2021J11 号)查明,正中珠江出具的康美药业 2016 年、2017 年财务报表审计报告存在虚假记载。康美药业、正中珠江等被告对上述《行政处罚决定书》查明的事实未予否认,且未提交相反证据,故法院对康美药业披露的《2016 年年度报告》、《2017 年年度报告》、《2018 年半年度报告》以及正中珠江出具的康美药业 2016 年、2017 年财务报表审计报告存在虚假记载和重大遗漏的事实予以确认,并认定本案存在证券虚假陈述行为。

关于案涉虚假陈述行为的实施日问题。2017 年 4 月 20 日,康美药业披露存在虚假记载和重大遗漏的《2016 年年度报告》,此日期应当被认定为虚假陈述行为的实施日。

关于案涉虚假陈述行为的揭露日问题。虚假陈述的揭露和更正,是指虚假陈述被市场知悉、了解,不要求达到全面、完整、准确的程度,只要交易市场对揭露文章存在明显的反应,即可认定市场知悉虚假陈述行为。法院认为,应以自媒体质疑康美药业财务造假的 2018 年 10 月 16 日为案涉虚假陈述行为的揭露日。理由:一是自媒体质疑报道的主要内容,与中国证监会行政处罚认定的财务造假性质、类型基本相同。特别是质疑报道中关于康美药业在货币资金等科目存在较大造假的猜测,在之后中国证监会作出的行政处罚决定中得到了证实,满足揭露行为的一致性要件。二是自媒体揭露内容引发了巨大的市场反应。康美药业股价在被自媒体质疑后短期内急速下挫,走势与上证指数、行业指数的走势存在较大背离,可以认定市场对于自媒体的揭露行为作出了强烈反应,说明自媒体揭露行为对市场显现出很强的警示作用,满足揭露行为的警示性要件。三是虽然揭露文章仅是首发在自媒体而非官方媒体,但在移动互联网蓬勃兴起的当今,发表在自媒体的文章亦有可能会迅速引起较多媒体关注和转载。从本案来看,相关文章确实被多家媒体转载,并直接导致康美药业的百度搜索指数和资讯指数暴增,成为舆论关注重心,满足揭露行为的广泛性要求,达到了揭露效果。

关于基准日和基准价问题。根据最高人民法院《关于审理证券市场因虚假陈述引发的民事赔偿案件的若干规定》第 33 条关于“投资差额损失计算的基准日,是指虚假陈述揭露或者更正后,为将投资人应获赔偿限定在虚假陈述所造成的损失范围内,确定损失计算的合理期间而规定的截止日期。基准日分别按下列情况确定:(一)揭露日或者更正日起,至被虚假陈述影响的证券累计成交量达到其可流通部分 100% 之日。但通过大宗交易协议转让的证券成交量不予计算”的规定,本案投资差额损失计算的基准日为康美药业上市可流通股票换手率达到 100% 的 2018 年 12 月 4 日,基准价为 12.7 元。

(二)原告投资损失与案涉虚假陈述行为之间有无因果关系

本争议焦点涉及的因果关系包括原告的交易行为与案涉虚假陈述行为之间是否存在因果关系及原告的投资损失与案涉虚假陈述行为之间是否存在因果关系,即交易因果关系与损失因果关系。

1. 交易因果关系

最高人民法院《关于审理证券市场因虚假陈述引发的民事赔偿案件的若干规定》第 18 条规定:“投资人具有以下情形的,人民法院应当认定虚假陈述与损害结果之间存在因果关系:(一)投资人所投资的是与虚假陈述直接关联的证券;(二)投资人在虚假陈述实施日及以后,至揭露日或者更正日之前买入该证券;(三)投资人在虚假陈述揭露日或者更正日及以后,因卖出该证券发生亏损,或者因持续持有该证券而产生亏损。”按照该司法解释之规定,符合条件的投资者的交易行为与被告虚假陈述行为之间应被推定认为存在交易因果关系。

基于此,根据前述关于实施日、揭露日的分析以及法院 2021 年 2 月 10 日作出的(2020)粤 01 民初 2171 号民事裁定,本案权利人范围为自 2017 年 4 月 20 日(含)起至 2018 年 10 月 15 日(含)以公开竞价方式买入、并于 2018 年 10 月 15 日闭市后仍持有康美药业股票,且与本案具有相同种类诉讼请求的投资者,但具有最高人民法院《关于审理证券市场因虚假陈述引发的民事赔偿案件的若干规定》第 19 条规定的虚假陈述与损害结果之间不存在因果关系情形的除外。法院按照前述范围确定投资者名单,调取了相关投资者交易数据,并委托投保基金对投资者的损失情况进行了核算。

法院调取相关投资者数据时已限定为以公开竞价方式买入的投资者的数据，实质上已将通过大宗交易等非竞价交易方式买入的投资者排除。虽然部分被告对此提出异议，但均未能举证证明仍有此类投资者作为原告，故法院对该异议不予支持。因此，法院认为，本案原告的交易行为均与被告虚假陈述行为之间存在交易因果关系。

2. 损失因果关系

关于原告的损失与被告虚假陈述行为是否具有损失因果关系。首先，原告投资损失金额的认定问题。投保基金计算投资者损失时使用的是移动加权平均法的计算方法，康美药业等部分被告提出异议，认为应当使用先进先出加权平均法。但法院认为，使用移动加权平均法计算时，针对投资者每次买入股票测算一次买入成本，卖出股票的成本以前一次的买入均价为计价依据，即买入均价等于本次购入的股票金额加上本次购入前的持股成本的和，除以本次购入股票的数量加上本次购入前股票的数量的和。这个方法实际上考虑了从实施日到揭露日整个期间，投资者每次买入股票的价格和数量，同时也剔除了因为卖出证券导致的盈亏。因此，该方法更为符合实际情况，对从实施日到揭露日期间多次进行交易的投资者的成本认定更合理，故法院对投保基金采用的移动加权平均法表示认可。

其次，关于本案系统风险扣除的问题。最高人民法院《关于审理证券市场因虚假陈述引发的民事赔偿案件的若干规定》第 19 条规定："被告举证证明原告具有以下情形的，人民法院应当认定虚假陈述与损害结果之间不存在因果关系：(一)在虚假陈述揭露日或者更正日之前已经卖出证券；(二)在虚假陈述揭露日或者更正日及以后进行的投资；(三)明知虚假陈述存在而进行的投资；(四)损失或者部分损失是由证券市场系统风险等其他因素所导致；(五)属于恶意投资、操纵证券价格的。"本案中，案涉虚假陈述行为从实施日到揭露日时间较长，在此期间，证券市场走势波动亦较大。投资者的损失中，部分损失系证券市场系统因素造成，该部分损失应予剔除。至于扣除方式，投保基金选取医药生物(申万)指数作为比对指数，并采用"个体相对比例法"测算投资者证券市场系统风险扣除比例。法院认为申万行业指数编制较早，且在证券市场具有较大影响力，可以被选取作为比对指数。而在测算时，投保基金采用"个体相对比例法"测算投资者证券市场系统风险扣除比例，即从投资者第一笔有效买入开始,假设投资者买卖案涉股票时,同时买入卖出相同数量的医药生物(申万)指数,每一笔交易均同步对应指数的买入卖出,并将每个投资者持股期间的指数加权平均跌幅与个股加权平均跌幅进行对比,扣除证券市场系统风险的影响。投保基金具体所采用的计算公式为:市场系统风险扣除比例=证券买入与卖出期间指数加权平均跌幅/证券买入与卖出期间个股加权平均跌幅;指数加权平均跌幅=(指数卖出损失+指数持有损失)/(有效索赔股数×指数买入均价);个股加权平均跌幅=(个股卖出损失+个股持有损失)/(有效索赔股数×个股买入均价)。法院认为该测算方法可以更合理计算不同时期买入康美药业股票的各投资者因市场系统风险受到的损失,投保基金以此方法测算系统风险扣除比例,并无不妥。根据测算情况,除去损失金额在扣除系统风险后为0或者负数的3289名投资者后,共计52,037名投资者有损失。

最后,关于本案是否还应当扣除非系统风险所导致的投资者损失问题。法院认为,一方面,按照最高人民法院《关于审理证券市场因虚假陈述引发的民事赔偿案件的若干规定》第19条之规定,缺乏扣除非系统风险导致的损失的法律依据;另一方面,部分被告提出了诸如经营不善、实际控制人曾行贿等应当扣除非系统风险的理由,但未举证证明何种事件应当作为非系统风险,也未证明该等事件独立于虚假陈述行为对康美药业股价产生消极影响。故本案缺乏扣除非系统风险的依据,法院对于部分被告扣除非系统风险的主张不予支持。

此外,经法院核实,投保基金测算的投资者佣金、印花税及利息损失结果均无误,故应予采信。

综上,经投保基金测算,案涉虚假陈述行为所导致的52,037名投资者损失为2,458,928,544元,法院对投资者的该部分赔偿主张予以支持。52,037名投资者所主张的超出上述金额之外的损失,以及损失金额在扣除系统风险后为0或者负数的3289名投资者所主张的损失,与案涉虚假陈述行为之间不具有因果关系,法院对该赔偿请求不予支持。

(三)各被告赔偿责任的认定

1.康美药业及其实际控制人、董事、监事、高级管理人员的赔偿责任

《证券法》(2014年修正)第69条规定:"发行人、上市公司公告的招股说明书、公司债券募集办法、财务会计报告、上市报告文件、年度报告、中期报告、临时报告以及其他信息披露资料,有虚假记载、误导性陈述或者重大遗漏,致使投

资者在证券交易中遭受损失的，发行人、上市公司应当承担赔偿责任；发行人、上市公司的董事、监事、高级管理人员和其他直接责任人员以及保荐人、承销的证券公司，应当与发行人、上市公司承担连带赔偿责任，但是能够证明自己没有过错的除外；发行人、上市公司的控股股东、实际控制人有过错的，应当与发行人、上市公司承担连带赔偿责任。”

康美药业作为上市公司，披露的《2016 年年度报告》《2017 年年度报告》《2018 年半年度报告》中存在虚假记载，虚增营业收入、利息收入及营业利润，虚增货币资金；披露的《2016 年年度报告》《2017 年年度报告》中存在重大遗漏，未按规定披露控股股东及其关联方非经营性占用资金的关联交易情况，依据《证券法》(2014 年修正) 第 69 条之规定，康美药业对案涉投资者损失承担赔偿责任。

马某田作为康美药业董事长、总经理和实际控制人，组织安排相关人员将上市公司资金转移到其控制的关联方，且未在定期报告里披露相关情况；为掩盖上市公司资金被关联方长期占用、虚构公司经营业绩等违法事实，组织策划康美药业相关人员通过虚增营业收入、虚增货币资金等方式实施财务造假。许某瑾作为康美药业副董事长、副总经理和实际控制人，是主管会计工作的负责人，与马某田共同组织安排相关人员将上市公司资金转移到其控制的关联方，且知悉马某田组织相关人员实施财务造假。此外，马某田、许某瑾明知康美药业《2016 年年度报告》《2017 年年度报告》《2018 年半年度报告》披露数据存在虚假，仍然作为董事签字并承诺保证相关文件真实、准确、完整。马某田、许某瑾的行为直接导致康美药业披露的定期报告存在虚假陈述，是应当对康美药业信息披露违法行为直接负责的人员。依据《证券法》(2014 年修正) 第 69 条之规定，马某田、许某瑾应当承担连带赔偿责任。

邱某伟作为康美药业董事、副总经理、董事会秘书，主管公司信息披露事务，对公司定期报告的真实性、完整性、准确性承担主要责任；但根据马某田的授意安排，组织相关人员将上市公司资金转移至控股股东及其关联方，组织策划公司相关人员实施、并亲自参与实施财务造假行为。庄某清为康美药业财务负责人，参与实施财务造假行为。温某生协助董事会秘书和财务负责人分管财务工作，根据马某田、邱某伟的授意安排，组织相关人员将上市公司资金转移至控股股东及其关联方，组织协调公司相关人员实施财务造假及信息披露违法行为。马某洲担任财务部总监助理,分管出纳工作,根据马某田等人安排,参与财务造假工作。此外,邱某伟、庄某清、温某生、马某洲明知康美药业《2016 年年度报告》《2017 年年度报告》《2018 年半年度报告》披露数据存在虚假,仍然作为董事、监事或高级管理人员签字并承诺保证相关文件真实、准确、完整。邱某伟、庄某清、温某生、马某洲的行为直接导致康美药业披露的定期报告存在虚假陈述,也是应当对康美药业信息披露违法行为直接负责的人员。依据《证券法》(2014 年修正)第 69 条之规定,邱某伟、庄某清、温某生、马某洲应当承担连带赔偿责任。

马某耀、林某浩、李某、江某平、李某安、罗某谦、林某雄、李某华、韩某伟、王某、张某 1、郭某慧、张某 2 等被告,虽然并非具体分管康美药业财务工作,但康美药业公司财务造假持续时间长,涉及会计科目众多,金额十分巨大,前述被告作为董事、监事或高级管理人员如尽勤勉义务,即使仅分管部分业务,也不可能完全不发现端倪。因此,虽然前述被告作为董事、监事或高级管理人员并未直接参与财务造假,却未勤勉尽责,存在较大过失,且均在案涉定期财务报告中签字,保证财务报告真实、准确、完整,所以前述被告是康美药业信息披露违法行为的其他直接责任人员。故依据《证券法》(2014 年修正)第 69 条之规定,马某耀、林某浩等被告应当承担与其过错程度相适应的赔偿责任。其中,马某耀、林某浩、李某、罗某谦、林某雄、李某华、韩某伟、王某均非财务工作负责人,过失相对较小,法院酌情判令其在投资者损失的 20% 范围内承担连带赔偿责任;江某平、李某安、张某 1 为兼职的独立董事,不参与康美药业日常经营管理,过失相对较小,法院酌情判令其在投资者损失的 10% 范围内承担连带赔偿责任;郭某慧、张某 2 为兼职的独立董事,过失相对较小,且仅在《2018 年半年度报告》中签字,法院酌情判令其在投资者损失的 5% 范围内承担连带赔偿责任。

唐某、陈某未以董事、监事、高级管理人员的身份签名确认《2016 年年度报告》《2017 年年度报告》《2018 年半年度报告》内容的真实、准确、完整,不存在虚假记载、误导性陈述或重大遗漏,不属于案涉虚假陈述行为人,不应当对投资者损失承担赔偿责任。

2. 正中珠江及其工作人员的赔偿责任

《证券法》(2014 年修正)第 173 条规定:“证券服务机构为证券的发行、上市、交易等证券业务活动制作、出具审计报告、资产评估报告、财务顾问报告、资信评级报告或者法律意见书等文件，应当勤勉尽责，对所依据的文件资料内容的真实性、准确性、完整性进行核查和验证。其制作、出具的文件有虚假记载、误导性陈述或者重大遗漏，给他人造成损失的，应当与发行人、上市公司承担连带赔偿责任，但是能够证明自己没有过错的除外。”

根据中国证监会《行政处罚决定书》(2021J11号)认定的事实，康美药业2016年年度、2017年年度、2018年年度报告存在虚增收入、虚增货币资金等虚假记载行为。正中珠江为上述年度报告提供审计服务，其中2016年、2017年财务报表出具了标准无保留意见的审计意见，2018年财务报表出具了保留意见。在2016年和2017年年度报告审计期间，正中珠江相关审计人员了解捷科系统为康美药业的业务管理信息系统，金蝶EAS系统为康美药业的财务处理信息系统，但未关注两套系统是否存在差异，未实施必要的审计程序。正中珠江对于货币资金科目和营业收入科目的风险应对措施方面存在重大缺陷，包括未对现金对账执行内部控制测试程序、未关注明显异常或相互矛盾的审计证据、函证回函率较低时未实施替代性程序、审计底稿“加塞”函证交易数据以及项目经理苏某升严重违反独立性要求等。正中珠江上述未实施基本的审计程序行为，严重违反《中国注册会计师审计准则》和《中国注册会计师职业道德守则》等规定，导致康美药业严重财务造假未被审计发现，影响极其恶劣，故法院认为正中珠江应当承担连带赔偿责任。

杨某蔚作为正中珠江合伙人和2016年、2017年康美药业审计项目的签字注册会计师，在执业活动中因重大过失造成正中珠江需承担赔偿责任。根据《合伙企业法》第57条第1款关于“一个合伙人或者数个合伙人在执业活动中因故意或者重大过失造成合伙企业债务的，应当承担无限责任或者无限连带责任，其他合伙人以其在合伙企业中的财产份额为限承担责任”之规定，杨某蔚应当在正中珠江承责范围内承担连带赔偿责任。

刘某并非康美药业2016年、2017年审计项目的签字注册会计师，不是案涉虚假陈述行为人，故不应对投资者损失承担赔偿责任。

虽然张某璃作为案涉审计报告签字注册会计师，苏某升作为审计项目经理，均存在过错，但规定中介机构直接责任人承担赔偿责任的最高人民法院《关于审理证券市场因虚假陈述引发的民事赔偿案件的若干规定》第24条所依据的《证券法》(1999年施行)第161条已经被修正，而行为发生时施行的《证券法》(2014 年修正)第 173 条已无中介机构直接责任人承担赔偿责任的规定。根据新法优于旧法的法律适用原则,张某璃、苏某升作为正中珠江的员工,不应因其职务行为直接对投资者承担赔偿责任。

综上,法院认为,康美药业应对投资者损失共计 2,458,928,544 元承担赔偿责任;马某田、许某瑾、邱某伟、庄某清、温某生、马某洲与康美药业承担连带赔偿责任;马某耀、林某浩、李某、罗某谦、林某雄、李某华、韩某伟、王某在康美药业赔偿责任20%范围内承担连带赔偿责任;江某平、李某安、张某1 在10%范围内承担连带赔偿责任;郭某慧、张某 2 在 5%范围内承担连带赔偿责任;正中珠江与康美药业承担连带赔偿责任;杨某蔚在正中珠江承责范围内承担连带赔偿责任;唐某、陈某、张某璃、刘某、苏某升在本案中不承担民事赔偿责任。本案诉讼裁判的范围为各被告应当向原告承担的责任问题,至于各承担连带责任的被告之间的责任分担与追偿,不在本案裁判范围之内,各方如承担实际赔付责任后可另行解决。

【判决结果】

综上所述,依据《证券法》(2014 年修正)第 63 条、第 69 条、第 173 条,《合伙企业法》第 57 条第 1 款,最高人民法院《关于审理证券市场因虚假陈述引发的民事赔偿案件的若干规定》第 7 条、第 17 条、第 18 条、第 19 条、第 20 条、第 21 条、第 33 条,《民事诉讼法》第 53 条、第 54 条、第 64 条,最高人民法院《代表人诉讼解释》第 24 条、第 26 条、第 32 条、第 34 条、第 39 条、第 41 条之规定,判决如下:

1. 被告康美药业于本判决生效之日起 15 日内,向原告顾某骏、黄某香等 52,037 名投资者赔偿投资损失 2,458,928,544 元。原告所获赔偿金额的计算方法为投资差额损失与相应的佣金、印花税、利息损失之和。其中投资差额损失 =(买入均价 - 卖出均价或基准价)× 持股数量 ×(1 - 证券市场风险因素的影响比例),买入均价采用第一笔有效买入后的移动加权平均法计算,多个账户应合并计算,证券市场风险因素采用个股涨跌幅与生物医药(申万)指数涨跌幅进行同步对比的方法扣除。佣金损失 = 投资差额损失 ×0.03%。印花税损失 = 投资差额损失 ×0.1%。利息损失 =(投资差额损失 + 佣金损失 + 印花税损失)×0.35% × 第一笔有效买入日至最后一笔卖出日或者基准日的实际天数/365 日(各原告应获赔偿金额详见本判决附表,或登录微信小程序"广州微法院”查询)。

2. 被告马某田、许某瑾、邱某伟、庄某清、温某生、马某洲对本判决第 1 项确定的被告康美药业债务承担连带清偿责任。

3. 被告马某耀、林某浩、李某、罗某谦、林某雄、李某华、韩某伟、王某在本判决第 1 项确定的被告康美药业债务的 20% 范围内承担连带清偿责任。

4. 被告江某平、李某安、张某 1 在本判决第 1 项确定的被告康美药业债务的 10% 范围内承担连带清偿责任。

5. 被告郭某慧、张某 2 在本判决第 1 项确定的被告康美药业债务的 5% 范围内承担连带清偿责任。

6. 被告正中珠江、杨某蔚对本判决第 1 项确定的被告康美药业债务承担连带清偿责任。

7. 驳回原告顾某骏、黄某香等 55, 326 名投资者的其他诉讼请求。

二、纪律处分

为有效规制虚假陈述行为,证券交易所对上市公司信息披露制度予以了严格规范。如《上海证券交易所股票上市规则》(2022 年 1 月修订)用了大篇幅强调证券市场虚假陈述违规的相关责任,重视对信息披露相关义务人实行日常监管,确立了违反规则的惩戒措施,并明确虚假陈述重大违法行为的强制退市制度。

(一)基本规定

1. 日常监管与违规处理

《上海证券交易所股票上市规则》(2022 年 1 月修订)第 13.1.1 条规定:本所可以对本规则第 1.4 条规定的监管对象,单独或者合并采取下列日常监管工作措施:

(一)要求对有关问题作出解释和说明;

(二)要求提供相关文件或者材料;

(三)要求相关中介机构进行核查并发表意见;

(四)发出各种通知和函件等;

（五）约见有关人员；

（六）调阅、查看工作底稿、证券业务活动记录及相关资料；

（七）要求公开更正、澄清或者说明；

（八）要求限期召开投资者说明会；

（九）要求上市公司董事会追偿损失；

（十）向中国证监会报告有关情况；

（十一）向有关单位通报相关情况；

（十二）向市场说明有关情况；

（十三）其他措施。

2. 惩戒措施

《上海证券交易所股票上市规则》（2022年1月修订）第13.2.1条规定：本规则第1.4条规定的监管对象违反本所相关规定或者其所作出的承诺的，本所可以视情节轻重，对其单独或者合并采取监管措施或者实施纪律处分。

《上海证券交易所股票上市规则》（2022年1月修订）第13.2.3条规定：本所可以根据本规则及本所其他规定实施下列纪律处分：

（一）通报批评；

（二）公开谴责；

（三）公开认定一定期限内不适合担任上市公司董事、监事和高级管理人员或者境外发行人信息披露境内代表；

（四）建议法院更换上市公司破产管理人或者管理人成员；

（五）暂不接受发行上市申请文件；

（六）暂不接受中介机构或者其从业人员出具的相关业务文件；

（七）限制投资者账户交易；

（八）收取惩罚性违约金；

（九）其他纪律处分。

本所实施前款第（六）项纪律处分的，同时将该决定通知监管对象所在单位（如适用）及聘请其执业的本所上市公司或者其他监管对象。在暂不接受文件期间，本所可以决定是否对该监管对象出具且已接受的其他文件中止审查。

3. 强制退市

《上海证券交易所股票上市规则》（2022年1月修订）第9.5.1条规定：本

规则所称重大违法类强制退市，包括下列情形：

（一）上市公司存在欺诈发行、重大信息披露违法或者其他严重损害证券市场秩序的重大违法行为，且严重影响上市地位，其股票应当被终止上市的情形；

（二）上市公司存在涉及国家安全、公共安全、生态安全、生产安全和公众健康安全等领域的违法行为，情节恶劣，严重损害国家利益、社会公共利益，或者严重影响上市地位，其股票应当被终止上市的情形。

《上海证券交易所股票上市规则》（2022 年 1 月修订）第 9. 5. 2 条规定：上市公司涉及第 9.5.1 条第（一）项规定的重大违法行为，存在下列情形之一的，由本所决定终止其股票上市：

（一）公司首次公开发行股票申请或者披露文件存在虚假记载、误导性陈述或重大遗漏，被中国证监会依据《证券法》第一百八十一条作出行政处罚决定，或者被人民法院依据《刑法》第一百六十条作出有罪生效判决；

（二）公司发行股份购买资产并构成重组上市，申请或者披露文件存在虚假记载、误导性陈述或者重大遗漏，被中国证监会依据《证券法》第一百八十一条作出行政处罚决定，或者被人民法院依据《刑法》第一百六十条作出有罪生效判决；

（三）公司披露的年度报告存在虚假记载、误导性陈述或者重大遗漏，根据中国证监会行政处罚决定认定的事实，导致连续会计年度财务类指标已实际触及本章第三节规定的终止上市情形；

（四）根据中国证监会行政处罚决定认定的事实，公司披露的营业收入连续 2 年均存在虚假记载，虚假记载的营业收入金额合计达到 5 亿元以上，且超过该 2 年披露的年度营业收入合计金额的 50%；或者公司披露的净利润连续 2 年均存在虚假记载，虚假记载的净利润金额合计达到 5 亿元以上，且超过该 2 年披露的年度净利润合计金额的 50%；或者公司披露的利润总额连续 2 年均存在虚假记载，虚假记载的利润总额金额合计达到 5 亿元以上，且超过该 2 年披露的年度利润总额合计金额的 50%；或者公司披露的资产负债表连续 2 年均存在虚假记载，资产负债表虚假记载金额合计达到 5 亿元以上，且超过该 2 年披露的年度期末净资产合计金额的 50%（计算前述合计数时，相关财务数据为负值的，则先取其绝对值再合计计算）；

（五）本所根据上市公司违法行为的事实、性质、情节及社会影响等因素认定的其他严重损害证券市场秩序的情形。

前款第（一）项、第（二）项统称欺诈发行强制退市情形，第（三）项至第（五）项统称重大信息披露违法强制退市情形。

《上海证券交易所股票上市规则》（2022 年 1 月修订）第 9.5.3 条规定：上市公司涉及第 9.5.1 条第（二）项规定的重大违法行为，存在下列情形之一的，由本所决定终止其股票上市：

（一）上市公司或其主要子公司被依法吊销营业执照、责令关闭或者被撤销；

（二）上市公司或其主要子公司被依法吊销主营业务生产经营许可证，或者存在丧失继续生产经营法律资格的其他情形；

（三）本所根据上市公司重大违法行为损害国家利益、社会公共利益的严重程度，结合公司承担法律责任类型、对公司生产经营和上市地位的影响程度等情形，认为公司股票应当终止上市的。

（二）纪律处分具体标准

上海证券交易所于 2022 年 1 月 7 日发布《上海证券交易所上市公司自律监管指引第 10 号——纪律处分实施标准》对虚假陈述行为的纪律处分标准予以了细化规范。

《上海证券交易所上市公司自律监管指引第 10 号——纪律处分实施标准》第二十条规定：上市公司未在法定期限内披露年度报告、半年度报告，或者上市公司半数以上董事无法保证年度报告、半年度报告真实、准确、完整的，本所对上市公司及相关监管对象予以公开谴责。

上市公司董事、监事、高级管理人员无法保证年度报告、半年度报告真实、准确、完整或者有异议，但未能陈述具体、明确的理由并证明已履职尽责的，本所视情形对相关监管对象予以纪律处分。

上市公司未在法定期限内披露季度报告，或者上市公司半数以上董事无法保证季度报告真实、准确、完整的，参照第一款规定视情形予以处理。

《上海证券交易所上市公司自律监管指引第 10 号——纪律处分实施标准》第二十二条规定：上市公司未按规定披露业绩预告，存在下列情形之一的，本所对上市公司及相关监管对象予以通报批评：

（一）预告业绩与定期报告业绩存在重大差异，或者出现盈亏性质、增减方向变化；

(二)年报业绩与上年同期相比增减幅度达到100%,或者出现亏损、扭亏为盈的情况,且未披露或者逾期披露年度业绩预告。

存在下列情形之一的,本所可以视情形从重实施纪律处分:

(一)相关财务数据对上市公司证券被实施风险警示、终止上市等事项或者条件具有重大影响的;

(二)预告业绩与定期报告业绩差异绝对金额特别巨大的;

(三)其他从重情形。

存在下列情形之一的,本所可以视情形从轻、减轻、免除实施纪律处分:

(一)上市公司披露业绩预告时,确有客观障碍,影响公司准确预计业绩;

(二)上市公司披露业绩预告后,发生不可抗力,影响业绩预告准确性;

(三)上市公司已在业绩预告中,明确且有针对性地披露了不确定性因素及其影响,充分提示风险;

(四)上市公司业绩预告或者更正公告逾期时间较短,影响轻微;

(五)其他从轻、减轻、免除情形。

上市公司未按规定披露业绩快报等其他业绩预测信息的,参照本条处理。

《上海证券交易所上市公司自律监管指引第10号——纪律处分实施标准》第二十四条规定:上市公司发生关联交易,未按相关规定履行股东大会审议程序且未及时披露的,本所对上市公司及相关监管对象予以通报批评。

存在下列情形之一的,本所可以视情形从重实施纪律处分:

(一)违规行为导致报告期内公司业绩发生盈亏性质变化;

(二)违规行为相关的交易指标,达到重大资产重组标准;

(三)未按规定披露关联关系;

(四)其他从重情形。

控股股东、实际控制人及其关联方违反诚信义务,利用控制地位,违规实施关联交易,损害上市公司利益的,本所对控股股东、实际控制人及其关联方从重处理。

存在下列情形之一的,本所可以视情形从轻、减轻、免除实施纪律处分:

(一)日常关联交易违规;

(二)与同一关联人或者交易类别相关的关联交易,连续12个月内累计达到披露标准,但单一事项未达到披露标准;

(三)其他从轻、减轻、免除情形。

《上海证券交易所上市公司自律监管指引第10号——纪律处分实施标准》第二十七条规定：上市公司信息披露不真实、不准确、不完整，存在虚假记载、误导性陈述或者重大遗漏，信息披露前后不一致，可能对公司股票及其衍生品种交易价格或者投资者决策产生重大影响的，本所视情形对上市公司及相关监管对象予以纪律处分。

上市公司预测性信息及其他涉及公司未来经营和财务状况等信息披露不合理、不谨慎、不客观，且情节严重的，本所视情形对上市公司及相关监管对象予以纪律处分。

（三）典型案例

案例3-8：浙大网新科技股份有限公司虚假陈述案①

根据中国证监会浙江监管局《关于对浙大网新科技股份有限公司采取责令改正措施的决定》（〔2020〕108号）、《关于对史烈、沈越、谢飞、许克菲采取出具警示函措施的决定》（〔2020〕109号》查明的事实，浙大网新科技股份有限公司（以下简称浙大网新或公司）在信息披露方面，有关责任人在职责履行方面存在如下违规行为。

一、关联交易未及时履行决策和披露义务

2018年、2019年，公司与北京晓通网络科技有限公司（以下简称北京晓通）存在非经营性资金往来，金额分别为7237.2万元、4216.95万元，分别占最近一期经审计净资产的1.62%、0.94%。公司副总裁兼财务总监谢某在北京晓通担任董事职务，北京晓通为公司关联法人，上述交易构成了关联交易。根据公司内部章程及相关规则的规定，上述交易应当经董事会审议通过后及时披露。但公司未就前述关联交易事项履行相应的董事会决策程序，也未以临时公告的形式予以披露，直至2021年1月14日才召开董事会对上述关联交易补充审议确认，并于2021年1月16日予以披露。公司未对关联交易及时履行决策程序和信息披露义务。

二、定期报告中收入等财务数据披露不准确

2019年、2020年，公司与子公司浙江浙大网新图灵信息科技有限公司及联

① 上证公监函〔2021〕0017号。

营企业浙江网新数码有限公司之间存在循环交易，但公司合并报表层面未做抵销，导致公司2019年年报、2020年半年报中收入相关财务数据信息披露不准确，分别多计营业收入1328.76万元、4534.63万元。2021年1月16日，公司披露关于前期会计差错更正及追溯调整的公告，对公司2019年年报、2020年半年报进行追溯调整，相应调减2019年度营业收入和营业成本13,287,610.63元，调减2020年半年度营业收入和营业成本45,346,318.70元，调减2020年半年度销售商品、提供劳务收到的现金和购买商品、接受劳务支付的现金51,241,340.00元，分别占更正后相关会计科目金额的0.35%、0.50%、3.17%、4.40%、3.39%、4.53%。公司定期报告存在会计差错，收入相关财务数据披露不准确，导致投资者无法获取、了解关于公司财务状况和经营成果的真实信息，可能对投资者决策造成误导。

综上，公司关联交易未及时披露、定期报告中营业收入等财务数据披露不准确，其行为违反了《公开发行证券的公司信息披露编报规则第15号——财务报告的一般规定》、《上海证券交易所股票上市规则》（以下简称《股票上市规则》）第2.1条、第2.3条、第2.5条、第10.2.4条等有关规定。根据行政监管措施的认定，时任董事长史某（任期为2010年4月22日至今）作为公司的主要负责人和信息披露第一责任人、时任董事兼总经理沈某（任期为2016年1月25日至今）作为公司经营管理的具体负责人、时任财务总监谢某（任期为2018年7月30日至今）作为公司财务具体负责人、时任董事会秘书许某菲（任期为2013年1月10日至今）作为公司信息披露事务具体负责人，未能勤勉尽责，对公司的违规行为负有责任。前述人员违反了《股票上市规则》第2.2条、第3.1.4条、第3.1.5条、第3.2.2条的规定以及其在《董事（监事、高级管理人员）声明及承诺书》中作出的承诺。

另经查明，公司对关联交易已补充履行审议和披露义务，且前述会计差错对公司2019年年报、2020年半年报财务数据影响相对较小。据此，可酌情予以考虑。

【处理结果】

鉴于上述违规事实和情节，根据《股票上市规则》第16.1条和《上海证券交易所纪律处分和监管措施实施办法》的有关规定，上交所上市公司监管一部作出如下监管措施决定：

对浙大网新及其时任董事长史某、董事兼总经理沈某、财务总监谢某、董事会秘书许某菲予以监管关注。

三、行政处罚

(一)基本规定

证监会于2011年4月29日公布并实施的《信息披露违法行为行政责任认定规则》明确规定,上市公司及相关义务人违反信息披露义务,将会构成行政违法,受到行政处罚。《证券法》《公司法》《股票发行与交易管理暂行条例》等法律法规对证券市场的行政处罚作了明确规定。综合以上规定,常见的行政处罚措施主要有警告,罚款,没收非法所得,停止股票发行资格,暂停证券业经营、从业许可,撤销证券业务经营、从业许可等。

《证券法》第193条规定:违反本法第五十六条第一款、第三款的规定,编造、传播虚假信息或者误导性信息,扰乱证券市场的,没收违法所得,并处以违法所得一倍以上十倍以下的罚款;没有违法所得或者违法所得不足二十万元的,处以二十万元以上二百万元以下的罚款。

违反本法第五十六条第二款的规定,在证券交易活动中作出虚假陈述或者信息误导的,责令改正,处以二十万元以上二百万元以下的罚款;属于国家工作人员的,还应当依法给予处分。

传播媒介及其从事证券市场信息报道的工作人员违反本法第五十六条第三款的规定,从事与其工作职责发生利益冲突的证券买卖的,没收违法所得,并处以买卖证券等值以下的罚款。

《证券法》第197条规定:信息披露义务人未按照本法规定报送有关报告或者履行信息披露义务的,责令改正,给予警告,并处以五十万元以上五百万元以下的罚款;对直接负责的主管人员和其他直接责任人员给予警告,并处以二十万元以上二百万元以下的罚款。发行人的控股股东、实际控制人组织、指使从事上述违法行为,或者隐瞒相关事项导致发生上述情形的,处以五十万元以上五百万元以下的罚款;对直接负责的主管人员和其他直接责任人员,处以二十万元以上二百万元以下的罚款。

信息披露义务人报送的报告或者披露的信息有虚假记载、误导性陈述或者重大遗漏的，责令改正，给予警告，并处以一百万元以上一千万元以下的罚款；对直接负责的主管人员和其他直接责任人员给予警告，并处以五十万元以上五百万元以下的罚款。发行人的控股股东、实际控制人组织、指使从事上述违法行为，或者隐瞒相关事项导致发生上述情形的，处以一百万元以上一千万元以下的罚款；对直接负责的主管人员和其他直接责任人员，处以五十万元以上五百万元以下的罚款。

《信息披露违法行为行政责任认定规则》第15条规定：发生信息披露违法行为的，依照法律、行政法规、规章规定，对负有保证信息披露真实、准确、完整、及时和公平义务的董事、监事、高级管理人员，应当视情形认定其为直接负责的主管人员或者其他直接责任人员承担行政责任，但其能够证明已尽忠实、勤勉义务，没有过错的除外。

（二）典型案例

案例3-9：獐子岛集团股份有限公司虚假陈述案[①]

【基本案情】

一、獐子岛集团股份有限公司（以下简称獐子岛公司）内部控制存在重大缺陷，其披露的2016年年度报告存在虚假记载

（一）虚减营业成本

獐子岛公司每月结转底播虾夷扇贝成本时，以当月虾夷扇贝捕捞区域（采捕坐标）作为成本结转的依据，捕捞区域系由人工填报且缺乏船只航海日志予以佐证。经比对底播虾夷扇贝捕捞船只的北斗导航定位信息，獐子岛公司结转成本时所记载的捕捞区域与捕捞船只实际作业区域存在明显出入。

以虾夷扇贝捕捞船只的北斗导航定位信息为基础，经第三方专业机构测算，獐子岛公司2016年度账面结转捕捞面积较实际捕捞面积少13.93万亩，由此，獐子岛公司2016年度虚减营业成本6002.99万元。

（二）虚减营业外支出

经比对獐子岛公司2016年年初、2017年年初底播虾夷扇贝库存图和捕捞船只导航定位信息发现，部分2016年年初库存区域未显示捕捞航行轨迹，而

① 中国证监会行政处罚决定书〔2020〕29号。

2016年年底獐子岛公司在这部分区域进行了底播，根据会计核算一贯性原则，上述区域既往库存资产应作核销处理，由此，獐子岛公司2016年度虚减了营业外支出7111.78万元。

综上所述，受虚减营业成本和营业外支出的影响，獐子岛公司2016年度虚增利润13,114.77万元，虚增利润占当期利润总额的158.11%，獐子岛公司2016年年度报告存在虚假记载。吴某刚、梁某、勾某、孙某君为直接负责的主管人员，邹某、王某、罗某新、赵某年、陈某文、吴某巍、陈某洲、丛某秀以及于某家、赵某为其他直接责任人员。

二、獐子岛公司内部控制存在重大缺陷，其披露的2017年年度报告存在虚假记载

（一）虚增营业成本

经比对底播虾夷扇贝捕捞船只的北斗导航定位信息，獐子岛公司2017年度结转成本时所记载的捕捞区域与捕捞船只实际作业区域同样存在明显出入，经第三方专业机构测算，獐子岛公司2017年度账面结转捕捞面积较实际捕捞区域面积多5.79万亩，由此，獐子岛公司2017年度虚增营业成本6159.03万元。

（二）虚增营业外支出

经比对獐子岛公司2016年年初底播虾夷扇贝库存图、2016年及2017年虾夷扇贝底播图、捕捞船只导航定位信息发现，部分2016年年初有记载的库存区域在2016年和2017年均没有显示捕捞轨迹，而该区域在2017年年底重新进行了底播，根据会计核算一贯性原则，上述区域既往库存资产应作核销处理，由此，獐子岛公司2017年度虚减营业外支出4187.27万元。

根据獐子岛公司2018年2月5日发布的《关于底播虾夷扇贝2017年终盘点情况的公告》（以下简称《年终盘点公告》）和4月28日发布的《关于核销资产及计提存货跌价准备的公告》（以下简称《核销公告》），核销区域与捕捞船只实际作业区域存在重合，经第三方专业机构测算，核销海域中2014年、2015年和2016年底播的虾夷扇贝分别有20.85万亩、19.76万亩和3.61万亩已在以往年度采捕，由此，獐子岛公司虚增营业外支出24,782.81万元。

综上所述，2017年度獐子岛公司合计虚增营业外支出20,595.54万元。

（三）虚增资产减值损失

根据獐子岛公司《年终盘点公告》和《核销公告》，减值区域与捕捞船只实

际作业区域存在重合，经第三方专业机构测算，减值海域中2015年和2016年底播的虾夷扇贝分别有6.38万亩和0.13万亩已在以往年度采捕，由此，獐子岛公司虚增资产减值损失1110.52万元。

综上所述，受虚增营业成本、虚增营业外支出和虚增资产减值损失影响，獐子岛公司2017年年度报告虚减利润27,865.09万元，占当期披露利润总额的38.57%，獐子岛公司2017年年度报告存在虚假记载，吴某刚、梁某、勾某、孙某君为直接负责的主管人员，邹某、王某、罗某新、赵某年、陈某文、吴某巍、陈某洲、丛某秀以及于某家、赵某为其他直接责任人员。

三、獐子岛公司披露的《关于2017年秋季底播虾夷扇贝抽测结果的公告》（以下简称《秋测结果公告》）存在虚假记载

2017年10月25日，獐子岛公司披露的《秋测结果公告》称，獐子岛公司按原定方案完成了全部计划（120个调查点位）的抽测工作。

经与抽测船只秋测期间的航行定位信息对比，獐子岛公司记录完成抽测计划的120个调查点位中，有60个点位抽测船只航行路线并未经过，即獐子岛公司并未在上述计划点位完成抽测工作，占披露完成抽测调查点位总数的50%，《秋测结果公告》相关内容存在虚假记载。吴某刚、梁某、孙某君为直接负责的主管人员，石某江为其他直接责任人员。

四、獐子岛公司披露的《年终盘点公告》和《核销公告》存在虚假记载

2018年2月5日，獐子岛公司发布的《年终盘点公告》称"截至2月4日累计盘点点位326个，根据盘点结果，公司拟对107.16万亩海域成本为57,758.13万元的底播虾夷扇贝存货进行核销处理，对24.3万亩海域成本为12,591.35万元的底播虾夷扇贝存货计提跌价准备5110.04万元，上述两项合计影响净利润62,868.17万元，全部计入2017年度损益"。

2018年4月28日，獐子岛公司发布的《核销公告》称"对2014年、2015年及2016年投苗的107.16万亩虾夷扇贝库存进行了核销，对2015年、2016年投苗的24.30万亩虾夷扇贝库存进行了减值，金额分别为57,757.95万元和6072.16万元"。

经与虾夷扇贝采捕船的航行轨迹进行比对发现，獐子岛公司盘点的2014年底播区域的70个点位已全部实际采捕，2015年底播区域的119个点位中有80个点位已实际采捕。獐子岛公司核销海域中，2014年、2015年和2016年底

播虾夷扇贝分别有20.85万亩、19.76万亩和3.61万亩已在以往年度采捕，致使虚增营业外支出24,782.81万元，占核销金额的42.91%；减值海域中，2015年、2016年底播虾夷扇贝分别有6.38万亩、0.13万亩已在以往年度采捕，致使虚增资产减值损失1110.52万元，占减值金额的18.29%。

综上所述，獐子岛公司发布的《年终盘点公告》和《核销公告》存在虚假记载，吴某刚、梁某、勾某、孙某君为直接负责的主管人员。

五、獐子岛公司未及时进行信息披露

不晚于2018年1月初，獐子岛公司财务总监勾某已知悉公司全年业绩与原业绩预测偏差较大，并向吴某刚进行了汇报。2018年1月23日至24日，獐子岛公司陆续收到增殖分公司、广鹿公司等16家公司的四季度收益测算数据。根据2005年《证券法》第67条第2款第12项、《上市公司信息披露管理办法》第71条第2项和《深圳证券交易所股票上市规则》(2014年修订)第11.3.3条的规定，獐子岛公司应及时披露业绩预告修正公告，勾某在2018年1月初将全年业绩与预期存在较大差距情况向吴某刚汇报时触及信息披露时点，应在2日内进行信息披露，但獐子岛公司迟至2018年1月30日方才予以披露。吴某刚、勾某为直接负责的主管人员。

上述违法事实，有公司年度报告和公告、询问笔录、公司相关财务数据明细和凭证、公司扇贝库存图和底播图、采捕船只航行定位信息和采捕面积测算数据、盘点和秋测资料等证据证明，足以认定。

【处理结果】

证监会认为，獐子岛公司及相关当事人的上述行为违反了2005年《证券法》第63条、第67条第2款第12项、第68条的规定，构成2005年《证券法》第193条第1款所述的信息披露违法行为。根据当事人违法行为的事实、性质、情节与社会危害程度，依据2005年《证券法》第193条第1款的规定，证监会于2020年6月15日作出对獐子岛公司及相关责任人的处罚决定：

1. 对獐子岛公司给予警告，并处以60万元罚款；

2. 对吴某刚、梁某给予警告，并分别处以30万元罚款；

3. 对孙某君、勾某给予警告，并分别处以20万元罚款；

4. 对邹某、王某、罗某新、赵某年、陈某文、吴某巍、陈某洲、丛某秀给予警告，并分别处以4万元罚款；

5. 对于某家、赵某、石某江给予警告,并分别处以3万元罚款。

四、刑事犯罪

虚假陈述犯罪行为不但面临严厉的行政处罚和高额的民事赔偿,情节严重时将涉嫌犯罪。虚假陈述犯罪行为主要涉嫌的罪名为欺诈发行证券罪和违规披露、不披露重要信息罪。

(一)欺诈发行证券罪

目前,我国正在推进以信息披露为核心的证券发行注册制。市场主体的诚信建设,事关资本市场长期健康发展。欺诈发行、财务造假等违法犯罪行为,严重挑战信息披露制度的严肃性,严重破坏市场诚信基础,严重损害投资者利益,是证券市场的"毒瘤",必须坚决依法从严惩处。《刑法修正案(十一)》对欺诈发行股票、债券罪进行修改,并将该罪名更改为欺诈发行证券罪,为注册制改革能够行稳致远,为资本市场能够健康稳定发展提供更加有力的法律保障。

1. 定罪量刑

《刑法》第160条规定:在招股说明书、认股书、公司、企业债券募集办法等发行文件中隐瞒重要事实或者编造重大虚假内容,发行股票或者公司、企业债券,数额巨大、后果严重或者有其他严重情节的,处五年以下有期徒刑或者拘役,并处或者单处罚金;数额特别巨大、后果特别严重或者有其他特别严重情节的,处五年以上有期徒刑,并处罚金。

控股股东、实际控制人组织、指使前款行为的,处五年以下有期徒刑或者拘役,并处或者单处非法募集资金金额百分之二十以上一倍以下罚金;数额特别巨大、后果特别严重或者有其他特别严重情节的,处五年以上有期徒刑,并处非法募集资金金额百分之二十以上一倍以下罚金。

单位犯前款罪的,对单位判处非法募集资金金额百分之二十以上一倍以下罚金,并对其直接负责的主管人员和其他直接责任人员,依照第一款的规定处罚。

本罪的主体要件是自然人和单位;本罪侵犯的客体是国家对证券市场的管理制度以及投资者的合法权益;在主观上为故意,即行为人明知自己所制作的招股说明书、认股书、债券募集办法等不是对本公司状况或本次股票、债券发行状况的真实、准确、完整反映,仍然积极为之者;本罪的客观行为表现在以下几个方面:(1)行为人必须实施了在招股说明书、认股书、公司、企业债券募集办法中隐瞒重要事实或者编造重大虚假内容的行为。(2)行为人必须实施了发行股票或公司、企业债券的行为。如果行为人仅是制作了虚假的招股说明书、认股书、公司、企业债券募集办法,而未实施发行股票或者公司、企业债券的行为,不构成本罪。必须是既制作了虚假的上述文件,且已发行了股票和公司、企业债券的才构成本罪。(3)行为人制作虚假的招股说明书、认股书、公司债券募集办法发行股票或者公司、企业债券的行为,必须达到一定的严重程度,即达到"数额巨大、后果严重或者有其他严重情节的",才构成犯罪。

2. 追诉标准

《立案追诉标准(二)》(2022 年修订)第 5 条规定:在招股说明书、认股书、公司、企业债券募集办法等发行文件中隐瞒重要事实或者编造重大虚假内容,发行股票或者公司、企业债券、存托凭证或者国务院依法认定的其他证券,涉嫌下列情形之一的,应予立案追诉:

(一)非法募集资金金额在一千万元以上的;

(二)虚增或者虚减资产达到当期资产总额百分之三十以上的;

(三)虚增或者虚减营业收入达到当期营业收入总额百分之三十以上的;

(四)虚增或者虚减利润达到当期利润总额百分之三十以上的;

(五)隐瞒或者编造的重大诉讼、仲裁、担保、关联交易或者其他重大事项所涉及的数额或者连续十二个月的累计数额达到最近一期披露的净资产百分之五十以上的;

(六)造成投资者直接经济损失数额累计在一百万元以上的;

(七)为欺诈发行证券而伪造、变造国家机关公文、有效证明文件或者相关凭证、单据的;

(八)为欺诈发行证券向负有金融监督管理职责的单位或者人员行贿的;

(九)募集的资金全部或者主要用于违法犯罪活动的;

(十)其他后果严重或者有其他严重情节的情形。

(二)违规披露、不披露重要信息罪

囿于信息披露犯罪的治理困境,尤其是证券发行注册制施行的现实需要,

《刑法修正案(十一)》对违规披露、不披露重要信息罪亦进行了重大修订。

一是扩大犯罪主体的范围,将依法负有信息披露义务的公司、企业的控股股东、实际控制人纳入该罪主体范围,并视其为自然人还是单位,分别增设两款即修订后《刑法》的第 161 条第 2 款、第 3 款予以规制。二是大幅提升该罪法定刑,将定额罚金制修改为不定额罚金制,将基本量刑幅度的主刑由"三年以下有期徒刑或者拘役"提高为"五年以下有期徒刑或者拘役",而且增设情节加重犯,并将加重量刑幅度设置为"五年以上十年以下有期徒刑,并处罚金",从而将该罪的法定最高刑从 3 年有期徒刑提高为 10 年有期徒刑,以更好地实现该罪治理的行刑有机衔接。

需要说明的是,由"前置法定性与刑事法定量相统一"的犯罪规制机制决定,违规披露、不披露重要信息罪所侵害的法益,乃是作为现代公司、企业法人治理核心的信息披露制度。因而违规披露、不披露重要信息罪中的信息,只应是与投资价值判断和投资决策有关的信息,而对此类信息依法负有披露义务的公司、企业及其控股股东、实际控制人,只要故意实施严重的信息披露不法行为,即有论之以该罪的可能。唯有加大违规信息披露行为的刑事制裁力度和刑事不法成本,才能切实发挥刑法的保障法作用,实现信息披露犯罪的科学行刑共治。①

1. 定罪量刑

《刑法》第 161 条规定:依法负有信息披露义务的公司、企业向股东和社会公众提供虚假的或者隐瞒重要事实的财务会计报告,或者对依法应当披露的其他重要信息不按照规定披露,严重损害股东或者其他人利益,或者有其他严重情节的,对其直接负责的主管人员和其他直接责任人员,处五年以下有期徒刑或处五年以下有期徒刑或者拘役,并处或者单处罚金;情节特别严重的,处五年以上十年以下有期徒刑,并处罚金。

前款规定的公司、企业的控股股东、实际控制人组织、指使实施前款行为的,或者隐瞒重要事项导致前款规定的情形发生的,依照前款的规定处罚。

犯前款罪的控股股东、实际控制人是单位的,对单位判处罚金,并对其直接

① 参见田宏杰:《行刑共治下的信息披露犯罪的立法变迁与司法适用》,载《中国刑事法杂志》2021 年第 2 期。

负责的主管人员和其他直接责任人员，依照第一款的规定处罚。

实践中，对于情节严重的判断，通常需要考虑以下因素：（1）违规披露信息包括重大差错更正信息中虚增或者虚减资产、营业收入及净利润的数额及其占当期所披露数额的比重，是否因此资不抵债，是否因此发生盈亏变化，是否因此满足证券发行、股权激励计划实施、利润承诺条件，是否因此避免被特别处理，是否因此满足取消特别处理要求，是否因此满足恢复上市交易条件等；（2）未按照规定披露的重大担保、诉讼、仲裁、关联交易以及其他重大事项所涉及的数额及其占公司最近一期经审计总资产、净资产、营业收入的比重，未按照规定及时披露信息时间长短等；（3）信息披露违法所涉及事项对投资者投资判断的影响大小；（4）信息披露违法后果，包括是否导致欺诈发行、欺诈上市、骗取重大资产重组许可、收购要约豁免、暂停上市、终止上市，给上市公司、股东、债权人或者其他人造成直接损失数额大小，以及未按照规定披露信息造成该公司证券交易的异动程度等；（5）信息披露违法的次数，是否多次提供虚假的或者隐瞒重要事实的财务会计报告，或者多次对依法应当披露的其他重要信息不按照规定披露；（6）社会影响的恶劣程度；等等。

2. 追诉标准

《立案追诉标准（二）》（2022年修订）第6条规定：依法负有信息披露义务的公司、企业向股东和社会公众提供虚假的或者隐瞒重要事实的财务会计报告，或者对依法应当披露的其他重要信息不按照规定披露，涉嫌下列情形之一的，应予立案追诉：

（一）造成股东、债权人或者其他人直接经济损失数额累计在一百万元以上的；

（二）虚增或者虚减资产达到当期披露的资产总额百分之三十以上的；

（三）虚增或者虚减营业收入达到当期披露的营业收入总额百分之三十以上的；

（四）虚增或者虚减利润达到当期披露的利润总额百分之三十以上的；

（五）未按照规定披露的重大诉讼、仲裁、担保、关联交易或者其他重大事项所涉及的数额或者连续十二个月的累计数额达到最近一期披露的净资产百分之五十以上的；

（六）致使不符合发行条件的公司、企业骗取发行核准或者注册并且上市交易的；

（七）致使公司、企业发行的股票或者公司、企业债券、存托凭证或者国务院依法认定的其他证券被终止上市交易的；

（八）在公司财务会计报告中将亏损披露为盈利，或者将盈利披露为亏损的；

（九）多次提供虚假的或者隐瞒重要事实的财务会计报告，或者多次对依法应当披露的其他重要信息不按照规定披露的；

（十）其他严重损害股东、债权人或者其他人利益，或者有其他严重情节的情形。

（三）擅自发行股票、公司、企业债券罪

《刑法》第179条规定：未经国家有关主管部门批准，擅自发行股票或者公司、企业债券，数额巨大、后果严重或者有其他严重情节的，处五年以下有期徒刑或者拘役，并处或者单处非法募集资金金额百分之一以上百分之五以下罚金。

单位犯前款罪的，对单位判处罚金，并对其直接负责的主管人员和其他直接责任人员，处五年以下有期徒刑或者拘役。

《立案追诉标准（二）》（2022年修订）第29条规定：未经国家有关主管部门批准或者注册，擅自发行股票或者公司、企业债券，涉嫌下列情形之一的，应予立案追诉：

（一）非法募集资金金额在一百万元以上的；

（二）造成投资者直接经济损失数额累计在五十万元以上的；

（三）募集的资金全部或者主要用于违法犯罪活动的；

（四）其他后果严重或者有其他严重情节的情形。

本条规定的"擅自发行股票或者公司、企业债券"，是指向社会不特定对象发行、以转让股权等方式变相发行股票或者公司、企业债券，或者向特定对象发行、变相发行股票或者公司、企业债券累计超过二百人的行为。

（四）编造并传播证券、期货交易虚假信息罪

《刑法》第181条规定：编造并且传播影响证券、期货交易的虚假信息，扰乱

证券、期货交易市场，造成严重后果的，处五年以下有期徒刑或者拘役，并处或者单处一万元以上十万元以下罚金。

证券交易所、期货交易所、证券公司、期货经纪公司的从业人员，证券业协会、期货业协会或者证券期货监督管理部门的工作人员，故意提供虚假信息或者伪造、变造、销毁交易记录，诱骗投资者买卖证券、期货合约，造成严重后果的，处五年以下有期徒刑或者拘役，并处或者单处一万元以上十万元以下罚金；情节特别恶劣的，处五年以上十年以下有期徒刑，并处二万元以上二十万元以下罚金。

单位犯前两款罪的，对单位判处罚金，并对其直接负责的主管人员和其他直接责任人员，处五年以下有期徒刑或者拘役。

《立案追诉标准（二）》（2022 年修订）第 32 条规定：编造并且传播影响证券、期货交易的虚假信息，扰乱证券、期货交易市场，涉嫌下列情形之一的，应予立案追诉：

（一）获利或者避免损失数额在五万元以上的；

（二）造成投资者直接经济损失数额在五十万元以上的；

（三）虽未达到上述数额标准，但多次编造并且传播影响证券、期货交易的虚假信息的；

（四）致使交易价格或者交易量异常波动的；

（五）造成其他严重后果的。

《立案追诉标准（二）》（2022 年修订）第 33 条规定：证券交易所、期货交易所、证券公司、期货公司的从业人员，证券业协会、期货业协会或者证券期货监督管理部门的工作人员，故意提供虚假信息或者伪造、变造、销毁交易记录，诱骗投资者买卖证券、期货合约，涉嫌下列情形之一的，应予立案追诉：

（一）获利或者避免损失数额在五万元以上的；

（二）造成投资者直接经济损失数额在五十万元以上的；

（三）虽未达到上述数额标准，但多次诱骗投资者买卖证券、期货合约的；

（四）致使交易价格或者交易量异常波动的；

（五）造成其他严重后果的。

（五）典型案例

案例3－10：上海中毅达股份有限公司虚假陈述案①

【基本案情】

上海中毅达股份有限公司（以下简称上海中毅达）系上海证券交易所上市公司（A股代码：600610），依法负有信息披露义务。2015年7月，上海中毅达全资子公司厦门中毅达环境艺术工程有限公司（以下简称厦门中毅达）与江西中岭旅游投资有限公司签订《井冈山国际山地自行车赛道景观配套项目施工合同》（以下简称《施工合同》，合同中包含已由其他企业完工的约80%的工程量），后因未支付保证金等原因，合同未生效，由厦门中毅达承接的工程量未实际开展。

2015年10月，上海中毅达为虚增业绩，时任公司副董事长、总经理任某某决定将上述项目中已由其他企业完工的约80%的工程收入违规计入公司三季报，具体由公司副总经理、财务总监林某2、公司财务经理秦某某、厦门中毅达副总经理盛某实施。盛某安排厦门中毅达提供虚假的工程、财务数据，秦某某依据上述数据编制上海中毅达三季度财务报表，交林某2签字确认。2015年10月28日，上海中毅达将该三季度财务报表对外披露。经鉴定，上海中毅达共虚增主营收入人民币72，670，000.00元（以下币种均为人民币），占同期披露主营收入总额的50.24%；虚增利润10，638，888.00元，占同期披露利润总额的81.35%；虚增净利润7，979，166.00元，将亏损披露为盈利。

法院经审理认定：上海中毅达作为依法负有信息披露义务的公司，向股东和社会公众提供虚假的财务会计报告，具有严重情节；被告人任某某作为直接负责的主管人员，被告人林某2、盛某、秦某某作为其他直接责任人员，其行为均已构成违规披露重要信息罪，应予依法惩处。上海中毅达的三季度报表中虚增利润1063万余元，占同期披露利润总额的81.35%，虚增净利润797万余元，将亏损披露为盈利，属于法律规定的其他严重情节，任某某、林某2和秦某某作为主管人员或直接责任人员，或决定或直接参与对外提供虚假财务会计报告，损害了股东和社会公众的知情权，一定程度上也影响证券市场的稳定。

---

① （2020）沪03刑初4号，本案系上海首例财务造假获刑案。

【判决结果】

被告人任某某犯违规披露重要信息罪,判处有期徒刑 1 年,缓刑 1 年,并处罚金人民币 20 万元;被告人林某 2 犯违规披露重要信息罪,判处有期徒刑 6 个月,缓刑 1 年,并处罚金人民币 10 万元;被告人盛某犯违规披露重要信息罪,判处拘役 3 个月,缓刑 3 个月,并处罚金人民币 5 万元;被告人秦某某犯违规披露重要信息罪,判处拘役 3 个月,缓刑 3 个月,并处罚金人民币 5 万元。

第四章

上市公司常见法律风险解构之操纵证券市场

操纵市场,是指行为人利用其资金、信息等优势或滥用职权,操纵市场,影响或试图影响证券市场价格或证券交易量,制造证券市场假象,诱导或致使投资者在不了解事实真相的情况下作出证券投资,扰乱证券市场秩序的行为。[①]操纵证券市场过程中,行为人利用人为方式操纵、影响证券市场价格,以此制造证券市场的虚假繁荣现象,并引诱一般不知情的投资者参与投资而行为人则从中牟取暴利。这一行为带有欺诈性质,即在证券的发行和交易时,行为人为了获得非正当利益而采用欺诈手段损害他人利益。世界上大多数国家的证券法中都将操纵证券市场行为定性为证券欺诈行为,如美国对于操纵市场行为的规制,直接体现在其证券法规中的反欺诈条款规定。

操纵市场违法犯罪行为的本质包含两方面内容,一是滥用优势,二是非法控制市场。[②] 作为侵害投资者权益的常见违法手段,操纵证券市场可能严重危害经济环境及交易安全。不同于一般的违法犯罪,操纵证券市场行为具有相当高的专业性和隐蔽性等特征,不仅严重破坏公开、公平、公正的证券市场原则,损害广大投资者合法权益,且严重破坏证券市场管理秩序,危害国家金融安全和稳定。概言之,操纵证券市场行为的危害性主要有以下几点:虚构供求关系,误导资金的流向;违反"三公"原则,破坏市场竞争机制;损害投资者的利益,扰乱社会秩序;危害金融安全,破坏国家经济,严重危害经济环境及交易安全。

案例 4-1:唐某博操纵证券市场案[③]

【基本案情】

2012 年 5 月至 2013 年 1 月,被告人唐某博实际控制"杨某 1""王某 3""朱某""赵某""闵某""申某""陈某""伍某""杨某 2"等证券账户;被告人唐某子实际控制"苏某""张某 1"等证券账户。期间,唐某博伙同唐某子、唐某琦,不以成交为目的,频繁申报、撤单或大额申报、撤单,影响股票交易价格与交易量,并进行与申报相反的交易。

---

① 参见范健、王建文:《证券法》,法律出版社 2020 年版,第 310 页。

② 参见刘宪权:《操纵证券、期货市场罪司法解释的法理解读》,载《法商研究》2020 年第 1 期。

③ 参见《最高人民法院 2020 年 9 月 24 日发布 7 件人民法院依法惩处证券、期货犯罪典型案例》,载中国法院网,https://www. chinacourt. org/article/detail/2020/09/id/5471380. shtml。

2012年5月9日、10日、14日,被告人唐某博、唐某子控制账户组撤回申报买入“华资实业”股票量分别占当日该股票总申报买入量的57.02%、55.62%、61.10%,撤回申报金额分别为9000余万元、3.5亿余元、2.5亿余元。同年5月7日至23日,唐某博、唐某子控制账户组通过实施与虚假申报相反的交易行为,违法所得金额425.77万余元。

2012年5月3日、4日,被告人唐某博控制账户组撤回申报买入“京投银泰”股票量分别占当日该股票总申报买入量的56.29%、52.47%,撤回申报金额分别为4亿余元、4.5亿余元。同年4月24日至5月7日,唐某博、唐某子控制账户组通过实施与虚假申报相反的交易行为,违法所得金额共计1369.14万余元。

2012年6月5日至2013年1月8日,被告人唐某博控制账户组在“银基发展”股票交易中存在虚假申报撤单等行为;其中,2012年8月24日,唐某博控制账户组撤回申报卖出“银基发展”股票量占当日该股票总申报卖出量的52.33%,撤回申报金额1.1亿余元。期间,唐某博控制账户组通过实施与虚假申报相反的交易行为等,违法所得金额共计786.29万余元。

前述交易中,被告人唐某博、唐某子控制账户组违法所得共计2581.21万余元。其中,唐某博控制账户组违法所得2440.87万余元,唐某子控制账户组违法所得140.33万余元。唐某琦在明知唐某博存在操纵证券市场行为的情况下,仍接受唐某博的安排多次从事涉案股票交易。

2018年6月12日,被告人唐某博返回境内投案;同年6月19日、26日,被告人唐某子、唐某琦分别向侦查机关投案。三名被告人到案后如实供述了基本犯罪事实。一审审理过程中,唐某博向侦查机关检举揭发他人犯罪行为,经查证属实。

【判决结果】

法院认为,被告人唐某博伙同被告人唐某子、唐某琦,不以成交为目的,频繁申报、撤单或者大额申报、撤单,误导投资者作出投资决策,影响证券交易价格、交易量,并进行与申报相反的交易,其行为均已构成操纵证券市场罪。其中,唐某博、唐某子属于情节特别严重,唐某琦属于情节严重。唐某博因操纵“银基发展”股票曾受行政处罚并不影响本案犯罪事实的认定,但在具体执行时应将对应的已执行违法所得及罚款数额予以折抵。唐某博在共同操纵证券市场犯罪中起主要作用，应认定为主犯；唐某子、唐某琦在共同操纵证券市场犯罪中起次要、辅助作用，系从犯。

2020 年 3 月 30 日上午，上海市第一中级人民法院通过在线方式一审公开宣判全国首例“虚假申报型”操纵证券市场犯罪案件，以操纵证券市场罪分别对唐某博判处有期徒刑 3 年 6 个月，并处罚金人民币 2450 万元；对唐某子判处有期徒刑 1 年 8 个月，并处罚金人民币 150 万元；对唐某琦判处有期徒刑 1 年，缓刑 1 年，并处罚金人民币 10 万元。[①]

① 参见《涉案 2580 余万元！全国首例“虚假申报型”操纵证券市场犯罪案一审宣判》，载中国法院网，https://www.chinacourt.org/article/detail/2020/04/id/4877772.shtml。

第一节 操纵市场概述

一、操纵市场的主体

界定操纵证券市场的主体,为操纵市场行为风控分析的基石。正确把握主体性质和判定标准,方能为后续的风控分析和归责把控打下坚实而精准的基础。一般认为,任何人直接或间接实施操纵行为,均可认定为操纵行为人。这里的任何人,包括证券市场上从事证券交易活动的任何自然人和单位。

以单位名义操纵证券市场、违法所得归单位所有的,应认定单位为操纵行为人。单位操纵证券市场的,直接负责的主管人员和其他直接责任人员按照下列规定认定:(1)直接负责的主管人员,是指在单位操纵市场中起决定、批准、授意、纵容、指挥等作用的人员,一般是单位的主管负责人,包括法定代表人。(2)其他直接责任人员,是指在单位操纵市场中具体实施操纵市场行为并起较大作用的人员,既可以是单位的经营管理人员,也可以是单位的职工,包括聘用、雇佣的人员。

需要注意的是,当个人利用其设立的公司、企业、事业单位操纵证券市场的,或者公司、企业、事业单位设立后以操纵证券市场作为主要活动的,应认定设立公司、企业、事业单位的个人为操纵行为人。盗用单位名义操纵证券市场的,应认定个人为操纵行为人。而利用他人账户操纵证券市场的,利用人为操纵行为人。具有下列情形之一的,可认定为前款所称利用他人账户:(1)直接或间接提供证券或资金给他人购买证券,且该他人所持有证券之利益或损失,全部或部分归属于本人;(2)对他人持有的证券具有管理、使用和处分的权益。

此外,管理人或受托人等以投资基金、社保基金、保险品种、企业年金、信托计划、投资理财计划等实施操纵行为的，应当认定管理人或受托人等为操纵行为人。当证券公司明知投资人操纵证券市场，向其提供资金、账户等协助的，可认定为合谋操纵市场。

由于实施操纵证券、期货或者衍生品市场行为建立在拥有资金以及证券、期货交易账户的条件下，司法实践中认定市场操纵犯罪的行为主体应当从资金与账户的角度注意以下两点：其一，基金、信托、保险等大额资金的管理人或受托人可以成为市场操纵犯罪的主体；其二，利用他人账户通过非法交易行为操纵证券市场的，实际利用账户者应当认定为市场操纵犯罪的主体。①

二、操纵市场的特点

（一）操纵市场的行为特点

与其他证券违法犯罪行为相比，操纵市场行为有诸多新特点：第一，操纵行为类型复杂多样，法律难以通过明示条文的方式规制所有的操纵行为。第二，操纵行为隐秘性高，且危害范围广、程度大，需要查明的犯罪事实、法律关系错综复杂。第三，行为人一般具有资金、信息、持股持仓、媒体、职务等优势资源。因此，操纵行为通常涉及大量使用“人头账户”以及巨额资金反复调动。第四，行为主体结构复杂。由于操纵市场需要大量的资金和其他力量支持，实施操纵行为时往往有多人参与，且各行为主体的角色、功能复杂多样，有实行操纵行为的操纵者，有提供账户的主体，有帮助传播信息的新闻媒体从业人员。②

（二）操纵市场的发展趋势

根据证监会稽查局发布的工作报告，③操纵市场呈现以下新趋势：一是涉案主体呈现团伙化、职业化特征，单位有组织违法比重上升。部分涉案主体以投资公司名义成立专门交易团队，在资金、设备、操作、决策端专人专岗，频繁开立

---

① 参见钱列阳、谢杰：《证券期货犯罪十六讲》，法律出版社 2019 年版，第 281 页。

② 参见乔远主编：《金融警戒线：证券刑事法律实务探析》，法律出版社 2018 年版，第 50 页。

③ 参见《证监会 2017 年度案件办理情况通报》，载中国证券监督委员会网，http://www.csrc.gov.cn/pub/newsite/zjhxwfb/xwdd/201801/t20180119_332882.html。

和注销账户,单案平均涉及证券账户达 95 个。二是个股价量异常波动引发快进快出负面效应。部分涉案主体集中快速拉抬股价,导致部分次新股价格非理性上涨,引发市场对板块概念跟风炒作,对其他投资者产生负面效仿现象,操纵手法快速扩散,积聚较大风险。有的通过配资账户引入大量民间资金,加大杠杆反复炒作,放大市场风险,影响市场稳定。三是操纵手法糅杂多样,“短线坐庄”趋势明显。有些实际控制人或与知名私募配合,假借市值管理名义操控信息发布节奏操纵股价,或与市场“牛散”联手,配合二级市场资金连续操纵。有的综合使用虚假申报、盘中拉抬、尾市封涨停等多种手法,短时间轮番炒作多只股票,短线操纵和“坐庄”交织。四是嫁接互联互通、期现联动,隐蔽性更强。有的通过内地与香港股票市场互联互通机制,采用多种异常交易手法跨境操纵股票。有的同时大量做多或做空期现两市,配合发布合约标的利好或利空消息,甚至编造传播不实信息,引诱投资者跟风后平仓获利上亿元。

三、操纵市场的认定

(一)主观要件

操纵市场违法行为的认定,首先要考虑主观要件,即是否具有操纵市场的主观故意。实践中,操纵市场行政处罚一般并不强调主观要件,往往只需要具有操纵市场行为即可处罚,操纵故意则是通过行为推定得出。常见的推定依据主要有以下几点:从当事人频繁、连续的违法行为中推知其具有操纵故意;从电子邮件、聊天记录等证据内容探知主观意图;基于事后反向交易、销毁证据等行为推定当事人存在主观意图等。与行政处罚不同,刑法无论在理论还是在实务认定上,都奉行“犯罪构成要件说”,强调犯罪主观要件,毕竟作为最严厉的法律责任,刑罚对当事人的人身和财产影响巨大,其适用应当更为慎重,不宜采用过错推定,而必须有充分证据证明当事人存在主观犯罪故意。

执法司法实践中,“不存在主观故意”通常为当事人不构成操纵市场违法行为的重要抗辩理由。《行政处罚法》(2021 年修订)第 33 条第 2 款亦明确规定,“当事人有证据足以证明没有主观过错的,不予行政处罚”。本规定要求,在证券行政执法中,没有主观过错的行为,不应具有可罚性。要看到,主观故意作为当事人主观意识中的一种状态，除非当事人自认或者出现有力证据，否则难以直接证明。也正是基于此，当事人常常将“不具有操纵故意”作为申辩理由。当然，在认定行为人关于不存在主观故意的申辩是否合理时，应结合案件的具体情况综合认定。

（二）结果要件

根据相关法律规定，操纵市场违法行为可以通过“行为＋后果”两重要件予以认定。“行为”是指法律法规所规定的各种具体操纵方式，如连续交易、洗售交易等。“结果”是指对证券价格或者交易量产生了不当影响，实践中，往往通过计算价量影响来体现“结果”，如涉嫌操纵期间股票价格跟大盘指数、行业指数的偏离度等。当然，操纵“结果”并非指“获利”的结果，即影响了证券交易的价量但未获利的，可能构成操纵市场。

需要注意的是，“影响证券交易价格或者证券交易量”这一操纵结果的判定，应从“定性”和“定量”两方面考虑。“定性”是指买卖方式和手段是否正当、是否被法律所禁止等。而“定量”则是指买卖行为是否足以影响证券价量。只有“定性”和“定量”两个方面同时具备，才构成操纵。

（三）账户控制关系的认定

操纵市场执法司法实践中，账户控制关系的认定很是重要，账户控制关系是认定操纵市场行为的基础。操纵市场案件中，行为人若只通过一个或者几个账户很难实现影响证券价量的效果，实践中当事人往往通过控制几十个、几百个账户实施操纵行为。此时，只有在确定相关账户被当事人实际控制时，才可进一步分析账户的交易行为是否影响了价量。

最高人民法院、最高人民检察院《关于办理操纵证券、期货市场刑事案件适用法律若干问题的解释》（法释〔2019〕9号，以下简称《操纵市场司法解释》）第5条对账户控制关系予以明确规定：

下列账户应当认定为刑法第一百八十二条中规定的“自己实际控制的账户”：

（一）行为人以自己名义开户并使用的实名账户；

（二）行为人向账户转入或者从账户转出资金，并承担实际损益的他人账户；

（三）行为人通过第一项、第二项以外的方式管理、支配或者使用的他人账户；

（四）行为人通过投资关系、协议等方式对账户内资产行使交易决策权的他人账户；

（五）其他有证据证明行为人具有交易决策权的账户。

有证据证明行为人对前款第一项至第三项账户内资产没有交易决策权的除外。

（四）典型案例

案例4－2：吴某模操纵“凯瑞德”案[①]

【基本案情】

一、吴某模控制上市公司凯瑞德控股股份有限公司（以下简称凯瑞德）的情况

2011年12月至2017年6月，吴某模为上市公司凯瑞德的实际控制人，并于2012年1月12日至2017年3月24日担任凯瑞德董事长。吴某模通过个人控股的浙江第五季实业有限公司（以下简称第五季实业）持有“凯瑞德”。涉案期间（2014年8月5日至2015年6月25日），第五季实业在2015年6月15日前持有“凯瑞德”3000万股，占上市公司总股本的17.05%；在2015年6月15日大宗交易减持850万股后持有“凯瑞德”2150万股，占上市公司总股本的12.22%。

二、吴某模控制使用涉案账户情况

2014年8月5日至2015年6月25日，吴某模除了利用第五季实业账户持有、买卖“凯瑞德”外，亦借用他人账户持有、买卖“凯瑞德”。吴某模借用的他人账户包括33个HOMS子账户、2个自然人账户和1个机构账户（以下统称账户组），具体情况如下：

（一）借用33个HOMS子账户

涉案期间，吴某模作为借款人，向时任上海多伦实业股份有限公司实际控

① 中国证监会行政处罚决定书〔2020〕52号。

制人、董事长鲜某融资用于股票交易。鲜某向吴某模提供资金(12.5 亿元)和账户。鲜某将出借给吴某模的资金转入 HOMS 子账户(对应主账户为信托产品账户或个人账户),由吴某模负责账户交易决策。吴某模在涉案期间向鲜某借用 12 个信托产品账户和 1 个自然人账户下挂的 33 个 HOMS 子账户,具体包括:(1)华润深国投信托有限公司—智慧金 95 号集合资金信托计划下挂的“0310 - PZW. com 福”“215”“411”“414”“303”“419”等 6 个 HOMS 子账户;(2)西藏信托有限公司—鸿禧成长 1 号结构化证券投资集合资金信托计划下挂的“0710PZW. com 福”“0709PZW. com 福”“0703 捞毛 1wz”“708”“713”等 5 个 HOMS 子账户;(3)西藏信托有限公司—鸿禧成长 2 号伞形证券投资集合资金信托计划下挂的“0929 第五季 2wz”“1101 - PZW. com 福”“0901 第五季 9Awz”“11141 第一春 3wz”等 4 个 HOMS 子账户;(4)四川信托有限公司—宏赢 104 号证券投资集合资金信托计划下挂的“0226 第五季 4wz”“02168 第五季 5wz”“0225 第五季 9Bwz”等 3 个 HOMS 子账户;(5)四川信托有限公司—宏赢 79 号证券投资集合资金信托计划下挂的“19133 吕小奇捞毛 3wz”HOMS 子账户;(6)四川信托有限公司—宏赢 139 号证券投资集合资金信托计划下挂的“20052”HOMS 子账户;(7)四川信托有限公司—宏赢 118 号证券投资集合资金信托计划下挂的“第五季 6jt”HOMS 子账户;(8)西藏信托有限公司—鑫融 1 号证券投资集合资金信托计划下挂的“604”“605”等 2 个 HOMS 子账户;(9)万向信托有限公司—万信—证券结构化投资集合资金信托计划 6 号下挂的“14336 第五季 8wz”“1405 第一春 2Bwz”等 2 个 HOMS 子账户;(10)厦门国际信托有限公司—融智 1 号证券投资集合资金信托下挂的“1026 第五季 1wz”“1018 第一春 2Awz”“1012 第一春 4Awz”等 3 个 HOMS 子账户;(11)厦门国际信托有限公司—鑫龘 1 号证券投资集合资金信托下挂的“807”“808”“C820”等 3 个 HOMS 子账户;(12)方正东亚信托有限责任公司—神龙 30 号证券投资集合资金信托计划下挂的“15478”HOMS 子账户;(13)“刘某杰”账户下挂的“00001 耙子 1wz”HOMS 子账户。

(二)借用 2 个自然人账户

涉案期间,吴某模除了向鲜某借用 33 个 HOMS 子账户外,还向鲜某借用“鲜某”账户和“鲜某 2”账户(鲜某 2 系鲜某的哥哥),即为保证相关信托产品所持股票仓位稳定和到期清仓时不对股价产生冲击,鲜某向吴某模提供本人账户和“鲜某2”账户承接信托产品即将到期的仓位,待新信托产品成立后再把个人账户里的持仓转至新信托产品账户。

(三)借用1个机构账户

2015年6月初,吴某模作为借款人,向上海银领金融信息服务有限公司(以下简称银领公司)融资用于股票交易。6月8日,银领公司将2.24亿元借款转入以员工名义设立的上海泓景实业有限公司(以下简称泓景公司)并将该账户提供给吴某模使用,吴某模本人转入部分保证金。2015年6月至11月,泓景公司账户为吴某模借用的配资账户。

三、吴某模采用多种手段操纵“凯瑞德”股价

2014年8月5日至2015年6月25日,吴某模作为上市公司凯瑞德的实际控制人、董事长,负责凯瑞德的经营决策、资产收购等重大事项。期间,吴某模控制凯瑞德发布一系列利好信息拉抬“凯瑞德”股价。与此同时,吴某模利用涉案账户组集中资金优势、持股优势连续买卖,并在自己实际控制的账户之间交易“凯瑞德”,配合拉抬“凯瑞德”股价。吴某模行为具有“先买入股票建仓——再发布利好信息配合二级市场交易拉抬股价——后卖出获利”的特征,具体情况如下:

(一)吴某模利用账户组建仓买入“凯瑞德”

2014年8月5日至9月29日,账户组在39个交易日中的37个交易日买卖“凯瑞德”,其中以买入为主,期间共买入“凯瑞德”10,505,350股,买入金额106,660,653.04元,共卖出“凯瑞德”1,934,270股,卖出金额16,802,420.77元。截至2014年9月29日,账户组持有“凯瑞德”8,571,080股,占该股总股本的4.87%。

(二)吴某模控制上市公司发布利好信息配合二级市场交易拉抬股价

2014年9月30日至2015年3月25日,吴某模控制凯瑞德发布涉及发展彩票业务、基金业务等新题材的利好信息拉抬股价,但凯瑞德对相关事项并未积极推进,部分事项相继宣告终止或者取消,相关信息披露存在不真实、不准确、不完整、不及时等情形。与此同时,吴某模控制账户组集中资金优势、持股优势连续买卖,并在自己实际控制的账户之间交易“凯瑞德”,配合拉抬“凯瑞德”股价。具体情况如下:

1. 凯瑞德发布利好信息情况

(1)关于收购北京和合永兴科技有限公司(以下简称和合永兴)100%股权

2014年10月8日,凯瑞德发布《关于收购北京和合永兴科技有限公司100%股权公告》,称公司决定以自有资金2700万元收购和合永兴100%股权。凯瑞德在公告中称和合永兴是一家致力于无纸化彩票业务服务的公司,已经获得黑龙江体彩无纸化彩票销售正式授权。凯瑞德通过收购和合永兴进入彩票行业,作为公司多元化经营战略的重要组成部分。本次收购将有助于凯瑞德迅速进入移动互联网等彩票领域,提高公司盈利能力。11月6日,和合永兴的股东变更工商登记完成。2015年1月5日,和合永兴名称变更为中彩凯德(北京)科技有限公司(以下简称中彩凯德)。

经查,中彩凯德并未开展相应的彩票业务,其股权亦在此后转卖给吴某模控制的其他公司,即2015年8月26日,凯瑞德公告称由于中彩凯德暂时无法取得互联网彩票业务(线上)经营资质,公司第一大股东第五季实业3月2日承诺若6月30日前仍无法取得经营资质,第五季实业将收购中彩凯德全部股权。11月5日,中彩凯德股东由凯瑞德变更为第五季国际投资控股有限公司(持股99%)、北京帮您淘第五季电子商务有限公司(持股1%)。

(2)关于子公司参与设立深圳中渔投资发展基金企业(有限合伙)(以下简称中渔基金)

2014年10月24日,凯瑞德发布《关于子公司参与设立深圳中渔投资发展基金企业(有限合伙)的公告》,称子公司深圳德棉博元基金管理公司(以下简称德棉博元基金)作为普通合伙人,拟与狮子汇基金投资管理(深圳)有限公司、海南立航远洋捕捞公司、创越能源集团有限公司等3名有限合伙人共同发起设立中渔基金,首期规模为10亿元,其中德棉博元基金出资1000万元。基金设立后的投资规划为设立海南中渔船务服务有限公司,并收购昌江深海渔业开发有限公司等4家公司100%股权及其名下的145只渔业船只。后续将整体进行上市或者整体转售给第三人,以实现资产增值。

经查,中渔基金设立后并无任何实际经营活动,也未开展相关股权收购。

(3)关于对外投资设立基金管理公司

2014年11月27日,凯瑞德发布《关于对外投资设立基金管理公司的公告》,称拟投资设立全资子公司凯瑞德(深圳)基金管理有限公司(以下简称凯瑞德基金),经营范围为股权投资,受托管理股权投资基金,对未上市企业进行股权投资、受托资产管理、投资管理、投资兴办实业、投资咨询、企业管理咨询。

经查,凯瑞德基金成立后并未从事任何基金业务,而是从事场外配资业务。此外,2015年12月2日,凯瑞德将凯瑞德基金100%股权以1元的价格转让给深圳市泓盛信达资产管理有限公司。对于上述股权转让事项,凯瑞德未及时履行信息披露义务,直至2016年5月17日才予以披露。

(4)关于收购中悦科技有限公司(以下简称中悦科技)10%股权

2014年12月10日,凯瑞德发布《关于公司签订〈股权收购框架协议〉的公告》,称公司与中悦科技股东签署《股权收购框架协议》,拟以不超过3500万元收购中悦科技10%股权(凯瑞德在同等条件下对剩余股权享有优先购买权),最终交易价格以评估报告为基础协商确定,审计、评估等相关工作正在进行中。凯瑞德在公告中称“(中悦科技)在全国开展彩票自助投注销售系统业务,是公益彩票自助投注行业的开拓及领跑者,是以生产各类新型彩票销售设备和运营中国公益彩票相关项目的高科技企业”,“(凯瑞德)通过收购涉彩企业正式进入彩票行业,是公司多元化经营战略的重要组成部分,将有助于公司迅速进入移动互联网等彩票领域,提高公司的整体盈利能力……致力于发展成为国内领先的彩票综合服务企业。虽然目前公司涉彩资产规模较小,但本次收购系本公司进入涉彩行业的重大突破,若未来彩票业务实现爆发式增长,将会带动公司营业收入大幅提升”。

经查,凯瑞德与中悦科技方面后续并未推动收购事项。双方签订的《股权收购框架协议》无具体违约条款,亦未约定违约金,缺乏约束力。之后,凯瑞德仅支付了约定的3500万元收购款中的1000万元。2015年3月底,中悦科技方面决定终止与凯瑞德的合作。4月,吴某模与中悦科技实际控制人达成一致,决定终止合作。5月28日,中悦科技方面将《关于终止〈股权转让框架协议〉的通知》送达凯瑞德在北京的办公地点。凯瑞德对于前述收购事项进展,未及时履行信息披露义务,其中对于收购事项终止情况,直至2015年7月14日才予以披露,且披露的部分内容虚假,即凯瑞德在未对中悦科技进行审计、评估的情况下,宣称“《股权收购框架协议》签署后,公司组织审计、评估、法律等中介机构对拟收购公司进行了尽职调查”。

(5)关于收购北京华夏百信科技有限公司(以下简称华夏百信)10%股权

2014年12月27日,凯瑞德发布《关于收购北京华夏百信科技有限公司10%股权的公告》,称公司决定以自有资金1500万元收购华夏百信10%股权,并已于26日与华夏百信股东签订了《关于收购北京华夏百信科技有限公司10%股权之股权转让协议》。凯瑞德在公告中称华夏百信控股北京江天彩娱通讯有限公司(以下简称江天彩娱),江天彩娱是一家致力于在移动通讯网络和互联网中构建中国体育彩票交易资讯平台的高科技公司。凯瑞德在公告中称:"本次收购是公司迈出整合彩票行业包括移动互联网线上线下、行业横向纵向经营战略的重要一步,将有助于公司迅速提高公司在彩票领域市场占有率,提高公司的整体盈利能力。"股权转让协议约定凯瑞德于协议签署并生效后15个工作日内支付股权转让价款。

经查,在后续实际履约过程中,凯瑞德未按照约定支付股权转让价款,收购事项未能继续推进(收购协议未解除),凯瑞德未对此进行披露。

(6)关于收购百宝彩(北京)信息技术有限公司(以下简称百宝彩)51%股权

2015年2月10日,凯瑞德发布《关于收购百宝彩(北京)信息技术有限公司51%股权的公告》,称公司决定以自有资金1550万元收购百宝彩51%股权,并已于9日与百宝彩股东签署了《关于收购百宝彩(北京)信息技术有限公司51%股权之股权转让协议》。凯瑞德在公告中称"(百宝彩)是一家以提供彩票专业产品设计与技术应用开发的科技服务型公司。与众多仅以提供线上彩票销售为主营业务的行业公司不同,百宝彩的主要业务专注于线下彩票营销渠道的布局及整合……百宝彩拥有独立研发的手机购彩客户端与资讯客户端产品,以及具有自主知识产权的'投注站信息服务'平台系统,该系统是目前国内唯一采用以智能电视操作系统为基础平台,结合云计算与大数据的市场化应用……公司现已拥有完整的全彩种电话投注客户端产品,以及成熟的彩票数据采集、接入与分发技术,公司网站的彩票开奖号码数据开放平台在为近百家行业网站提供服务",凯瑞德并在公告中称国内彩票行业发展潜力巨大,公司将通过收购百宝彩加大投资彩票行业力度,将"继续物色与彩票行业相关的公司进行投资。公司力争通过对行业相关公司的整合将中彩凯德打造成为业内领先的彩票综合服务企业"。股权转让协议约定凯瑞德应于协议签署并生效后10个工作日内支付股权转让价款。

经查，在后续实际履约过程中，凯瑞德未按照约定支付股权转让价款，也未参与百宝彩实际经营管理。2016 年 3 月 19 日，凯瑞德披露《关于终止〈股权收购协议〉的公告》，称协议签署以来，国家出台相关政策规范彩票市场，监管措施不断趋严，受此影响公司的彩票业务未能实现预期发展，因此公司与百宝彩股东签署《解除协议书》，终止收购百宝彩 51% 股权。

2. 吴某模利用账户组交易配合拉抬“凯瑞德”股价

(1)连续买卖的情况

2014 年 9 月 30 日至 2015 年 3 月 25 日，吴某模利用账户组在 84 个交易日中的 37 个交易日连续买卖“凯瑞德”，期间共买入“凯瑞德”11,694,400 股，买入金额 199,419,355.91 元，卖出“凯瑞德”16,314,571 股，卖出金额 295,264,009.67 元。期间，账户组有 9 个交易日的买入成交量排名市场第一，有 19 个交易日的买入成交量排名市场前五；有 7 个交易日的卖出成交量排名市场第一，有 11 个交易日的卖出成交量排名市场前五。2015 年 3 月 19 日，账户组持有“凯瑞德”数量达到最高的 13,839,000 股，占该股总股本的 7.86%。截至 2015 年 3 月 25 日，账户组持有“凯瑞德”12,350,909 股，占该股总股本的 7.02%。

(2)在自己实际控制的账户之间进行交易的情况

2014 年 11 月 3 日，账户组买入“凯瑞德”611,200 股，卖出“凯瑞德”1,788,100 股。当日账户组买入成交量、卖出成交量均排名市场第一。账户组买入申报与卖出申报之间相互成交 424,500 股，占账户组买入成交量的 69.45%，占账户组卖出成交量的 23.74%，占当日该股市场成交量的 3.66%。

2014 年 12 月 4 日，账户组买入“凯瑞德”578,800 股，卖出“凯瑞德”804,599 股。当日账户组买入成交量市场排名第一，卖出成交量市场排名第三。账户组买入申报与卖出申报之间相互成交 349,536 股，占账户组买入成交量的 60.39%，占账户组卖出成交量的 43.44%，占当日该股市场成交量的 3.00%。

此外，2014 年 8 月 13 日、8 月 15 日和 2015 年 3 月 11 日，账户组买入申报与卖出申报之间也存在相互成交情况。

（三）吴某模控制账户组减仓卖出“凯瑞德”，并在减持期间发布利好信息维持股价

1. 吴某模控制账户组减持“凯瑞德”并拉抬股价情况

2015 年 3 月 26 日至 6 月 12 日（周五），账户组陆续卖出“凯瑞德”。账户组持有“凯瑞德”的数量，从期初的 12，350，909 股（占该股总股本 7.02%）减持到期末的 2，366，782 股（占该股总股本 1.34%）。

2015 年 6 月 15 日（周一），吴某模将第五季实业持有的 3000 万股“凯瑞德”中的 850 万股，以大宗交易方式减持到其控制的浛景公司账户，意图通过二级市场卖出获利。在后续交易过程中，因“凯瑞德”股价呈现明显的下跌趋势，为了能够以较高价格卖出，账户组存在买入申报与卖出申报相互成交和盘中拉抬股价的行为，其中账户组在 2015 年 6 月 16 日、18 日、25 日存在买入申报与卖出申报之间相互成交情况；账户组在 2015 年 6 月 16 日、18 日、23 日存在盘中拉抬行为。以 2015 年 6 月 18 日的交易为例，当日账户组买入 3，989，933 股，卖出 7，132，899 股，账户组买入申报与卖出申报之间相互成交 3，464，986 股，占当日该股市场成交量的 14.33%。同时，当日 13 时 4 分 35 秒至 13 时 13 分 49 秒，账户组存在盘中拉抬的行为，期间账户组申报买入“凯瑞德”2，400，000 股，成交 2，215，500 股，成交金额 70，705，436 元。账户组买入申报价格高于前一笔市场成交价的申报数量为 2，000，000 股。账户组申报价格由 31.15 元逐渐抬高至 33.65 元，而此前“凯瑞德”市场成交价仅为 31.18 元。账户组买入成交均价 31.97 元，远高于此前的市场成交价 31.18 元。期间账户组买入成交量占市场成交量的 53.99%。上述期间，账户组申报卖出 2，200，000 股，申报卖出价格介于 31.15 元至 33.65 元，成交 2，170，500 股。

2. 吴某模控制凯瑞德发布利好信息拉抬股价情况

在账户组大量减持期间，吴某模继续控制凯瑞德发布利好信息拉抬、维持股价，即 2015 年 5 月 4 日，凯瑞德发布《关于子公司拟增资控股北京东方财蕴金融信息服务有限公司 51% 股权的提示性公告》，称公司子公司德棉博元基金拟通过增资方式控股北京东方财蕴金融信息服务有限公司（以下简称东方财蕴）51% 股权，并已于 4 月 28 日与东方财蕴股东签署《增资控股框架协议》。凯瑞德在公告中称“东方财蕴主业经营银豆网。银豆网是一家面向个人投资者的互联网投资理财平台……针对个人投资者，提供个人对个人、个人对企业的互

联网投资理财产品……当前互联网行业市场和发展潜力巨大,为继续扩大互联网行业投资整合力度,完善公司互联网行业架构,获得必要的业务经营资质,公司通过子公司控股东方财蕴加大互联网投资行业力度,提高公司在互联网行业的市场覆盖率……若未来互联网业务实现爆发式增长,将会带动公司营业收入提升”。

经查,凯瑞德子公司德棉博元基金早在2015年4月1日即与东方财蕴签订《增资控股框架协议》,4月28日又与东方财蕴股东签订《增资控股框架协议》,但凯瑞德直至5月4日才进行披露,且未提及4月1日签订相关协议的事实。双方签订的《增资扩股框架协议》未约定违约金,缺乏约束力。之后,凯瑞德未支付任何款项。2016年2月3日,凯瑞德公告子公司德棉博元基金解除与东方财蕴股东签署的《增资扩股框架协议》。另外,凯瑞德在并未开展审计、评估工作的情况下,在2016年2月3日的公告中虚假披露德棉博元基金在签订《增资扩股框架协议》后组织审计、评估、法律等相关中介机构对东方财蕴进行了尽职调查,披露内容与实际情况不符。

(四)吴某模操纵“凯瑞德”获利情况

涉案期间,凯瑞德经营状况持续恶化,亏损严重,但由于吴某模控制凯瑞德发布一系列涉及发展彩票业务、基金业务和互联网金融等新题材的利好信息,并通过连续买卖、在自己实际控制的账户之间交易,拉抬“凯瑞德”股价,“凯瑞德”股价由2014年8月4日的7.79元上涨为2015年6月25日的24.15元,累计上涨210.01%,显著偏离同期中小板综指130.24%的涨幅。期间“凯瑞德”股价曾达到历史最高价43.50元(2015年6月8日)。期间,账户组累计买入“凯瑞德”49,413,224股(含大宗交易),累计卖出“凯瑞德”38,071,108股。经证券交易所统计,吴某模上述交易共盈利85,321,938.52元。

四、吴某模未按规定报告、公告其持股变动信息

2015年3月19日,吴某模利用账户组合计持有“凯瑞德”13,839,000股,占该上市公司总股本的7.86%,吴某模增持“凯瑞德”比例超过5%;6月12日,吴某模利用账户组合计持有“凯瑞德”2,366,782股,占该上市公司总股本的1.34%,吴某模减持“凯瑞德”比例超过5%。

综上所述,在涉案期间,吴某模在利用账户组增持“凯瑞德”比例达到5%时和减持“凯瑞德”比例达到5%时,均未按照规定履行相应的报告和公告

义务。

上述违法事实，有凯瑞德公告、借款资料、协议、证券账户资料、银行账户资料、信托资料、工商登记资料、交易数据、证券交易所统计数据和相关人员询问笔录等证据证明，足以认定。

【处理结果】

证监会认为：吴某模控制凯瑞德发布一系列利好公告，并利用账户组集中资金优势、持股优势连续买卖和在自己实际控制的账户之间交易，配合拉抬"凯瑞德"股价的行为，违反了 2005 年《证券法》第 77 条第 1 款第 1 项、第 3 项的规定，构成 2005 年《证券法》第 203 条所述"操纵证券市场"的行为。

吴某模未按规定报告、公告其持股变动信息的行为，违反了 2005 年《证券法》第 86 条第 2 款的规定，构成 2005 年《证券法》第 193 条第 2 款所述"其他信息披露义务人未按照规定报送有关报告"的行为。

根据当事人违法行为的事实、性质、情节与社会危害程度，依据 2005 年《证券法》第 203 条、第 193 条第 2 款的规定，证监会决定：

1. 对吴某模操纵证券市场的行为，没收违法所得 85, 321, 938. 52 元，并处以 426, 609, 692. 60 元的罚款；

2. 对吴某模信息披露违法的行为，给予警告，并处以 60 万元罚款。

综上所述，没收吴某模违法所得 85, 321, 938. 52 元，并处以427, 209, 692. 60 元的罚款，罚没款合计 512, 531, 631. 12 元。

本案系一起上市公司实际控制人操纵本公司股价的典型案件。凯瑞德实际控制人吴某模在 2015 年至 2016 年配资 14 亿余元，炒作"凯瑞德"股价；同时利用多种手法操控上市公司利好信息发布节奏影响股价，非法获利 8500 余万元，被处罚没款 5. 1 亿余元。本案表明，上市公司大股东、实际控制人应当依法参与公司治理，推动公司聚焦主业，规范发展，切勿触碰操纵市场等违法红线。

第二节 操纵市场的手段

《证券法》第55条和《刑法》第182条对操纵市场的行为手段进行了列举式说明。值得一提的是,基于法秩序统一原理,《刑法修正案(十一)》将《操纵市场司法解释》中所列举的其他操纵市场手段正式纳入刑法规制范畴,使之与《证券法》规定相一致,体现了立法机关对证券犯罪的零容忍打击态度,有助于促进证券市场向着健康良善方向发展。

《证券法》第55条规定:禁止任何人以下列手段操纵证券市场,影响或者意图影响证券交易价格或者证券交易量:

(一)单独或者通过合谋,集中资金优势、持股优势或者利用信息优势联合或者连续买卖;

(二)与他人串通,以事先约定的时间、价格和方式相互进行证券交易;

(三)在自己实际控制的账户之间进行证券交易;

(四)不以成交为目的,频繁或者大量申报并撤销申报;

(五)利用虚假或者不确定的重大信息,诱导投资者进行证券交易;

(六)对证券、发行人公开作出评价、预测或者投资建议,并进行反向证券交易;

(七)利用在其他相关市场的活动操纵证券市场;

(八)操纵证券市场的其他手段。

操纵证券市场行为给投资者造成损失的,应当依法承担赔偿责任。

《刑法》第182条第1款规定:有下列情形之一,操纵证券、期货市场,影响证券、期货交易价格或者证券、期货交易量,情节严重的,处五年以下有期徒刑或者拘役,并处或者单处罚金;情节特别严重的,处五年以上十年以下有期徒刑，并处罚金：

（一）单独或者合谋，集中资金优势、持股或者持仓优势或者利用信息优势联合或者连续买卖的；

（二）与他人串通，以事先约定的时间、价格和方式相互进行证券、期货交易的；

（三）在自己实际控制的帐户之间进行证券交易，或者以自己为交易对象，自买自卖期货合约的；

（四）不以成交为目的，频繁或者大量申报买入、卖出证券、期货合约并撤销申报的；

（五）利用虚假或者不确定的重大信息，诱导投资者进行证券、期货交易的；

（六）对证券、证券发行人、期货交易标的公开作出评价、预测或者投资建议，同时进行反向证券交易或者相关期货交易的；

（七）以其他方法操纵证券、期货市场的。

基于以上规定，操纵市场的常见行为手段主要有连续交易操纵、约定交易操纵、洗售交易操纵、虚假申报操纵、蛊惑交易操纵、抢帽子交易操纵等类型，本节对此展开探讨。

一、连续交易操纵

连续交易操纵，是指单独或者通过合谋，集中资金优势、持股优势或者利用信息优势联合或者连续买卖，操纵证券交易价格或者证券交易量的行为。连续交易操纵的原理为大庄家（在股市具有相对较大优势的人）连续交易，制造一种涨或跌趋势的假象，继而利用一般股市参与人员的从众心理，在股市大幅波动之后，进行反向操作，以期获利。连续交易的本质是操纵者集中资金对特定的证券、期货合约连续买卖，干扰正常的市场、价格机制，制造虚假的市场行情外观，诱使其他投资者错误地交易，而自己则可坐收渔翁之利。①

采取连续交易操纵手段的案件中行为人并非仅使用连续交易这一种操纵手段，往往会同时采用其他操纵手段一起进行操纵市场，其中连续交易与洗售

① 参见乔远主编：《金融警戒线：证券刑事法律实务探析》，法律出版社2018年版，第57页。

交易、虚假申报等其他操纵手段同时存在于一个案例中的情况较多,执法机关在认定操纵证券市场行为时宜采取综合认定方式。实践中,认定某交易行为是否构成连续交易操纵,一般需结合相关账户交易流水、电脑硬件信息、交易记录、交易所计算数据、银行账户资料、询问笔录等多种证据综合确认。

一般认为,具有下列情形的,可以认定为连续交易操纵:集中资金优势、持股优势或者利用信息优势;联合买卖证券或者连续买卖证券;影响证券交易价格或证券交易量。关于影响证券交易价格或证券交易量这一行为结果要件,本书第一节已进行了详细说明,在此不再赘述。下文主要就"利用优势"和"连续交易"这两大核心要件进行介绍。

(一)利用优势

基于以上论述可知,连续交易操纵中,行为人往往利用资金优势、持股优势或信息优势进行相关交易行为,对市场的干预或操作是对这些因素的综合应用,从而达致操纵市场而获利的目的。需要说明的是,这里的利用优势主要包含资金优势、持股优势和信息优势这三个层面的资源优势。

1. 资金优势

资金优势,是指行为人为买卖证券所集中的资金相对于市场上一般投资者所能集中的资金具有数量上的优势。实践中,资金优势主要是在证券交易行为中的一种相对优势,而并非绝对地体现在数量之上,需要结合具体案情综合判定相关行为主体是否具有资金优势。对此,证券执法人员可以结合行为人在行为期间动用的资金量及其所占相关证券的成交量的比例、同期市场交易活跃程度以及投资者参与交易状况等因素综合地分析判断。

2. 持股优势

持股优势,是指行为人持有证券相对于市场上一般投资者具有数量上的优势。实践中一般从以下几方面进行分析:同期市场交易活跃程度、操纵者动用的资金量、其持有股份数量和交易量与该证券总量的占比。① 证券执法人员可以对行为人在行为期间持有实际流通股份的总量及其所占相关证券的实际流通股份总量的比例、同期相关证券的投资者持股状况等因素综合分析判断,认

① 参见陈辐宽主编:《金融证券犯罪疑难问题解析》,中国检察出版社 2009 年版,第 14 页。

定行为人是否具有持股优势。

3. 信息优势

信息优势，是指行为人相对于市场上一般投资者对标的证券及其相关事项的重大信息具有获取或者了解更易、更早、更准确、更完整的优势。这里的重大信息，是指能够对具有一般证券市场知识的理性投资者的投资决策产生影响的事实或评价，如《证券法》及相关规定所称中期报告、年度报告、重大事件和内幕信息等；对证券市场有重大影响的经济政策、金融政策；对证券市场有显著影响的证券交易信息；在证券市场上具有重要影响的投资者或者证券经营机构的信息；中国证监会或证券交易所认定的重大信息。不同于内幕交易中以静态的重大、实质影响等为标准判定重大信息，连续交易操纵中对信息的认定则是动态的，连续交易操纵中的重大信息包括任何与证券相关的信息，毕竟证券市场对信息的敏感度远远高于其他一般市场，信息只是行为人行为时的依据，只要行为人利用了信息实施了操纵行为，就可能被认定为连续交易操纵。

（二）连续交易

连续交易即连续交易操纵的实施行为，主要包括联合买卖和连续买卖两种行为手段，这里的买卖包括未成交的买卖申报，不限于实际成交的买入或卖出交易。

1. 联合买卖

联合买卖是指 2 个以上行为人，约定在某一时段内一起买入或卖出某种证券的行为。构成联合买卖一般具有以下几个要素：第一，联合买卖是 2 个以上行为主体所实施的操纵行为；第二，联合买卖是在约定的时间段内同时进行的；第三，联合买卖的对象是约定的某一种或某一类证券、期货合约；第四，行为主体之间存在意思联络。① 行为人之间形成决议、决定或协议的，应认定行为人具有联合买卖的意图。行为人之间虽没有决议、决定或协议，但行为人之间在资金、股权、身份等方面具有关联关系的，可以认定行为人具有联合买卖的意图。一般认为，符合下列情形之一的，可认定为联合买卖；2 个以上行为人按照事先的约定，在某一时段内一起买入或者相继买入某种证券的；2 个以上行为人按照

---

① 参见乔远主编：《金融警戒线：证券刑事法律实务探析》，法律出版社 2018 年版，第 58 页。

事先的约定,在某一时段内一起卖出或者相继卖出某种证券的;2 个以上行为人按照事先的约定,在某一时段内其中一个或数个行为人一起买入或相继买入而其他行为人一起卖出或相继卖出某种证券的。

联合买卖本质上是双方或者多方合谋操纵市场。行为人可以进一步针对用户信息、资本概况、交易操作模式以及专业性人才资源等多个体系合为一体,提高证券市场的操作,进一步获得非法收益。认定联合买卖,可以基于相关决定、决议等文件资料综合判断行为人之间是否具有联合的事前通谋。如果没有决议,可以基于行为人在资金的控制、股权的概况、用户信息等多项环节有紧密的联系推定行为人存在一定意义上的联合买卖。

2. 连续买卖

连续买卖,是指行为人在某一时段内连续买卖某种证券,进而影响证券市场行情。连续买卖的操纵原理是对一般人造成错觉,使其他投资者信以为真而跟风,行为人则通过交易量的变化,来实现对交易价格的控制,进而自己从中获利。连续买卖需要让股票交易处于活跃状态,促使市场上的投资者在不了解的情况下产生错觉,进一步认知该项证券交易处在灵活买卖期间。事实上,证监会一般会将市场上这一现象发生前后的价格和交易量进行对比分析,以此认定连续买卖对股票市场造成了严重影响。

"连续买卖"中关键是对"连续"的理解,证券交易中允许连续两次以上的交易,但两次交易应当间隔一定的时间,其实连续交易在形式上既可以是 1 个交易日内 2 次或 2 次以上的证券交易,也可以是数个交易日之内的多次交易。需要说明的是,根据《证券法》的规定,只有证券公司才能进入证交所参与集中竞价,一般投资者只能委托证券商在证交所买卖证券,因此在此委托交易的场合,连续交易操纵应以行为人的委托次数作为基本标准,一次委托可以理解为一次交易。当然,证券自营商和综合类证券商有资格从事证券交易时,即在无须委托经纪商的场合,则一次实际成交应视为一次交易。

一般认为,在 1 个交易日内交易某一证券 2 次以上,或在 2 个交易日内交易某一证券 3 次以上的,即构成连续买卖。《操纵市场司法解释》完善了有关连续交易的认定标准。

《操纵市场司法解释》第 2 条规定:操纵证券、期货市场,具有下列情形之一的,应当认定为刑法第一百八十二条第一款规定的"情节严重":(一)持有或者实际控制证券的流通股份数量达到该证券的实际流通股份总量百分之十以上，实施刑法第一百八十二条第一款第一项操纵证券市场行为，连续十个交易日的累计成交量达到同期该证券总成交量百分之二十以上的……

《操纵市场司法解释》第4条规定：具有下列情形之一的，应当认定为刑法第一百八十二条第一款规定的"情节特别严重"：（一）持有或者实际控制证券的流通股份数量达到该证券的实际流通股份总量百分之十以上，实施刑法第一百八十二条第一款第一项操纵证券市场行为，连续十个交易日的累计成交量达到同期该证券总成交量百分之五十以上的……

（三）典型案例

案例4-3：张甲、张乙操纵"弘宇股份"案①

【基本案情】

一、张甲、张乙控制使用证券账户情况

资金往来、证人证言、当事人自述、相关聊天记录、配资账户清单、配资账户逐日数据汇总表、证券账户交易终端硬件信息（IP地址、Mac地址、硬盘序列号重合等）等证据显示，2018年3月30日至5月22日，张甲、张乙实际控制和使用包某莹等60个证券账户（以下简称涉案账户组），交易"弘宇股份"。

二、张甲、张乙操纵"弘宇股份"价格情况

2018年3月30日至5月22日，张甲、张乙控制使用涉案账户组，集中资金优势、持股优势，连续交易"弘宇股份"，操纵该股交易价格。

（一）操纵手段

1. 资金优势

2018年3月30日至5月22日，涉案账户组实施交易"弘宇股份"行为，累计买入成交量为28,391,050股，买入成交额为1,044,703,457.16元，累计卖出成交量为28,239,850股，卖出成交额为1,073,129,827.85元。涉案账户组主动申买量占市场主动申买量的平均比例为33.94%，占比超过30%的交易日有17日，申报占比最高为68.67%。

① 中国证监会行政处罚决定书〔2021〕38号。

2. 持股优势

涉案账户组合计持股占总股本比例超过5%的交易日有11日,最高占比为8.30%。涉案账户组持有流通股数量占该股实际流通股数量的平均比例为16.67%,占比超过10%的交易日有28日,最高占比为33.21%。

3. 连续交易

2018年3月30日至5月22日,涉案账户组连续实施交易“弘宇股份”行为。涉案账户组成交量占该股市场成交量的平均比例为24.12%,占比超过20%的交易日有20日,占比最高为44.83%。涉案账户组买入成交量占市场买入成交量的平均比例为28.41%,买入占比超过20%的交易日有22日,最高买入占比为62.14%。涉案账户组卖出成交量占市场卖出成交量的平均比例为19.83%,卖出占比超过20%的交易日有14日,最高卖出占比为56.28%。

涉案期间,涉案账户组多次实施盘中和尾盘拉抬股价行为,并趁机反向卖出获利。以“时段内涨幅2%以上且时段买成交占比30%以上”为标准测算,账户组在36个盘中时段拉抬股价,股价最低涨幅为2.02%,最高幅度为8.20%。拉抬期间,账户组买入成交量占同时段市场买入成交量的平均比例为63.48%,账户组主动买入成交量占同时段市场主动买入成交量的平均比例为66.68%。拉抬结束后,账户组卖出股票。

(二)操纵结果

涉案期间,“弘宇股份”价格涨幅为20.13%,中小板指数涨幅为1.31%,该股涨幅偏离板块指数涨幅18.82%。涉案账户组违法所得为31,634,411.14元。

上述违法事实有询问笔录、账户开户材料、资金流水、交易记录、微信聊天记录、IP地址、MAC地址等证据证明,足以认定。

证监会认为,当事人的上述行为违反2005年《证券法》第77条第1款的规定,构成2005年《证券法》第203条所述的操纵证券市场行为。

张甲、张乙分工协作,相互配合,属于共同实施主体。其中,张甲主要负责涉案证券账户组交易决策,指令交易员下单交易,同时负责与部分配资中介沟通配资事宜,起主导作用,承担主要责任。张乙主要负责配资账户和资金招揽,安排保证金、利息等资金划转,在部分时段负责涉案证券账户组交易,起配合作用,承担次要责任。

在听证过程中,当事人提出如下申辩意见:第一,本案违法主体应认定为湖北深沪通资产管理有限公司(以下简称深沪通公司),而非张甲、张乙个人。一是本案的交易决策是单位决策和单位意志。张甲以法律允许的方式行使股东权利,张甲、张乙在公司实际任职,不能因深沪通公司决策程序瑕疵否定单位决策。二是在案证据仅提供了50个配资账户的银行卡转账流水,对配资账户的保证金来源等认定有误。

第二,应认定张甲为主要责任人员,不应认定张乙为主要责任人员。张甲为公司设立人和实际控制人,在本案交易过程中起关键作用。当事人在听证时补充提交的深沪通公司员工所作的《情况说明》等证据显示,张乙在配资业务中起执行、落实作用,并未负责涉案证券账户组的交易决策。

第三,两个信托账户并非张甲、张乙实际控制。

经复核,证监会认为:第一,本案违法主体并非深沪通公司。一是本案相关交易并非深沪通公司单位意志和单位决策。张甲、张乙实际控制了深沪通公司,但张甲、张乙不是公司工商登记的股东,未在深沪通公司任职,未从深沪通公司领取报酬,张甲、张乙在本案中借用账户交易"弘宇股份"的行为,未经公司治理机制转化为公司意志。在本案中交易"弘宇股份"的相关账户并非深沪通公司管理、发行或控制的产品。二是本案违法所得并未归属深沪通公司。深沪通公司工商登记等证据显示,2018年深沪通公司的营业收入为零。三是经复核,在案证据包括全部56个配资账户的资金流水;资金流水等证据显示,配资账户的保证金能追溯至张甲、张乙控制的银行账户。综上所述,张甲、张乙交易"弘宇股份"的行为并非代表深沪通公司的行为。

第二,张甲是本案主要责任人员。一是张甲、张乙在实施本案行为的过程中,分工协作,相互配合,属于共同实施主体。二是张乙自认与张甲实际控制深沪通公司,负责公司的日常经营决策,包括公司股票产品管理和股票配资等业务,且有相关员工的证言指认。三是张乙与配资中介黄某的聊天记录证明,张乙直接参与"弘宇股份"的交易安排。四是当事人在听证时提交的深沪通公司员工所作的《情况说明》与调查组制作的询问笔录存在不一致的情况,但依据相关证人证言、当事人陈述、相关人员聊天记录、资金流水等在案证据,可以综合认定张乙是本案违法主体。

第三,张甲、张乙实际控制两个信托账户。一是信托账户资金流水证明,信托产品多次收到张乙银行账户转入资金,备注为保证金。二是配资中介黄某提供的配资账户逐日数据汇总表与张乙提供的配资名单包括信托账户信息。三是龚某威、吴某操和张乙的询问笔录证明张甲、张乙控制使用两个信托账户交易“弘宇股份”。四是聊天记录证明，张乙通知配资中介黄某到深沪通公司协助李某志减持信托账户的“弘宇股份”。

【处理结果】

根据本案违法事实、性质、情节与社会危害程度，依据2005年《证券法》第77条第1款和第203条，证监会决定：

没收张甲、张乙操纵“弘宇股份”的违法所得31,634,411.14元，并处以94,903,233.42元罚款。其中，对张甲处以63,268,822.28元罚款，对张乙处以31,634,411.14元罚款。

二、约定交易操纵

约定交易操纵，也称相通谋买卖，是指与他人串通，以事先约定的时间、价格和方式相互进行证券交易，影响证券交易价格或者证券交易量的行为。约定交易操纵是从行为人的角度出发，由2个或2个以上的行为主体(如自然人或公司)事先通谋，约定在同一证券上实施反方向的买卖行为，通常，行为人会约定证券成交的时间、数量以及价格。与连续交易一样，约定交易也并非单独出现，一般在采用约定交易手段时，都会采取连续交易和/或特定时间价格操纵手段。证监会认定构成约定交易操纵行为的证据一般包括：账户存在高度关联，买入委托与卖出申报的数量相等、价格相同、委托方向相反、委托时间接近，存在频繁沟通、多次见面或明显意思联络。

一般认为，具有下列情形的，可以认定为约定交易操纵：与他人串通；以事先约定的时间、价格和方式，与他人相互进行证券交易；影响证券交易价格或者证券交易量。根据该规定，约定交易操纵一般分为两步，第一步是事前相互串通的行为，第二步是进行相互交易的行为。约定交易操纵的原理是行为人双方通过通谋进行互相买卖股票，制造出交易的假象，将相关股票的价格慢慢推高或者做低，误导普通投资者跟风投资或抛售，从而达到影响正常的证券市场秩序的行为。关于影响证券交易价格或证券交易量这一行为结果要件，本章第一节已进行了详细说明，在此不再赘述。下文主要就“与他人串通”和“相互交易”这两大核心要件进行介绍。

(一)与他人串通

“与他人串通”,是指2个以上行为人为了操纵证券市场,达成共同的意思联络。“与他人串通”的理解构成相对委托操纵行为的前提,这里的“串通”可以理解为行为人之间的故意通谋,具体体现为事先合谋、事中的手段选择等,具体应结合时间、价格、方式等多重因素予以综合判断。

(二)相互交易

约定交易的双方,为确保相关申报能够成交,通常会选择在一定的时间、数量以及价格相近的情况下进行相反交易。在约定交易的认定当中,相反申报的交易价格及数量、时间相近,是认定该市场操纵行为的关键。以事先约定的时间、价格和方式相互进行证券交易,是指2个以上行为人共同实施的、由一方做出交易委托,而另一方依据事先的约定做出时间相近、价格相近、数量相近、买卖方向相反的委托,双方相互之间进行的证券交易。约定的时间,是指2个以上行为人约定的进行交易的时间。买入申报和卖出申报在时间上相近,就可以构成约定交易的时间要件的充分条件。约定的价格,是指2个以上行为人约定的进行交易的申报价格。买入申报和卖出申报在价格上相近,就可以构成约定交易的价格要件的充分条件。约定的方式,是指2个以上行为人约定的进行交易的申报数量和买卖申报方向。买入申报和卖出申报在数量上相近,就可以构成约定交易的申报数量要件和买卖申报方向要件的充分条件。

根据市场上证券交易的规则标准,交易顺序按照其对应的价格、时间上的先后顺序进行申报单的排序。较高的购买价格先于较低的购买价格申报,较低的卖出价格先于较高的卖出价格申报。当购买的价格大于或等于卖价时,可以自动进行交易操作;如果交易的时间已过或者交易的证券数量达不到一定标准时,未完成交易的剩余金额将继续参与当日的竞价。那么,约定交易双方如需保证被操纵的证券顺利成交,则无法避免时间、价格和数量的相似性,否则有可能无法完成该交易,或者与其他人进行交易,无法达成拉抬价格的目的。根据证券交易的日期限定,行为人如果需要达到约定交易的目的,必须在当日内进行反方向的申报。在同一天内,时间相近、价格相近,才能够被成功撮合。也就是说,在司法认定当中,需要着重关注行为人相反申报的时间与价格,并且注意行为人有操纵多只股票的可能。

另外特别注意大宗交易相对委托行为的认定。证券大宗交易是指交易数量、金额、规模远远高于证券市场平均交易水平的证券交易,根据中国证监会以及相关证券交易所大宗交易细则的规定,大宗交易是在交易所的合法监管下,符合资格的主体按照相应的程序采取与相对委托相同的行为进行的证券交易。但由于大宗交易不计入股指的计算,只是将相关交易量向市场公布,不会直接影响证券交易价格,因此法律上认为大宗交易不构成相对委托操纵犯罪。但这种看似合法的相对委托的交易行为作为一种参与证券交易的手段,其是否应当一律排除其非法性,是否可能存在用合法手段达致非法目的无疑是值得我们思考的。本书认为大宗证券交易价格对证券市场的影响仍具有现实性,生活中证券投资者往往会以大宗证券交易平台相关证券的交易价格为基准,通过一定的溢价比例来分析集中竞价市场中的证券交易价格。然而,在实际操作中,大宗交易具有灵活多变的特点,影响卖方交易价格的因素有很多,例如,前一交易日收盘价、当日收盘价以及约定的协议价等。只要交易的最终价格落在当天涨跌停板范围内,那么就都视为不违反证交所的规定,因此大宗证券交易平台约定的证券交易价格一般只接受形式审查,而缺乏对其背后实质意义的监管。由此可见,因为大宗交易平台上投资者通过事先约定从事相关证券交易具有一定的证券操纵违法犯罪的风险,加上大宗交易平台证券交易价格对证券市场的价格预测有引导作用,这种利用合法手段来实现非法获利目的的手段就显得更加隐蔽,而这需要更深层次的取证。如有证据证明行为人确实以此种方式逃避法律监管,应当认定为构成相对委托操纵犯罪。

(三)典型案例

案例4-4:易所试、中泰证券操纵市场案①

【基本案情】

2015年6月,易所试筹划以不低于20元的价格定向增发股份。7月下旬至8月初,易所试股价持续下跌。8月5日,易所试股票收盘价为14.96元。7月底,王

① 中国证监会行政处罚决定书〔2017〕100号。

某安排郝某、付某测算易所试股票二级市场筹码分布情况，计算拉升股价需买入的股数。8月5日下午，张某翔在北京中泰证券场外市场部会见王某、郝某、付某等人。经双方会谈确定，主要采用中泰证券做市交易在二级市场买入拉抬股价，同时通过易所试公告利好信息、向投资者推荐等其他方式拉抬易所试股价，之后将买入的易所试股票卖回给易所试方面操控或安排的账户。

易所试张某翔与中泰证券付某就每日购回易所试股票的数量、价格、交易时间提前约定。易所试通过张某翔、白某桥等人操控或安排的"韩某冰""孙某辰""刘某刚""罗某炜"等账户与中泰证券买入易所试股票进行约定交易，交易双方出现数量相等、价格相同、买卖方向相反、委托时间接近的委托。2015年8月7日至11月25日，中泰证券做市交易卖出99万股，合计2065.03万元。其中，易所试方面操控和安排的"孙某辰""韩某冰""刘某刚""罗某炜"等账户回购(买入)91.9万股，回购(买入)金额1931.84万元。

上述行为致使易所试股价在操纵期间上涨81.68%，同期三板做市指数上涨4.46%，偏离度高达77.23%。其中，8月5日至18日，易所试股票收盘价从14.96元上涨至21.90元，上涨幅度达46.39%；8月19日，易所试股票收盘价为27.18元，当天上涨24.11%。操纵前10个交易日(7月23日至8月5日)，易所试股票均价为16.21元，股价下跌16.38%，同期三板做市指数下跌0.52%，偏离度为15.86%。

按照立案调查日(2016年2月22日)易所试股票收盘价计算，中泰证券做市户亏损约258.31万元；易所试控制的"孙某辰"等4个账户亏损约508.36万元。

【处理结果】

易所试和中泰证券的上述行为违反了2014年《证券法》第77条第1款第1项和第2项的规定，构成操纵市场的违法行为。对上述行为直接负责的主管人员是易所试实际控制人章某、中泰证券场外市场部总经理王某，其他直接责任人员是易所试原总经理白某桥、易所试董事会秘书张某翔、中泰证券场外市场部总监郝某、中泰证券场外市场部交易员付某。

综合考虑本案当事人的申辩意见，根据当事人违法行为的事实、性质、情节与社会危害程度，依据2014年《证券法》第203条和《行政处罚法》第27条的规定：对易所试、中泰证券分别处以100万元罚款；对章某、王某给予警告，并分别处以20万元罚款;对白某桥、张某翔、郝某给予警告,并分别处以10万元罚款;对付某给予警告,并处以3万元罚款。

本案中,易所试公司的董事会秘书张某翔与中泰证券的交易员工付某就每日买卖易所试股票的数量、价格、交易时间提前约定。张某翔通过手中的账户组,向中泰证券买入易所试的股票,例如,2015年8月7日9时10分55秒,中泰证券做市户以16.3元的价格委托卖出易所试股票59,000股;9时11分37秒孙某辰(张某翔控制的账户之一)账户以16.3元的价格委托买入易所试股票59,000股;双方成交59,000股。这种约定交易行为从8月7日到11月25日结束,致使易所试在操纵期间价格上涨81.86%。这一案例实为约定交易操纵的典型案例,不仅时间非常相似,并且买入和卖出的交易价格和交易量完全相同。约定交易的双方,为确保相关申报能够成交,通常会选择在一定的时间、数量以及价格相近的情况下进行交易。在约定交易的认定当中,相反申报的交易价格及数量、时间相近,是认定该市场操纵行为的关键。约定交易操纵行为人在交易前一般都会提前进行意思联络,这种联络比较隐秘,较难为监管机构所获取,监管机构一般会通过综合相关因素进行推断。

三、洗售交易操纵

洗售交易操纵,又称"冲洗买卖"或"自我买卖",是指行为人在自己实际控制的账户之间进行证券交易,影响证券交易价格或者证券交易量的行为。在实际操作上,洗售交易操纵通常由同一行为人同时委托两家证券公司作同一证券的价格相同、数量相同、方向相反的买卖。由于买卖双方同属一个委托人,故在形式上发生了买卖行为,但实际上未发生证券权利的实质变动,行为人所持有的证券种类和数量均未因此改变。①

洗售交易操纵的原理即行为人采取一种左手换右手的方式,影响证券价格或交易量,从而实现自己非法获利之目的。具体而言,行为人在其能够控制的交易户头之间进行反向操纵,在交易量与价格的变化中获取巨额价差。洗售交

① 参见范健、王建文:《证券法》(第3版),法律出版社2020年版,第313页。

易操纵的本质是利用不能反映市场真实供需关系的不发生实际转移所有权的虚假交易，来达到扰乱市场的目的。

一般认为，行为人具有下列情形的，可以认定为洗售操纵：(1)在自己实际控制的账户之间进行证券交易；(2)影响证券交易价格或者证券交易量。

(一)实际控制账户

自己实际控制的账户，是指行为人具有管理、使用或处分权益的账户，主要包括下列账户：行为人以自己名义开设的实名账户；行为人以他人名义开设的账户；行为人虽然不是账户的名义持有人，但通过投资关系、协议或者其他安排，能够实际管理、使用或处分的他人账户。

关于“实际控制的账户”的认定，一般可从行为人的亲属关系以及投资关系、协议控制等方面予以判断。实践中，行为人为了规避洗售操纵风险，很少用本人或关系密切的名义开设证券交易账户，而是以大量的“人头账户”实施洗售操纵，这些由操纵者实际控制的交易账户，在洗售过程中，相关证券虽在形式上实现了左手到右手的转移，但是并无实质交易之真意表达，本质上是一种逃避监管的手段选择。[①]

认定洗售交易操纵的核心为“账户组”是否被同一主体操控，即只有被同一主体所操控的账户组之间进行了不产生所有权实际转移的买卖，扰乱了市场的正常秩序，才能被认定为市场操纵行为。在实践中，认定账户组是否被同一主体操纵，通常是通过交易电脑地址和交易地址的重合度予以判断，证监会认定构成洗售交易操纵的证据一般包括：控制账户组在单一账户或多个账户之间相互交易、涉案账户开户资料及委托交易流水资料、电脑硬件信息、询问笔录、MAC 地址一致等。

(二)账户间进行交易

洗售交易操纵的行为内容表现为，行为人在本人实际控制的证券账户之间从事证券交易，在市场上造成虚假的价格信号或供求关系，抬高或压低证券价格，意图影响证券市场交易量或交易价格，最终通过做多或做空的方式获利。

---

① 参见林国全：《操纵行为之案例分析》，载《证券暨期货月刊》2004 年第 12 期。

洗售交易和约定交易一样,行为模式都比较简单,不管采用何种方式进行自我买卖,行为都显然和正常的交易行为存在区别,因此便可判断其“具有不当控制该种证券交易价格的故意”。但是需要注意的是,即使行为主体存在自买自卖证券的行为,但是标的证券的证券交易量和证券价格没有因为其行为产生较大的变动甚至没有产生影响,那么便不能认定为操纵。

洗售交易操纵以自己为交易对象,进行对倒交易,造成投资者跟风购买,从而获取非法利益。洗售交易多是交易型开放式指数基金的原因,也是因为上述行为人想通过自己控制的账户之间实现股票 T+0 交易(当日申购当日卖出)。由于洗售操纵的违法性相当明显,在实际案例中,行为人很少使用自己或者亲属的账户,洗售操纵方式基本上发生在连续竞价期间,行为人自己对申报买入价格和申报卖出价格做安排。涉案股票在行为人控制的账户组下,进行相互买卖,涉案的股票并没有进行实质上的权利转移,仍在行为人的控制之下。这种手段同样是反映虚构的市场信息,误导普通投资者购买股票。

需要注意的是,要将洗售交易操纵与当日冲销行为区分开来。所谓当日冲销,是指行为人在实际控制下的普通账户与信用账户之间进行证券交易,通常表现为平仓前的同一交易日下特定交易标的之买进或者卖出行为。其目的是合理规避对隔日交易中不可预测的市场风险。我国证券交易也存在当日冲销的可操作性,主要表现在市场参与者同日内在不同账户之间的反向交易,行为人基于同一证券,在普通账户中卖出或买入,在信用账户内进行反向的多头与做空,从而变相地赚取价差,实现获利。当日冲销中行为人在实际控制账户之间的证券交易是基于信用交易机制下通过对市场行情判断、风险承担的预估而实行的真实操作,不应认定为具有虚假性和欺骗性的洗售交易操纵。

(三)典型案例

案例4-5:江某东操纵市场案[①]

【基本案情】

2015 年 10 月 8 日开始,江某东实际控制账户组持有“风形股份”股数占总股本比例首次超过 5.00%,达到 5.52%,占流通股比例 22.06%。操纵期间,江

---

① 中国证监会行政处罚决定书〔2018〕42 号。

某东使用账户组在19个交易日进行了交易,仅在2016年1月25日没有进行交易,每个交易日持股占总股本比例均超过5.00%,占流通股比例超过20.00%,平均每日持股占总股本比例达到6.54%,占流通股比例达到26.14%。操纵期间内,江某东控制账户组利用持股优势,通过连续交易、自买自卖(在自己控制的账户间交易)、盘中拉抬等手段操纵“凤形股份”。

操纵期间内,深证综指在2016年1月11日前一交易日(2016年1月8日)收盘指数为5998.27,2016年2月5日收盘指数为5380.00,累计下跌10.31%。“凤形股份”所属金属制品业指数在2016年1月11日前一交易日即2016年1月8日收盘指数为3296.91,2016年2月5日收盘指数为2838.63,累计下跌13.90%。“凤形股份”在2016年1月8日收盘股价为47.20元,2016年2月5日收盘股价为51.48元,累计上涨9.07%。“凤形股份”走势较同期深证综指走势偏离度为19.38%,较同期金属制品业指数走势偏离度为22.97%。

【处理结果】

江某东的上述行为违反《证券法》第77条第1款第1项、第3项、第4项的规定,构成《证券法》第203条所述操纵证券市场行为。根据当事人违法行为的事实、性质、情节与社会危害程度,依据《证券法》第203条的规定,证监会决定:对江某东处以300万元罚款。

四、虚假申报操纵

虚假申报操纵,又称“违约交割”,是指行为人作出不以成交为目的的频繁申报和撤销申报,误导其他投资者,影响证券交易价格或交易量的行为。本章引言部分“唐某博操纵证券市场案”即“虚假申报”型市场操纵最典型案例,且系全国首例“虚假申报型”操纵证券市场犯罪案,影响重大。

虚假申报操纵的具体行为模式为行为人首先向证券中介机构提出交易委托申请,随后该证券中介机构向证交所申报,当证券中介机构在证券市场完成竞价后,操纵者拒绝达成最后交易协定,违约交割。但此时,由于行为人已经申报委托,其申报的价格已经处于竞价状态或已经完成竞价,若行为人在短时间内连续通过违约交割实施操纵行为,即使没有实际成交,也会造成供求关系和价格走势或涨或跌的假象,制造虚假交易信号误导其他投资者进行交易,诱导其跟进买入或卖出,操纵者从中获利。虚假申报操纵在近年来操纵证券市场犯罪中是一种比较常见的操纵手段,严重危害证券市场的正常运行。

与传统操纵手法相比,虚假申报操纵有着时间短、成本低、隐蔽性强的特点,同时多与连续交易、洗售交易和特定期间的价格操纵相结合,严重扰乱证券市场正常秩序,侵害投资者合法权益,具有严重社会危害性。一般而言,行为人在同一交易日内或连续几个交易日内,对某证券连续或者交替进行三次以上反复申报和申买撤单,就可认定为行为人实施虚假申报操纵。

一般认为,具有下列情形的,可以认定为虚假申报操纵:(1)行为人不以成交为目的;(2)行为人作出频繁申报和撤销申报的行为;(3)影响证券交易价格或者证券交易量。

(一)不以成交为目的

关于"不以成交为目的"的认定,实践中有以下几个标准。

1. 撤销申报的频次

实践中,一般将申报撤销的频次作为认定操纵行为的标准,即只要交易日内存在三次以上针对同一证券有效竞价范围内的申报与撤销,就能够认定行为构成操纵。证监会执法实践中,往往还会结合其他情况综合认定,如除对撤销申报的频次进行认定之外,还综合考虑了撤回量占当日总委托量的比例,并且用股价的涨跌幅度作为佐证来综合判断。

2. 堆单行为的异常性

行为人申买后撤销,在股票价格已经为涨停价时,同样以涨停价格大量申报买入,此时的买入申报明显无法成交,但是受到误导的投资者在此时会跟进申报买入,使股价能够维持在涨停价位上,从而为其下一步的操纵行为创造了条件。

3. 申报价格和数量的异常性

根据证券交易的规则,买入的申报会按照价格进行排序,行为人在进行委托时精准地控制着申买价格始终低于申报前的市场平均成交价,因为价格的劣势而不能立即成交,同时这种申报又会导致委托数量增加,影响了其他投资者对该股票供求和价格走势的判断,诱导其跟进买入,逐步推高股价,因此也足以判断出行为人在这一过程中始终不以实际成交为目的。

（二）频繁申报与撤销申报

频繁申报和撤销申报，是指行为人在同一交易日内，在同一证券的有效竞价范围内，按照同一买卖方向，连续、交替进行三次以上的申报和撤销申报。

虚假申报操纵行为的行为模式一般经过“申报”、“撤销申报”和“反向成交”三个步骤。在虚假申报阶段，行为人进行大量的买入或卖出申报，通过这一行为引导其他投资者跟进，进行相同方向的报单；在撤销申报阶段，行为人将之前申报的报单赶在实际执行之前全部撤销；在最后一个阶段，行为人在撤销之前申报的同时，进行反方向的申报，此时的申报由于存在较多的对手方而极易成交。在实际的操纵过程中，行为人还会对这三个步骤进一步的优化，增加其可操作性。我国证券市场实践中常见的虚假申报主要有三种形式：[①]涨停板价格反复申报、撤单，制造大量买单封涨停的假象；以连续多个价位的大额买单，逐步推高股价；在行情揭示的上、下共六个申报价位上，放置大额买卖单，逐步推高股价，诱导投资者，达到吸筹或出货的目的。

五、蛊惑交易操纵

蛊惑交易操纵，是指行为人进行证券交易时，利用不真实、不准确、不完整或不确定的重大信息，诱导投资者在不了解事实真相的情况下作出投资决定，影响证券交易价格或交易量，以便通过期待的市场波动取得经济利益的行为。蛊惑交易操纵中的“进行证券交易”是指行为人在编造、传播或者散布不真实、不准确、不完整或不确定的重大信息之前买入或卖出相关证券；而在编造、传播、散布不真实、不准确、不完整或不确定的重大信息及股价发生波动之后卖出或买入相关证券。

互联网的普及在一定程度上使蛊惑交易这种形式的操纵更容易发生。在互联网时代，信息的传播速度和广度实现了前所未有的大跨越，信息传播的成

---

① 美国的《多德—弗兰克法案》将虚假申报操纵行为分为四种模式，即行为人通过提交或取消申报，使交易设施的报价系统超负荷，延迟他人的交易执行，制造虚假的市场深度表象，抑或意图制造人为的价格涨跌方向。

本变得更低甚至可以不计成本,虚假信息的影响范围影响力度也被无限的放大,比如一条虚假消息可以通过贴吧、QQ、微信、微博等社交平台迅速传播,再经过不断地转发网状扩散,影响范围大,危害重。因此对编造传播谣言的行为必须加以重视。

一般认为,行为人具有下列情形的,可以认定为蛊惑交易操纵:(1)具有利用不真实、不准确、不完整或不确定的重大信息的行为;(2)在编造、传播或者散布不真实、不准确、不完整或不确定的重大信息之前或者之后进行证券交易;(3)影响证券交易价格或交易量。

(一)利用虚假信息

行为人利用的信息是能够对证券市场上一般投资者的投资决策产生影响的不真实、不准确、不完整或不确定的重大信息。这里的重大信息是指足以对投资者的投资观念及投资决策产生重大影响的信息。"不真实信息",是指行为人所捏造出来的客观上并不存在的信息;"不准确信息",是指并未准确反映实际情况的信息;"不完整信息",是指不能完全覆盖与实际情况相一致的信息;"不确定信息",是指没有确切根据的信息。

(二)诱导投资者

诱导投资者,是指行为人具有编造、传播或者散布不真实、不准确、不完整或不确定的重大信息的行为。行为人可以是不真实、不准确、不完整或不确定的重大信息的编造者,也可以是其传播者或者散布者。根据该规定,诱导行为包括编造信息和传播信息两种递进的行为方式,若行为人只编造但并未传播相关信息则不构成蛊惑交易操纵,毕竟信息未经传播不会被投资者所知悉,更不会影响相应投资决策。

六、"抢帽子"交易操纵

"抢帽子"交易操纵,是指证券公司、证券咨询机构、专业中介机构及其工作人员,买卖或者持有相关证券,并对该证券或其发行人、上市公司公开作出评价、预测或者投资建议,以便通过期待的市场波动取得经济利益的行为。抢帽子交易操纵作为一种信息型操纵,行为人买卖证券、期货合约的行为以及传播利益冲突信息的行为不会直接影响市场交易量或交易价格。因此,行为人的危害行为即提出投资咨询意见的行为,只要能够影响投资者的投资行为,即可认定抢帽子交易操纵。

具有下列情形的,可以认定为抢帽子交易操纵:(1)行为人是证券公司、证券咨询机构、专业中介机构及其工作人员;(2)行为人对相关证券或其发行人、上市公司公开作出评价、预测或者投资建议;(3)行为人在公开作出评价、预测或者投资建议前买卖或持有相关证券;(4)行为人通过公开评价、预测或者投资建议,在相关证券的交易中谋取利益。

为正确认知抢帽子交易操纵行为,需了解该类操纵行为的行为主体及其具体行为模式。

(一)行为主体

抢帽子交易操纵有明确的行为主体,抢帽子交易操纵的行为人应当是证券公司、证券咨询机构、专业中介机构及其工作人员。证券公司,是指按照《公司法》和《证券法》所规定的设立条件,经证券监督机构批准并由公司登记机关登记设立的,经营证券业务的有限责任公司或者股份有限公司。证券咨询机构,是为证券发行人或证券投资者提供投资咨询服务和资信评估服务的专业机构。需要注意的是,法律上并不排除其他主体的存在,如《刑法》第182条对操纵证券、期货市场罪的各行为类型均未限定主体。实践中,由于互联网与自媒体的普及,大量诸如“名嘴”“大V”从事抢帽子交易操纵的违法行为也将受到法律规制。

(二)行为模式

1. 低价建仓

行为人在选定股票作为操纵对象后,在公开发布信息前会先行买卖或持有股票。为了躲避证券监管部门的监管,他们往往会借用自己朋友、亲戚等人的身份证或者收购他人的身份证在不同证券公司或者同一证券公司的不同营业部开立大量的证券账户分散买入以完成低价建仓。

2. 散布信息

行为人公开散布信息,对自己建仓的证券进行有利于自己的预测和评价,并诱导、建议投资者对该证券进行投资,以此将该证券价格推高。散布信息的渠道,既包括财经报纸杂志、电视、广播等传统渠道,也包括各大门户网站的财经频道、专业财经网站、各类股票信息交流网络平台以及QQ、微信、微博等。

3. 平仓获利

当普通散户因荐股信息诱导集中买入所推荐股票,导致该股票的交易量、交易价格上升至其预定价格区间时,行为人立即进行区别于普通投资者的反向交易行为,从中谋利。在"朱某明操纵证券市场案"中,其操纵某一只股票的时间最长的有5日,最短的仅有1日,体现了"抢帽子"这种短线操纵模式"快进快出"的特点。

(三)典型案例

案例4-6:廖某强操纵市场案[①]

【基本案情】

廖某强利用其知名证券节目主持人的影响力,在其微博、博客上公开评价、推荐股票,在推荐前使用其控制的账户组买入相关股票,并在荐股后的下午或次日集中卖出,具体事实如下:

1. 廖某强是高收视率证券类品牌节目的嘉宾主持。

2012年2月至2016年4月,廖某强在上海广播电视台第一财经频道《谈股论金》节目担任嘉宾主持人。《谈股论金》作为第一财经证券类品牌节目,始终保持较高人气,收视率表现稳定。廖某强还从2014年9月开始担任第一财经频道周播节目《谈股论金之英强开讲》的嘉宾主持。上述两档节目在上海地区的收视率均高于同时段所有频道财经类节目在上海地区的平均收视率。

廖某强作为大股东的上海股轩文化创意有限公司(以下简称股轩文化)通过"爱股轩"网站的APP,以解盘视频"金钱风暴""股动钱潮"等节目以及新浪微博、博客、土豆网等互联网平台进行推广和宣传。2015年,股轩文化在上海举办多场培训讲座,讲座视频放在"爱股轩"网站上,以提高股轩文化知名度。随着股轩文化的推广活动,廖某强也积累了一定粉丝,其博客点击率很高。

---

① 中国证监会行政处罚决定书〔2018〕22号。

廖某强通过在电视台主持高收视率的证券类品牌节目积累名气和受众，再辅以互联网各类平台宣传和推广，开办培训讲座等形式，具有了相当的知名度和影响力。

2. 2015 年 3 月至 11 月廖某强控制其本人及“张某萍”等 13 个证券账户。

廖某强承认，“廖某强”账户由其本人控制使用。2015 年 3 月至 11 月，“柴某玉”“王某妮”“张某”“张某萍”“韩某”“季某燕”“许某琴”“刘某钟”“柴某美”“廖某杰”“金某”等 11 个证券账户交易廖某强推荐股票时委托使用的 MAC 地址与“廖某强”账户所使用的 MAC 地址高度重合。“路某”账户 2015 年以来进行股票交易使用最多的电脑 MAC 地址为廖某强办公电脑 MAC 地址。

2015 年 1 月至 12 月，“张某”账户全部资金来源于廖某强，“路某”账户 84.97% 的资金来源于廖某强，“刘某钟”账户 84.73% 的资金来源于并全部流出至廖某强配偶郭某琳；“季某燕”“许某琴”账户的半数收益经由张某转至廖某强的银行账户，“季某燕”“许某琴”账户经委托给廖某强代为操作。

廖某强为股轩文化、上海英琪文化传播有限公司（以下简称英琪文化）实际控制人及总经理。张某为英琪文化原股东；路某为股轩文化股东；韩某为股轩文化员工；股轩文化法定代表人柴某英是廖某强的表姐，柴某玉是柴某英的妹妹；柴某美是廖某强的母亲；廖某杰是廖某强的哥哥；金某是廖某杰妻子的姐姐。上述人员与廖某强具有亲属关系或工作关系。

综上所述，可以认定 2015 年 3 月至 11 月，廖某强控制“廖某强”“柴某玉”“王某妮”“张某”“张某萍”“韩某”“季某燕”“许某琴”“刘某钟”“柴某美”“廖某杰”“金某”“路某”等 13 个证券账户。

3. 廖某强操纵“佳士科技”等 39 只股票。

2015 年 3 月至 11 月，廖某强利用其知名证券节目主持人的影响力，发布了含有荐股内容的博客 60 篇，平均点击次数为 110,399 次，在其微博、博客“午间解盘”栏目视频中公开评价、推荐“佳士科技”等 39 只股票共 46 次，在推荐前使用其控制的账户组买入相关股票，并在公开荐股下午开盘后或次日集中卖出相关股票，违法所得共计 43,104,773.84 元。

【处理结果】

廖某强的上述行为违反了 2014 年《证券法》第 77 条第 1 款“禁止任何人以下列手段操纵证券市场”中第 4 项“以其他手段操纵证券市场”的规定，构成《证券法》第203条所述情形。

根据当事人违法行为的事实、性质、情节与社会危害程度,依据《证券法》第203条的规定,证监会决定:对廖某强处没收违法所得43,104,773.84元,并处86,209,547.68元罚款。

七、其他操纵手段

《证券法》第55条和《刑法》第182条明确规定了前述六种常见操纵证券市场的行为手段。最高人民法院、最高人民检察院联合出台的《操纵市场司法解释》对操纵市场的其他行为手段予以了扩充,增设了重大事项操纵、特定时间的价格操纵和尾市交易操纵三种行为类型。

(一)重大事项操纵

根据《操纵市场司法解释》第1条第3项之规定,重大事项操纵是指行为人通过策划、实施资产收购或者重组、投资新业务、股权转让、上市公司收购等虚假重大事项,误导投资者做出投资决策,影响证券交易价格或者证券交易量,并进行相关交易或者谋取相关利益的行为。

需要说明的是,这里的“策划、实施资产收购或者重组、投资新业务、股权转让、上市公司收购等虚假重大事项”,并不要求与此类重大事项有关的信息(或内容)全面造假。其中的虚假性内涵应当是策划、实施相关事项并无执行的客观基础,行为人不以并购、重组、交易、业务等内容的达成为目的,而是以配合影响价格、交易量为目的。实践中,部分操纵者在控制上市公司经营活动与重大资产交易时,股权收购、业务拓展、技术研发、资产置换等基础交易关系及其磋商过程本身是真实存在的,但行为人筹划、实施此类重大事项的意图在于制造并发布重大信息,从信息所引发的股价变动中谋取交易利润(如高位减持)或者其他相关利益(如维持股价高位运行使大股东或者实际控制人的股票质押处于平仓线之上)。虚假性标准并不要求证明与重大事项推进有关的一系列事项是否真实发生,实践中需要重点考察以下内容:与重大事项有关的财务文件是否存在虚假记载;重大事项进程及其结果是否依法披露信息;策划、实施相关事项是否具有不正当目的。

(二)特定时间的价格操纵

特定时间的价格或价值操纵,是指行为人在计算相关证券的参考价格或者结算价格或者参考价值的特定时间,通过拉抬、打压或锁定手段,影响相关证券的参考价格、结算价格或者参考价值的行为。实践中,特定时间的价格操纵多与连续交易、洗售交易和虚假申报操纵手段同时出现,常见的操纵时间主要集中在开盘和收盘阶段,即操纵开盘价和收盘价,特点是通过大量申报将股价拉抬,甚至出现拉抬至涨停并封死涨停,或打压股价的行为,次一交易日再反向卖出或买入。

一般认为,具有下列情形的,可以认定为特定时间的价格或价值操纵:(1)交易时间为计算相关证券的参考价格、结算价格或者参考价值的特定时间;(2)行为人具有拉抬、打压或锁定证券交易价格的行为;(3)影响特定时间的价格或价值。根据该规定,为准确把握特定时间的价格或价值操纵,需了解特定时间和拉抬、打压或锁定的内涵。

1. 特定时间

特定时间,是指计算相关证券的参考价格、结算价格或者参考价值的特定时间。对于特定时间,应依据法律、行政法规、规章、业务规则的规定或者依据发行人、上市公司、相关当事人的公告内容进行认定。

2. 拉抬、打压或锁定

拉抬、打压或锁定,是指行为人以高于市价的价格发出买入申报致使证券交易价格上涨,或者以低于市价的价格发出卖出申报致使证券交易价格下跌,或者通过发出买入或者卖出申报致使证券交易价格形成虚拟的价格水平。

(三)尾市交易操纵

尾市交易操纵,是指行为人在即将收市时,通过拉抬、打压或锁定手段,操纵证券收市价格的行为。一般认为,尾市交易与特定期间的价格操纵是被并列规定的,但实际上特定期间的价格操纵还可以具体分为开盘操纵、盘中操纵和尾市操纵,故该操纵行为与特定时间的价格操纵存在部分竞合。

具有下列情形的,可以认定为尾市交易操纵:(1)交易发生在即将收市时;(2)行为人具有拉抬、打压或锁定证券交易价格的行为;(3)影响证券收市价格。这里的即将收市时,是指证券交易所集中交易市场收市前的 15 分钟时间。拉抬、打压或锁定的内涵与特定时间的价格或价值操纵相一致,此处不再赘述。

实践中,证监会认定某行为构成尾市交易操纵的依据一般是:采用尾盘大量提高股票收盘价,并于次一交易日卖出,或打压收盘价反向买入。具体而言,主要有三种标准:(1)证券交易行为所发生时间是在尾市;(2)证券交易行为对证券交易量以及证券交易价格产生了严重偏离正常标准的影响;(3)在第二天利用进行反向交易而从中获取利益。当满足上述三种条件时,便比较容易判断行为主体的主观故意,除非其能够证明是在从事正常的证券交易,否则便构成以尾市交易为手段操纵证券市场。

第三节 操纵证券市场的责任

一、民事赔偿

（一）基本规定

操纵证券市场民事责任，是指证券市场主体因从事操纵市场行为给投资者造成损失，依法应当承担的损害赔偿等民事责任。《证券法》第 55 条第 2 款对操纵证券市场的民事责任予以了原则性界定："操纵证券市场行为给投资者造成损失的，应当依法承担赔偿责任。"《证券法》第 95 条采用"投资者提起虚假陈述等证券民事赔偿诉讼时"的提法为操纵市场民事诉讼提供了一定的法律依据。①

2007 年《全国民商事审判工作会议纪要》指出，对于投资人对侵权行为人提起的相关民事诉讼，有关人民法院应当参照虚假陈述司法解释前置程序的规定来确定案件的受理，并根据关于管辖的规定来确定案件的管辖。审理内幕交易和操纵市场民事赔偿案件是民商审判一项全新的工作，最高人民法院将在广泛调研的基础上制定相关司法解释，包括对证券法适用的系统性司法解释。

但在实践中，操纵证券市场的民事索赔普遍存在立案难、诉讼请求难支持的问题。毕竟，对于操纵证券市场与损害结果之间因果关系的确定以及行为人承担赔偿责任数额的范围、损失的计算方法，现行法律法规、司法解释均无明文规定。法院是否可以参照《虚假陈述规定》审理操纵市场民事赔偿案件，对此，没有明确的法律规定可以进行参照，司法实践亦未形成统一的裁判观点。截至

① 参见范健、王建文：《证券法》（第 3 版），法律出版社 2020 年版，第 316 页。

目前,鲜有法院支持针对操纵市场的民事索赔。

(二)法理解读

操纵证券市场行为民事责任的性质应属侵权责任,理由如下:

第一,操纵证券市场行为扰乱证券市场秩序,具有欺诈性,而证券市场的发展与投资者对证券市场的信心度密切相连,若主体间缺乏诚实信用必将对证券市场的发展产生强力冲击,因此,作为法律地位平等的各证券交易主体不得进行欺诈、散布不实信息进行市场操纵,否则将承担损害赔偿责任。

第二,操纵证券市场行为具有交易性,随着证券交易电脑化非直接接触交易使投资者难以认定交易相对人,若将操纵证券市场民事责任认定为侵权责任更易保护投资者的利益。

第三,操纵证券市场行为的法律特征决定了针对侵害对象的不特定性若采用单独诉讼模式势必导致效率低、成本高,而若将操纵市场民事责任性质认定为侵权责任,采用代表人诉讼模式,较之单独诉讼模式投资受害者进行民事诉讼更具积极性。

(三)典型案例

案例4-7:杨某辉诉阙某彬、蝶彩资产管理(上海)有限公司操纵市场民事赔偿案①

【基本案情】

原告杨某辉与被告阙某彬、蝶彩资产管理(上海)有限公司(以下简称蝶彩资产管理公司)、谢某荣证券纠纷一案,法院受理后,依法组成合议庭公开开庭进行了审理,原告杨某辉的委托诉讼代理人程某鸣、周某平,被告阙某彬的委托诉讼代理人蔡某刚,被告蝶彩资产管理公司、谢某荣的委托诉讼代理人汤某鹰、顾某静均到庭参加了诉讼。

原告杨某辉诉讼请求:(1)判令阙某彬、蝶彩资产管理公司、谢某荣赔偿杨某辉经济损失231,159.45元;(2)判令阙某彬、蝶彩资产管理公司、谢某荣承担本案全部诉讼费用。事实和理由:中国证券监督管理委员会(以下简称中国证

---

① (2018)川01民初2728号。

监会)〔2017〕80 号行政处罚决定书认定阙某彬、蝶彩资产管理公司、谢某荣合谋,利用阙某彬作为上市公司恒康医疗集团股份有限公司(以下简称恒康医疗公司)的控股股东及实际控制人具有的信息优势,控制恒康医疗公司密集发布利好信息,人为操作信息披露的内容和时点,未及时、真实、准确、完整披露对恒康医疗公司不利的信息,夸大恒康医疗公司的研发能力,选择时点披露恒康医疗公司已有的重大利好信息,借"市值管理"名义,行操纵股价之实。阙某彬、蝶彩资产管理公司、谢某荣通过上述一系列信息披露的综合起效,客观上误导了投资者,影响了恒康医疗公司股价,实现了阙某彬高价减持恒康医疗公司股票的目的,违反了《证券法》第 77 条第 1 款的规定,构成操纵证券市场行为。杨某辉在阙某彬、蝶彩资产管理公司、谢某荣操纵期间买入、卖出恒康医疗公司 199,129 股,阙某彬、蝶彩资产管理公司、谢某荣的操纵行为导致恒康医疗公司股票的价格偏离真实价格,杨某辉买入恒康医疗公司股票的价格被人为抬高,与未被操纵状态下的"真实价格"相比存在损失。

被告阙某彬答辩称,(1)阙某彬主观上无操纵恒康医疗公司股价的故意,客观上也并未参与控制恒康医疗公司信息披露事宜,阙某彬对中国证监会关于阙某彬操纵恒康医疗公司股价的认定不认可。(2)杨某辉因买卖恒康医疗公司股票合计盈利 11,560.00 元,杨某辉向阙某彬主张赔偿无事实依据。

被告蝶彩资产管理公司、谢某荣答辩称,(1)恒康医疗公司信息披露瑕疵的主要原因是恒康医疗公司时任董事长朱某、董事会秘书郭某工作疏失,阙某彬未参与恒康医疗公司瑕疵信息的披露,亦未授意朱某、郭某人为控制信息披露的时点和内容以影响恒康医疗公司股票交易价格。(2)阙某彬、蝶彩资产管理公司、谢某荣涉嫌操纵证券市场一案,中国证监会已移送至重庆市立案侦查。中国证监会认定蝶彩资产管理公司、谢某荣操纵证券市场行为的事实不清,证据不足。刑事案件最终处理结果,将会影响到本案的事实认定,故请求本案中止审理。(3)由于本案是基于操纵证券市场的侵权行为所提起的侵权赔偿诉讼,杨某辉主张的损失并非实际损失。杨某辉的交易行为与中国证监会认定的阙某彬、蝶彩资产管理公司、谢某荣操纵证券市场行为不存在因果关系,其交易行为非阙某彬、彩资产管理公司、谢某荣操纵行为误导所致。(4)2012 年 8 月 1 日,谢某荣入职蝶彩资产管理公司,作为其首席合伙人,双方于当日签订了《劳动合同》;2013 年 8 月 1 日、2014 年 8 月 1 日,蝶彩资产管理公司任命谢某荣为首席策略师。本案中,谢某荣均是以蝶彩资产管理公司工作人员的身份参与其中。2013 年 7 月 5 日,阙某彬按照约定向蝶彩资产管理公司支付了研究顾问费 4858.00 万元。根据《侵权责任法》第 34 条之规定,用人单位的工作人员因执行工作任务造成他人损害的,由用人单位承担侵权责任,谢某荣不应承担侵权责任。

法院组织当事人进行证据交换和质证。经审查,原告、被告双方提交的证据具有真实性、合法性、关联性,法院予以采信。在证据认定的基础上,结合当事人的当庭陈述以及法院对恒康医疗公司基本情况、恒康医疗公司股价走势、沪深指数、行业指数走势的司法认知,认定如下事实:

1. 恒康医疗公司原名甘肃独一味生物制药股份有限公司。恒康医疗公司为深圳证券交易所上市公司,股票代码×××。

2. 2013 年 3 月,阙某彬与谢某荣在上海见面,阙某彬向谢某荣表达了希望高价减持恒康医疗股票的意愿,谢某荣表示可以通过"市值管理"的方式提高恒康医疗公司"价值",进而拉升股价,实现阙某彬高价减持恒康医疗公司股票的目的。

2013 年 5 月 7 日,阙某彬、蝶彩资产管理公司和德邦证券有限责任公司(以下简称德邦证券)三方签署《研究顾问协议》,协议约定蝶彩资产管理公司作为研究顾问机构提供顾问服务,顾问服务期限和定向计划的委托管理期限相同。蝶彩资产管理公司根据阙某彬在恒康医疗公司股价不低于 20.00 元/股的情况下对持有的 2000 万股恒康医疗公司股票进行减持的需求,提供减持策略报告和操作方案,蝶彩资产管理公司收取研究顾问费,研究顾问费按减持成交金额的 12.50% 计提,收取金额为计提金额扣除管理费、托管费和交易费用后的余额。

同日,阙某彬和德邦证券、兴业银行股份有限公司(以下简称兴业银行)三方签署《德邦证券—兴业银行定向资产管理业务资产管理合同》(以下简称《资产管理合同》),阙某彬为委托人,德邦证券为管理人,兴业银行为托管人。根据合同约定,自管理人确认委托资产全部到账后,向委托人和托管人发送《委托资产起始运作通知书》,委托人和托管人双方确认签收的当日(若非同日签收,以最后一方签收日的当日)合同开始生效。2013 年 5 月 8 日,阙某彬将 2000 万股恒康医疗公司股票托管转至资产管理账户。根据合同约定的生效条件,《资产管理合同》于2013年5月9日生效。

3. 从2013年5月9日起，蝶彩资产管理公司的工作人员及谢某荣通过邮件发送给阙某彬的《市值管理备忘录》，向阙某彬提出一系列“市值管理”建议，主要内容如下：建议恒康医疗公司加快战略转型；建议采取收购医院、安排行业研究员调研、安排财经公关和证券媒体采访等方式改善恒康医疗公司资本市场形象；建议恒康医疗公司加强信息披露，将恒康医疗公司正在做的对股价有提升的项目向市场披露来进行“市值管理”。

在此期间，恒康医疗公司进行了一系列的主动信息披露。2013年6月7日，恒康医疗公司发布收购蓬溪医院、资阳医院和德阳医院三家医院的公告；6月14日，恒康医疗公司发布公告称其全资子公司上海独一味生物科技有限公司（以下简称上海独一味公司）和美国Apexigen公司等协作研发完成了人源兔单克隆抗体“DYW101”项目第一阶段研究；6月24日，恒康医疗公司发布公告称独一味牙膏于日前研制完毕。

2013年7月3日、4日，阙某彬通过大宗交易系统减持恒康医疗公司股票2200万股，共获利51,621,068.00元。其中包括《资产管理合同》约定的2000万股，7月3日、4日各减持1000万股，减持均价20.00元/股；7月4日阙某彬主动减持200万股，减持均价19.91元/股。7月5日，阙某彬按照约定支付了蝶彩资产管理公司研究顾问费4858.00万元。

4. 2013年7月4日晚，恒康医疗公司发布公告称阙某彬于7月3日、4日共计减持恒康医疗股份2200万股。

5. 2016年2月3日，恒康医疗公司发布《关于收到中国证监会调查通知书的公告》，称恒康医疗公司、阙某彬分别收到中国证监会《调查通知书》，因恒康医疗公司信息披露涉嫌违反证券法律法规，阙某彬涉嫌违反证券法律法规，中国证监会决定对公司及阙某彬进行立案稽查。

6. 2017年5月12日，中国证监会作出〔2017〕20号结案通知书，认为恒康医疗公司信息披露违法行为轻微，决定对恒康医疗公司不予处罚。

7. 2017年8月10日，中国证监会作出〔2017〕80号行政处罚决定书，认为阙某彬与蝶彩资产管理公司、谢某荣合谋，利用阙某彬作为恒康医疗公司控股股东及实际控制人具有的信息优势，控制恒康医疗公司密集发布利好信息，人为操作信息披露的内容和时点，未及时、真实、准确、完整披露对恒康医疗公司不利的信息,夸大恒康医疗公司研发能力,选择时点披露恒康医疗公司已有的重大利好信息,借"市值管理"名义,行操纵股价之实。通过上述一系列信息披露的综合起效,客观上误导了投资者,影响了恒康医疗公司股价,实现了阙某彬高价减持恒康医疗公司股份的目的,违反了《证券法》第77条第1款的规定,构成第203条所述操纵证券市场行为。蝶彩资产管理公司、谢某荣负责策划恒康医疗公司"市值管理"方案,蝶彩资产管理公司起主导作用,非法获取4858.00万元,应承担主要责任,谢某荣是直接负责的主管人员;阙某彬起配合作用,非法获取3,041,068.00元,应承担次要责任。依据《证券法》第203条的规定,中国证监会决定:(1)没收蝶彩资产管理公司违法所得4858.00万元,并处以9716.00万元罚款;(2)对谢某荣给予警告,并处以60.00万元罚款;(3)没收阙某彬违法所得3,041,068.00元,并处以3,041,068.00元罚款。

蝶彩资产管理公司、谢某荣不服,向中国证监会申请行政复议,中国证监会作出〔2017〕167号行政复议决定书、〔2017〕168号行政复议决定书,维持〔2017〕80号行政处罚决定书对蝶彩资产管理公司、谢某荣的处罚。

8. 蝶彩资产管理公司、谢某荣对中国证监会〔2017〕80号行政处罚决定书和〔2017〕167号行政复议决定书、〔2017〕168号行政复议决定书不服,向北京市第一中级人民法院提起行政诉讼。北京市第一中级人民法院审理后作出(2018)京01行初77号行政判决书、(2018)京01行初119号行政判决书,判决驳回蝶彩资产管理公司、谢某荣的诉讼请求。

北京市第一中级人民法院认为,操纵证券市场行为的认定可从以下两点予以把握:一是行为人客观上实施了可能影响证券交易价格或者证券交易量的行为;二是行为人主观上具有操纵证券交易价格或者证券交易量的意图。

第一,在客观影响方面,中国证监会认定恒康医疗公司在操纵期间实施了三则信息披露行为。上述信息披露行为会影响恒康医疗公司的股价,促进其股价的提升。从客观效果来看,在涉案期间,恒康医疗公司的股价涨幅明显优于同期中小板综指和周期深证医药行业指数。由此可以认定,恒康医疗公司的信息披露行为具有影响证券交易价格的可能性,而且事实上也产生了实际影响。第二,在主观意图方面,行为人是否具有操纵证券交易价格或者证券交易量的意图,这一点需结合有关证据和行为来予以考量。中国证监会提供了询问笔录、《研究顾问协议》、《资产管理合同》等证据材料。综合上述证据可知,阙某彬因投资产生了资金需求，需要在短期内通过减持股票获得资金，最终选择了蝶彩资产管理公司提供的研究顾问服务，以此来实现在较高价位上减持股票的目标。在行为上，其操纵意图主要体现在信息披露的内容与时点两个方面，即通过控制信息披露的内容与时点来误导投资者形成错误的市场判断。恒康医疗公司的信息披露行为在内容与时点上存在违法性、异常性，即人为操纵信息披露的内容和时点，密集发布利好信息，未真实、准确、完整披露对恒康医疗公司不利的信息，从而影响投资者的预期，提升恒康医疗公司股价，据此可以推定上述信息披露行为背后具有操纵意图。综上，恒康医疗公司的上述信息披露行为不仅客观上对证券市场交易价格产生影响，而且该行为背后具有明显的操纵意图，据此可以认定本案客观上存在操纵证券市场的违法行为。中国证监会对此事实作出的认定准确。根据现有证据，可以认定蝶彩资产管理公司、谢某荣参与了涉案操纵证券市场的违法行为。阙某彬、林某喜的询问笔录可以说明，蝶彩资产管理公司、谢某荣在主观上有帮助阙某彬在短期内高价减持恒康医疗公司股票并以此获取研究顾问费的故意；蝶彩资产管理公司、谢某荣在前述主观故意的支配下，客观上确实参与了操纵证券市场的违法行为，并获取非法利益。谢某荣作为蝶彩资产的实际控制人，中国证监会将其认定为直接负责的主管人员进行处罚并无不当。

蝶彩资产管理公司、谢某荣不服北京市第一中级人民法院的一审判决，向北京市高级人民法院提起上诉。北京市高级人民法院作出(2019)京行终2311号行政判决书、(2019)京行终2328行政判决书，认为蝶彩资产管理公司、谢某荣提出的上诉主张和理由，没有超出一审程序中提出的主张和理由，一审判决对这些主张和理由均已作了详尽的分析和回应，且释法说理并无不当，从而判决驳回上诉、维持原判。

9. 2013年5月7日，恒康医疗公司股票收盘价为16.40元。5月8日，恒康医疗公司股价上涨7.13%，收盘价17.66元。至7月3日，恒康医疗公司股票震荡上涨。7月4日、5日，恒康医疗公司股价分别下跌7.48%、6.86%。

10. 杨某辉于2013年5月24日至7月4日多次买卖恒康医疗公司股票，截至7月4日，杨某辉的股票账户持有恒康医疗股票51,200股，按先进先出原则处理后加权平均计算出的买入均价为19.84元。杨某辉于7月5日将持有的51,200股恒康医疗公司股票全部卖出，成交均价19.73元。

法院认为，第一，《证券法》第77条第2款规定："操纵证券市场行为给投资者造成损失的，行为人应当依法承担赔偿责任。"根据该规定，原告杨某辉请求被告阙某彬、蝶彩资产管理公司、谢某荣承担操纵证券市场民事赔偿责任的，需要同时满足以下三个要件：一是被告阙某彬、蝶彩资产管理公司、谢某荣存在操纵证券市场的行为；二是原告杨某辉投资了被操纵的证券并遭受了投资损失；三是被告操纵市场的行为和原告投资者的损失之间存在因果关系。对操纵证券市场民事赔偿责任的三个构成要件，法院分别评判如下：

1. 阙某彬、蝶彩资产管理公司、谢某荣是否存在操纵恒康医疗公司股价的行为。

中国证监会〔2017〕80号行政处罚决定书、〔2017〕167号行政复议决定书、〔2017〕168号行政复议决定书均认定阙某彬、蝶彩资产管理公司、谢某荣合谋，利用阙某彬作为恒康医疗公司的控股股东及实际控制人具有的信息优势，控制恒康医疗公司密集发布利好信息，人为操作信息披露的内容和时点，未及时、真实、准确、完整披露对恒康医疗公司不利的信息，夸大恒康医疗公司的研发能力，选择时点披露恒康医疗公司已有的重大利好信息，操纵恒康医疗公司股价的事实。已经生效的北京市第一中级人民法院(2018)京01行初77号行政判决书、(2018)京01行初119号行政判决书对阙某彬、蝶彩资产管理公司、谢某荣操纵恒康医疗公司股价的主观意图和客观行为已经进行充分论述，法院深表认同，不再赘述。

对于蝶彩资产管理公司、谢某荣所称市值管理行为合法的抗辩，法院认为，市值管理建立在价值管理基础上，防止上市公司股价过分偏离公司基本面，以实现上市公司股价回归真实价值，其最终目标是服务于上市公司和全体股东的利益，而不是帮助大股东高价减持股票。本案中，蝶彩资产管理公司并未与恒康医疗公司签订市值管理协议，而是与恒康医疗的大股东阙某彬签订《研究顾问协议》，该协议的目的就是使阙某彬短期内高价减持股票，其中无法体现上市公司与全体股东的利益。因此，阙某彬、蝶彩资产管理公司、谢某荣系借市值管理为名，行操纵恒康医疗公司股价之实，其行为不具有合法性。

综上所述，法院认定阙某彬、蝶彩资产管理公司、谢某荣在2013年5月9日至7月4日实施了操纵恒康医疗公司股价的违法行为。

2. 杨某辉买卖恒康医疗公司股票是否存在损失。

本案中，杨某辉主张按照买入恒康医疗公司股票的价格与恒康医疗公司股票的“真实价格”之差计算交易损失，即以阙某彬、蝶彩资产管理公司、谢某荣实施操纵恒康医疗公司股票行为开始日前20个交易日恒康医疗股票收盘价的均价作为基准价，以申万中药三级指数涨跌幅调整操纵市场期间恒康医疗公司股票的基准价，得出恒康医疗公司股票在每个交易日的“真实价格”。杨某辉买入恒康医疗公司股票价格与“真实价格”之间的差额，即为杨某辉的投资损失。同理，杨某辉在操纵期间卖出恒康医疗公司股票的，其卖出恒康医疗公司股票的价格与恒康医疗公司股票的“真实价格”之间的差额，即为杨某辉获得的利益，因获得利益与买入股票产生的损失基于同一原因，应适用损益相抵原则，在杨某辉的投资损失中扣除卖出股票所获得的收益。杨某辉在操纵期间结束后出售恒康医疗公司股票的，因操纵行为既已结束，无论卖出恒康医疗公司股票价格如何，均与阙某彬、蝶彩资产管理公司、谢某荣操纵恒康医疗公司股价的行为无关，不适用损益相抵原则。根据此种计算方法，杨某辉主张其买卖恒康医疗公司股票的损失为214,197.79元。

阙某彬、蝶彩资产管理公司、谢某荣抗辩称杨某辉主张的损失计算方法无法律依据，也无合理性，其计算出的损失214,197.79元并非杨某辉交易恒康医疗公司股票的实际损失，从杨某辉提交的交易明细可以看出杨某辉无实际损失。

法院认为，杨某辉主张的损失计算方法既无法律依据，又缺乏实质合理性。首先，《民法总则》《侵权责任法》确定了侵权损害赔偿补偿性质，即“填平”原则。本案中，杨某辉在操纵期间结束后的次日卖出恒康医疗公司股票51,200股，其卖出价格远高于杨某辉计算出的“真实价格”。在杨某辉买入卖出股票期间，中小板综指、深圳医药行业指数并未上涨，如果不考虑杨某辉卖出该51,200股的获益情况，有违侵权损害赔偿的“填补原则”。其次，价值决定价格是经济学基本原理之一，在证券交易所挂牌交易的股票是一种特殊的金融商品，其价格也随其价值上下波动。行为人操纵证券市场行为的目的通常为获取证券交易收益，操纵行为人通过一系列行为使被操纵的股票价格脱离基本面和真实价值，从而在高点卖出股票或者在低点买入股票。本案中，阙某彬的主观意图为高价减持恒康医疗公司股份，阙某彬、蝶彩资产管理公司、谢某荣的操纵行为表现为抬高股价，投资者的损失为追高买入存在泡沫的恒康医疗公司股票。在操纵行为结束后，恒康医疗公司股价随着减持公告应声下跌，直至泡沫被挤净，价格趋于平稳,股票价格逐渐向其真实价值回归。操纵行为结束后,市场需要多长时间才能将其欺诈效应消化掉,涉及的因素比较多,是一个十分复杂的问题。但是,本案中,杨某辉在操作期间结束的次日即将全部恒康医疗公司股票全部卖出,如果说杨某辉卖出恒康医疗公司股票的价格与阙某彬、蝶彩资产管理公司、谢某荣的操纵行为完全无关,不符合本案的实际情况。

证券交易欺诈行为可以分为操纵市场、虚假陈述、内幕交易三大类型,三者之间往往是相互联系的。虚假陈述只是表象,而内幕交易和操纵市场却是问题的核心和根本。本案中,阙某彬、蝶彩资产管理公司、谢某荣利用阙某彬作为恒康医疗公司的控股股东及实际控制人具有的信息优势,控制恒康医疗公司密集发布利好信息,人为操作信息披露的内容和时点,阙某彬、蝶彩资产管理公司、谢某荣的操纵行为可以归类于信息型操纵。阙某彬、蝶彩资产管理公司、谢某荣的操纵行为与虚假陈述行为具有类似性。由此,法院认为,杨某辉的损失以及其损失与阙某彬、蝶彩资产管理公司、谢某荣的操纵行为之间的因果关系均可以参照最高人民法院《虚假陈述规定》予以认定,即杨某辉的损失包括投资差额损失及佣金、资金利息。杨某辉的投资差额损失以买入证券平均价格与实际卖出证券平均价格之差,乘以杨某辉所持证券数量计算。杨某辉在操纵期间多次买卖恒康医疗股票,按先进先出原则处理后,杨某辉于2013年7月4日持有的51,200股恒康医疗股票买入均价为19.84元。杨某辉于7月5日将持有的51,200股恒康医疗股票全部卖出,卖出均价19.73元。杨某辉的投资差额损失5632.00元[(19.84元-19.73元)×51,200],因印花税仅对卖出方单边收取,故投资差额损失部分无佣金损失,杨某辉未主张资金利息损失,属于对自身权利的处分。

3. 杨某辉的损失与阙某彬、蝶彩资产管理公司、谢某荣的操纵行为之间是否具有因果关系。

杨某辉主张其在阙某彬、蝶彩资产管理公司、谢某荣恒康医疗公司股价期间买入恒康医疗公司股票,其损失与阙某彬、蝶彩资产管理公司、谢某荣的操纵行为之间存在因果关系。蝶彩资产管理公司、谢某荣答辩称杨某辉的交易行为非阙某彬、蝶彩资产管理公司、谢某荣操纵行为误导所致,与中国证监会认定的操纵证券市场行为不存在因果关系。根据双方的诉辩主张可以看出,蝶彩资产管理公司、谢某荣认为杨某辉应举证证明其交易系因阙某彬、蝶彩资产管理公司、谢某荣操纵行为误导所致。而杨某辉认为阙某彬、蝶彩资产管理公司、谢某荣操纵行为已经导致恒康医疗公司股价偏离真实价值,应当采纳欺诈市场理论,只要杨某辉在操纵期间购买了恒康医疗公司股票,就足以认定其损失与阙某彬、蝶彩资产管理公司、谢某荣的操纵行为之间存在因果关系。

法院认为,杨某辉的主张符合证券市场交易实际,有利于保护投资者合法权益,予以采纳。首先,股票交易实行集中竞价交易机制,买卖双方难以一一对应,杨某辉不能也无须证明买卖之间的对应关系。其次,操纵证券市场行为通常具有隐蔽性,要求投资者证明其受操纵行为误导买入或卖出证券不具有合理性。最后,在一个公开有效的证券交易市场中,公司股票的价格是由公司基本面和供求关系所决定的,操纵证券市场行为扭曲了公司基本面或供求关系,前者主要表现为信息型操纵,后者主要表现为价量型操纵。无论是哪种类型的操纵证券市场行为,最终都会导致公司股票价格偏离真实价值,此时的股票价格对投资者而言是不公平的,因信赖该股票价格为公正价格而交易的无辜投资者将因此遭受损失。

因操纵证券市场引发的民事赔偿案件中,可以参照最高人民法院《虚假陈述规定》第 19 条“投资人具有以下情形的,人民法院应当认定虚假陈述与损害结果之间存在因果关系:(一)投资人所投资的是与虚假陈述直接关联的证券;(二)投资人在虚假陈述实施日及以后,至揭露日或者更正日之前买入该证券;(三)投资人在虚假陈述揭露日或者更正日及以后,因卖出该证券发生亏损,或者因持续持有该证券而产生亏损”之规定,认定投资者的损失与操纵行为之间是否具有因果关系。即投资人具有以下情形的,应当认定操纵证券市场行为与投资者的损害结果之间存在因果关系:(1)投资人所投资的是与操纵行为直接关联的证券;(2)投资人在操纵行为实施期间买入该证券;(3)投资人在操纵行为结束以后,因卖出该证券发生亏损,或者因持续持有该证券而产生亏损。本案中,杨某辉在阙某彬、蝶彩资产管理公司、谢某荣操纵恒康医疗公司股价期间买入恒康医疗公司股票,并在操纵期间结束后卖出恒康医疗公司股票而产生亏损,杨某辉的损失与阙某彬、蝶彩资产管理公司、谢某荣的操纵行为显然具有因果关系。

第二,谢某荣是否应承担赔偿责任。

谢某荣抗辩称其系履行蝶彩资产管理公司职务的行为,不应承担操纵证券市场的民事赔偿责任。杨某辉主张,谢某荣虽系蝶彩资产管理公司的员工,但操纵恒康医疗公司股价的行为系违法行为,不属于正常履职范围,谢某荣应当直接向杨某辉承担赔偿责任。

法院认为,《侵权责任法》第 31 条第 1 款规定:"用人单位的工作人员因执行工作任务造成他人损害的,由用人单位承担侵权责任。"首先,谢某荣在本案中提交了《劳动合同》、《入职通知书》、《人事任命书》、个人所得税纳税清单,足以证明谢某荣系蝶彩资产管理公司员工。其次,《研究顾问协议》是蝶彩资产管理公司与阙某彬之间签订,研究顾问费 4858.00 万元由蝶彩资产管理公司收取,蝶彩资产管理公司的其他工作人员也向阙某彬发送过《市值管理备忘录》,足以证明谢某荣的行为系执行蝶彩资产管理公司的工作任务。最后,中国证监会对谢某荣进行行政处罚是基于谢某荣系蝶彩资产管理公司直接负责的主管人员,中国证监会行政处罚书、生效行政判决书均认定谢某荣的行为系执行蝶彩资产管理公司的工作任务。综上所述,谢某荣的行为是执行蝶彩资产管理公司工作任务的行为,相应的民事赔偿责任应由蝶彩资产管理公司承担。

【判决结果】

法院认定阙某彬、蝶彩资产管理公司在 2013 年 5 月 9 日至 7 月 4 日实施了操纵恒康医疗公司股价的行为,杨某辉在该期间买入恒康医疗公司股票,并在操纵行为结束后卖出恒康医疗公司而产生损失,杨某辉的损失与阙某彬、蝶彩资产管理公司的操纵行为之间存在因果关系。阙某彬与蝶彩资产管理公司之间既有意思联络,行为上又相互配合。根据《侵权责任法》第 8 条"二人以上共同实施侵权行为,造成他人损害的,应当承担连带责任"之规定,阙某彬、蝶彩资产管理公司的行为属于共同侵权行为,应当对杨某辉的损失承担连带赔偿责任。蝶彩资产管理公司在操纵恒康医疗公司股价过程中起主导作用,阙某彬起配合作用。根据双方的作用和获益情况,法院酌定阙某彬承担 40% 的责任,蝶彩资产管理公司承担 60% 的责任。原告杨某辉的诉讼请求部分成立,法院予以支持。被告阙某彬、蝶彩资产管理公司、谢某荣关于其未实施操纵恒康医疗公司股价的行为、杨某辉不存在损失以及二者之间没有因果关系的答辩意见,法院不予采纳。谢某荣关于其系履行蝶彩资产管理公司职务的行为以及不应承担操纵证券市场的民事赔偿责任的答辩意见,法院予以采纳。依照《证券法》第

77 条,《侵权责任法》第 2 条、第 3 条、第 4 条、第 6 条、第 8 条、第 14 条、第 19 条,《民事诉讼法》第 152 条之规定,判决如下:

1. 被告阙某彬于本判决生效之日起 10 日内赔偿因操纵证券市场行为给原告杨某辉造成的经济损失 2252.80 元;被告蝶彩资产管理公司于本判决生效之日起 10 日内赔偿因操纵证券市场行为给原告杨某辉造成的经济损失 3379.20 元。被告阙某彬、蝶彩资产管理公司对前述赔偿责任相互承担连带清偿责任,被告阙某彬、蝶彩资产管理公司实际承担的赔偿数额超出自己应赔偿数额的,有权向对方追偿。

2. 驳回原告杨某辉的其他诉讼请求。

2021 年 3 月,四川省高级人民法院针对投资者诉阙某彬、蝶彩资产管理公司操纵市场民事赔偿诉讼作出二审判决,明确了操纵市场民事责任的构成要件,并参考《虚假陈述规定》对因果关系、损失计算方法等核心争议问题进行了认定,最终确定由相关操纵行为人对投资者损失承担连带赔偿责任。该案系全国首例操纵证券市场民事赔偿诉讼,实现了操纵市场民事赔偿实务领域的“零突破”。本案对操纵市场违法行为民事赔偿中的案件管辖、侵权人责任划分等法律问题给出了解决思路,认可了操纵市场与投资者损失之间的因果关系,对进一步推动证券违法行为民事赔偿司法实践意义重大。

二、行政处罚

(一)基本规定

《证券法》第 192 条规定:违反本法第五十五条的规定,操纵证券市场的,责令依法处理其非法持有的证券,没收违法所得,并处以违法所得一倍以上十倍以下的罚款;没有违法所得或者违法所得不足一百万元的,处以一百万元以上一千万元以下的罚款。单位操纵证券市场的,还应当对直接负责的主管人员和其他直接责任人员给予警告,并处以五十万元以上五百万元以下的罚款。

在注册制改革及证券市场强监管形势下,2019 年《证券法》大幅度提高操纵证券市场的违法成本,罚款倍数从原来的 1 倍至 5 倍提升至 1 倍至 10 倍;没有违法所得或者违法所得不足 100 万元的,最高可处以 1000 万元的罚款;单位违法的,相关责任人员最高可处以 500 万元的罚款。

对于行政责任(行政处罚)的构成要件,我国行政法学界并没有提出明确的关于构成要件的理论框架。大陆法系其他国家的行政处罚,一般是将其作为秩序罚,比照刑事处罚的构成要件。行政秩序罚是行政机关基于维持行政秩序的目的,对于过去违反行政义务者,所施以刑罚以外之处罚,资为制裁。秩序罚的构成要件为三个:违反法定义务、责任条件和责任能力。责任条件主要是指行为人的主观犯意,即行为人能对其行为有一定的意思决定,因此,若决定侵害权益,即得对其非难,要求其负责。责任条件就是行为人的故意和过失。责任能力和刑法并无不同,主要是指行为人受行政秩序罚制裁,必须以具有能对自己行为负责的能力为前提。责任能力的判断主要根据行为人的年龄和精神状态。责任能力一般仅限于学理上的讨论,在实务中并不重要。①

《证券市场操纵行为认定指引》(已失效)第 52 条和第 53 条就操纵市场行为从重或从轻等处罚情形予以了明示,虽本规范已失效,但在实践中依然具有一定的指引作用。有下列情形之一的,应依法从重处罚:涉案金额及违法所得数额较大的;社会影响恶劣的;以暴力、胁迫手段强迫他人操纵证券交易价格或证券交易量的;与上市公司及其关联人合谋操纵证券交易价格或证券交易量的;拒绝、阻碍证券监管机构及其工作人员依法执行公务或以暴力、威胁及其他恶劣手段干扰证券监管机构及其工作人员执行公务的;操纵证券市场受过行政或刑事处罚,又操纵证券市场的。有下列情形之一的,应当依法从轻或者减轻处罚:主动消除或者减轻操纵行为危害后果的;受他人胁迫有操纵行为的;配合证券监管机关调查且有立功表现的;其他依法从轻或者减轻行政处罚的。操纵行为轻微并及时纠正,没有造成危害后果的,依法不予行政处罚。

---

① 参见何基报、徐洪涛:《市场操纵行政法律责任构成要件比较研究》,载中国证券监督管理委员会网,http://www.csrc.gov.cn/pub/newsite/flb/lfzl/jnlfssyzn/yjyd/200701/t20070130_77325.html。

（二）典型案例

案例4－8：熊某昌、吴某荣操纵“华平股份”案[①]

【基本案情】

一、熊某昌、吴某荣利用相关证券账户操纵“华平股份”

（一）吴某荣实际控制196个证券账户

2017年7月24日至2018年6月26日（以下简称操纵期间或涉案期间），吴某荣控制使用“白某飞”等186个个人账户和“金谷·信惠182号证券投资集合资金信托”等10个机构账户，共计196个证券账户（以下简称账户组）。

（二）账户组资金来源及去向

熊某昌与吴某荣签订《委托增持代持协议》等相关协议约定，熊某昌向吴某荣支付保证金，吴某荣按照1∶4的比例提供配资资金。熊某昌通过熊某松、熊某楚、熊某概的银行账户，分三个阶段累计向吴某荣指定银行账户划转资金17,200.00万元，吴某荣按配资比例转至其控制的配资账户。

吴某荣通过周某珍、李某等人帮助寻找并确定配资账户后，经李某莉、李某、汤某仁等银行账户向配资账户划转保证金及利息。

（三）吴某荣使用其控制的账户组交易“华平股份”情况

吴某荣使用其控制的账户组在操纵期间内，利用资金优势、持股优势，采用盘中连续交易，在自己实际控制的账户之间进行证券交易等方式交易“华平股份”，影响股票交易价格及成交量，吴某荣主观操纵市场的意图明显。操纵期间未能盈利。

1. 吴某荣操纵“华平股份”分为三个阶段：第一阶段，2017年7月24日至9月25日（共计46个交易日），账户组快速建仓并拉升股价，其中伴随少量卖出和自成交。该期间账户组买入“华平股份”7716.81万股，买入成交金额55,272.93万元，卖出2777.81万股，卖出成交金额20,214.90万元，该期间账户组对倒量567.56万股。截至2017年9月25日，账户组持股数量为4951.79万股，流通股持股占比从0上升至12.51%，股价从6.35元/股（2017年7月24日开盘价）上涨至7.62元/股（2017年9月25日收盘价），涨幅为20.00%（同

---

① 中国证监会行政处罚决定书〔2021〕1号。

期创业板综指上涨10.59%，期间偏离度为9.41%）。该期间，市场总成交量为34,253.78万股，买入成交量占当期市场交易量的22.53%。第二阶段，2017年9月26日至2018年6月25日（共计170个交易日），账户组连续交易、大量对倒并试图维持股价。该期间账户组买入“华平股份”17,346.56万股，买入成交金额137,711.26万元，卖出13,921.66万股，卖出成交金额108,788.52万元，该期间账户组对倒量3784.30万股。截至2018年6月25日，账户组持股数量为8293.01万股，流通股持股占比从12.51%上升至15.58%。该期间，市场总成交量为90,576.03万股，买入成交量占当期市场交易量的19.16%，对倒量占市场交易量的4.18%。2018年6月19日至6月26日，“华平股份”股价出现连续多日跌停，截至6月15日（6月19日的前一交易日），股价从7.61元/股（2017年9月26日开盘价）震荡下跌至7.10元/股（2018年6月15日收盘价），跌幅为6.70%（同期创业板综指下跌10.80%，期间偏离度为4.90%）。第三阶段，2018年6月26日（共计1个交易日），该日账户组买入“华平股份”109.03万股，买入成交金额411.04万元，卖出6079.25万股，卖出成交金额23,143.30万元，该期间账户组对倒量58.26万股。截至2018年6月26日，账户组持股数量为2322.79万股，流通股持股占比从15.86%下跌至4.36%，当日股价较前一日下跌9.07%。该日，市场总成交量为10,746.55万股，卖出成交量占当期市场交易量的56.57%。

2.操纵“华平股份”价格的主要特征。

（1）连续交易：2017年7月24日至2018年6月26日共有217个交易日，账户组在213个交易日交易了“华平股份”，占总交易天数的98.16%。申买量排名第一的有153个交易日，申卖量排名第一的有99个交易日。账户组买入“华平股份”数量占市场买成交量超过10.00%的有148个交易日，超过20.00%的有99个交易日，超过30.00%的有62个交易日，超过40.00%的有39个交易日，超过50.00%的有17个交易日，超过60.00%的有6个交易日。2018年2月9日，买成交量占当日市场成交量达到66.91%。卖出“华平股份”数量占市场卖成交量超过10.00%的有93个交易日，超过20.00%的有53个交易日，超过30.00%的有32个交易日，超过40.00%的有21个交易日，超过50.00%的有16个交易日。

在操纵期间，熊某昌本人持有“华平股份”原始股占总股本比为9.78%，账户组2018年2月2日持股占流通股20.04%,与熊某昌本人合计持股占流通股约达30.00%,2018年2月2日后账户组存在多个连续20个交易日买卖股份数达到该证券同期总成交量的30.00%,最高达到45.88%。

(2)对倒交易:在2017年7月24日至2018年6月26日交易期间内,对倒交易持续整个过程,在213个交易日中有114个交易日存在对倒行为,在其实际控制的账户之间对倒量占市场成交量超过10.00%的有33个交易日,超过20.00%的有10个交易日,超过30.00%的有3个交易日,超过40.00%的有1个交易日,2018年5月18日对倒量占市场成交量最高达到51.90%。

(3)持股优势:2017年7月24日至2018年6月26日,账户组持有“华平股份”数量占其A股流通股超过10.00%的有181个交易日,超过20.00%的有54个交易日,其中,2018年2月26日流通股持股占比最高为22.30%。

(4)资金优势:账户组在该股的交易中具有明显的资金优势,在操纵期间,账户组有193个交易日有买入交易,日均买入成交股数130.43万股,日均成交金额1002.04万元,占此期间市场日均成交额的21.50%(市场日均成交额均值为4661.65万元),其中151个交易日的买入成交量市场排名第一。账户组在其中173个交易日有卖出交易,日均卖出成交股数131.67万股,日均卖出成交金额879.46万元,占此期间市场日均成交额的18.87%(市场日均成交额均值为4661.65万元),并在94个交易日的卖出成交量市场排名第一。

3.操纵期间比较典型的拉抬区间。

操纵期间,吴某荣控制的配资账户存在多次小单多笔拉抬股价行为,账户组多次出现申买价格大于申买前最新市场成交价情形,拉抬股价意图明显。

(1)2018年3月2日10时56分50秒至58分6秒,涉案账户组申报买单7笔,有6笔高于申报前市场最新成交价,占比85.72%,有5笔高于申报前一刻市场卖一价,占比71.43%。申买数量151.25万股,成交数量29.69万股,申买量占同时段市场申买量93.31%,成交量占同时段市场成交量88.26%,成交金额236.86万元。最高申买价格、最低申买价格比委托前最新市场成交价分别高出0.50%(高出0.04元)、0.13%(高出0.01元),股价从7.90元拉升至8.06元,拉升幅度2.03%。

(2)2018年3月8日9时31分53秒至14时52分24秒,吴某荣使用其控制的“王某”“林某丽”等账户进行对倒交易,对倒交易数量143.35万股,对倒数量占账户组当日买入成交量的77.46%,占账户组当日卖出成交量的61.87%,占当日市场成交量的31.02%。

(3)2018年3月23日14时18分2秒至19分43秒,涉案账户组申报买单5笔,5笔全部高于申报前市场最新成交价及申报前一刻市场卖一价,占比100.00%。申买数量88.16万股,成交数量50.84万股,申买量占同时段市场申买量97.45%,成交量占同时段市场成交量98.53%,成交金额389.47万元。最高申买价格、最低申买价格比委托前最新市场成交价分别高出0.79%(高出0.06元)、0.52%(高出0.04元),股价从7.50元拉升至7.76元,拉升幅度3.47%。

14时42分46秒至44分56秒,涉案账户组申报买单8笔,8笔全部高于申报前市场最新成交价,占比100.00%,有7笔高于申报前一刻市场卖一价,占比87.50%。申买数量68.26万股,成交数量44.52万股,申买量占同时段市场申买量71.90%,成交量占同时段市场成交量68.05%,成交金额348.55万元。最高申买价格、最低申买价格比委托前最新市场成交价分别高出0.78%(高出0.06元)、0.13%(高出0.01元),股价从7.68元拉升至7.97元,拉升幅度3.78%。

(4)2018年4月16日13时11分8秒至11分51秒,涉案账户组申报买单4笔,4笔全部高于申报前市场最新成交价及申报前一刻市场卖一价,占比100.00%。申买数量20.08万股,成交数量17.37万股,申买量占同时段市场申买量96.08%,成交量占同时段市场成交量99.94%,成交金额127.01万元。最高申买价格、最低申买价格比委托前最新市场成交价分别高出0.83%(高出0.06元)、0.41%(高出0.03元),股价从7.24元拉升至7.40元,拉升幅度2.21%。

(5)2018年4月20日14时41分10秒至42分22秒,涉案账户组申报买单8笔,其中6笔高于申报前市场最新成交价及申报前一刻市场卖一价,占比75.00%。申买数量39.84万股,成交数量34.94万股,申买量占同时段市场申买量96.42%,成交量占同时段市场成交量99.57%,成交金额244.34万元。最高申买价格、最低申买价格比委托前最新市场成交价分别高出0.86%(高出0.06元)、0.29%(高出0.02元),股价从6.93元拉升至7.07元,拉升幅度2.02%。

(6)2018 年 4 月 23 日“华平股份”开盘价格 6.99 元,9 时 30 分 2 秒至 31 分 3 秒,涉案账户组申报买单 11 笔,其中 10 笔高于申报前市场最新成交价,占比 90.91%,有 11 笔高于申报前一刻市场卖一价,占比 100.00%。申买数量 90.17 万股,成交数量 90.17 万股,申买量占同时段市场申买量 86.30%,成交量占同时段市场成交量 96.67%,成交金额 645.64 万元。最高申买价格、最低申买价格比委托前最新市场成交价分别高出 2.58%(高出 0.18 元)、0.14%(高出 0.01 元),股价从 7.00 元拉升至 7.19 元,拉升幅度 2.71%。

(7)2018 年 4 月 23 日 9 时 30 分 17 秒至 33 分 36 秒,吴某荣使用其控制的“王某凤”“华某珍”等账户进行对倒交易,对倒交易数量 98.26 万股,对倒数量占账户组当日买入成交量的 76.21%,占账户组当日卖出成交量的 82.84%,占当日市场成交量的 31.22%。

(8)2018 年 5 月 18 日 9 时 30 分 1 秒至 14 时 38 分 23 秒,吴某荣使用其控制的“中国金谷国际信托有限责任公司－金谷·信惠 185 号证券投资集合”“上海爱建信托有限责任公司－爱建扬帆 1 号证券投资集合资金信托”“陆某平”等账户进行对倒交易,对倒交易数量 237.18 万股,对倒数量占账户组当日买入成交量的 84.54%,占账户组当日卖出成交量的 85.59%,占当日市场成交量的 51.90%。

4. 操纵期间股票价格变动情况。

2017 年 7 月 24 日至 2018 年 6 月 15 日(多日跌停的前一交易日),“华平股份”股票价格从 6.35 元/股上涨至 7.10 元/股,涨幅 11.80%,期间最高价 8.86 元/股,2018 年 6 月 19 日至 26 日股票出现多日跌停,截至 6 月 26 日,收盘价为3.81元/股。

5. 操纵期间账户组亏损 32,372.33 万元。

(四)熊某昌与吴某荣共同操纵“华平股份”

熊某昌与吴某荣的合作模式为熊某昌提供配资保证金,要求吴某荣买入“华平股份”数量占流通股数量的 15.00%,并维持股价,吴某荣负责配资并操作账户实施交易。熊某昌可以登录账户进行查看,但是无权进行操作,增持专用账户出售全部代持股票后,剩余盈利由吴某荣、熊某昌按照 6∶4 比例进行分配,二人存在约定实施操纵职责分工和收益分配的事实,共同完成操纵行为。

二、熊某昌及其一致行动人吴某荣交易"华平股份"期间增持数量达到上市公司已发行股份30.00%,未履行发出收购要约义务

熊某昌与吴某荣签订协议,委托吴某荣控制使用账户组增持"华平股份",由吴某荣为熊某昌按照1∶4比例提供融资安排,并约定盈利分成,上述情形符合《上市公司收购管理办法》第83条第5项相关规定,二人构成一致行动人。

涉案期间,熊某昌持有9.78%"华平股份",其与一致行动人吴某荣通过吴某荣控制的账户组大量买入"华平股份",2018年2月6日,账户组持股比例达到20.39%,与熊某昌共同持有的股份达到30.00%,未按规定履行发出收购要约义务,且在2018年2月6日后仍持续交易"华平股份"。熊某昌及其一致行动人吴某荣构成未按规定向上市公司所有股东发出收购上市公司全部或者部分股份要约的违法行为。

三、熊某昌通过其控制的私募产品进行大宗交易虚假减持"华平股份"相关情况

熊某昌系华平股份原始股东,截至2015年年底熊某昌持股6683.32万股,占比12.66%,系"华平股份"第二大股东。2016年5月、6月,熊某昌将其个人证券账户交给上海迎水卢某文开展打新股业务使用。由于打新股业务按账户进行核算,尽管熊某昌证券账户市值较高,但也仅能获得一份打新资格。为了赚取更大的收益,卢某文帮助熊某昌设计一个减持方案,即分别成立勤远韶昌1号私募投资基金、勤远韶昌2号私募投资基金和涌津涌鑫2号私募证券投资基金、涌津涌鑫5号私募证券投资基金,将熊某昌个人证券账户内的持有的2.56%的"华平股份"通过大宗交易减持至上述4只产品中,再使用熊某昌及上述4只产品共计5个账户进行打新业务。

上述4只产品资金均来源于熊某昌,产品成立后由熊某昌实际控制,卢某文进行操作管理。产品清算后资金划归至熊某昌。"华平股份"收到熊某昌权益变动通知后,分别于2016年11月4日和16日对熊某昌减持情况予以公告。

综上所述,熊某昌向"华平股份"报送权益变动报告书的有关减持情况与事实不符,导致"华平股份"后续披露的相关信息存在虚假记载。

上述各违法事实,有《公司资产管理表》、借款协议、"华平股份"委托代持

补仓及利息通知律师函、委托增持代持协议、银行账户及交易流水、账户组证券交易数据、减持公告、熊某昌证券账户结算单、相关人员询问笔录等证据证明，足以认定。

熊某昌、吴某荣操纵“华平股份”的行为，违反了2005年《证券法》第77条第1款第1项、第3项的规定，构成了2005年《证券法》第203条所述操纵证券市场的行为。

熊某昌及其一致行动人吴某荣交易“华平股份”期间增持数量达到上市公司已发行股份30.00%，未履行发出收购要约义务，违反了2005年《证券法》第88条的规定，构成2014年《证券法》第213条所述行为。

熊某昌虚假减持“华平股份”，违反了《上市公司信息披露管理办法》第46条第1款第1项的规定，构成《上市公司信息披露管理办法》第61条、2005年《证券法》第193条所述违法行为。

【处理结果】

根据当事人违法行为的事实、性质、情节与社会危害程度，依据2005年《证券法》第193条、第203条，2014年《证券法》第213条的规定，证监会决定：

1. 对熊某昌、吴某荣操纵“华平股份”的行为处以300万元罚款，其中对熊某昌处以120万元罚款，对吴某荣处以180万元罚款。

2. 对熊某昌及其一致行动人吴某荣增持数量达到上市公司已发行股份30.00%时，未履行发出收购要约义务的行为，给予警告，并处以30万元罚款，其中对熊某昌处以25万元罚款，对吴某荣处以5万元罚款。

3. 对熊某昌虚假减持“华平股份”的行为，给予警告，并处60万元罚款。

综上，对熊某昌给予警告，合计处以205万元罚款，对吴某荣给予警告，合计处以185万元罚款。

三、刑事犯罪

操纵证券市场行为情节严重时，将涉嫌犯罪。《刑法》第182条明确规定了操纵证券、期货市场罪。实践中，每年被证监会通报处罚的案件数量远高于法院判决的数量，真正移送司法机关进入司法程序的证券犯罪案件并不多见。即大多操纵行为案件都是由证监会处理的，违法行为人主要承担行政责任，只有极少数案件是作为刑事案件由法院处理，这使许多案件的处罚过轻，从而不能有效率制止这类行为的发生。[①] 因此如何准确认识特定情况下某行为已涉嫌构成刑事犯罪，还是仅需以行政责任进行规制和处罚，是需要明确界分、深入研究的问题。

（一）定罪量刑

2021 年 3 月 1 日起生效实施的《刑法修正案（十一）》完善操纵市场涉罪的行为类型，使之与《证券法》及《操纵市场司法解释》相匹配，进一步体现立法机关对证券违法犯罪行为“零容忍”的态度。

《刑法》第 182 条规定：有下列情形之一，操纵证券、期货市场，影响证券、期货交易价格或者证券、期货交易量，情节严重的，处五年以下有期徒刑或者拘役，并处或者单处罚金；情节特别严重的，处五年以上十年以下有期徒刑，并处罚金：

（一）单独或者合谋，集中资金优势、持股或者持仓优势或者利用信息优势联合或者连续买卖的；

（二）与他人串通，以事先约定的时间、价格和方式相互进行证券、期货交易的；

（三）在自己实际控制的帐户之间进行证券交易，或者以自己为交易对象，自买自卖期货合约的；

（四）不以成交为目的，频繁或者大量申报买入、卖出证券、期货合约并撤销申报的；

（五）利用虚假或者不确定的重大信息，诱导投资者进行证券、期货交易的；

（六）对证券、证券发行人、期货交易标的公开作出评价、预测或者投资建议，同时进行反向证券交易或者相关期货交易的；

（七）以其他方法操纵证券、期货市场的。

单位犯前款罪的，对单位判处罚金，并对其直接负责的主管人员和其他直接责任人员，依照前款的规定处罚。

---

① 张晓丹：《浅谈操纵行情行为的法律规制及证券市场监管》，载《科技经济市场》2009 年第 2 期。

(二)追诉标准

《立案追诉标准(二)》(2022年修订)第34条规定:操纵证券、期货市场,影响证券、期货交易价格或者证券、期货交易量,涉嫌下列情形之一的,应予立案追诉:

(一)持有或者实际控制证券的流通股份数量达到该证券的实际流通股份总量百分之十以上,实施刑法第一百八十二条第一款第一项操纵证券市场行为,连续十个交易日的累计成交量达到同期该证券总成交量百分之二十以上的;

(二)实施刑法第一百八十二条第一款第二项、第三项操纵证券市场行为,连续十个交易日的累计成交量达到同期该证券总成交量百分之二十以上的;

(三)利用虚假或者不确定的重大信息,诱导投资者进行证券交易,行为人进行相关证券交易的成交额在一千万元以上的;

(四)对证券、证券发行人公开作出评价、预测或者投资建议,同时进行反向证券交易,证券交易成交额在一千万元以上的;

(五)通过策划、实施资产收购或者重组、投资新业务、股权转让、上市公司收购等虚假重大事项,误导投资者作出投资决策,并进行相关交易或者谋取相关利益,证券交易成交额在一千万元以上的;

(六)通过控制发行人、上市公司信息的生成或者控制信息披露的内容、时点、节奏,误导投资者作出投资决策,并进行相关交易或者谋取相关利益,证券交易成交额在一千万元以上的;

(七)实施刑法第一百八十二条第一款第一项操纵期货市场行为,实际控制的帐户合并持仓连续十个交易日的最高值超过期货交易所限仓标准的二倍,累计成交量达到同期该期货合约总成交量百分之二十以上,且期货交易占用保证金数额在五百万元以上的;

(八)通过囤积现货,影响特定期货品种市场行情,并进行相关期货交易,实际控制的帐户合并持仓连续十个交易日的最高值超过期货交易所限仓标准的二倍,累计成交量达到同期该期货合约总成交量百分之二十以上,且期货交易占用保证金数额在五百万元以上的;

(九)实施刑法第一百八十二条第一款第二项、第三项操纵期货市场行为,实际控制的帐户连续十个交易日的累计成交量达到同期该期货合约总成交量百分之二十以上,且期货交易占用保证金数额在五百万元以上的;

(十)利用虚假或者不确定的重大信息,诱导投资者进行期货交易,行为人进行相关期货交易,实际控制的帐户连续十个交易日的累计成交量达到同期该期货合约总成交量百分之二十以上,且期货交易占用保证金数额在五百万元以上的;

(十一)对期货交易标的公开作出评价、预测或者投资建议,同时进行相关期货交易,实际控制的帐户连续十个交易日的累计成交量达到同期该期货合约总成交量的百分之二十以上,且期货交易占用保证金数额在五百万元以上的;

(十二)不以成交为目的,频繁或者大量申报买入、卖出证券、期货合约并撤销申报,当日累计撤回申报量达到同期该证券、期货合约总申报量百分之五十以上,且证券撤回申报额在一千万元以上、撤回申报的期货合约占用保证金数额在五百万元以上的;

(十三)实施操纵证券、期货市场行为,获利或者避免损失数额在一百万元以上的。

操纵证券、期货市场,影响证券、期货交易价格或者证券、期货交易量,获利或者避免损失数额在五十万元以上,同时涉嫌下列情形之一的,应予立案追诉:

(一)发行人、上市公司及其董事、监事、高级管理人员、控股股东或者实际控制人实施操纵证券、期货市场行为的;

(二)收购人、重大资产重组的交易对方及其董事、监事、高级管理人员、控股股东或者实际控制人实施操纵证券、期货市场行为的;

(三)行为人明知操纵证券、期货市场行为被有关部门调查,仍继续实施的;

(四)因操纵证券、期货市场行为受过刑事追究的;

(五)二年内因操纵证券、期货市场行为受过行政处罚的;

(六)在市场出现重大异常波动等特定时段操纵证券、期货市场的;

(七)造成其他严重后果的。

对于在全国中小企业股份转让系统中实施操纵证券市场行为,社会危害性大,严重破坏公平公正的市场秩序的,比照本条的规定执行,但本条第一款第一项和第二项除外。

（三）典型案例

案例4－9：汪某中操纵证券市场案①

【基本案情】

被告人汪某中在担任北京首放投资顾问有限公司（以下简称首放公司）负责人期间，于2006年7月至2008年3月，先后利用本人及他人身份证开立并实际控制沪、深证券账户。2007年1月9日至2008年5月21日，被告人汪某中采取先买入“工商银行”“中国联通”等38只股票，并在公司例会上，要求分析师在股评分析报告中加入推荐其买入股票的信息和让分析师将上述股票作为个股加入到掘金报告中。后利用首放公司名义通过“新浪网”、“搜狐网”、上海证券报、证券时报等媒介对外推荐先期买入的股票，并在股票交易时抢先卖出，人为影响上述股票的交易价格，获取非法利益。根据中国证券监督管理委员会统计，在首放公司推荐股票的内容发布后，相关38只股票交易量在整体上出现了较为明显的上涨：个股开盘价、当日均价明显提高；集合竞价成交量、开盘后1小时成交量成倍放大；全天成交量大幅增长；当日换手率明显上升；参与买入账户明显增多；新增买入账户成倍增加。汪某中采取上述方式操纵证券市场55次，累计买入成交额52.6亿余元，累计卖出成交额53.8亿余元，非法获利1.25亿余元归个人所有。

【裁判结果】

一审法院经审理认为，被告人汪某中无视国家法律，为获取不正当利益，操纵证券市场，侵害了国家对证券交易的管理制度和投资者的合法权益，情节特别严重，其行为已构成操纵证券市场罪，依法应予惩处。故依照《刑法》第182条第1款第4项、第52条、第53条、第61条、第64条及最高人民法院《关于执行〈中华人民共和国刑事诉讼法〉若干问题的解释》第359条第3款的规定判决：（1）被告人汪某中犯操纵证券市场罪，判处有期徒刑7年，罚金125,757,599.5元。（2）随案移送的财物分别予以充抵罚金、发还、存档备查和退回北京市人民检察院第二分院。

---

① 参见《本案“抢先交易”行为构成操纵证券市场罪》，载中国法院网，https://www.chinacourt.org/article/detail/2013/03/id/905448.shtml。

一审判决后,被告人汪某中不服,提出上诉。二审法院经审理认为,一审法院判决认定汪某中犯操纵证券市场罪的事实清楚,证据确实、充分,定罪及适用法律正确,量刑适当,审判程序合法,应予维持,故依照《刑事诉讼法》第 189 条第 1 项的规定裁定:驳回汪某中的上诉,维持原判。

第五章

上市公司其他法律风险

第一节 合同风险

合同是各类市场主体参与市场运行和竞争的起点和终点,企业的经营管理离不开合同,作为涉众型公司的上市公司,更应做好合同管理、防范合同风险。按照企业合同风险的来源分类,企业合同法律风险可分为外部合同法律风险和内部合同法律风险;按照合同签订履行的不同阶段,企业合同法律风险又可以分为合同准备阶段的法律风险、合同起草阶段的法律风险、合同履行阶段的法律风险和合同纠纷阶段的法律风险。本书以合同签订履行阶段为逻辑线索,重点探讨合同起草阶段、合同评审阶段、合同签署阶段和合同履行阶段的法律风险及相关防范建议。

一、合同起草风险

目前,大多企业在经营管理过程中树立了书面合同的意识,但是在具体的合同制定层面,却往往流于形式、浮于表面。通常,很多企业采取复制合同模板以保障格式上的规范,但该策略存在很大的隐患,一旦履行上发生争议,难以通过法律渠道从合同条款中找到保护措施。需要注意的是,不同企业间业务类型和管理模式有别,企业间风险点各异。因此,规范的合同需要企业自身根据实际情况,在充分结合自身特点的前提下,尽可能内容全面。

(一)常见风险点

1.格式条款无效的风险

格式条款合同,是指当事人为了重复使用预先拟定,并在订立合同时未与对方协商的条款。格式条款合同与一般合同不同,其主要特征有:格式条款合同一般是由居于垄断地位的一方所拟订;格式条款合同的对方当事人处于从属地位;格式条款合同是完整、定型、持久的合同类型;格式条款合同可以用不同的但必须是明确的书面形式表达出来。

格式条款的优势是便捷、易行、高效,缺点是对方当事人没有选择的余地、只能服从。实践中,由于合同双方的实际地位不对称,拥有优势的一方常常会在格式条款中约定不利于对方的内容,或者不合理地免除或者减轻其责任、加重对方责任、限制对方主要权利或者排除对方主要权利。为了矫正这种利益失衡状况,《民法典》对格式条款予以了特殊限制。

《民法典》第496条第2款规定:采用格式条款订立合同的,提供格式条款的一方应当遵循公平原则确定当事人之间的权利和义务,并采取合理的方式提示对方注意免除或者减轻其责任等与对方有重大利害关系的条款,按照对方的要求,对该条款予以说明。提供格式条款的一方未履行提示或者说明义务,致使对方没有注意或者理解与其有重大利害关系的条款的,对方可以主张该条款不成为合同的内容。

《民法典》第497条规定:有下列情形之一的,该格式条款无效:

(一)具有本法第一编第六章第三节和本法第五百零六条规定的无效情形;

(二)提供格式条款一方不合理地免除或者减轻其责任、加重对方责任、限制对方主要权利;

(三)提供格式条款一方排除对方主要权利。

《民法典》第498条规定:对格式条款的理解发生争议的,应当按照通常理解予以解释。对格式条款有两种以上解释的,应当作出不利于提供格式条款一方的解释。格式条款和非格式条款不一致的,应当采用非格式条款。

2. 重要条款约定不明的风险

完备的商事合同应具备合同主体、标的、数量、质量、价款支付、履行时间地点等条款。实践中,很多企业往往忽视对这些重要条款的明确约定,致使产生争议时对己方不利。

《民法典》第470条规定:合同的内容由当事人约定,一般包括下列条款:

(一)当事人的姓名或者名称和住所;

(二)标的;

(三)数量;

（四）质量；

（五）价款或者报酬；

（六）履行期限、地点和方式；

（七）违约责任；

（八）解决争议的方法。

当事人可以参照各类合同的示范文本订立合同。

《民法典》第510条规定：合同生效后，当事人就质量、价款或者报酬、履行地点等内容没有约定或者约定不明确的，可以协议补充；不能达成补充协议的，按照合同相关条款或者交易习惯确定。

例如，对“合同标的”的描述务必要达到“准确、简练、清晰”的标准要求，切忌含糊不清。若合同标的为货物买卖的，一定要写明货物的名称、品牌、计量单位和价格；若合同标的是提供服务的，一定要写明服务的质量、标准或效果要求等，切忌只写“按照行业的通常标准提供服务或达到行业通常的服务标准要求等”之类的描述。否则，一旦纠纷产生，往往就造成“合同约定不明”的状况。

再如，在买卖合同中，买受人应当按照约定的数额支付价款。如果对价款数额没有约定或者约定不明确的：（1）应当按照《民法典》第510条规定，可以补充协议；（2）不能达成补充协议的，依照《民法典》第511条第2项规定，按照订立合同时履行地的市场价格履行，依法应当执行政府定价或者政府指导价的，按照规定履行。若合同价款的支付数额在合同中规定不清，势必导致各种纠纷。

3. 违约责任和争议解决方式未约定的风险

（1）违约责任

违约责任是指当事人一方或者双方不履行合同或者不适当履行合同，依照法律规定或者按照当事人约定应当承担的法律责任。违约责任是促使当事人履行合同义务，使对方免受或少受损失的法律措施，也是保证合同履行的主要条款。违约责任在合同中非常重要，因此一般有关合同的法律对于违约责任都已经作出较为详尽的规定。但法律规定是有限的，不可能面面俱到，照顾到各种合同的特殊情况。若当事人没有在合同中约定违约责任，则发生纠纷时双方不能及时解决合同纠纷。

（2）争议解决方式

解决争议的方法指合同争议的解决途径，即对合同条款发生争议时的解释以及法律适用等。解决争议的途径主要有:一是双方通过协商和解;二是由第三人进行调解;三是通过仲裁解决;四是通过诉讼解决。依照《仲裁法》规定,如果选择适用仲裁解决争议,除非当事人约定无效,即排除法院对其争议的管辖。但是,如果仲裁裁决有问题,可以依法申请法院撤销仲裁裁决或者申请法院不予执行。当事人选择和解、调解方式解决争议,都不能排除法院的管辖,当事人仍然可以提起诉讼。

(二)风险防控建议

1.明确合同主体,审查主体资格

第一,合同主体为自然人时,着重审查民事行为能力及委托代理情况。要审查主体是否具有完全民事行为能力,对财产是否有处分权。如果存在委托代理的情况,还需要查看授权委托书及委托事项,以防止出现无权代理或者越权代理的情况。

第二,合同主体为法人或非法人组织时,严格审查工商登记情况,包括但不限于审查主体的工商营业执照、单位代码证或政府主管机关批文。同时注意区分法定代表人签字和公章的区别。必要时应当要求对方加盖单位公章,这样一旦发生纠纷,就能轻松推翻对方关于签订合同行为属于法定代表人个人行为的抗辩。

2.明确合同效力,规避无效情形

《民法典》合同编未统一列举合同无效情形,而是在第508条规定"本编对合同的效力没有规定的,适用本法第一编第六章的规定",即可按照总则编第六章"民事法律行为"的规定认定合同效力问题。合同无效情形主要有以下几种:无民事行为能力人实施的民事法律行为无效;以虚假的意思表示实施的民事法律行为无效;违反法律行政法规效力性、强制性规定的行为无效;违背公序良俗的民事法律行为无效;恶意串通损害他人利益的行为无效。

(1)"阴阳合同"的效力

《民法典》第146条规定,行为人与相对人以虚假的意思表示实施的民事法律行为无效。以虚假的意思表示隐藏的民事法律行为的效力,依照有关法律规定处理。典型表现是股权转让合同中的"阴阳合同"。股权转让双方出于逃税等原因考虑,签订了价格不同的两份股权转让合同。提交工商局做变更登记的合同属于"阳合同",价格较低;双方真正执行的是另一份合同(或者补充协议、抽屉协议),俗称“阴合同”。此种情形下,因为“阳合同”并非当事人真实意思,因而无效;隐藏的“阴合同”才属于当事人真实意思,因为不存在违反法律法规效力性、强制性规定的情形,因此合同有效。另一种虚伪表示行为是实践中常见的名实不符的合同,比如名为买卖实为借贷的合同。

(2)公序良俗原则的司法适用

《民法典》第153条第2款规定,违背公序良俗的民事法律行为无效。学理上简称“背俗无效”。违背公序良俗的民事法律行为,比如赌债、请托等,法律给予其否定性评价,认定行为无效。现实中一些行为违反了规章所列强制性规定,虽然不能依据违反强制性规定认定行为无效,但若该等强制性规定实则体现了和旨在维护社会公共利益,则可依据《民法典》第153条第2款,以违背公序良俗为由,认定该民事法律行为无效。比如代持证券发行人股权、代持金融机构股权,法院通常以损害社会公共利益为由认定代持行为无效。

3. 审查关键性条款

合同条款是合同法律风险防控最重要的领域,因此,订立合同时要力求做到约定明确、用词准确、表达清晰。[①]

(1)违约责任约定明确

违约责任是指合同当事人不履行或者不适当履行合同规定义务时,根据合同约定或者法律规定应承担的法律责任,是保证合同履行的主要条款。违约责任的约定不可太笼统,必须逐项规定各种违约责任。同时要注意,违约责任应该和义务相适应。违反重要义务,违约责任应该较重;违反次要义务,违约责任应该较轻些。法律规定了较重的违约责任的,应该按照规定执行,没有规定的,双方当事人可以协商约定承担违约责任的方式或比例。

(2)明确争议解决方式

实践中,部分企业会在合同中约定“合伙人之间发生纠纷时,协商解决;协商不成的,可以诉诸法院”。上述约定虽然看似已经达到目的,也“明确”约定发生纠纷后可诉诸法院,但是没有明确发生纠纷时,可以向哪方所在地的法院提起诉讼,因此该条款相当于没有约定管辖的“无效”条款。一般来说,占有优势地位的一方通常会将管辖法院设置为其所在地,因此,如果需要,应当约定“发生纠

① 参见田浩:《试论如何做好企业合同审查及合同风险防控》,载《法制与经济》2015年第8期。

纷时，优先向甲方所在地法院起诉”，减少公司的诉讼成本和其他隐形风险。

4. 签订担保合同或担保条款

在合同中签订担保合同或担保条款是为了保证合同能够切实得到履行，是根据法律规定或者合同约定而采取的保证措施。有效担保可以提高合同履约率，降低合同风险。若合同没有担保，当事人违约虽然要承担违约责任，但其责任仅限于《民法典》具体合同条款中约定的一般违约责任。与此相比，存在担保的合同中合同义务人一旦违约，除合同义务人承担上述违约责任外，担保人还要承担担保责任，违约方当事人的责任加重，违约成本也相应增加。为了避免双重责任的承担，从公司经济利益考虑，双方积极履行合同的同时，约定担保可以最大限度地维护非违约方的合法权益，克服违约方当事人可能逃避违约责任的弊端，这也是合同担保措施设置的目的所在。合同担保可采取保证、抵押、质押、留置和定金等五种方式。公司可以根据业务实际，选择合适的担保方式。

二、合同评审风险

合同评审是合同风险防范的重要组成部分，其目的为通过各评审单位或部门站在不同的角度对合同提出改进意见，整合各部门人员共同的智慧，提示、防范、控制合同风险，以如约完成交易。合同评审规范与否直接关系合同管理的质量和水平。在现代市场经济条件下，加强公司风险防范，强化合同评审是公司从源头上规避风险的重要措施，而甄别、分析、控制和排除合同法律风险，也已成为现代企业管理的核心内容之一。①

（一）常见风险点

1. 重视不足

对于不同类型的合同，合同条款存在的风险侧重点各有不同。如果不能形成合同条款的评审要点，对于非法律专业和合同评审人员没有指导意见，则在非标准合同的处理上，会花费更多的时间和人力，从而会造成相关人员对非标准合同评审时间过长的问题。若不能对合同条款的风险事先识别，建立完整的

---

① 参见田浩：《试论如何做好企业合同审查及合同风险防控》，载《法制与经济》2015 年第 8 期。

评审要点，将会降低工作效率，合同评审人员将不能完成评审工作，也不能达到合同风险事前控制的目的。

如在项目投标过程中，公司的审批速度会直接影响相关人员能否参与投标。实践中，很多公司合同评审流程会经过法务部门、财务部门及领导层等业务评审，同时还可能增加法律合规审核等。法律合规审核单位与合同业务审核执行双轨制，未进行业务流程整合，导致合同评审流程烦琐复杂。这种情况下，在一定程度上影响了工作效率，违背了经济性原则。①

2. 流于形式

合同评审流于形式是合同评审中最主要的风险表现形式，主要包括合同评审流程不规范、尽职调查不深入等情形。

（1）合同评审流程不规范，如合同存在倒签、漏签、跳签等情况。以建设工程施工合同为例，实践中，部分合同存在先履约后评审现象，合同评审的控制作用未得到发挥，合同风险管控、预控机制失效，严重影响工程进度。另外，某些中小型公司人员配备不足，未设置专门的法规部门，法律人才缺编，法务审核缺项，公司的法务人员甚至由办公室人员兼任。从业人员专业性不强导致法务审核的有效作用未得到充分发挥。

（2）对合同相对方的尽职调查不深入，合同风险评估结果失效失真。如在某些公司中，公司尽职调查工作本该由合同相对方负责填写基本信息情况表，业务部门填写合同风险评估表，合规主管部门填写合规风险等级列表及审批表。实际运行过程中，基本信息表多由合同业务部门代为填写，特别是公司作为合同弱势方或者战略合作方的时候，合同相对方往往不配合尽职调查工作。简化此项流程，直接影响合同风险评估结果，可能会造成评估结果失效，导致公司在履约过程中处于被动不利地位。

3. 分工不明

（1）未建立授权委托制度。合同评审把关不严，审批不力，如误将分工协作理解为各自为政。合同管理分散，缺乏集中统一的控制，业务部门“自扫门前雪”现象较为普遍，增加了相关人员舞弊的可能性。依据《民法典》第 923 条的规定：“受托人应当亲自处理委托事务，经委托人同意，受托人可以转委托。”由

① 参见符荣刚：《企业合同管理法律风险的识别与控制》，载《企业改革与管理》2018 年第 4 期。

此可知,转委托有较为严格的管理规定,合同委托应充分保护受托人的基本权益。实践中,很多公司存在因评审流程把关不严,导致合同签订主体不明,层层嵌套转委托的现象发生。

(2)从众心理导致评审严肃性降低。多部门会签制度在一定程度上造成从众心理滋生,各部门及管理层没有共同把关,部门间碍于情面不愿指出问题,抱着一种"走过场"的态度履行评审意见,致使合同审批流程虽形式上满足了审批要求,但对合同文本的规范性、数据准确性审查相对薄弱,导致纠纷发生。

(二)风险防控建议

1. 明确各部门的具体审核要求,保障基本需求

公司法律合规部、经营管理部、财务部、预算审计部、资源采购中心及管理层等均参与合同的评审。评审制度根据部门职责范围分别明确了各部门评审的重心与方向,从而明确各部门在合同评审中的职责与分工。[①] 例如,法律合规部审核与关注重点是合同条款的合法性、严密性、完整性,合同法律风险及争议解决方案;财务部审查与关注重点是资金保证能力、财务风险、合同盈利能力及付款结算条款等;预算审计部对合同进行分析并查找合同风险源,对风险控制提出具体防范措施;资源采购中心重点审核供应商资格及采购合同条款的可行性;经营管理部对合同风险进行综合评价。[②] 同时,非公司固定版本合同在公司内部评审前,须经公司外聘常年法律顾问审查,一方面确保合同评审更具客观性,另一方面也保障合同评审的专业性。最后,由法律合规部针对评审意见的修改情况对合同进行检查与复核,确保评审效果与质量。

2. 采用信息化监管工具,发挥监督制衡作用

信息技术支持是现代企业管理必不可少的管理工具。信息系统是加强合同评审流程监管,满足评审需求的工具和窗口。各部门在合同评审过程中发挥其专业优势,利用信息系统进行专业审核,发表专业评审意见并针对合同评审流程及公司管理实际,提出建设性意见建议,共同实现管理增值。

线上评审是各行业今后的发展趋势。目前多数公司都已基本实现线上评

---

① 参见张金丽:《公司法务工作中的合同审查和风险范围》,载《现代经济信息》2018 年第 12 期。

② 参见武彩虹:《加强合同管理　防范法律风险》,载《中国管理信息化》2015 年第 4 期。

审，因此数据系统技术支持对公司业务尤为重要。公司改进的重点是继续优化系统设计和功能开发，将双系统全面整合，有效提高系统利用率和工作效率，在整个数据系统中贯穿合同执行的全过程。

3. 引入激励机制，提高合同评审质量

激励约束机制是公司改善管理水平的指挥棒，引入激励约束机制，将评审结果纳入绩效考核，与薪酬挂钩是提升合同评审质量的重要内容。①

首先，审核质量考核。引入合同审核准确率、难易度、时效、质量等考核量化指标，与薪酬兑现有机结合起来，以达到考核促进工作提升的目的。其次，管理创新激励。对于合同评审过程中提出好建议、好办法的业务部门及工作人员，依规实施绩效奖励，营造良好的工作氛围。最后，定期检查考核。将合同履约情况与合同评审结果结合起来，通过建立追溯机制、考核机制，定期查找合同评审过程中存在的薄弱环节，对检查发现的缺陷追根溯源，找出问题根源所在，明确整改时间及责任人，确保合同管理质量持续改进提升。②

4. 评审内容全面

（1）认真审查交易对方的主体资格、履约能力、信用情况等。首先，要查看对方的营业执照和公司参加年检的证明材料，了解其经营范围，以及对方的资金、信用，经营情况，其项目是否合法。其次，如果有担保人，也要调查担保人。不能仅凭其名片、介绍信、工作证、公章、授权书、营业执照复印件等证件，就给予委托与授权。

（2）加强对项目合法性的审查，包括是否要参加招投标以及招投标的范围，项目手续是否齐全等。了解和审查的内容应当包括：是否有计划部门的立项文件，土管、规划是否已经取得许可，牵涉到拆迁的是否已经拆迁到位，三通一平条件是否具备。如果发包方是房地产开发单位，则应了解其以往项目的施工合同，分析合同条款的变迁。因为这些关系合同的效力，以及是否具备开工条件等。

5. 开展从业人员教育培训，杜绝反向型需求滋生

良性企业文化下，好的评审人员应该成为业务人员可依赖的帮手，并且要

---

① 参见蔡世军主编：《企业合同审查法律实务》（第2版），中国法制出版社2014年版。

② 参见史文科：《重视合同审查，依法规避风险》，载《科技信息（学术研究）》2008年第32期。

让业务人员具备愿意邀请评审人员早期参与业务合同设计和谈判，而不是互不信任、相互提防的对立者。所以在评审人员的职责定义和设计上，应该尽量避免让评审人员代表组织与业务人员进行利益博弈，让评审人员充分发挥业务人员帮手的作用。

在合同评审中，要确保相关人员尤其是法律人员的专业水平和专业素质，这是规避公司合同风险的重要保证。对于中大型公司，可以设立专门的法律部门，专职负责公司的法律工作，有效提高公司法律工作的效率和水平。如果公司规模较小，可以聘请专业法律人员根据业务方向进行合同评审，同时提高法律人员发现合同问题、分析合同问题和解决合同问题的能力。[①]

三、合同签署风险

合同签署是指公司工作人员完成业务开发、商务洽谈、合同谈判与制作、合同审查流程后，在合同的正式文件、条约、凭证上签字的流程。签署不一定要在文件上签字，也可以是盖章等形式。合同签署是公司开展业务的重要时间节点，是对之前商业谈判工作的书面确认，一旦依法签署即产生相应的法律效力；反之，合同签署过程中的疏漏，可能导致合同无效、被撤销，甚至被迫承担巨额经济损失；故而，在合同签署这一关键环节，更应当注意可能存在的风险。

（一）常见风险点

1. 代理签署的风险

合同的主体与签署的主体是两个不同的概念，前者是指实际承担合同权利义务的民事主体，而后者是实际进行合同签署行为的人。在合同签署环节，有可能是合同主体本人签署合同，也有可能是委托他人签署合同。

在市场经济深入发展的今天，社会上大量的商业合同是由代理人完成签署的。代理签署是一种普遍的现象，应注意相关的法律风险。

（1）无权代理风险

代理行为是基于被代理人的意思表示即授权产生的，如果代理人被认定为

① 参见周琳：《公司法务工作中的合同审查和风险防范初探》，载《现代国企研究》2019 年第 2 期。

无权代理,则合同相对方不能要求被代理人承担责任,而与代理人所签合同的效力也将处于待定的状态。虽然《民法典》第172条规定了表见代理制度,但其适用要满足一定的构成要件。若不能合理适用,则会引起合同无效的风险。

(2)越权代理的风险

超越权限的代理行为同样是无权代理,所签署的合同也处于效力待定的状态,需要得到被代理人的追认后方可认为有效。因此公司在接受代理签署的行为时,除审查授权真实性外,还应仔细核对代理行为,判断代理签署合同行为和合同内容是否超越代理权限,若超出代理权限,则会引起合同无效的风险。

(3)代理权限不明的风险

除了超越代理权限外,代理权限不明也有可能产生法律风险。在代理签署合同过程中,若代理人的代理权限约定较为模糊,则代理人的代理行为是否超越代理权限容易产生争议,并可能导致对公司的不利后果。代理行为离不开授权手续,故授权手续的真实性是公司对代理行为审查的第一道关卡,如果授权手续真实性存在瑕疵,则会影响整个代理行为的有效性。

(4)法定代表人身份风险

根据法律规定,法定代表人是依照法律规定或组织章程约定代表法人行使职权的自然人,其行为代表法人,无须再出具授权委托书。但在法定代表人代表公司签署合同时,同样要注意其身份情况,由于法定代表人可以更换,公司在签署合同时,尤其是之前已有过往业务往来的公司,若该人已不是该企业的法定代表人,则会引发合同效力风险。

2. 印章使用的风险

合同双方在合同书上签字或者盖章是合同成立的要件,就签章而言,公章作为企业的权力象征之一,一般情况下可以作为确认合同成立与生效的标准。若使用合同专用章或法定代表人只盖了私章未签字的,均可能产生合同不成立或未生效的法律风险。

(1)公司印章被盗窃、盗用的法律风险

公司印章被盗窃、盗用情形下,印章持有人系通过非法手段获得印章,印章的使用未获得公司授权,但是印章是真的,合同相对人可能基于对印章使用效力的认可与印章持有人签署经济合同,那么,所订立的合同是否能约束印章所显示的主体(印章名义人),合同的法律效果如何?

最高人民法院《关于在审理经济纠纷案件中涉及经济犯罪嫌疑若干问题的规定》第5条第1款规定:“行为人盗窃、盗用单位公章、业务介绍信、盖有公章的空白合同书,或者私刻单位的公章签订经济合同,骗取财物归个人占有、使用、处分或者进行其他犯罪活动构成犯罪的,单位对行为人该犯罪行为所造成的经济损失不承担民事责任。”事实上,印章被盗窃、盗用情形下,印章持有人往往具有非法目的,印章名义人根本没有与合同相对人订立契约的意思表示,更无从知道合同内容,所订立的合同不应约束印章名义人。但是,在行为人系单位员工或者单位离职人员的情况下,其盗窃、盗用印章的行为存在被认定为“擅自使用单位公章”的可能,根据最高人民法院《关于在审理经济纠纷案件中涉及经济犯罪嫌疑若干问题的规定》第5条第2款之规定,“行为人私刻单位公章或者擅自使用单位公章、业务介绍信、盖有公章的空白合同书以签订经济合同的方法进行的犯罪行为,单位有明显过错,且该过错行为与被害人的经济损失之间具有因果关系的,单位对该犯罪行为所造成的经济损失,依法应当承担赔偿责任”。虽然“赔偿责任”不同于“合同责任”,但这在一定程度上,对印章名义人提出了规范管理、使用印章的要求。

(2)出借印章或者委托他人保管公章的法律风险

公司在经营管理过程中,可能基于合作关系、关联关系、业务拓展需要等原因,将公司公章出借或者交付他人暂为保管,与印章被盗窃、盗用这种非法取得公章不同,行为人通过借用或代管的方式取得公章是合法的。若印章持有人按照出借或者委托代管时的要求使用、管理公章,印章名义人应当承担相应的法律责任;但是,若印章持有人违背约定、擅自使用公章对外签署合同,甚至从事违法犯罪活动的,那必然给公司带来未知的风险。

在借用或者委托代管情形下,公司自愿将印章或者盖章的空白合同交付他人持有时,印章或空白合同被擅用的风险即产生,印章名义人对这一风险是可以预知的。在此情况下,若相对人基于对印章或者空白合同持有人概括授权的认可而签署合同,出于对交易安全的保护,在印章真实的情况下应当推定合同有效,产生私法上的法律效果,对印章名义人具有法律约束力;只有合同相对人存在恶意,明知印章系借用或者代管仍签订合同时,才认定印章名义人不承担法律责任。

对于行为人借用公司印章、加盖印章的空白合同书,以出借单位名义签订经济合同，从事犯罪活动的，根据最高人民法院《关于在审理经济纠纷案件中涉及经济犯罪嫌疑若干问题的规定》第 4 条规定，公司作为出借方依法应当承担赔偿责任，但是有证据证明被害人明知印章系借用的，仍与之签订合同的除外。

最高人民法院《关于在审理经济纠纷案件中涉及经济犯罪嫌疑若干问题的规定》第 4 条规定：个人借用单位的业务介绍信、合同专用章或者盖有公章的空白合同书，以出借单位名义签订经济合同，骗取财物归个人占有、使用、处分或者进行其他犯罪活动，给对方造成经济损失构成犯罪的，除依法追究借用人的刑事责任外，出借业务介绍信、合同专用章或者盖有公章的空白合同书的单位，依法应当承担赔偿责任。但是，有证据证明被害人明知签订合同对方当事人是借用行为，仍与之签订合同的除外。

(3)用“假印章”“非备案印章”对外签约的法律风险

“盗用”“借用”印章对外签署合同，合同上加盖的是真印章，而用伪造、变造的印章对外签约，所使用的印章为假，在此种情形下，印章名义人能否直接据此对合同相对人提出合同不成立、无效的有效抗辩？答案是否定的。对加盖“假印章”合同效力的评价，往往需要审查签约人，若签约人是在取得公司授权后签署的合同，则即便印章为假，合同内容也对印章名义人产生法律效力；若签约人未取得公司授权，则要引入表见代理制度，若合同相对人有理由相信签约人有代理权，则构成表见代理，印章名义人应承担合同责任；反之，合同对印章名义人不产生法律效力。

(二)风险防控建议

1. 明确签约主体

(1)己方主体的选择

在选择己方签约主体时，应当重点关注所从事的交易是否超过经营范围，是否具备特定交易的资质，支付或者履行是否便捷，诉讼或者仲裁是否便利，以及是否具备更有利的税收方式等。

例如，在跨境交易中，公司更应从税务和进出口角度出发，选择有进出口资质并且税收最低的主体对外签订协议；反之，如果签约主体不具有进出口资质，合同履行将后患无穷。

(2)对方主体的审核

在签署合同时,应当审查交易对方的主体资格如营业执照;还可要求对方提供其他资质文件如商标、专利证书、特殊行业经营资质、特殊产品生产许可等;对于重要合同,若交易对手是新合作方,可要求对方提供经审计的财务报表,还应当进行资信状况和商业信誉的调查;对于境外合同签约时,签约人还要提供合法有效的授权书等。

2. 复核合同内容

送交签署的合同原则上应当事前通过内部评审,签署前还应当与相应部门(如采购部、销售部、商务部或者财务部)就合同中的主要条款进行复核,确认合同内容与谈判内容是否一致,了解己方最新的履约能力以及是否存在履行困难或者履行不能的情况。

以一般的买卖合同为例,签约时应当重点复核的合同条款包含以下内容:

(1)合同主体;

(2)合同标的——数量、价款、质量等;

(3)履行程序——交付、检验的时间、地点、方式等;

(4)付款条款——付款时间、方式、条件等;

(5)违约责任及救济手段;

(6)法律适用、争议解决;

(7)生效时间——是否附条件、付期限等。

对于不同类型的合同,复核的重点有所不同,公司可以结合业务经营情况,将合同类型化并制定合同必备事项清单,以确保在合同签署时合同的关键内容均已协商一致并已写入协议内容,规避因重要条款遗漏或者约定不明给合同履行造成不必要的麻烦和潜在争议点。

3. 优化印章管理

在合同书上盖章,即表示对书面形式的意思表示予以确认,该合同对印章所显示的主体(印章名义人)具有法律效力。如果公司的印章被盗用、借用、私刻,并对外签订合同,则可能给公司造成巨大的经济损失,印章管理不规范将会给公司带来潜在风险。

(1)明确印章管理者的岗位法律风险防控意识及责任

公司可以要求印章保管或管理者签订“法律风险岗位承诺书”,明确保管者的法律风险防控意识及职责,同时也要加强对他们印章管理工作的法律防范教育,使其充分认识到印章的重要性,加强印章管理的技能和法律风险防范意识。

在加强管理者的岗位意识的同时,也要建立规范的印章管理规定,如明确印章管理者的管理职责,规范印章使用的业务流程,以及定期检查印章使用情况等,使印章管理工作做到有规可依,有章可循。

(2)建立并使用统一的印章使用审批制度和使用登记表

公司应建立并使用统一的印章使用审批制度和使用登记表,使用者要遵守公司的印章使用规定。一般来说,经企业领导批准后,印章使用者应填写统一的用印登记表,企业文书人员对用印文件要认真审查,审核与申请用印内容、用印次数是否一致,然后才能在相关文件上用印。

(3)严格控制或禁止在空白文件上盖印章

印章使用过程中,印章管理者一定要确保使用者不能在空白文件,如空白纸张、空白单据、空白介绍信等上面加盖公司印章,如遇特殊情况,必须经过公司核心管理者的同意,如果加盖印章的空白文件无用后,持有者也要将该空白文件退回印章管理部门(如行政部、办公室),请其妥善处理,从而确保用章安全。

(4)对变更或撤销的部门或公司及时处理相关印章

企业所属部门发生变更或被撤销后,印章统一管理部门必须收缴部门印章及用印记录;所属分公司注销后,在工商注销手续完成后,必须收缴分公司包括行政印章、合同专用章、财务专用章、负责人名章等在内的全部印章及用印记录;项目部关闭后,项目部印章及用印记录必须全部上缴企业印章管理部门。企业印章管理部门会同法律部门将收缴的印章统一销毁,用印记录由印章管理部门按档案管理规定存档。

4. 其他需注意的事项

在合同签署中,还应当特别注意以下事项:

(1)写明签约的时间及地点,以便在合同主体之间产生争议时,确定合同责任及管辖法院;

(2)合同应由骑缝章或者页签,以确保合同内容的完整性,避免合同内容被替换;

(3)合同内容完结处写明"以下无正文",避免合同留白处被添加内容;

(4)非面签合同,原则要求对方先盖章;在己方先盖章的情况下,应当及时

督促对方签约后将合同寄回;已寄出的合同,若对方未签约的,应当及时收回;

(5)签署后的合同原件由专人保管,避免因原件遗失导致维权困难等。

四、合同履行风险

合同履行是合同生效后,合同当事人按照合同的约定,履行其义务,如交付货物、完成工作、提供劳务、支付价款等,从而使合同目的得以实现。合同履行是依法成立的合同所必然发生的法律后果,是构成合同法律效力的主要内容。合同履行往往存在一个过程,其间需要合同双方或者多方配合,这固然需要在合同中详细约定相关细节,但更需要合同当事人根据实际情况以及合同的约定及时、恰当地作出补充或者修改。同时合同履行过程中双方的来往函件、备忘录、会议纪要、传真,甚至交通票据、运输单、电话记录、电子邮件等都需要甄别、管理,一旦发生纠纷,这些都可能发挥证据效力。本书拟结合实践经验,简要阐述合同履行过程中易被忽略的几类风险及防范建议。

(一)常见风险点

1. 监管不力

合同的生命力在于履行,企业的经营也必须落实到具体的履行层面之上。合同绝大部分的风险是由于合同的签订和履行不规范造成的。在实际的经营环节中,企业在前期会聘请法律顾问制定明确的合同细则,但在后期的履行过程中,由于管理上的疏忽以及缺少相应的管理措施,造成了各项损失。这些损失中一部分是隐形损失,在初期难以发现,只有经过一段时间的使用,其在履行过程中出现的漏洞才得以凸显,这一问题最为典型的体现就是在工程建筑合同的履行上。甲方对于有关的隐蔽工程未能及时检验检测,只依赖乙方提供的相关数据报告便确认合格。但是在经过后续若干年的使用之后,当初薄弱的地方弊病凸显,在时间上却已经过了保质期。这种类型的损失是管理方面的缺位造成的。

2. 发生纠纷后难以维权

维权的重点有两个方面,一是时间,二是内容。首先,维权时间即法律上的时效限制。对于这方面的问题在实践中常常出现两种问题:一方面,企业在合同履行过程中没有注意阶段的记录与留痕,导致很多时间上的证据难以收集,最终时间点难以证明;另一方面,便是维权意识的不够,错过了相关的法律规定时效,进而导致维权上失去了胜诉的可能。其次,关于维权内容,大多数企业在初期没有做到充分的风险评估工作。风险评估的角度应该是多方位的,包含对方的履约能力、市场变化、政策风险以及自然灾害等都需要充分考虑。但是在宏观层面,如政策风险以及自然灾害等方面未能引起重视。这方面在造成损失的数量上比前者更甚,更加需要企业加强这方面的评估预见工作。

(二)风险防控建议

1. 加强合同履行管理工作

(1)建立合同台账登记制度

经营单位每签订一笔合同,合同管理部门就应当根据业务类型分门别类登记入册,从而准确掌握合同业务的基本信息,有针对性地开展合同履行监督和检查工作。合同履行过程中,妥善保管与合同签订和履行相关的送货凭证、汇款凭证、验收记录以及在磋商和履行过程中形成的信件、数据电文(包括电报、电传、传真、电子数据交换和电子邮件)等资料,一旦双方因合同发生纠纷,有充分证据证明合同履行情况。

(2)利用信息化手段建立合同履约预警机制①

利用 ERP(Enterprise Resource Planning)管理软件、NC 系统等信息化手段实现财务与业务的协同,对合同履行情况进行动态管理,即对未按照合同约定履行的,系统提前预警,管理人员与业务人员可以通过信息化系统及时掌控合同履行信息,及早采取措施,预防风险发生。

(3)建立"一合同一档案"管理制度

为从源头做好公司合同法律风险防范工作,建议公司制定"一合同一档案"的管理办法。对于公司签订的每一份合同,业务单位必须妥善保存。包括自项目投标、合同签订至合同履行完毕的整个过程的材料,并最终归为一个档案。

2. 合理运用法律赋予的抗辩权利

《民法典》中三大抗辩权制度(同时履行抗辩权、不安抗辩权和先履行抗辩权)为拒绝对方履约请求提供了充分的法律依据,均可以作为守约方利用的法

---

① 廉明:《企业合同管理法律风险的识别与控制》,载《法制与社会》2020 年第 14 期。

律武器。这些权利的设置,使当事人在法定情况下可以对抗对方的请求权,使当事人的拒绝履行不够成违约,可以更好地维护当事人的利益。

作为债权人,如果有债务人怠于行使其债权或者与该债权有关的从权利,影响债权人的期债权实现的,债权人可以向人民法院请求以自己的名义代位行使债务人对相对人的权利(专属于债务人自身的权利除外)。债权人的债权到期前,债务人的债权或者与该债权有关的从权利存在诉讼时效期间即将届满或者未及时申报破产债权等情形,影响债权人的债权实现的,债权人可以代位向债务人的相对人请求其向债务人履行、向破产管理人申报或者作出其他必要的行为。债务人以放弃其债权、放弃债权担保、无偿转让财产等方式无偿处分财产权益,或者恶意延长其到期债权的履行期限,影响债权人的债权实现的,债权人可以请求人民法院撤销债务人的行为。

3. 发现风险及时采取维权措施

有效的维权需要企业在日常的工作管理中规范相关制度,尤其需要注意在比较关键的时间节点上,以及在合同履行过程中出现意外事件时的相关证据。我们建议企业在相关的风险问题发生之后,能够及时有效地把握相关法律时效限制,在做好充分的材料收集之后,在时效期限内维护自己的合法权益,避免权利超过诉讼时效。合同相对方拖欠货款现象在企业经营过程中时有发生,注意法律关于诉讼时效的规定,根据《民法典》第 188 条第 1 款的规定,“向人民法院请求保护民事权利的诉讼时效期间为三年”。为避免己方权利不因时间流逝而丧失,可以在诉讼时效期间届满前以向对方发送信件或者数据电文等可以证明主张权利的有效方式进行处理。信件中务必有催请尽快支付拖欠款的内容。

4. 加强合同履行过程中的监督

做好合同履行过程中的监督工作是预防合同履行风险的重要措施。通常情况下有两种监督形式:一是由第三方专门的合同监督人监督;二是合同当事方的监督。

(1)合同签订当事方的监督

在经济活动过程中,合同监督最常见的是合同当事方的监督,典型者如借贷合同的监督。《民法典》第 672 条、第 673 条规定:“贷款人按照约定可以检查、监督借款的使用情况。借款人应当按照约定向贷款人定期提供有关财务会计报表或者其他资料。借款人未按照约定的借款用途使用借款的,贷款人可以停止发放借款、提前收回借款或者解除合同。”在实际执行过程中要做好几方面的工作:设专门的人员进行监督,明确责任;在合同履行过程中,如果遇到无法预料到的事件要妥善处理,还要做好合同的管理工作,保证事后有证可查。

(2)设立第三方专门的合同监督人的监督

合同监督人,是指参与合同签订的整个过程并承诺对合同的全面有效履行进行监督的人。监督人可以只对合同一方的履行进行监督,也可以针对合同双方全面履行合同进行监督。比较典型的第三方监督人像支付宝公司,支付宝是买卖合同双方之间的监督人,它的责任是核实购买付款人的身份、银行资金等情况,在商品未送达购买人之前暂时保管货款。

(三)典型案例

案例5-1:东方汇金期货有限公司、东方汇金期货有限公司上海营业部与旷某雪委托理财合同纠纷案①

【基本案情】

2011年8月至9月,旷某雪与吉粮期货有限公司上海营业部(后变更名称为“东方汇金期货有限公司上海营业部”,以下简称东方汇金上海营业部)签署三份委托理财协议,旷某雪合计委托理财资金300万元,理财期限为3个月,约定东方汇金上海营业部负责资金的保值和增值,协议上加盖了东方汇金上海营业部印章,时任东方汇金上海营业部负责人的吴某林在合同上签名。合同到期后,旷某雪未能收到全部的理财资金,遂提起诉讼。东方汇金上海营业部对公章的真实性不予认可,并提出东方汇金上海营业部未取得受托投资管理业务资质的抗辩事由,主张合同对其不发生效力。

【裁判结果】

法院认为,本案事实的认定,不仅要涉及印章真实性,更重要的是涉及吴某林签字的真实性。吴某林作为东方汇金上海营业部的负责人,该内容标明于东方汇金上海营业部营业执照中,对外具有公示效力,其签字在外足以代表东方汇金上海营业部行为。因此,如果吴某林签字为真实,即便营业部印章为假,亦

① (2013)沪高民五(商)终字第17号、(2014)民申字第1486号。

不能对抗外部善意第三人和否认吴某林的职务行为。

吴某林作为吉粮期货有限公司任命、并经工商管理部门核准的吉粮期货有限公司上海营业部的负责人，以吉粮期货上海营业部的名义与旷某雪签订与吉粮期货上海营业部业务相关的合同，在合同上签名并加盖吉粮期货上海营业部公章，其行为应为职务行为。同时，系争《委托理财协议》第1条进一步强调了吉粮期货上海营业部的资质，使旷某雪有足够理由相信签订系争委托理财协议是吴某林的职务行为。综合而言，众多原告作为委托人和外部第三人，很难相信仅仅是吴某林个人行为而不是吉粮期货上海营业部的单位行为。综上，原审法院认为本案中系争委托理财协议约束的主体应为吉粮期货上海营业部及旷某雪。

涉案协议因设定保底条款，违反市场基本规则被认定无效，但最终判决东方汇金上海营业部作为合同主体承担合同无效后的法律责任。

本案的审判思路与最高人民法院确定的印章效力确认的审判思路不谋而合，《九民纪要》第41条规定，司法实践中，有些公司有意刻制两套甚至多套公章，有的法定代表人或者代理人甚至私刻公章，订立合同时恶意加盖非备案的公章或者假公章，发生纠纷后法人以加盖的是假公章为由否定合同效力的情形并不鲜见。人民法院在审理案件时，应当主要审查签约人于盖章之时有无代表权或者代理权，从而根据代表或者代理的相关规则来确定合同的效力。法定代表人或者其授权之人在合同上加盖法人公章的行为，表明其是以法人名义签订合同，除《公司法》第16条等法律对其职权有特别规定的情形外，应当由法人承担相应的法律后果。法人以法定代表人事后已无代表权、加盖的是假章、所盖之章与备案公章不一致等为由否定合同效力的，人民法院不予支持。代理人以被代理人名义签订合同，要取得合法授权。代理人取得合法授权后，以被代理人名义签订的合同，应当由被代理人承担责任。被代理人以代理人事后已无代理权、加盖的是假章、所盖之章与备案公章不一致等为由否定合同效力的，人民法院不予支持。

第二节 涉税风险

涉税风险的范畴比较广泛，在上市公司涉税风险中，比较常见的涉税风险包括税收筹划风险、税务稽查风险和税务刑事风险。

一、税收筹划风险

"税收筹划"是指纳税人在符合国家法律及税收法规的前提下，按照税收政策法规的导向，采用税法所赋予的税收优惠或选择机会，对自身经营、投资和分配等财务活动进行科学、合理的事先规划与安排，以达到节税目的的一种财务管理活动。①

（一）政策变化风险

上市公司税务筹划是依据国家税收政策而开展的，因此，对政策的理解程度直接关系上市公司纳税筹划工作质量。当前，我国纳税政策风险主要是指政策变动给上市公司纳税筹划工作带来的风险，该风险主要指两大部分。

1. 国家、地方税收政策变化风险。政策变化带来的风险主要是指中央政府或地方政府实行新的税收政策而导致企业在适应新政策过程中产生的风险，尤其是地方政府在颁布一项新的税收政策时，企业必须改变过去原有的核算方式，选择新的会计核算方式来计算税收，在这个过程中，上市公司财务人员面对新的政策，可能存在短时间内无法接受甚至忽略政策变化，导致纳税成本增加

---

① 参见国家税务总局注册税务师管理中心：《税务代理实务》，中国税务出版社2007年版，第58页。

或违反新的税收政策而导致补正或遭到处罚。

2. 纳税政策理解片面风险。上市公司选择纳税方案产生的风险则主要是指上市公司在纳税筹划时,由于缺乏对政策的理解,或自身理解与税务部门存在差异,从而使纳税决策时,选择了不合适的纳税方案,严重影响了企业效益,面临更大的税收压力,甚至有可能导致企业纳税筹划行为违反我国相关税收法律,给企业带来严重后果。无论是政策变动风险还是企业政策选择风险,一旦发生,都会给上市公司纳税筹划造成极大的工作困扰,影响企业发展。

(二)经营调整风险

税收筹划是在纳税义务产生以前的财务决策中进行的,是一种合理合法的预先谋划行为,具有较强的计划性和前瞻性。企业经济活动的变化或对预期经济活动的判断失误,会导致偏离事前的税收筹划目标风险即经营风险。在现代社会主义市场经济体制下,企业的生产经营活动并非固定不变,经营决策也必须随着市场需求的变化和企业战略管理的要求而进行相应的调整。税收筹划方案是企业进行经营活动的一个重要环节与过程,科学的税收筹划方案必须通过有效的实施来实现,即使有了科学的税收筹划方案,如果在实施过程中没有严格的实施措施,或者没有得力的实施人才,或者没有完善的实施手段,都有可能导致整个税收筹划的失败。因此,经营活动的每一个变化都有可能对税收筹划造成影响,有时还会直接导致税收筹划的失败,由此可能产生的一切风险必须由企业自己来承担。

(三)隐性成本风险

所谓税收筹划的隐性成本,是指纳税人由于采用拟订的税收筹划方案而放弃的潜在利益,主要体现为机会成本和非税成本。一般情况下,税收筹划的隐性成本主要有以下几个方面。

1. 机会成本。纳税人采用拟定的税收筹划方案而放弃的利益,即机会成本。税收筹划过程本身是一个决策过程,即在众多方案中选择某个可行且税负较低的方案,但选定一个方案必然要舍弃其他方案。同时,税收筹划对企业经营方式、销售方式、财务管理方式的要求会限制企业在此类方式上的选择性,可能会对企业生产、销售、现金流等方面产生影响,在选择具有税务优势方案的同时，可能会牺牲另一方案的非税优势。

2.代理成本。信息的不对称引发了许多经济现象，代理成本的产生就是信息不对称的必然结果。在税务筹划中，为了降低税负所选定的方案，在执行过程中同样不可避免地会产生代理成本。资产重组的税务筹划就是典型的例子。在企业重组中，企业如果采用分立策略，一个企业被分为几个企业，管理机构增加、管理人员增加、企业间的组织协调费用增加，更重要的是由于管理人员道德风险的存在，增加了企业的监督成本和潜在的损失，全部或部分抵免了税务筹划带来的收益，更有甚者会使成本的产生大于收益。同样，在合并过程中，逆向选择的存在，兼并方并不十分了解被兼并方的资产质量状况，可能造成其所支付的价格超过被兼并资产的价值。

3.交易成本。在税收筹划中，交易成本成为非税成本中的重要因素。它们包括信息搜集成本、谈判成本、缔约成本、监督成本、强制履约的成本以及可能发生的处理违约的成本等，例如，通过收购外国公司进行税收筹划时，为了避免逆向选择带来的损失，也需对被收购公司的相关信息进行搜集，同样会产生谈判费用、协议签订费用、履约费用等。另外，利用资产交易进行的所得税筹划、利用委托加工进行的消费税筹划等，都涉及市场环境下的产权交易和契约的签署。因此，交易成本在税收筹划中是难以避免的。

4.财务报告成本。若上市公司频繁进行税务筹划，连年的低税低利润极易引起税务部门的注意，一旦实施对公司的检查，给公司带来的不仅仅是形象上的损害。而且由于公司的债权人对公司财务报告的盈利状况非常敏感，很可能由此影响公司债务筹资，进而影响公司营运资金，抬升财务杠杆，加剧公司财务风险。低利润不但会导致股票价格的下降，还会影响上市公司在股票市场的再融资能力。由此可见，税务筹划带来的财务报告成本可能对上市公司产生深远的负面影响。

总之，税收筹划不是简单的节税问题，纳税人的财务利益最大化要考虑节减税收，更要考虑为之所付出的代价，因此，税收筹划时既要算“显性成本”更要算“隐性成本”。

(四)风险防控建议

1.税收筹划必须坚持合法性原则。税收筹划的本质不是非法避税，其本质具有合法属性。这就意味着税收筹划是依照税法和税收政策进行的,受制于法律规定,不能对其要求过高。不能指望通过税收筹划节省很大比例的纳税,不能用偷税漏税的方法进行税收筹划。

2. 税收筹划必须坚持全面性原则。上市公司在税收筹划过程中,对税收法律和政策要全面理解,聘请专门机构进行方案论证并咨询税务部门意见,不能让内部财务人员或老板直接拍板,容易导致片面化并埋下巨大隐患。

3. 税收筹划必须坚持灵活性原则。由于企业所处的经济环境千差万别,加之税收政策和税收筹划的主客观条件时刻处于变化之中,这就要求在税收筹划时,及时根据国家税法、相关政策及经营方针的改变,对税收筹划方案进行重新审查和评估,适时更新,采取措施分散风险。

二、税务稽查风险

(一)应对不当风险

企业在稽查过程中的应对不当一般包括以下几方面:

1. 对税务部门执法中的违法行为未提出质疑和取证。税务稽查执法有着严格的法定程序,首先是税务稽查人员应当是两名以上;其次是两名人员均要具有执法资格,具体表现:一是应当具有公职人员身份;二是应当持有《税务稽查专用检查证》;三是税务稽查人员应当采取制作现场笔录、录像、照相等方式将实施该行为或动作的情况予以记载。税务稽查执法还应当遵循法定权限,实践中应当特别注意两方面的问题:一是不得超越权限实施侦查权(秘密调查权)和搜查权(强制检查权);二是对于特定的执法行为,如调取账簿、检查纳税人存款账户、实施税收保全和强制执行措施等,应当依法事先履行审批程序。

2. 采取欺骗、隐匿、拖延等手段逃避税务稽查。税务稽查过程中,提供虚假材料或故意隐匿、销毁财务账册和相关销售资料。或指使财务人员作出虚假陈述,或谎称相关人员生病、请假、停电等方式拖延稽查。

3. 托关系、托人脉企图蒙混过关,产生滞纳金费用。税务稽查中,一旦发现问题,部分上市公司往往第一时间想到的是托关系疏通税务稽查局而不是依法进行听证、申辩，事实上这种疏通很多情况下是无效的，最终导致被行政处罚并产生滞纳金。

（二）汇算清缴风险

企业所得税汇算清缴中面临的风险是多方面的。从主观上来说，纳税人逃避税收会直接增加税务稽查的风险，纳税人缺乏对企业所得税的全面认识、汇算清缴工作计算错误也会导致税务稽查风险的增加。从客观上来说，企业所得税法规和政策比较复杂，给税务人员增加了计算难度，因此税务人员较难正确理解企业所得税相关规定并准确进行计算和纳税调整。

1. 补缴税款并承担税收滞纳金的风险。在企业所得税汇算清缴过程中，时常出现纳税人由于对税收法规理解不全面或错误的理解导致少缴或者多缴所得税。多缴纳企业所得税款可以按照税法规定退还，但是少缴纳税款则属于违反税收法律的行为，一旦接受税务稽查被税务机关查出，则需要补缴税款。并且，补缴的税款多于原本未缴纳的税款。例如，税法规定销售额超过小规模纳税人标准，而未申请办理一般纳税人认定手续的纳税人，补税额的税率为 17% 而不是原本 3% 的征收率，这样无疑会对企业的经济利益造成损失。

2. 增加额外税收负担的风险。企业除了可能承担补交税款、接受税务处罚或刑事处罚的风险之外，还面临承担额外税收负担的风险。额外的税收负担是指按照税法的规定应该征收的，但实际情况中可以避免的一部分税收。许多中小企业，特别是民营企业由于不注重会计核算和征收管理，对生产经营状况没有账簿记载、账簿混乱或不健全。例如，税法的相关规定与会计法律法规存在差别，可能使税法和会计对收益、费用和损失的确认产生时间上的差异，从而导致税前会计利润与应纳税所得存在时间上的差异。在实际生产经营中由于纳税人缺乏对税法的全面了解，只注重费用的调整而忽视了纳税调减项目，计算出的应纳税额比实际应纳税额高，这种错误无疑增加了纳税人的税收负担，造成多缴税款或重复征税。

（三）行政处罚风险

追究税务行政相对人税收违法行为的行政责任，依法给予行政处罚。税务行政处罚主要有三类：罚款、没收违法所得、停止出口退税权。

罚款是最主要的处罚措施,适用于所有的税收违法行为。根据违法行为对税收征管的损害程度,法律上设定了不同的罚款力度。违反税收管理的违法行为,情节严重的,必须处以罚款;非情节严重的,则可以处也可以不处罚款。妨害税款征收的违法行为,较违反税收管理行为性质严重,除个别情况,法律上均要求必须处以罚款,罚款幅度基本上设定为不缴或者少缴税款的50%以上1倍以下。

没收违法所得适用于有违法所得的税收违法行为。主要是违反发票管理的行为,不法分子通过非法印制、使用、倒买倒卖发票,非法生产、制作发票防伪专用品等手段牟取非法利益。

停止出口退税权适用于骗税行为。享有出口退税权的企业,以假报出口或者其他欺骗手段,骗取国家出口退税款的,税务机关可以在规定期间内停止为其办理出口退税。

1. 逃税的行政责任

逃税是指纳税人伪造、变造、隐匿、擅自销毁账簿、记账凭证或者在账簿上多列支出或者不列、少列收入,或者经税务机关通知申报而拒不申报或者进行虚假的纳税申报,不缴或者少缴应纳税款的行为。扣缴义务人采取前款所列手段,不缴或少缴已扣、已收税款的也视为逃税。①

《税收征收管理法》第63条规定,纳税人伪造、变造、隐匿、擅自销毁账簿、记账凭证,或者在账簿上多列支出或者不列、少列收入,或者经税务机关通知申报而拒不申报或者进行虚假的纳税申报,不缴或者少缴应纳税款的,是偷税(逃税)。对纳税人偷税(逃税)的,由税务机关追缴其不缴或者少缴的税款、滞纳金,并处不缴或者少缴的税款50%以上5倍以下的罚款;构成犯罪的,依法追究刑事责任。扣缴义务人采取前款所列手段,不缴或者少缴已扣、已收税款,由税务机关追缴其不缴或者少缴的税款、滞纳金,并处不缴或者少缴的税款50%以上5倍以下的罚款;构成犯罪的,依法追究刑事责任。

《税收征收管理法》第31条第1款规定:"纳税人、扣缴义务人应当按照法律、行政法规规定或者税务机关依照法律、行政法规的规定确定的期限,缴纳或者解缴税款。"对于未在规定期限内缴纳或解缴税款的,根据该法第32条、第40

① 参见钱俊文:《偷税、逃税的概念辨析及相关制度完善》,载《税务研究》2016年第9期。

条、第 68 条的规定，税务机关可以责令其限期缴纳，逾期仍未缴纳的，税务机关可以采取强制措施追缴税款和滞纳金，还可以对其处以不缴或少缴税款数额 50% 以上 5 倍以下的罚款；如果是因偷税而不缴或少缴税款，根据该法第 63 条规定，应由税务机关追缴其不缴或少缴的税款、滞纳金，并处不缴或少缴税款数额 50% 以上 5 倍以下的罚款，构成犯罪的，依法追究刑事责任。两者的区别在于，一般情形下未在规定的期限内缴纳税款的，税务机关可以责令限期缴纳，逾期仍未缴纳的，才可以采取强制措施追缴税款和滞纳金，还可以并处罚款；但如果是因偷税而不缴或少缴税款的，则无须经过“责令限期缴纳”程序，而可直接强制追缴税款和滞纳金，并处罚款，或者依法移送公安机关追究刑事责任。可见，无论由于何种原因未在规定的期限内缴纳或解缴税款，都要被追缴税款、滞纳金，如果是偷税，则还要并处罚款的行政处罚。

2. 骗税的行政责任

骗税是指纳税人用假报出口等虚构事实或隐瞒真相的方法，经过公开合法的程序，利用国家税收优惠政策，骗取减免税或者出口退税行为。[①]

《税收征收管理法》第 66 条规定，以假报出口或者其他欺骗手段，骗取出口退税款的，由税务机关追缴其骗取的退税款，并处骗取税款 1 倍以上 5 倍以下的罚款；构成犯罪的，依法追究刑事责任。对骗取国家出口退税款的，税务机关可以在规定期间内停止为其办理出口退税。

3. 虚开发票的行政责任

发票具体分为增值税专用发票和普通发票两大类，因此虚开既包括虚开增值税专用发票以骗取出口退税、虚抵进项税款等行为，也包括虚开普通发票以虚列成本，少缴企业所得税等行为。虚开增值税专用发票，是指违反国家税收征管和发票管理规定、为他人虚开、为自己虚开、让他人为自己虚开、介绍他人虚开增值税专用发票的行为。虚开普通发票，是指违反国家税收征管和发票管理规定、为他人虚开、为自己虚开、让他人为自己虚开、介绍他人虚开普通发票用于企业虚列成本，造成利润减少，少缴企业所得税的行为。

《发票管理办法》第 37 条第 1 款规定：“违反办法第二十二条第二款的规定虚开发票的，由税务机关没收违法所得；虚开金额在 1 万元以下的，可以并处 5

---

① 参见中国资产评估协会：《经济法》，经济科学出版社 2012 年版，第 436 页。

万元以下的罚款;虚开金额超过1万元的,并处5万元以上50万元以下的罚款;构成犯罪的,依法追究刑事责任。”

《发票管理办法》第22条第2款规定,为他人、为自己开具与实际经营业务情况不符的发票;让他人为自己开具与实际经营业务情况不符的发票;介绍他人开具与实际经营业务情况不符的发票属于虚开增值税专用发票行为。根据上述内容,虚开增值税专用发票的具体行为方式有以下四种:

(1)为他人虚开增值税专用发票。指合法拥有增值税专用发票的单位或者个人,明知他人没有货物购销或者没有提供或接受应税劳务而为其开具增值税专用发票,或者即使有货物购销或者提供了应税劳务但为其开具数量或者金额不实的增值税专用发票或用于骗取出口退税、抵扣税款的其他发票的行为。

(2)为自己虚开增值税专用发票。指合法拥有增值税专用发票的单位和个人,在本身没有货物购销或者没有提供或者接受应税劳务的情况下为自己开具增值税专用发票,或者即使有货物购销或者提供或接受了应税劳务但却为自己开具数量或者金额不实的增值税专用发票的行为。

(3)让他人为自己虚开增值税专用发票。指没有货物购销或者没有提供或接受应税劳务的单位或者个人要求合法拥有增值税专用发票的单位或者个人为其开具增值税专用发票,或者即使有货物购销或者提供或接受了应税劳务但要求他人开具数量或者金额不实的增值税专用发票或者进行了实际经营活动,但让他人为自己代开增值税专用发票的行为。

(4)介绍他人虚开增值税专用发票。指在合法拥有增值税专用发票的单位或者个人与要求虚开增值税专用发票的单位或者个人之间沟通联系、牵线搭桥的行为。

(四)风险防控建议

1. 理解税务稽查意图,积极开展自查自纠。企业应该了解税务稽查中选案、实施、审理、执行情况,策略性的安排、组织税务自查,研究分析自查提纲、掌握自查重点,制定既符合自身利益又顺应时势的《税务自查应对方案》,并根据财务制度和税收法律法规开展自查。

2. 充分利用税务稽查中的权利申辩维权。对于适用自由裁量权的一些处罚,要争取罚款最少,运用“过罚相当”原则跟税务机关协调。有权对税务机关作出的决定提起行政诉讼、申请行政复议、请求国家赔偿等。

3. 加强税企沟通,营造良好的税企关系。企业应根据自身实际情况,综合运用多种方法进行税企协调,营造良好的税企关系,建立畅通的税企信息沟通机制和渠道,促进征纳良性互动,最大限度地利用税法提供的灵活性合理降低税负和纳税风险,防范由于税企信息不对称造成的涉税风险。

4. 强化纳税风险意识,建立税务风险防控体系。对于企业而言,税务危机最好的解决办法,应该是根据不同的纳税事项、纳税主体,选择不同的风险可控的税务策略。建立一套完整的适应企业动态发展的稽查风险防范和税务评估机制,以便将企业的税务风险控制在可接受的范围内。

5. 培养涉税危机预防意识。树立涉税危机意识,防患于未然。对于企业而言,应对税务风险最有效的措施就是做好内控体系、内部管理的建设工作;了解税务征管、评估、稽查流程,建立良好和谐的税企关系,站在更高层次上进行税收筹划,配合顺应税收政策的引导。

三、税务刑事风险

上市公司常见涉税刑事风险类型主要包括两类:一是妨害税款征收。包括偷税、抗税、逃避追缴欠税和骗取出口退税。二是妨害发票管理。包括虚开增值税专用发票、虚开用于骗取出口退税、抵扣税款发票、虚开普通发票等。本部分列举最常见的逃税风险、骗税风险、虚开发票风险进行介绍。

(一)逃税刑事风险

《刑法》第201条规定:纳税人采取欺骗、隐瞒手段进行虚假纳税申报或者不申报,逃避缴纳税款数额较大并且占应纳税额百分之十以上的,处三年以下有期徒刑或者拘役,并处罚金;数额巨大并且占应纳税额百分之三十以上的,处三年以上七年以下有期徒刑,并处罚金。

扣缴义务人采取前款所列手段,不缴或者少缴已扣、已收税款,数额较大的,依照前款的规定处罚。

对多次实施前两款行为,未经处理的,按照累计数额计算。

有第一款行为,经税务机关依法下达追缴通知后,补缴应纳税款,缴纳滞纳金，已受行政处罚的，不予追究刑事责任；但是，五年内因逃避缴纳税款受过刑事处罚或者被税务机关给予二次以上行政处罚的除外。

《立案追诉标准（二）》（2022年修订）第52条规定：逃避缴纳税款，涉嫌下列情形之一的，应予立案追诉：

（一）纳税人采取欺骗、隐瞒手段进行虚假纳税申报或者不申报，逃避缴纳税款，数额在十万元以上并且占各税种应纳税总额百分之十以上，经税务机关依法下达追缴通知后，不补缴应纳税款、不缴纳滞纳金或者不接受行政处罚的；

（二）纳税人五年内因逃避缴纳税款受过刑事处罚或者被税务机关给予二次以上行政处罚，又逃避缴纳税款，数额在十万元以上并且占各税种应纳税总额百分之十以上的；

（三）扣缴义务人采取欺骗、隐瞒手段，不缴或者少缴已扣、已收税款，数额在十万元以上的。

纳税人在公安机关立案后再补缴应纳税款、缴纳滞纳金或者接受行政处罚的，不影响刑事责任的追究。

逃税罪认定中要关注以下几个问题。

1. 正确区分一般逃税行为与逃税罪的界限

此处进行逃税与逃税罪概念的比较，是要明确一般逃税行为与逃税罪的界限，一般逃税行为与逃税罪在客观方面的表现形式是相同的，《税收征收管理法》与《刑法》对其采取逃税的方法和手段作了相同的规定，二者区别的关键在于逃税的数额和情节。逃税罪是情节严重的行为，只有逃税行为达到《刑法》规定的标准，才能作为定罪处罚，因此，《刑法》对偷税罪的客观方面作出了量化规定，即"逃税数额占应纳税额的10%以上并且逃税数额在一万元以上"，"或者因逃税被税务机关给予二次行政处罚又逃税的"，这是区分逃税行为罪与非罪的重要标志。

2. "初犯免责条款"的适用条件

《刑法》第201条第4款规定："有第一款行为，经税务机关依法下达追缴通知后，补缴应纳税款，缴纳滞纳金，已受行政处罚的，不予追究刑事责任；但是，五年内因逃避缴纳税款受过刑事处罚或者被税务机关给予二次以上行政处罚的除外。"对于该款的名称，多数学者称为"初犯免责条款"，[①]张明楷教授称为

① 李翔：《论逃税犯罪中的初犯免责》，载《中国刑事法杂志》2009年第7期。

“处罚阻却事由”。①

第一，初犯补缴税款、缴纳滞纳金、交纳罚应当同时具备，才能构成“处罚阻却事由”。《刑法》第201条第4款中的表述是“经税务机关依法下达追缴通知后，补缴应纳税款，缴纳滞纳金，已受行政处罚的”，才不予追究刑事责任，其中，所谓“应纳税款”，是指纳税人在法律、行政法规规定的期限内或者在税务机关依照法律、行政法规确定的期限内未缴纳的税款部分，包括补缴的全部应纳税款和少缴的部分未纳税款；所谓“滞纳金”，是指从上述规定的期限届满之日起按日加收的，每日按未纳税款的5‱计算的新的金钱给付义务；所谓“行政处罚”，是指因偷税而被税务机关科处的不缴或少缴税款数额50%以上5倍以下的罚款，那么，这三项条件是应当同时具备，还是只需要符合其中的一项或者两项即可，就成为理论上争议激烈的问题。

第二，已受行政处罚是指已经交纳了罚款。税务机关下达追缴通知后，行为人完全按照税务机关的要求补缴应纳税款、缴纳滞纳金和罚款的，才可以不追究刑事责任。“已受行政处罚”，不是指逃税者签收了行政机关作出的行政处罚决定书，而是指逃税者按照决定书的要求交纳了罚款。反之，如果尚未交纳罚款，则不能认为是“已受行政处罚”。从文义解释来看，“已受”是指“已经受过”，只有已经交纳了罚款的，才能认为“已经受过罚款的行政处罚”。但是，有些学者抛开“已受”的词语含义，随意将其变更为“愿意接受”“已经收到”行政处罚决定书等，是不严肃的。

第三，初犯免责条件应当成就于公安机关立案之前。由于初犯免责条件是在逃税行为已经构成逃税罪的基础上，立法者根据宽严相济的刑事政策，特意规定的免予追究刑事责任的条件。换言之，不是因为逃税者对其逃税行为不具有刑事责任、不构成逃税罪，而是因为立法者认为只要及时履行了纳税义务和相关义务就可免予追究刑事责任。因此，这种条件应当成就于公安机关决定应否立案追究刑事责任之前，而不能成就于刑事诉讼过程中。因此，逃税者在公安机关立案之后，再补缴应纳税款、缴纳滞纳金和罚款的，不影响对其追究刑事责任，仅可作为从轻处罚情节。对此，《立案追诉标准（二）》（2022年修订）第52条第2款规定：“纳税人在公安机关立案后再补缴应纳税款、缴纳滞纳金或者

① 张明楷：《逃税罪的处罚阻却事由》，载《法律适用》2011年第8期。

接受行政处罚的,不影响刑事责任的追究。”反之,如果允许在刑事诉讼过程中补缴应纳税款、缴纳滞纳金或者接受行政处罚,并因此适用初犯免责条款,将极大地损害法律的权威性,极大地浪费司法资源,相当于将是否追究刑事责任的决定权和审判权交给逃税者行使,由逃税者来决定刑事责任追究的法律效力,这显然不妥。

(二)骗税刑事风险

《刑法》第204条规定:以假报出口或者其他欺骗手段,骗取国家出口退税款,数额较大的,处五年以下有期徒刑或者拘役,并处骗取税款一倍以上五倍以下罚金;数额巨大或者有其他严重情节的,处五年以上十年以下有期徒刑,并处骗取税款一倍以上五倍以下罚金;数额特别巨大或者有其他特别严重情节的,处十年以上有期徒刑或者无期徒刑,并处骗取税款一倍以上五倍以下罚金或者没收财产。

纳税人缴纳税款后,采取前款规定的欺骗方法,骗取所缴纳的税款的,依照本法第二百零一条的规定定罪处罚;骗取税款超过所缴纳的税款部分,依照前款的规定处罚。

《立案追诉标准(二)》(2022年修订)第55条规定:以假报出口或者其他欺骗手段,骗取国家出口退税款,数额在十万元以上的,应予立案追诉。

最高人民法院《关于审理骗取出口退税刑事案件具体应用法律若干问题的解释》则对出口骗税的行为进行比较细致的列举,结合骗税案件及相关文献,可以将出口骗税的行为归纳为以下三种类型。

1.“四自三不见”型骗税

所谓的“四自三不见”,就是指自带客户、自带货源、自带汇票、自行报关,但不见进口产品、不见供货货主、不见外商的出口骗税行为。“四自三不见”是目前不法分子骗取国家出口退税采取的主要作案方式。“四自三不见”有两种行为模式:

一种是成立公司实施骗税。在深圳“7·18”骗税案件中,犯罪分子张某某成立隆泰祥公司就是为了实施骗税。张某某一方面通过朋友成立服装公司虚开增值税发票。另一方面通过出口货物国际运输代理公司来“配货”,以隆泰祥公司的名义报关。就这样,隆泰祥公司没有真实的出口,他们把别家的货物用自己的公司名称报关,配上自己虚开的增值税发票,骗取了国家退税。另一种是挂靠公司实施骗税。骗税分子利用外贸公司需要完成创汇任务的压力,或给予外贸公司一定的利益,为外贸公司提供客户与货源,并代办出口手续,实施骗税行为。由于挂靠的外贸公司具有合法的业务,这使这种骗税行为非常隐蔽。

2. 利用农产品收购发票骗税

我国启动金税工程后,伪造增值税发票几乎不可能,而农产品收购发票由于享有税收优惠,且在税务监管上具有相当大的难度,而成为骗税分子常用的工具。一般而言,生产原料的进货票据是能否取得出口退税的首要环节,要骗取出口退税必须有虚假的原材料进项税。而农产品收购发票则是骗税分子最理想的进货票据,用这种票据进行"洗票"的风险比较小。据报道,虚开农产品收购发票的现象比较普遍,骗税分子能轻易获取这类票,这使实施该骗税行为的成本下降,进一步促使骗税分子实施骗税。

3. 虚报货物骗税

虚报货物骗税是指骗税分子利用海关抽查率低,采取低价高报、以次充好、循环出口等手法骗取税款的行为。上海海关在 2012 年查处的一起出口骗税案中,骗税分子就运用退税率高的低价二极管等商品作为道具,高报出口价格骗取出口退税。这种行为产生的原因是海关抽查率较低以及骗税隐蔽性较强不易发现。正如有学者指出,在目前退税机关防伪鉴别能力提高,单靠伪造退税凭证不易得手的情况下,骗税分子往往采取空车、空箱报关出口,或者采取以少报多、以次充优的手段骗取出口报关单,钻海关抽检率低的"空子"蒙混过关。

(三)虚开发票刑事风险

《刑法》第 205 条规定:虚开增值税专用发票或者虚开用于骗取出口退税、抵扣税款的其他发票的,处三年以下有期徒刑或者拘役,并处二万元以上二十万元以下罚金;虚开的税款数额较大或者有其他严重情节的,处三年以上十年以下有期徒刑,并处五万元以上五十万元以下罚金;虚开的税款数额巨大或者有其他特别严重情节的,处十年以上有期徒刑或者无期徒刑,并处五万元以上五十万元以下罚金或者没收财产。

有上述行为骗取国家税款,数额特别巨大,情节特别严重,给国家利益造成特别重大损失的,处无期徒刑或者死刑,并处没收财产。

单位犯上述规定之罪的,对单位判处罚金,并对其直接负责的主管人员和其他直接责任人员,处三年以下有期徒刑或者拘役;虚开的税款数额较大或者有其他严重情节的,处三年以上十年以下有期徒刑;虚开的税款数额巨大或者有其他特别严重情节的,处十年以上有期徒刑或者无期徒刑。

《立案追诉标准(二)》(2022 年修订)第 56 条规定:虚开增值税专用发票或者虚开用于骗取出口退税、抵扣税款的其他发票,虚开的税款数额在十万元以上或者造成国家税款损失数额在五万元以上的,应予立案追诉。

《立案追诉标准(二)》(2022 年修订)第 57 条规定:虚开刑法第二百零五条规定以外的其他发票,涉嫌下列情形之一的,应予立案追诉:

(一)虚开发票金额累计在五十万元以上的;

(二)虚开发票一百份以上且票面金额在三十万元以上的;

(三)五年内因虚开发票受过刑事处罚或者二次以上行政处罚,又虚开发票,数额达到第一、二项标准百分之六十以上的。

值得一提的是,《刑法修正案(八)》在《刑法》第 205 条后增加一条,作为第 205 条之一,规制虚开发票罪:

《刑法》第 205 条之一规定:虚开本法第二百零五条规定以外的其他发票,情节严重的,处二年以下有期徒刑、拘役或者管制,并处罚金;情节特别严重的,处二年以上七年以下有期徒刑,并处罚金。

单位犯前款罪的,对单位判处罚金,并对其直接负责的主管人员和其他直接责任人员,依照前款的规定处罚。

虚开发票罪认定中需关注以下几个问题。

1. 虚开发票罪与虚开增值税专用发票罪的区别

虚开发票与虚开增值税专用发票的主要区别在于:第一,虚开的对象不同。虚开增值税专用发票罪的对象是增值税专用发票,虚开发票罪的对象是普通发票。第二,量刑不同。虚开增值税专用发票的刑事责任较重,根据《刑法》第 205 条的规定,虚开增值税专用发票的量刑为 3 年以下有期徒刑或者拘役,并处 2 万元以上 20 万元以下罚金;虚开的税款数额较大或者有其他严重情节的,处 3 年以上十年以下有期徒刑,并处 5 万元以上 50 万元以下罚金;虚开的税款数额巨大或者有其他特别严重情节的,处 10 年以上有期徒刑或者无期徒刑,并处 5 万元以上 50 万元以下罚金或者没收财产。虚开发票罪的量刑较轻,《刑法》

第205条之一规定了虚开发票罪的量刑为2年以下有期徒刑、拘役或者管制，并处罚金；情节特别严重的，处2年以上7年以下有期徒刑，并处罚金。

2. 让他人“如实代开行为”是否构成犯罪

“如实代开”是指存在真实的商品交易活动，让他人代为开具与商品交易额一致的增值税专用发票的行为。理论界和实务界一直存在“让他人如实代开如主观上没有骗取税款的目的，客观上没有造成国家税收损失，不构成虚开增值税专用发票罪”的观点，但颇有争议。近几年，随着最高人民法院研究室对公安部经济犯罪侦查局作出法研〔2015〕58号复函，即《〈关于如何认定以“挂靠”有关公司名义实施经营活动并让有关公司为自己虚开增值税专用发票行为的性质〉征求意见的复函》以来，司法实践中持此观点的也越来越多。

如泰州市中级人民法院（2015）泰中刑二终字第00150号案例持此种观点。该判例裁判理由称：“法院认为，上诉人杜某某让罗某某经营的兴化捷宇公司和兴化春达公司为其负责的原南京阳山公司、江苏阳山公司、南京汤阳公司代开增值税专用发票的主要目的，是为解决其公司向农户购买石英石无法开具增值税专用发票的问题，且其公司实际向农户采购了与票面记载数量相同的石英石，并按照票面的含税金额支付了货款，故从全案情况来看，存在真实的货物交易，物流、资金流和票据流，三流合一，且现有证据并不能证实上诉人杜某某让原审被告人罗某某为原南京阳山公司、江苏阳山公司、南京汤阳公司开具增值税专用发票的行为给国家税收造成了损失或破坏了国家税收征管秩序，因此上诉人杜某某、原审被告单位江苏阳山硅材料科技有限公司、南京汤阳硅材料科技有限公司、原审被告人罗某某均不构成虚开增值税专用发票罪，对江苏省泰州市人民检察院的支持抗诉意见法院不予采纳。”

3. 挂靠经营下“有货虚开”行为是否构成犯罪

国家税务总局《关于纳税人对外开具增值税专用发票有关问题的公告》规定，代开方以自己的名义与受票方交易，向受票方收取款项并按交易情况据实开具专用发票，且专用发票合法取得，不构成虚开。国家税务总局部分肯定了挂靠经营下“有货虚开”发票的合法性。最高人民法院指导案例“张某强虚开增值税专用发票案”，就是典型例证：“张某以他人公司名义对外签订合同，以他人公司名义收取货款、开具发票，实际加工劳务由其本人完成，交易产生的税款由开票公司（被挂靠方）扣除、缴纳，本人与该公司之间存在事实上的挂靠关系。

因此,张某的行为主观上不具有骗取税款之目的,客观上也不会造成国家增值税款的损失。”

此外,最高人民法院研究室在《〈关于如何认定以“挂靠”有关公司名义实施经营活动并让有关公司为自己虚开增值税专用发票行为的性质〉征求意见的复函》中规定:“行为人利用他人的名义从事经营活动,并以他人名义开具增值税专用发票的,即便行为人与该他人之间不存在挂靠关系,但如行为人进行了实际的经营活动,主观上并无骗取抵扣税款的故意,客观上也未造成国家增值税款损失的,不宜认定为刑法第二百零五条规定的虚开增值税专用发票罪。”进一步确认了是否存在挂靠关系与认定虚开无必然联系。

非挂靠式代开与挂靠式代开都是真实交易下的第三方无法为购买方(受票方)开具专票导致的,二者仅是形式上的区别。只要存在真实交易活动,并依法取得了增值税专用发票,不考虑行为人与他人之间是否存在挂靠关系,只要主观上并无骗取税款的故意,就不属于虚开。

案例5-2:宁夏大古物流有限公司虚开增值税专用发票案①

【基本案情】

2016年6月,西部创业(000557)的子公司宁夏大古物流有限公司(以下简称大古物流)经人介绍认识朱某某、王某某、王某三人。为增加利润,大古物流以三人充当中间人进行煤炭贸易。由于货物直接由源头供应商运输至最终采购方,大古物流不负责煤炭实际运输,因此其无法提供煤炭运输记录或凭证等证明材料,存在虚构交易。2016年7月至12月,大古物流通过朱某某、王某某、王某三人共取得了北京美隆康元商贸有限公司等38家企业开具的品名为“煤”的3818份增值税专用发票,金额378,246,829.04元,申报抵扣增值税进项税额64,301,956.31元。同时,大古物流还向北京世纪汉徽国际贸易有限公司等20家下游企业开具了品名为“煤”的增值税专用发票219份,金额381,023,365.96元,销项税额64,773,971.98元。另查明:大古物流与35家上游销货企业、19家下游购货企业存在162份银行承兑汇票。经发行银行证实,其中73份无上下游购销企业及大古物流的背书记录,涉嫌虚假,涉案金额达301,885,000元。

---

① 宁税稽处〔2019〕33052号。

本案还存在资金回流情况：大古物流财务先将资金汇款给下游企业或其法定代表人个人账户，下游企业再将资金打入大古物流账户，大古物流以货款名义将款项汇给上游企业，上游企业收到资金后将款项集中打入北京京升泰洋贸易公司后，再汇款至大古物流财务个人账户。大古物流向20家上游企业支付的121,055,234.29元中有89,435,290.07元形成资金闭环回流，从14家下游企业收到的129,587,418.08元中有92,700,000元形成资金闭环回流。

【处理结果】

2019年10月14日，宁夏回族自治区税务局稽查局对大古物流作出《税务处理决定书》(宁税稽处〔2019〕33052号)。税务机关认为，2016年7月至12月，大古物流在2016年接受上游35家销货企业3600份增值税专用发票并向下游20家购货企业开具219份增值税专用发票的煤炭贸易中，对煤炭的采购、销售及货物交割未形成实际控制，存在利用虚假银行承兑汇票虚收虚支往来款项情形，且银行电汇资金大部分已证实形成回流，故认定大古物流构成虚开增值税专用发票。遂作出以下决定：(1)大古物流取得的3600份增值税专用发票不得作为合法有效的扣税凭证抵扣进项税额，应转出进项税额60,639,321.61元，决定追缴大古物流增值税60,639,321.60元、城市维护建设税4,244,752.51元、教育费附加1,819,179.65元、地方教育附加1,212,786.43元，并加收滞纳金。(2)将本案移交刑事司法机关侦查。

第三节 投资风险

上市公司对外投资,多以本身主营业务上下游的相关业务为主,以建造产业生态、建立行业壁垒为核心,其战略性投资目的较为明显。具体而言,上市公司对外进行股权投资,主要可以分为新设公司(合资)和收购股份(并购)两种方式。本书结合典型案例就上市公司对设立公司、业绩对赌、股权代持这三类法律风险进行剖析。

一、设立公司风险

公司设立是指按照法律规定的条件和程序,发起人为组建公司,使其取得法律人格,必须采取和完成的一系列行为之总和。通过设立公司的方式进行投资,又被称为新设投资,在公司法上属于"公司设立"范畴,上市公司往往通过设立合资子公司,达到开拓业务线、完善产业生态的效果,又能达到引入战略投资者的目的。

(一)公司发起人的法律责任

公司设立的主体是发起人。发起人实施一系列设立行为后,可能产生三种法律后果:公司成立、公司不成立、公司成立但存在瑕疵。根据《公司法》第7条、最高人民法院《关于适用〈中华人民共和国公司法〉若干问题的规定(三)》(以下简称《公司法解释(三)》)第2条等法律规定,无论哪一种后果,都存在发起人的责任承担问题。如在公司成立的情形下,发起人可能面临连带资本充实责任、损害赔偿责任、出资违约责任、先公司合同责任等法律责任。而在公司不成立的情形下，作为发起人的上市公司还将面临费用和债务的连带赔偿责任、已收股款的返还责任、对第三人的连带赔偿责任、先公司合同责任等法律责任。此外，当公司成立但存在瑕疵时，发起人仍将存在连带资本充实责任、承受罚款等行政处罚的责任风险。

《公司法》第7条第1款规定：依法设立的公司，由公司登记机关发给公司营业执照。公司营业执照签发日期为公司成立日期。

《公司法解释(三)》第2条规定：发起人为设立公司以自己名义对外签订合同，合同相对人请求该发起人承担合同责任的，人民法院应予支持。公司成立后合同相对人请求公司承担合同责任的，人民法院应予支持。

(二)控制权争夺风险

公司治理的控制权主要体现在表决权的比例、董事会席位的控制、高管人事任免权的决定等方面，具体如下。

1. 表决权

一般来说，股东按照其出资比例行使表决权，但根据《公司法》第42条的规定，公司也可以通过公司章程对股东表决权另作安排。换言之，如果公司章程规定股东可以不按出资比例行使表决权，此时就会出现出资比例与表决权不对等的情形。因此在这种情况下，享有“表决权比例”最高的股东在一定程度上实现对公司最高权力机构——股东会的控制，在对公司股东会的审议事项作出意思表示时能够充分影响股东会决议，这样的股东才是真正对公司享有“控制权”的人。

根据《公司法》第103条的规定，股东出席股东大会会议，所持每一股份有一表决权。但是，公司持有的本公司股份没有表决权。

股东大会作出决议，必须经出席会议的股东所持表决权过半数通过。但是，股东大会作出修改公司章程、增加或者减少注册资本的决议，以及公司合并、分立、解散或者变更公司形式的决议，必须经出席会议的股东所持表决权的2/3以上通过。

2. 董事会席位

根据《公司法》第37条的规定，公司董事会人选由股东会表决进行选举和更换，同时《公司法》第46条也规定了董事会职权范围。作为一家公司的经营决策机构,董事会对内掌管公司事务,对外代表公司的经营决策和业务执行机构,董事会成员由股东会选举产生,同时董事会也承担召集股东会的职权。因此,前述享有“更高的表决权比例”实际上是控制公司董事会席位的前提,而在达成控制公司董事会席位的目的后,不仅可以实际参与公司的具体业务经营和执行运作,还能够在必要时实现股东会召集,通过行使“股东表决权”参与公司经营管理的目的。

根据《公司法》第105条的规定,股东大会选举董事、监事,可以依照公司章程的规定或者股东大会的决议,实行累积投票制。

本法所称累积投票制,是指股东大会选举董事或者监事时,每一股份拥有与应选董事或者监事人数相同的表决权,股东拥有的表决权可以集中使用。

3. 人事任免权

根据《公司法》第46条规定的董事会职权,董事会对于公司经理、副经理、财务负责人,甚至上市公司董事会秘书等高级管理人员享有任免权。“公司控制权”的争夺最终都会落实到“人”的层面的争夺,大股东在应对控制权纠纷时,还要确保在关键的高级管理人员岗位上拥有“自己”的人,以便在控制权纠纷发生时通过核心高管层协助大股东平稳控制公司的钱财与业务。

但由于子公司治理结构运行下,上市公司或主动或被动将经营权让渡于原股东或管理团队。而获得经营权的管理层则在后期中不再恪守受托经营的义务,反倒利用已掌握的公司资源及职务便利谋得私利,从事违反公司章程、法律法规以架空股东会、董事会等公司治理机构。从而,使名为控制权主体实质上丧失公司控制权。

(三)风险防控建议

1. 公司章程约定合理,明确发起人责任

建议在专业人士的指导下设计公司章程,特别注意发起人协议和公司章程的衔接,如把对发起人的某些约束性条款(尤其是出资条款)延伸规定到章程中,避免在公司成立后产生对发起人协议法律效力产生争议。同时,在公司设立过程中的行为应紧紧围绕设立公司目的,该类行为亦应在发起人协议中予以明确约定。此外,应尽量避免以拟设立公司的名义签订与设立行为无关的合同,如确需签订此类合同,应当征得其他发起人的书面同意,并应把公司尚处于设立阶段的事实明确告知合同的相对方。

2. 组织架构科学,权限划分明晰

在子公司管理结构设计中要注意股东会、董事会、高管层的权利划分与归属。在强信任的基础夯实之前,管理层通常会以总经理负责制为名主张更多管理权限,但作为股东的上市公司应对此管理权限加以合理限制。即便在为企业经营发展需要赋予公司管理层一定经营管理权限时,亦可附上一定变更及解除权,不断强化管理团队的忠实勤勉义务。此外,在从公司日常控制权的外观表现形式角度,应将法定代表权、印章保管权、财务管理权等公司日常经营管理权予以高度重视。高度集中于总经理或其一致行动的管理层则将面临重大失控风险。故而,对日常经营管理权的诸多重要权力行使和划分应构建更为合理的监督及制约机制。

3. 恰当履行信息披露义务

《证券法》第 63 条规定:"通过证券交易所的证券交易,投资者持有或者通过协议、其他安排与他人共同持有一个上市公司已发行的有表决权股份达到百分之五时,应当在该事实发生之日起三日内,向国务院证券监督管理机构、证券交易所作出书面报告,通知该上市公司,并予公告,在上述期限内不得再行买卖该上市公司的股票,但国务院证券监督管理机构规定的情形除外。

投资者持有或者通过协议、其他安排与他人共同持有一个上市公司已发行的有表决权股份达到百分之五后,其所持该上市公司已发行的有表决权股份比例每增加或者减少百分之五,应当依照前款规定进行报告和公告,在该事实发生之日起至公告后三日内,不得再行买卖该上市公司的股票,但国务院证券监督管理机构规定的情形除外。

投资者持有或者通过协议、其他安排与他人共同持有一个上市公司已发行的有表决权股份达到百分之五后,其所持该上市公司已发行的有表决权股份比例每增加或者减少百分之一,应当在该事实发生的次日通知该上市公司,并予公告。

违反第一款、第二款规定买入上市公司有表决权的股份的,在买入后的三十六个月内,对该超过规定比例部分的股份不得行使表决权。"

(四)典型案例

案例5-3:广东文化长城集团股份有限公司诉许某镭、许某云、聂某公司控制权纠纷案①

【基本案情】

2016年2月,广东文化长城集团股份有限公司(以下简称文化长城公司)与许某镭、许某云、雷某、彭某、李某英及广州商融投资咨询有限公司(以下统称为联汛教育原股东)签署《发行股份及支付现金购买资产协议》和《盈利及减值补偿协议》。

购买协议约定:公司以5.76亿元价格购买联汛教育原股东持有的联汛教育80%的股权,其中现金支付对价2.304亿元,股份支付对价3.456亿元。业绩承诺及审计约定:联汛教育原股东承诺2015年至2018年实现扣非后的净利润分别为2500万元、6000万元、7800万元和10,000万元。

盈利补偿约定:如未完成承诺业绩,原股东进行补偿时依据以下顺序:首先以许某镭持有的文化长城股份进行补偿,如不足补偿的,再以广州商融投资咨询有限公司持有的文化长城股份进行补偿,仍然不足补偿的,由许某云、雷某、彭某、李某英、广州商融投资咨询有限公司获得的现金对价为限,以现金方式补偿。

减值补偿约定:在利润承诺期届满6个月内,即2019年6月30日之前,由上市公司聘请具有证券资质的会计师事务所对联汛教育的股权进行减值测试审核,并在上市公司前一年度年报后30个工作日内出具《减值测试审核报告》;根据减值测试审核报告,若股权减值金额大于原股东已经补偿金额的,则原股东应继续对上市公司进行现金补偿。

2016年8月4日,上市公司依据购买协议完成了对联汛教育80%股权的并购并纳入上市公司的合并范围。联汛教育在2018年年审期间以及上市公司对其2018年财务报表进行补充审计期间,联汛教育管理层拒绝配合执行核心审计程序,违反联汛教育的章程约定,违反公司法,拒不执行董事会决议、股东决议,侵害股东权益,导致上市公司失去对联汛教育的控制。

① (2020)粤0106民初13647号。

2018年年报披露后，上市公司为了尽快消除针对联汛教育的无法表示意见事项，2019年聘请审计机构对联汛教育相关事项进行补充审计，联汛教育管理层仍然拒绝配合执行核心审计程序，使审计机构无法完成重要的核心审计程序，导致上市公司无法核实联汛教育2018年业绩承诺完成情况。

联汛教育新任法定代表人欧某某代表联汛教育对许某镭提起诉讼，提出判令许某镭返还联汛教育营业执照正本和副本的原件、税务登记证书及副本的原件、印鉴章（包括公章、合同专用章、财务专用章、法定代表人印鉴章）、财务会计报告、财务会计账簿及原始会计凭证、银行账户信息、银行U盾等诉讼请求。

【裁判结果】

法院认为，上市公司作为控股股东，通过股东会决议任命新的法定代表人，合法有效，许某镭、许某云、聂某于判决发生法律效力之日起10日内向联汛教育返还营业执照正本和副本的原件、税务登记证书及副本原件、印鉴章（包括公章、合同专用章、财务专用章、法定代表人印鉴章）、财务会计报告、财务会计账簿及原始会计凭证、银行账户信息、银行U盾。

二、业绩对赌风险

上市公司进行股权投资的主要途径是并购重组，即以上市公司为主体开展的一系列涉及并购以及重组的行为。上市公司作为并购重组的主体，其面临最大的风险在于对价。而对价的基础在于对目标企业的价值认识，这一认识的形成有赖于详尽、客观、真实的尽职调查。能否对被并购企业的真实经营状况和整体负债情况做到尽可能全面的了解，往往决定并购预期能否实现。如果没有充分做好尽调工作，导致一些隐形的债务问题没有被及时发现，作为并购方的上市公司很可能因此受到牵连，从而引发财务危机。为了解决因此导致的对公司未来发展及股权价值判断的偏差而设计的一种估值调整机制相关约定即为对赌协议，这类条款往往构成股权投融资合同的重要组成部分。

《上市公司重大资产重组管理办法》（2020年修订）第35条规定：采取收益现值法、假设开发法等基于未来收益预期的方法对拟购买资产进行评估或者估值并作为定价参考依据的，上市公司应当在重大资产重组实施完毕后3年内的年度报告中单独披露相关资产的实际盈利数与利润预测数的差异情况，并由会计师事务所对此出具专项审核意见;交易对方应当与上市公司就相关资产实际盈利数不足利润预测数的情况签订明确可行的补偿协议。

预计本次重大资产重组将摊薄上市公司当年每股收益的,上市公司应当提出填补每股收益的具体措施,并将相关议案提交董事会和股东大会进行表决。负责落实该等具体措施的相关责任主体应当公开承诺,保证切实履行其义务和责任。

上市公司向控股股东、实际控制人或者其控制的关联人之外的特定对象购买资产且未导致控制权发生变更的,不适用本条前二款规定,上市公司与交易对方可以根据市场化原则,自主协商是否采取业绩补偿和每股收益填补措施及相关具体安排。

(一)对赌协议效力问题

"对赌协议",又称为"估值调整机制",实践中,常见的对赌方式包括股权回购、现金补偿、股权调整等,对赌目标包括上市目标、经营业绩、其他企业发展目标等,而与投资方对赌的对象包括股东或实际控制人(为简化表述,以下统称为股东)、公司,对赌约束包括单向对赌、双向对赌。

由于投资方在交易中往往占据强势地位,大量的"对赌条款"的设计是从投资方角度出发的,导致的实际效果是赌赢了投资者获得高额投资回报,赌输了投资者通过回购或补偿不仅可以回收投资本金,还可以获得不低于银行贷款利息的收益,这样不仅极大地降低了投资方的投资风险,而且事实上使股权投资更接近于存在最低保底收益的借贷,走向了股权投资的反面(债权投资),因此,"对赌条款"自从引入我国的股权投资实践后,就一直备受争议。

有两则里程碑式案例就对赌协议效力问题进行了指引。一为 2012 年"海富案",最高人民法院再审判决:投资方与目标公司对赌因违反资本维持原则而无效,但与目标公司股东对赌则为有效。① 二为 2019 年"华工案"(详细案情见后文),江苏省高级人民法院二审判决:与公司对赌亦为有效;不过,受制于《公司法》第 142 条等规定,对赌协议或"履行不能"。之后的《九民纪要》第 5 条亦持类似立场:与公司对赌虽为有效,但可能因违反资本维持原则、未能完成减资

① 最高人民法院(2012)民提字第 11 号。

程序等而无法强制履行。与公司对赌有效的时代已经来临。[①] “华工案”与《九民纪要》的突破在于不再直接否定“对赌协议”的效力，而是在尊重商事交易中当事人平等协商、意思自治所缔结的合同关系的基础上，根据目标公司的具体情况考察“对赌协议”履行的可能性，这正体现了资本维持原则的底线规制特征。[②]

《九民纪要》第5条第1款规定：投资方与目标公司订立的“对赌协议”在不存在法定无效事由的情况下，目标公司仅以存在股权回购或者金钱补偿约定为由，主张“对赌协议”无效的，人民法院不予支持，但投资方主张实际履行的，人民法院应当审查是否符合公司法关于“股东不得抽逃出资”及股份回购的强制性规定，判决是否支持其诉讼请求。

（二）对赌协议履行问题

《九民纪要》第5条第2～3款规定：投资方请求目标公司回购股权的，人民法院应当依据《公司法》第35条关于“股东不得抽逃出资”或者第142条关于股份回购的强制性规定进行审查。经审查，目标公司未完成减资程序的，人民法院应当驳回其诉讼请求。

投资方请求目标公司承担金钱补偿义务的，人民法院应当依据《公司法》第35条关于“股东不得抽逃出资”和第166条关于利润分配的强制性规定进行审查。经审查，目标公司没有利润或者虽有利润但不足以补偿投资方的，人民法院应当驳回或者部分支持其诉讼请求。今后目标公司有利润时，投资方还可以依据该事实另行提起诉讼。

具体而言，对赌协议的履行主要涉及以下三个层面内容。

1. 股权回购

按《公司法》涉及减资的规定，目标公司因履行对赌协议下的回购义务而应完成的减资程序至少包括作出减资决议和完成债权人保护程序。触发回购条件之后，投资方要求目标公司召开股东会，自行作出减资决议，难度极高；且

---

① 参见贺剑：《对赌协议何以履行不能？——一个公司法与民法的交叉研究》，载《法学家》2021年第1期。

② 参见刘燕：《“对赌协议”的裁判路径及政策选择——基于PE/VC与公司对赌场景的分析》，载《法学研究》2020年第2期。

依据《公司法》第 43 条、第 103 条的规定，减资决议应经过 2/3 以上表决权的股东通过，一旦大股东不同意减资，投资方很难实现回购诉请。检索《九民纪要》施行之后的案例，投资方未经减资程序而诉请目标公司回购的，法院均予驳回。①

2. 金钱补偿

投资方作为股东，受到《公司法》的规制，其从目标公司取得的现金补偿只能从可分配利润中支付，否则就可能构成抽逃或抽回出资。因此，《九民纪要》规定只有在目标公司有可分配利润（该利润既包括当年利润，也包括之前的剩余未分配利润）时，投资方才能要求目标公司进行现金补偿。需要澄清的是，金钱补偿并非目标公司向股东分配利润，投资方基于对赌协议要求金钱补偿，系基于其所享有的合同权利，而非作为股东的利润分配请求权。《九民纪要》以目标公司有可分配利润作为金钱补偿的前提，是对于承担补偿义务的财产范围的限定，而不宜理解为对金钱补偿性质的规定。基于上述规定，投资方在诉请目标公司进行现金补偿时，应证明目标公司已经决议进行利润分配，或有符合《公司法》第 166 条的可分配利润，否则其请求难被支持。

3. 履行不能的违约责任

对赌协议可能约定在触发条件后，目标公司应在一定期限内履行回购或补偿义务，如逾期未履行的，应承担相应违约责任。投资方可依据此类约定在诉请回购或补偿时，一并要求对方承担逾期付款的违约责任；即便对赌协议对此未作约定，投资方一般也可以主张资金占用损失。对此，对赌方通常的抗辩是违约金过高并要求调减。在因目标公司未履行减资程序而驳回投资方诉请的案例中，对于是否支持目标公司承担违约金存在分歧。有法院在未支持回购诉请的情况下，认定目标公司应承担违约责任；②也有法院认为如要求目标公司承担回购义务或基于回购义务而产生的违约金，相当于目标公司股东变相抽逃出资，因此未支持投资方针对目标公司的违约金诉请（见下文案例）。本书认为，在已经符合约定对赌条件的情况下，目标公司因自身履行障碍导致无法履行义

① 代表性案例如最高法院（2020）号、最高法民申 1191 号、（2020）最高法民申 2957 号、（2020）最高法民终 575 号。

② （2019）豫 16 民初 206 号。

务,这对于造成投资方的损失具有可归责性。此外,资本维持原则是为了防止目标公司因资本减少而损害债权人利益,却并不必然免除或减少目标公司因未履行对赌协议约定义务而给投资方造成的损失。基于此,目标公司对于实际履行对赌义务前投资方因此产生的损失应承担相应赔偿责任。

(三)对赌协议风险防控

投资方为了保障自身权益,应在签订投资协议时预先把减资决议的问题安排好。总体来看,投资方可以从协议/章程约定和事先决议两方面进行考虑。

第一,投资方可考虑在对赌协议中约定触发回购义务条款后,目标公司必须召开股东会,且其他股东必须投赞成票,同时在对赌协议中约定高额违约金,以督促其他股东在未来条件成就时,配合作出减资决议。如在条件成就时,其他股东不予配合,投资方可要求其承担相应违约责任。但需要提示的是,召开股东会/股东大会不具有可诉性,投资方可能难以直接依据上述约定起诉要求召开股东会,并作出减资决议。

第二,投资方可考虑在目标公司章程中约定,在触发对赌条件时,投资方可以单方召集股东会并就减资事项享有超过2/3的表决权,以确保在条件成就时能够作出减资决议。

第三,投资方可考虑在投资阶段预先作出减资决议,可尝试的方式包括:其一,预先作出减资决议,并将触发回购条件且投资方书面致函目标公司要求履行回购义务作为减资决议生效的前提。其二,如果不能达成这种安排,也可考虑退而求其次,在对赌协议中约定触发回购条件且投资方要求目标公司履行回购义务时,目标公司应进行减资,并要求全体股东在对赌协议上签字。投资方可依据《公司法》第37条第2款之规定,尝试主张该对赌协议本身构成减资决议。但从目前工商变更的实践操作来看,如目标公司直接将对赌协议作为减资决议向工商部门申请办理变更登记,因协议与一般公司决议形式不同,可能不被接受。故从实操来说,不建议投资方采取这种方式。另外,在上述两种情况下,投资方均应特别注意股东签字、盖章的真实性以及表决程序等,以免决议效力受到挑战。

（四）典型案例

案例5－4：江苏华工创业投资有限公司与扬州锻压机床股份有限公司、潘某虎等请求公司收购股份纠纷案①

【基本案情】

2011年7月6日，江苏华工创业投资有限公司（以下简称华工公司）与扬州锻压机床股份有限公司（以下简称扬锻集团公司）、招商湘江产业投资有限公司、苏州盛泉万泽股权投资合伙企业（有限合伙）、江苏高投鑫海创业投资有限公司、深圳市盛桥创鑫投资合伙企业（有限合伙）、华夏君悦（天津）股权投资基金合伙企业（有限合伙）、扬州英飞尼迪创业投资中心（有限合伙）、上海锐合创业投资中心（有限合伙）及潘某虎、董某斌、耿某明、赵某卫、张某生、何某焜、钟某、淮左投资中心、亚东投资中心、吉安投资中心、金锻投资中心共同签订《增资扩股协议》一份，约定以公司2011年预测净利润9350万元为基础，按10.12倍PE估值，以增资后注册资本8600万元计算，确定本次增资的价格为人民币11元/股，华工公司以现金2200万元人民币对公司增资，其中200万元作为注册资本，2000万元列为公司资本公积金。

同日，潘某虎、董某斌、耿某明、赵某卫、张某生、何某焜、钟某、淮左投资中心、亚东投资中心、吉安投资中心、金锻投资中心作为甲方，扬锻集团公司作为乙方，华工公司作为丙方，三方就增资的有关事宜达成《补充协议》一份。《补充协议》第1条"股权回购"第1款约定：若乙方在2014年12月31日前未能在境内资本市场上市或乙方主营业务、实际控制人、董事会成员发生重大变化，丙方有权要求乙方回购丙方所持有的全部乙方的股份，乙方应以现金形式收购；第2款约定：乙方回购丙方所持乙方股权的价款按以下公式计算：回购股权价款＝丙方投资额＋（丙方投资额×8%×投资到公司实际月份数/12）－乙方累计对丙方进行的分红；第3款约定：甲方、乙方应在丙方书面提出回购要求之日起30日内完成回购股权等有关事项，包括完成股东大会决议，签署股权转让合同以及其他相关法律文件，支付有关股权收购的全部款项，完成工商变更登记；第4款约定：若甲方、乙方在约定的期间内未予配合并收购丙方所持有公司股份，则

① 江苏省高级人民法院（2019）苏民再62号。

乙方应按丙方应得回购股权价款每日的0.5‰支付罚息，支付给丙方；第3条违约责任约定：本协议生效后，乙方的违约行为导致丙方发生任何损失，甲方、乙方承担连带责任。

2011年7月20日，华工公司向扬锻集团公司实际缴纳新增出资2200万元，其中注册资本200万元，资本溢价2000万元。扬锻集团公司出具收据，载明收款事由为投资款。2011年11月20日，扬锻集团公司召开创立大会，所有股东参加，股东一致表决同意通过新的公司章程，章程第1条规定：扬锻公司为股份有限公司；第2条规定：本公司章程自生效之日起，即成为规范公司的组织与行为、公司与股东、股东与股东之间权利义务关系的具有法律约束力的文件，对公司、股东、董事、监事、高级管理人员具有法律约束力；第16条记载华工公司为公司股东；第21条规定：公司在下列情况下可以依照法律、行政法规、部门规章和本章程的规定回购本公司的股份：(1)减少公司注册资本；(2)与持有本公司股份的其他公司合并；(3)将股份奖励给本公司职工；(4)股东因对股东会作出的公司分立、合并决议持异议，要求公司回购其股份。除上述情形外，公司不进行买卖本公司股份的活动。

2012年11月至2014年4月，因证监会暂停18个月IPO申报，扬锻公司于2014年10月16日召开临时股东大会通过申报新三板的议案，并于2014年10月22日致函华工公司要求其明确是否支持公司申报新三板。

2014年11月25日，华工公司致函扬锻公司，述称华工公司除口头提出请求外，亦以书面提出回购请求如下：根据《补充协议》，鉴于扬锻公司在2014年12月31日前不能在境内资本市场上市，现要求扬锻公司以现金形式回购华工公司持有的全部公司股份，回购股权价格同《补充协议》的约定。

2012年7月27日、2013年7月3日、2014年8月18日、2016年6月8日，华工公司分别从扬锻公司领取分红款各26万元，合计104万元。根据《补充协议》的约定，在案涉股权回购有效且回购条件成就的情况下，截至2015年7月19日，华工公司应获得的股权回购价款：本金2200万元、利息626万元。对此，各方产生争议。

华工公司向一审法院起诉请求判令：(1)扬锻公司、潘某虎、董某斌、耿某明、赵某卫、张某生、何某焜、钟某、淮左投资中心、亚东投资中心、吉安投资中心、金锻投资中心共同回购华工公司持有的扬锻公司股份，并共同支付股权回购款本金2200万元及利息(以本金2200万元为基数,2011年7月20日至实际给付之日,按年利率8%计算,同时扣除分红款104万元);(2)扬锻公司、潘某虎、董某斌、耿某明、赵某卫、张某生、何某焜、钟某、淮左投资中心、亚东投资中心、吉安投资中心、金锻投资中心连带向华工公司支付股权回购款罚息(以本金2200万元为基数,自2015年1月1日起至判决生效之日止,按每日0.5‰计算)。

一审法院审理后作出驳回华工公司的诉讼请求的判决,华工公司不服,提起上诉,请求撤销原判,改判支持华工公司的全部一审诉讼请求。二审对一审查明的事实予以确认,驳回上诉,维持原判决。

华工公司向江苏省高级人民法院提起再审。华工公司申请再审称:二审判决适用法律错误。(1)二审判决认定华工公司与扬锻公司之间的股权回购约定无效,适用的法律与案件性质不符。华工公司投资目的并非长期持有扬锻公司股份。从交易习惯看,扬锻公司及其原股东是股权回购的共同责任主体,补充协议约定扬锻公司原股东应承担连带支付股权回购款的义务。案涉对赌协议签订于扬锻公司改制前,当时该公司为有限责任公司。增资扩股协议及补充协议是各方当事人真实意思表示,各方均应遵循诚实信用的原则履行义务。(2)二审判决未对合同整体效力作出评判。二审判决认定股权回购约定无效,但未对合同无效后果作出处理。(3)案涉股份回购约定不违反《公司法》禁止性规定,合法有效。扬锻公司有条件和义务依法定程序通过减少注册资本的方式回购股份。最高人民法院司法解释及判例亦认可公司回购股份有效。扬锻公司及原股东均是补充协议当事人,履行补充协议不构成对公司股东和债权人利益的损害。扬锻公司的新章程与补充协议的缔约主体不同,补充协议与新章程的目的及约定的权利义务不一致,其内容也不冲突,不构成对补充协议的否定。华工公司要求扬锻公司及原股东以回购股份的方式收回所投入的资本公积金不违反资本维持原则。请求撤销一审、二审判决,改判支持华工公司一审全部诉讼请求。

【裁判结果】

再审法院认为,案涉对赌协议签订时扬锻集团公司系有限责任公司,且该公司全体股东均在对赌协议中签字并承诺确保对赌协议内容的履行。该协议约定扬锻集团公司及其原全体股东应在华工公司书面提出回购要求之日起30

日内完成回购股权等有关事项，包括完成股东大会决议，签署股权转让合同以及其他相关法律文件，支付有关股权收购的全部款项，完成工商变更登记；扬锻集团公司的违约行为导致华工公司发生任何损失，扬锻集团公司及其全体股东承担连带责任。上述约定表明，扬锻集团公司及全部股东对股权回购应当履行的法律程序及法律后果是清楚的，即扬锻集团公司及全部股东在约定的股权回购条款激活后，该公司应当履行法定程序办理工商变更登记，该公司全体股东负有履行过程中的协助义务及履行结果上的保证责任。

我国《公司法》并不禁止有限责任公司回购本公司股份，有限责任公司回购本公司股份不当然违反我国《公司法》的强制性规定。有限责任公司在履行法定程序后回购本公司股份，亦不会损害公司股东及债权人利益，亦不会构成对公司资本维持原则的违反。

在有限责任公司作为对赌协议约定的股份回购主体的情形下，投资者作为对赌协议相对方所负担的义务不仅限于投入资金成本，还包括激励完善公司治理结构以及以公司上市为目标的资本运作等。投资人在进入目标公司后，亦应依《公司法》的规定，对目标公司经营亏损等问题按照合同约定或者持股比例承担相应责任。案涉对赌协议中关于股份回购的条款内容，是当事人特别设立的保护投资人利益的条款，属于缔约过程中当事人对投资合作商业风险的安排，系各方当事人的真实意思表示。股份回购条款中关于股份回购价款约定与同期企业融资成本相比并不明显过高，不存在脱离目标公司正常经营下所应负担的经营成本及所能获得的经营业绩的企业正常经营规律，不违反国家法律、行政法规的禁止性规定，不存在原《合同法》第 52 条规定的合同无效的情形，亦不属于原《合同法》所规定的格式合同或者格式条款，不存在显失公平的问题。

三、股权代持风险

股权代持是指在经营、投资等商事活动中，实际出资人与名义股东达成合意（协议），约定由实际出资人出资并享有投资权益，名义股东代表实际出资人来履行股东权利和义务的一种股权及收益的处置方式。目前，《公司法解释（三）》对有限责任公司的股权代持行为及效力予以肯定评价，但该规定并不必然适用于上市公司。上市公司的股权代持不在少数，但对其（在首次公开发行股票、重大资产重组等活动中）行为效力如何认定一直存在争议。

《公司法解释（三）》第24条第1款规定：有限责任公司的实际出资人与名义出资人订立合同，约定由实际出资人出资并享有投资权益，以名义出资人为名义股东，实际出资人与名义股东对该合同效力发生争议的，如无法律规定的无效情形，人民法院应当认定该合同有效。

（一）股权代持协议效力

1. 司法实践趋向否定股权代持协议效力

尽管我国现行法律规范中未对上市公司股权代持协议的效力予以明确规定，但在近年司法裁判中，最高人民法院及各地方法院对上市公司股权代持协议效力认定上均做出否定评价，这对于上市公司的股权代持协议效力研究与适用具有重要参考意义。对上市公司股权代持协议效力的否定趋势已是必然。

通过相关判例分析，法院对上市公司股权代持效力做出否定评价主要依据之一即“公序良俗原则”。《民法典》第153条第2款规定：“违背公序良俗的民事法律行为无效。”公序良俗原则包括公共秩序和善良风俗，明晰金融证券领域的公共秩序为何，是认定上市公司股权代持协议无效的前提。证券市场的公共秩序应是关涉证券市场根本性、整体性利益和广大投资者合法权益，一旦违反将损害证券市场基本交易安全的基础性秩序。上市公司股份代持行为涉及不特定多数潜在投资人的证券市场公共秩序，涉及金融安全、市场秩序、国家宏观政策等的公序良俗。① 证券领域的公共秩序应先根据该领域的法律法规予以判断，在上位法律无明确规定的情况下，判断某一下位规则是否构成公共秩序时，应从实体正义和程序正当两个层面进行考察：该规则应当体现证券领域法律和行政法规所规定的国家和社会整体利益；该规则的制定主体应当具有法定权威，制定与发布符合法定程序，具有较高的公众知晓度和认同度。证券发行人应当如实披露股份权属情况，禁止发行人股份存在隐名代持情形，系由《证券法》和《首次公开发行股票并上市管理办法》明确规定，关系以信息披露为基础

① 参见《上市公司股权代持行为的效力探讨》，载澎湃号网，https://www.thepaper.cn/newsDetail_forward_10505257，2021年12月26日访问。

的证券市场整体法治秩序和广大投资者合法权益,在实体和程序两个层面均符合公共秩序的构成要件,因此属于证券市场中应当遵守、不得违反的公共秩序。因此,隐名代持证券发行人股权的协议违反公共秩序而无效。[①]

2. 股权代持协议无效后的权益归属

尽管,司法裁判从公序良俗原则出发否定上市公司的股权代持协议效力,但其无效股权代持行为本身指向的股权及权益归属的处理同样需要关注。根据《民法典》第157条有关无效民事法律行为所涉财产的处置规定。股权代持协议是实际出资人与名义股东之间的双方意思表示,在根据双方协议中对股权权益的归属与分配方式应当予以认可。故而,亦是对当事人意思自治原则的保护。在尊重双方当事人意思自治的基础上,根据公平原则,考虑对投资收益的贡献程度以及对投资风险的承受程度等进行合理分配。

《民法典》第157条规定:民事法律行为无效、被撤销或者确定不发生效力后,行为人因该行为取得的财产,应当予以返还;不能返还或者没有必要返还的,应当折价补偿。有过错的一方应当赔偿对方由此所受到的损失;各方都有过错的,应当各自承担相应的责任。法律另有规定的,依照其规定。

(二)实际出资人利益受损风险

1. 行政处罚风险

根据《证券法》第78条等相关法律法规规定,上市公司股权代持行为已涉嫌违反了信息披露的有关规定。证券监管部门在对上市公司证券发行、重大资产重组等活动中已严格要求其股权清晰,信息披露全面、完整。如《首次公开发行股票并上市管理办法》第13条规定:"发行人的股权清晰、控股股东和受控股股东、实际控制人支配的股东持有的发行人股份不存在重大权属纠纷";《上市公司重大资产重组管理办法》第43条规定:"上市公司发行股份购买资产,应当符合下列规定:……(四)充分说明并披露上市公司发行股份所购买的资产为权属清晰的经营性资产,并能在约定期限内办理完毕权属转移手续……"上市公司股权代持的本身并非直接危害证券市场公共利益,但其股东信息披露不实将严重影响证券监管部门对证券市场的监管及要求,给广大投资者权益造成威

① 参见葛伟军:《股权代持的司法裁判与规范理念》,载《华东政法大学学报》2020年第6期。

胁，进而影响以信息披露原则为基础的证券市场秩序运行。

《证券法》第78条规定：发行人及法律、行政法规和国务院证券监督管理机构规定的其他信息披露义务人，应当及时依法履行信息披露义务。信息披露义务人披露的信息，应当真实、准确、完整，简明清晰，通俗易懂，不得有虚假记载、误导性陈述或者重大遗漏。证券同时在境内境外公开发行、交易的，其信息披露义务人在境外披露的信息，应当在境内同时披露。

2. 股权丧失的民事风险

(1) 被名义股东的善意债权人强制执行风险

在商事活动中，存在显名股东的债权人对其代为持有的股权申请强制执行的情形。实际投资人即标的股权的实际权利人，往往意图通过案外人执行异议之诉来维护自身权益，但该种做法显然在司法实践中难以得到支持。最主要的原因即商事外观主义原则。商事外观主义原则强调信赖保护，善意债权人是基于其对名义股东股权外观权利的合理信赖从而做出相关意思表示。上市公司的名义股东经登记、确认、公示完全符合外观事实的合理性。故而，根据《民法典》第311条的规定，从保护正常商事活动中名义股东的善意债权人，对标的股权的强制执行往往是支持的。

《民法典》第311条规定：无处分权人将不动产或者动产转让给受让人的，所有权人有权追回；除法律另有规定外，符合下列情形的，受让人取得该不动产或者动产的所有权：

(一) 受让人受让该不动产或者动产时是善意；

(二) 以合理的价格转让；

(三) 转让的不动产或者动产依照法律规定应当登记的已经登记，不需要登记的已经交付给受让人。

受让人依据前款规定取得不动产或者动产的所有权的，原所有权人有权向无处分权人请求损害赔偿。

当事人善意取得其他物权的，参照适用前两款规定。

(2) 与名义股东股权纠纷致股权丧失的风险

在当前司法裁判中，为保护广大投资者权益、上市公司的既往信息披露连贯以及金融证券市场的稳定运行等方面的因素，在对上市公司股权代持双方关于股权及投资权益归属的处置问题上，更倾向于将标的股票进行出售、拍卖等方式变现或直接判决由名义股东支付相应对价给实际投资人使该股权权利义务人变为名义股东。虽然实际投资人在相关投资款项及收益上得到弥补，但真正具有投资价值的股权（股票）未能如其诉请所述，变更至自己的名下。

（三）风险防控建议

上市公司股权代持行为风险必然存在，投资者在投资过程中应当审慎进行股权结构选择和设计。从投资者角度来说，区分不同的投资目的和方式注重退出机制和条款的设计更需引起重视。

1. 前置风险评估机制

若出于多重原因最终选择股权代持这一投资股权结构形式，首先应在确定股权代持关系前做好前置风险评估。前置风险评估机制包括对代持人以及股权代持可能产生的风险及法律后果进行全面尽调及风险评估后，再行决定是否同代持人确定股权代持关系。

2. 书面法律文书的必要性

股权代持纠纷之一即名义股东对实际出资人的权益侵犯。一般情形下，出于实际出资人出资的隐蔽性及对名义股东的信赖，双方之间通常采取口头约定的形式确立股权代持关系。此时，名义股东的行为约束更多依赖于其个人信用。无法切实保障实际出资人的合法权益。故而，书面协议的明确约定能够更为有利地保障实际出资人的权利，包括对双方权利义务，名义股东代为行使股东权利时的限制条件以及实际出资人显名化的条件及形式等重要条款的约定。同时，实际出资人亦要注重在投资及其后续企业经营、管理、决策等诸多环节的行为留痕，诸如实缴出资的银行凭证、经营管理投入的证明等，以备纠纷发生时的索赔依据。

3. 可在代持同时办理股权质押登记

在名义股东代持股份的同时，可以将标的股权质押给实际出资人。这也是通过质权这一担保形式为实际出资人的合法权益提供一份保障。一方面，办理股权质押登记后其对外产生效力，名义股东无法擅自将标的股权向他人转让或提供担保，保证实际出资人的股权清晰完整。另一方面，若标的股权因法院执行、合法继承等事由被处置，则实际出资人亦可获得有效地优先受偿权，降低丧失股权实际控制权的风险。

(四)典型案例

案例5-5:文峰集团股权代持行政处罚案[①]

【基本案情】

江苏文峰集团有限公司(以下简称文峰集团)于2014年12月22日签署协议,转让其持有的文峰大世界连锁发展股份有限公司(以下简称文峰股份)11,000万股股权(占上市公司总股本的14.88%)给陆某敏,双方协商确定的转让价款总额为人民币86,350万元。该股权转让实际是以自然人陆某敏的名义代文峰集团持有(以下简称股份代持),且陆某敏受让股权出资实际是以借款的名义,分两次从文峰集团的全资子公司江苏文峰投资发展有限公司处取得,金额分别为43,175万元和43,125万元,借款期限分别为2015年1月4日至12月31日、2015年1月5日至12月31日,借款利率均为8%。另有转让款50万元,以及转让过户费和手续费16万元系陆某敏代垫,并已于2015年1月5日通过文峰集团财务总监夏某宝账户划还给陆某敏。

在2014年12月23日文峰股份发布的公告、2014年12月24日《文峰大世界连锁发展股份有限公司简式权益变动报告书》(以下简称《简式报告书》)、文峰股份2014年年度报告,以及2015年中期报告中均未如实披露股份代持事项。

【处理结果】

文峰股份等当事人的上述行为违反了2005年《证券法》第63条、第67条第1款和第2款第8项、第68条的规定,构成《证券法》第193条第1款所述违法行为。根据当事人违法行为的事实、性质、情节与社会危害程度,依据2005年《证券法》第193条第1款的规定,证监会决定:(1)对文峰股份责令改正,给予警告,并处以40万元罚款;(2)对文峰集团责令改正,给予警告,并处以40万元罚款;(3)对陆某敏给予警告,并处以40万元罚款;(4)对徐某江给予警告,并处以20万元罚款;(5)对陈某林、张某、顾某华、夏某宝、裴某兵、杨某华、马某、满某德给予警告,并分别处以10万元罚款;(6)对范某、胡某伟、江某、顾某给予警告,并分别处以3万元罚款。

① 中国证监会行政处罚决定书〔2017〕2号。

第四节 债务风险

一、股票质押风险

上市公司股票质押是指为担保债务的履行，出质人(债务人或者第三人)将其持有的上市公司股票质押给质权人。债务人不能履行到期债务或者发生当事人约定的实现质权的情形时，质权人有权就该出质的上市公司股票优先受偿。根据《民法典》第443条的规定，“以基金份额、股权出质的，质权自办理出质登记时设立。基金份额、股权出质后，不得转让，但是出质人与质权人协商同意的除外。出质人转让基金份额、股权所得的价款，应当向质权人提前清偿债务或者提存”。基于此规定，上市公司股票质押应以登记为生效要件，依法可以转让的股权、股票可以出质，出质人和质权人应当签订质押合同并至中国证券登记结算有限公司办理质权设立登记。

2020年11月6日，央行发布了《中国金融稳定报告(2020)》，报告称，随着股票质押风险防范化解各项工作有序推进，加之2019年A股市场运行整体平稳，截至2019年年末，A股上市公司股票质押规模为5790亿股，较上年下降8.76%，10年来首次出现下降，股票质押融资爆仓风险下降。

从涉及上市公司的范围来看，截至2020年6月30日，根据中国证券登记结算公司公布的数据，无质押的上市公司有1074家，约占上市公司的29.48%，多数公司的股票质押比例集中在30%以下，超过50%高质押比例的有79家，占2.1%。而2018年同期的数据，无质押的上市公司仅有146家，仅占4.22%，超过50%高质押比例的有135家,占比3.7%。[①] 整体上看,涉及质押股票的上市公司较两年前有大幅减少,同时高比例质押的上市公司有所减少,无质押的上市公司比例提高,整体风险有所缓解。但考虑存量质押股票仍在高位,部分上市公司股票整体质押比例较高,股票质押风险化解具有复杂性、长期性等因素,对股票质押风险进行分析并寻求风险防控措施仍然迫在眉睫。

(一)股票质押基本规则

根据《上市公司信息披露管理办法》第22条、第39条和《上海证券交易所交易规则》第11.12.7条、《深圳证券交易所交易规则》第11.11.5条之规定,任一股东所持公司5%以上股份被质押的,上市公司应当及时履行相应的信息披露义务。根据《上市公司股东、董监高减持股份的若干规定》第12条之规定,上市公司大股东的股权被质押的,该股东应当在该事实发生之日起2日内通知上市公司,并予公告。此外,需要注意的是,《股票质押式回购交易及登记结算业务办法》对上市公司股票质押比例予以了限制性规定。

《股票质押式回购交易及登记结算业务办法》(2018年修订)第65条规定:证券公司作为融出方的,单一证券公司接受单只A股股票质押的数量不得超过该股票A股股本的30%。集合资产管理计划或定向资产管理客户作为融出方的,单一集合资产管理计划或定向资产管理客户接受单只A股股票质押的数量不得超过该股票A股股本的15%。因履约保障比例达到或低于约定数值,补充质押导致超过上述比例或超过上述比例后继续补充质押的情况除外。

证券公司应当加强标的证券的风险管理,在提交交易申报前,应通过中国结算指定渠道查询相关股票市场整体质押比例信息,做好交易前端检查控制,该笔交易不得导致单只A股股票市场整体质押比例超过50%。因履约保障比例达到或低于约定数值,补充质押导致超过上述比例或超过上述比例后继续补充质押的情况除外。

本条所称市场整体质押比例,是指单只A股股票质押数量与其A股股本的比值。

《股票质押式回购交易及登记结算业务办法》(2018年修订)第67条规定:

---

① 参见周慧昕:《证券行业防范股票质押风险对策研究》,载《商讯》2021年第12期。

证券公司应当依据标的证券资质、融入方资信、回购期限、第三方担保等因素确定和调整标的证券的质押率上限,其中股票质押率上限不得超过60%。质押率是指初始交易金额与质押标的证券市值的比率。

以有限售条件股份作为标的证券的,质押率的确定应根据该上市公司的各项风险因素全面认定并原则上低于同等条件下无限售条件股份的质押率。

上交所可以根据市场情况,对质押率上限进行调整,并向市场公布。

(二)常见风险点

1. 控制权转移风险

在股权质押的融资方式中,现金流权与公司的控制权相分离,因此加大了控制权转移的风险,在上市公司大股东存在高比例股票质押的情况下,投资者对高比例股权质押行为的解读往往是负面的,如股价下跌,大股东可能会面临强制平仓导致的控制权转移风险。上市公司的股票出质后,如果公司披露的业绩大幅度下滑或者业绩未达标,则市场会立刻作出反应,导致股票价格出现下跌。当二级市场股价下行,触及预警线时,如上市公司大股东未能追加担保或者赎回质押的股票,导致质押股票被强行平仓,这意味着大股东将丧失控制权,公司将易主。然而,上市公司控制权转移会对公司治理、公司战略决策和管理层的持续性、稳定性造成不利影响。以深圳市为例,截至2020年10月,深圳辖区共14家上市公司因大股东股票质押风险导致发生控制权变更,所幸未影响公司正常生产经营。①

2. 大股东"掏空"风险

"掏空"上市公司是对大股东侵占中小股东利益的形象化表述,现有研究发现,股票质押导致的现金流权与控制权的分离程度加大,质押股票的控股股东会增加对上市公司的"掏空",降低公司价值。② 当大股东股票质押的比例极高,在无法从其他渠道融资的情况下,将增强侵占效应,大股东更容易产生"掏空"公司的想法。大股东可通过关联交易、关联担保等行为转出公司资产和利

---

① 参见陈剑、赵江平、王龙龙:《民营上市公司大股东股票质押风险分析与化解对策研究》,载《多层次资本市场研究》2020年第4期。

② 参见郝项超、梁琪:《最终控制人股权质押损害公司价值么?》,载《会计研究》2009年第7期。

润,将导致上市公司资金短缺、经营业绩下滑,并导致上市公司价值贬损。

3. 价值贬损风险

在大股东股权质押后,控制权转移风险增加,大股东为了获取利益,可能会干预上市公司的信息披露。大股东在股权质押前,为获得更高的融资额,股东会更倾向于披露上市公司的利好消息以维持投资者的信心,同时掩饰负面信息。当隐瞒的负面信息日益累积最终被市场一次性曝光时,将触发上市公司股价崩盘,给投资者的利益造成巨大的威胁。控股股东在股权质押后,为规避控制权转移风险,在作出经营决策时,也会更加谨慎保守,更不愿意投资风险性较高的创新项目。而创新投入对企业的长期发展具有重大影响,也是激发企业活力的源泉,对创新投入的减少,也会限制上市公司的经营发展,贬损上市公司的价值。

4. 流动性风险

如果股市下行,上市公司股价跌至平仓线以下时,质押权人会要求大股东追加担保物或者补充保证金,如大股东未能补充担保的,则质押权人为保护自身利益会强制平仓,质押权人的追加要求会使大股东出现资金流动性的压力。如果大股东质押股票的比例较高,在债权到期解押股权时大股东将面临巨大的现金流压力,甚至可能面临违约风险,若质押股票因大股东无法履行到期债务而被违约处置,上市公司股票将被司法冻结,会导致上市公司的信用等级下调,同时将面临严峻的融资困难,短期内会影响企业的正常生产经营,如状态持续将会影响企业的长期发展。

5. 市场风险

由于上市公司股票价格波动性的特点,大股东质押股票融资也存在极大的市场风险。投资者和公司内部存在信息不对称的问题,投资者无法了解公司内部的信息,只能根据公开的信息判断分析公司的经营情况,大股东频繁且高比例的股票质押行为往往向投资者传递着公司大股东资金匮乏、公司经营状况不佳的信号,当大部分投资者质疑公司的经营业绩和发展前景,其抛售股票的概率将大大提高,上市公司的股价将出现下降波动。另外,当股价跌至平仓线以下,平仓行为和大股东为补仓而减持其他股票筹集资金的行为,都会给股市带来下行压力。如果大股东质押股票获得的资金用于投入股市的,一旦股市出现较大波动,市场风险将会进一步放大。

6. 违法违规风险

上市公司的股价与大股东质押股票能获得的融资额以及预警线、平仓线有着紧密的联系，鉴于此，大股东对于加强市值管理的诉求较为强烈。对于很多上市公司而言，大股东、实际控制人同时也是上市公司的董事或高管，对管理市值有着便利的条件。为保持较高的股价，避免出现强制平仓的情形，大股东可能会采取财务数据造假等违法违规手段以哄抬股价，或采取选择性信息披露、停牌等方式违规操纵股价，更有甚者可能出现侵占上市公司资产等损害上市公司利益的行为。

(三)风险防控建议

1. 适当控制大股东股权质押规模

根据目前的相关监管规定，监管部门对于股东减持股份有比较严格的限制，而对于股权质押的监管相对较为薄弱。为获得更多的融资资金，有的大股东几乎把持有的全部股票进行质押，金融机构为增加业绩往往也会尽可能地满足大股东的要求。适当控制大股东质押的股权比例，可以防范因控股股东股权质押给上市公司带来的风险。

2. 加强上市公司股票质押信息披露

应进一步完善股权质押信息披露制度，一是明确大股东和实际控制人属于信息披露义务人的范畴，承担信息披露的主体责任，必须配合上市公司履行披露义务。在信息披露过程中的违法违规行为要严肃追责。二是提高信息披露的充分性。上市公司必须全面披露质押率、预警线、平仓线、融资利率、资金投向等信息。出现平仓风险时，还应披露对公司控制权的影响、拟采取的措施等，充分揭示风险。三是提高信息披露及时性。当股票价格触及预警线、平仓线、收到补仓通知，或者股东出现所持公司5%以上股份被质押、冻结等情形时，应当及时披露公告。

3. 完善公司内部风险防控机制

公司监管层应将大股东高比例股权质押纳入风险监测范围，可从以下几个方面进行监控：①一是时刻关注股价、市场行情及大股东所持股权的变动情况，分析研判前述变动可能对上市公司控制权、公司治理、内部控制、经营业绩等方

---

① 参见代志兴：《浅论上市公司大股东股权质押存在的风险及对策》，载《经济师》2018年第1期。

面产生的影响。二是准确掌握大股东的偿债能力、现金流及所融资金的用途及状况,评估大股东是否具备补充质押股票或者提供其他担保财产的能力。三是对于质押股票涉及业绩承诺股权补偿协议的,证券公司不得允许资管产品作为融出方参与相应股票质押。四是建议大股东在股价处于高位时适当控制股权质押比例,避免因股价突然暴跌引发的控制权转移等风险。

(四)典型案例

案例5-6:东方园林控股股东股权质押导致控制权转移案①

【基本案情】

北京东方园林环境股份有限公司(以下简称东方园林)于1992年由何某女创立,公司主营生态和环保双主业。2009年11月,东方园林顶着“中国园林行业第一家上市公司”的名号在深圳A股挂牌上市,自上市后,公司前两大股东一直是何某女、唐某夫妇二人,两人一直掌握着公司的决策权和控制权。截至2019年6月30日,夫妇二人持股共计44.13%,而其他前十大股东所持股份均不到5%。

东方园林自上市以后,控股股东何某女便开始持续进行大规模的股权质押。为了维持项目投资和公司正常运营,何某女在2011年至2018年进行了上百次股权质押,截至2018年最后一次股权质押,何某女累计质押股份占其所持股份比例71.95%,占总股本比例29.87%。自2014年起,何某女的股权质押率一直居高不下,维持在65%以上,2016年有所下降,但之后明显回升,且占总股本比例也一直处于相对较高的水平。公司公告显示,2018年8月30日,东方园林完成最后一次股权质押,截至当天,东方园林总股本26.85亿元,累计质押10.38亿元,质押笔数累计231笔,质押比例达38.68%。很明显,控股股东高质押率是东方园林一直存在的问题,但彼时公司市场发展前景较好,其中潜在风险也容易被忽视,从而导致在2018年市场低迷时,风险开始显现,危机集中爆发,使东方园林被迫在未做好准备的情况下仓促应对。

---

① 参见朱彦彦:《控股股东股权质押导致的控制权转移风险研究——以东方园林为例》,载《农村经济与科技》2020年第16期。

【控制权转移过程分析】

第一阶段——市场萎缩园林业务下滑(2013～2016年)。自2009年上市以来,东方园林作为中国园林工程行业的龙头企业,为行业树立了榜样和标杆,被业界称为"园林第一股"。上市后业务水平稳定增长,经营状况也随着成功上市而改善。但2012年后,园林工程市场出现萎靡状态,园林业务萎缩下滑,公司传统业务市政园林项目营收大幅下降,由2013年的45.31亿元下滑至2016年的29.33亿元,下降幅度达到35.27%。

第二阶段——并购+PPP实现战略转型(2015～2017年)。2015年,东方园林连续并购5家环保企业,业务涉及危废固废处理、水处理等领域,总金额合计约30亿元。2015年9月,公司收购富阳市金源铜业100%的股权,同时还收购了苏州市吴中区固体废弃处理80%的股权,宣告正式进军工业危废物末端处置业务领域;10月又收购富阳申能固废60%的股份,用以推进资源综合利用;11月收购了中山环保。在公司大肆并购企业的同时,何某女带领东方园林开启二次创业2.0时代,疯狂拿下PPP项目订单,从2016～2018年,公司三年之内在PPP项目上投资总额约为1500亿元。从传统园林业务寻求多元化发展,从景观建设向生态环保市场拓展,先是大举收购企业,再是大力推进PPP项目,东方园林成功实现战略转型。

第三阶段——控股股东持续股权质押(2017～2018年)。实现战略转型后,在不断拿下PPP项目的同时,控股股东何某女仍在持续进行股权质押以维持项目能正常运行,高比例的质押率使公司承受着巨大的潜在风险。从2017年起,何某女开始频繁质押股权,并且质押率也不断增长,先后进行了近50次的股权质押,特别是在2017年6月至2018年5月,不到一年的时间,累计质押其所持股份的约70%,如此频繁及高比例的质押率给公司带来的风险及影响日益凸显。

第四阶段——股权质押危机集中爆发(2018年)。2018年5月14日,东方园林公开发行公司债券10亿元,此举原计划是将筹集资金的一半用于偿还债务,但最终发行规模仅有5000万元,被市场调侃为"史上最凉发债",此次发债融资以失败告终。随后在25日,东方园林称公司拟披露重大事项,故临时停牌,但此后却频频发布推迟复牌的通知。8月27日,公司复牌后,股价一路呈断崖式下跌,受股价下跌影响,何某女股权质押率达到预警线,面临强制平仓的风险。为拯救股价，何某女、唐某夫妇随后进行了补充质押，并且公司发布了董事及部分高管增持股票的公告，然而这并没有解决任何问题，股价一跌再跌，半年内市值蒸发近400亿元。与此同时，公司不断被爆出负面新闻，关于东方园林拖欠员工薪酬、奖金等消息不绝如缕。

第五阶段——国资入主控制权终转移(2019年)。2019年8月5日晚，东方园林发布了《关于实际控制人签署〈股权转让协议〉、〈表决权委托协议〉暨公司实际控制人拟发生变更的提示性公告》和《权益变动报告书》，称公司实际控股人何某女、唐某拟向北京朝阳区国资中心全资子公司朝汇鑫转让公司5%股份，同时公司决定将16.8%股份对应的表决权无条件交给朝汇鑫，危机时刻，何某女选择引入投资者合作，获得朝阳国资超10亿元"纾困资金"，解决了股权质押的风险。而在此前2018年12月，东方园林成为朝阳区"纾困基金"首批获益企业，已经将5%的股份转让给盈润汇民基金，巧合的是，盈润汇民基金也隶属于北京朝阳区国资委。此番权益调整后，东方园林实际控制人变为北京市朝阳区国资委，何某女、唐某夫妇最终失去公司的控制权。

【原因分析】

第一，股权质押比例过高加大财务风险。因"史上最凉发债"事件发酵，东方园林股价跌破15元大关，受此影响，何某女质押的股票触及平仓预警线，已质押的股份占其持有股份近72%，占公司总股本约30%，质押比例过高造成后期几乎无可补充质押担保的股份。虽然其一致行动人唐某也进行了补充质押，但此时两人的股份无异于杯水车薪，已经无法挽回股权质押失控引发的残局。祸不单行，东方园林股价一路下跌，甚至跌破10元大关，随后公司又发布《关于公司财务负责人辞职的公告》，引起市场的恐慌。在控股股东股权质押比例过高的情况下，公司再出现负面消息会加剧股价的波动，这不仅会增大控股股东财务风险，使控股股东陷入无担保品补充质押的困境，还会损害公司的声誉和形象，引起投资者的恐慌而抛售股票。此外，国内资本市场受到宏观经济调控与政府监管等影响，本身就面临着较大的压力，此时进行了高比例股权质押的控股股东所面临的财务风险更加不容乐观。

第二，业务扩张+PPP泡沫导致资金回款困难。东方园林自上市以来就不断进行业务扩张，大肆并购的隐患还没有消除，又开始在PPP项目上扩张，导致其资产负债率也不断攀升，至2018年危机爆发时，东方园林资产负债率已近

70%，总负债接近300亿元。东方园林三年之内在PPP项目上投资1500亿元，这种激进做法虽然显示了其在PPP上的能力，但PPP项目的施工期限比较长，加上项目大多是与当地政府合作，通常需要企业先垫资，大量资金在短时间内难以收回，并且此种投资有一定的风险，相应的回报也存在不确定性。这就导致了其债务迅速增加，一度使东方园林面临高债务的流动性危机。年报显示，截至2018年9月，东方园林应收账款已接近百亿元，占净资产的比重将近80%。PPP项目对于东方园林的发展有利有弊，在一定程度上能为企业带来大规模的提升，但周期长，势必占用大量资金。

二、对外担保风险

（一）对外担保新规

规制上市公司对外担保的主要法律依据为《公司法》第16条的规定，公司对外提供担保不属于法定代表人能够单独决定的事项，应当由公司机关决议通过，其立法目的在于防止控股股东或实际控制人滥用权利，损害公司、中小股东及债权人的利益。

《公司法》第16条规定：公司向其他企业投资或者为他人提供担保，依照公司章程的规定，由董事会或者股东会、股东大会决议；公司章程对投资或者担保的总额及单项投资或者担保的数额有限额规定的，不得超过规定的限额。

公司为公司股东或者实际控制人提供担保的，必须经股东会或者股东大会决议。

前款规定的股东或者受前款规定的实际控制人支配的股东，不得参加前款规定事项的表决。该项表决由出席会议的其他股东所持表决权的过半数通过。

在以往的司法实践中，对于《公司法》第16条的规定，在具体适用中存在较大争议，以致产生"同案不同判"的情况。争议的核心问题主要有两个：一是《公司法》第16条的性质是属于效力性强制性规定还是管理性强制性规定，违反该条规定的对外担保行为是一律无效还是其效力不受影响；二是如何保护对外担保中善意第三人的利益。鉴于此，《民法典》、《九民纪要》及最高人民法院《关于适用〈中华人民共和国民法典〉有关担保制度的解释》(以下简称《民法典担保解释》)中关于上市公司对外担保的适用规则进行了完善。

1.《九民纪要》中关于上市公司担保的规定

《九民纪要》关于公司为他人提供担保的合同效力问题部分(第 17 条至第 23 条),共计 7 个条文,涉及的问题包括以下几点:一是违反《公司法》第 16 条构成越权代表;二是善意的认定;三是无须机关决议的例外情况;四是越权担保的民事责任;五是权利救济;六是上市公司为他人提供担保;七是债务加入准用担保规则。

对于有效解决法定代表人越权担保的效力问题,《九民纪要》提出了新的解决方案,第 17 条首次明确法定代表人未经公司对外担保决议程序,擅自以公司名义为他人提供担保的构成越权代表,应以相对人是否善意为标准认定担保合同效力。这一规则结合了《公司法》第 16 条与原《合同法》第 50 条(《民法典》第 504 条)关于法定代表人越权代表的规定,如果订立合同时债权人是善意的,即债权人不知道或者不应当知道法定代表人超越权限订立担保合同的,合同有效;反之,合同无效。同时,《九民纪要》第 18 条对于善意的认定进行了详细说明,在善意的判断标准上依照《公司法》第 16 条对关联担保和非关联担保作出了区别规定。关于审查的标准采取形式审查的标准,明确只要求尽到必要的注意义务即可,标准不宜过于严苛。

针对上市公司对外担保信息披露问题,《九民纪要》第 22 条特别规定,如上市公司公开披露关于担保事项已经董事会或股东大会决议通过的信息,应当认定担保合同有效,但对于债权人审查了上市公司关于同意对外担保的董事会或股东大会决议,而上市公司未公开披露担保事项是否影响相对人善意的认定未置可否。

2.《民法典担保解释》中关于上市公司担保的规定

《民法典担保解释》中有关公司对外提供担保的相关适用规则共计 5 个条文(第 7 条至第 11 条),涉及的内容主要包括五个方面:一是关于公司法定代表人越权代表对外提供担保的一般规定;二是无须提供公司机关决议的情形;三是关于上市公司对外提供担保的规则;四是一人公司为其股东提供担保的规则;五是关于公司分支机构及金融机构分支机构提供担保的规则。

关于上市公司对外提供担保,《民法典担保解释》第 9 条进一步将《九民纪要》第22条所确立的规则予以明确化,即相对人可充分依赖上市公司公开披露的关于担保事项已经决议通过的信息与上市公司订立担保合同,上市公司不得以未经决议程序为由主张不承担担保责任。该条在既有规则上作出以下三方面的重大突破:(1)涉及上市公司担保的,一律以担保事项是否公开披露作为相对人善意的认定标准,相对人必须审查上市公司公开披露的关于担保事项已经董事会或者股东大会决议通过的信息,只有根据该公告签订的相关担保合同才对上市公司有效;(2)如相对人未审查公告即与上市公司订立担保合同,上市公司不仅无须承担担保责任,更不需要承担担保无效的赔偿责任;(3)上市公司已公开披露的控股子公司、股票在国务院批准的其他全国性证券交易场所交易的公司提供担保同样适用前述规定。

(二)违规担保风险

上市公司违规担保,是指上市公司法定代表人或者签约代表违反法律或公司章程规定,未经董事会或股东大会决议授权,擅自以公司名义为他人提供担保,随着近年对上市公司信息披露"强监管"的态势,上市公司对外担保未依法依规履行披露义务在监管层面亦被纳入了"提供担保不规范"的范畴。国务院于2020年10月5日出台的《关于进一步提高上市公司质量的意见》要求严肃处置违规担保问题,依法依规认定上市公司对违规担保合同不承担担保责任。

1. 2020年度上市公司违规担保情况概述

经网络检索,2020年各地监管局共对21件上市公司违规担保案件作出处罚,另根据深交所于2021年1月11日发布的《违规零容忍　监管有力量——深交所2020年纪律处分情况综述》,2020年深交所共对27单违规担保案件予以纪律处分;[①]上交所于2021年1月15日发布的《提质增效建制度,抓"少"处"恶"零容忍——上交所通报2020年沪市上市公司信息披露违规查处情况》,2020年上交所全年共处理资金占用、违规担保案件近30单;涉及公开谴责、公

① 参见《违规零容忍　监管有力量——深交所2020年纪律处分情况综述》,载深圳证券交易所网,http://www.szse.cn/aboutus/trends/news/t20210111_584193.html,2021年12月26日访问。

开认定案件 18 单。①

整体来看,2020 年针对上市公司违规对外担保的监管呈现两大特点:一是落实"依法监管、分类处置"原则,给予涉案责任人一定整改时限,推动违规担保问题解决,对积极整改、挽回损失并按规定披露的,充分考虑整改情况给予从轻、减轻处理;对于情节严重、未限期整改,或因未及时解决导致公司股票被实施其他风险警示等严重后果的案件,则予以严厉查处。二是施行精准监管,针对不同责任主体,合理认定与精细区分其违规担保责任,以强化控股股东、实际控制人、董监高等"关键少数"合法合规、勤勉尽责的意识。

2. 违规担保的法律责任

违规担保的行为触碰监管红线可能引发严重监管后果,可能涉及的法律责任及后果简要列示如下:

(1)民事责任

《公司法》第 21 条规定:公司的控股股东、实际控制人、董事、监事、高级管理人员不得利用其关联关系损害公司利益。违反前款规定,给公司造成损失的,应当承担赔偿责任。

《公司法》第 152 条规定:董事、高级管理人员违反法律、行政法规或者公司章程的规定,损害股东利益的,股东可以向人民法院提起诉讼。

(2)行政责任

根据《证券法》《公司法》《上市公司信息披露管理办法》等相关规定,如上市公司存在违规担保情况,上市公司及控股股东、实际控制人、董事、监事、高级管理人员(经理、副经理、财务负责人、董事会秘书)均可能作为有关责任人,承担监管责任。

值得一提的是,《证券法》第 197 条将原信息披露义务人 30 万元至 60 万元、直接负责主管人员和其他直接责任人员 3 万元至 30 万元的罚款区间分别提高至未履行披露义务罚款 50 万元至 500 万元、20 万元至 200 万元,披露信息重大遗漏罚款 100 万元至 1000 万元、50 万元至 500 万元。随着违法行为发生

① 参见《提质增效建制度,抓"少"处"恶"零容忍——上交所通报 2020 年沪市上市公司信息披露违规查处情况》,载上海证券交易所网,http://www.sse.com.cn/aboutus/mediacenter/hotandd/c/c_20210115_5303703.shtml,2021 年 12 月 26 日访问。

时间的推移,可以预见,未履行披露义务的违规担保将招致更高的行政处罚。

(3)刑事责任

违规担保行为情节严重时将涉嫌犯罪,《刑法》确立了背信损害上市公司利益罪即是对此的回应。

《刑法》第169条之一规定:上市公司的董事、监事、高级管理人员违背对公司的忠实义务,利用职务便利,操纵上市公司从事下列行为之一,致使上市公司利益遭受重大损失的,处三年以下有期徒刑或者拘役,并处或者单处罚金;致使上市公司利益遭受特别重大损失的,处三年以上七年以下有期徒刑,并处罚金:……(四)为明显不具有清偿能力的单位或者个人提供担保,或者无正当理由为其他单位或者个人提供担保的;上市公司的控股股东或者实际控制人,指使上市公司董事、监事、高级管理人员实施前款行为的,依照前款的规定处罚。

(三)风险防控建议

1. 完善企业合规建设

具体而言可从以下三个方面着手:其一,建立完善并落实执行关于公司对外担保、信息披露、公章管理等内控及规章制度;明确担保事项的事前审批、信息披露及相关要求;细化审批权限、规范审批流程。其二,加强对公司实际控制人、控股股东、董监高等相关人员关于公司对外担保事项合规要求及违规担保法律责任的学习,必要时可开展专项宣讲。其三,对于已经发生的违规担保事项,督促相关责任方及时采取清偿债务、提供反担保等应对措施,了解清楚违规担保的影响,如违规担保给上市公司造成损失的,依法及时向相关责任人追偿。

2. 上市公司董监高勤勉尽责

上市公司信息披露的真实、准确、完整、及时、有效,有赖于全体董事、监事和有关高级管理人员勤勉尽责及实施有效的监督,这种监督既包括通过日常履职和检查督促公司切实执行有关制度,也包括能够及时发现公司在信息披露上存在的问题、及时督促公司改正。

上市公司董监高应当提升履责能力,尽到勤勉尽责义务,包括违规事项的事前防范和发生后的及时补救,如积极督促上市公司根据相关要求建立并完善信息披露制度、内部审批制度等;通过日常履职和检查督促公司切实执行落实有关规则,独立行使对相关事项的表决权;排除来自控股股东、实际控制人及公司内部人员的影响干扰、保持独立决策。

（四）典型案例

案例5－7：银河生物巨额违规关联担保案①

【基本案情】

2020年6月3日，中国证券监督管理委员会广西监管局作出《中国证券监督管理委员会广西监管局行政处罚决定书》（〔2020〕3号），对银河生物及潘某、徐某军12名相关责任人未按规定披露为关联方提供担保的情况等违法行为作出行政处罚，中国证券监督管理委员会在2020年8月7日发布的《证监会通报上半年案件办理情况》中将该案作为违规典型案件予以通报。② 具体案件情况如下：

2016年至2018年，在银河集团总裁姚某平的组织安排下，唐某林、徐某军陆续在有关担保协议上签章，由银河生物及子公司为银河集团等关联方对外借款提供担保。2016年7月至2018年3月，银河生物及其子公司共计15次为银河集团等关联方对外借款提供担保，担保累计金额154,430万元。其中2016年、2017年、2018年为关联方担保金额分别为22,000万元、123,930万元、8500万元，分别占上一年度经审计净资产的10.93%、60.94%、4.04%。银河生物未按规定对上述事项履行股东大会、董事会审议程序。

根据《上市公司信息披露管理办法》（证监会令第40号）第30条第2款第17项以及《深圳证券交易所股票上市规则》（2014年修订）第10.2.4条的规定，银河生物上述为关联方提供担保事项已经达到应当及时披露的标准。根据《公开发行证券的公司信息披露内容与格式准则第2号——年度报告的内容与格式》（2016年修订、2017年修订）第40条，《公开发行证券的公司信息披露内容与格式准则第3号——半年度报告的内容与格式》（2016年修订、2017年修订）第38条的规定，银河生物应当将为关联方提供担保的情况在相关半年报和年报中披露。对上述事项，银河生物既未及时披露，也未在2016年年报、2017年

① 《中国证券监督管理委员会广西监管局行政处罚决定书》（〔2020〕3号），由于篇幅限制，本节只摘录本案中违规担保相关案件事实及处罚决定。

② 参见《证监会通报上半年案件办理情况》，载中国证券监督管理委员会网，http://www.csrc.gov.cn/pub/newsite/zjhxwfb/xwdd/202008/t20200807_381308.html，2021年12月26日访问。

半年报及年报、2018 年半年报中予以披露。

银河生物未按规定及时披露银河集团及其关联方非经营性占用资金的关联交易、对外担保、重大诉讼、控股股东所持股份被冻结情况；未在相关定期报告中真实、完整披露关联交易、对外担保和涉及重大诉讼情况，导致银河生物相关定期报告存在虚假记载和重大遗漏。上述行为违反了 2005 年《证券法》第 63 条、第 67 条规定，构成 2005 年《证券法》第 193 条第 1 款所述信息披露违法行为。

潘某作为银河生物的实际控制人、银河集团的董事长，通过与上市公司共同借款，并提供个人银行账户供银河集团收取借款等方式直接参与银河集团非经营性占用银河生物资金事项；将部分上述共同借款用作个人消费或被司法扣划，构成个人非经营性占用上市公司资金；在载有银河生物为保证人的借款协议和保证合同上签字，主导上市公司违规对外担保。上述情形下，潘某隐瞒应当披露的信息，导致银河生物未及时披露相关信息，导致银河生物相关定期报告内容存在虚假记载和重大遗漏，其行为已经构成 2005 年《证券法》第 193 条第 3 款所述实际控制人指使上市公司从事信息披露违法的行为。

徐某军在 2017 年 5 月至 8 月担任银河生物董事、总裁，自 2017 年 8 月起担任银河生物董事长、总裁。任职期间，徐某军在银河生物向银河集团等关联方划转资金的多份审批单、有关借款协议、担保协议上签字或盖章，参与银河生物为银河集团等关联方提供非经营性资金和违规对外担保，知悉银河生物涉及重大诉讼、银河集团所持股份被冻结的情况。任职董事长期间，徐某军是银河生物信息披露的主要责任人，其未组织银河生物真实、完整、及时进行信息披露，导致银河生物 2017 年半年报、2017 年年报、2018 年半年报内容存在虚假记载和重大遗漏，是银河生物信息披露违法行为直接负责的主管人员。

唐某林在 2016 年 3 月至 2017 年 8 月担任银河生物董事长。任职期间，唐某林在银河生物向银河集团等关联方划转资金的多份审批单、有关借款协议、担保协议上签字或盖章，参与银河生物为银河集团等关联方提供非经营性资金和违规对外担保。任职期间，唐某林是银河生物信息披露的主要责任人，其未组织银河生物真实、完整、及时进行信息披露，导致银河生物 2016 年年报存在虚假记载和重大遗漏，是银河生物信息披露违法行为直接负责的主管人员。

刁某松在银河集团负责融资、资金调配工作，从 2017 年 9 月开始担任银河生物董事。在银河生物任职期间，刁某松直接指令银河生物向银河集团等关联方提供非经营性资金；参与银河生物违规对外担保；通过参与银河集团借款纠纷的处理知悉银河生物涉及重大诉讼情况。其未要求银河生物真实、准确、及时进行信息披露，导致银河生物 2017 年年报、2018 年半年报内容存在虚假记载和重大遗漏，是银河生物信息披露违法行为的其他直接责任人员。

……

【处理结果】

广西证监局认为：本案中银河生物出具的对外担保文件均有公司签章，无论最终司法认定的担保效力如何，均不影响上市公司在签署这些担保文件时应当履行的信息披露义务。上市公司董事、监事、高级管理人员对上市公司信息披露的真实性、准确性、完整性、及时性负有法定责任，上述人员应当具备与所任职务相匹配的专业知识，主动了解公司的经营、财务状况和重大信息，基于自己的判断独立履行职责，负有合理、审慎的注意义务和质询义务。根据当事人的违法事实、性质、情节与社会危害程度，广西证监局依据 2005 年《证券法》第 193 条第 1 款、第 3 款规定，对银河生物责令改正，给予警告，并处以 60 万元罚款；对潘某给予警告，并处以 30 万元罚款；对徐某军、唐某林、刁某松给予警告，并分别处以 30 万元罚款……

三、债券发行风险

债券违法违规行为主要表现：一是通过篡改报表、虚构业务等财务造假手段粉饰公司业绩。如胜通集团通过制作虚假的财务账套、直接修改审计后的合并报表等方式连续五年将亏损披露为盈利，累计虚增利润总额 119 亿元；华晨集团通过出售股权的方式累计虚增归属于母公司所有者的净利润近 26 亿元，并以虚假申报文件骗取公开发行公司债券核准。二是对于影响公司偿债能力的重大信息披露存在虚假记载、重大遗漏。如华晨集团未按规定披露提前偿还部分企业欠款及向相关企业转让所持有的上市公司股权等事项；永煤控股未如实披露货币资金受限情况及股权质押等事项；宁夏远高未披露公司向法院申请破产重整等情况。三是中介机构未勤勉尽责，风险识别、评估及应对程序不到位。如在"五洋建设欺诈发行债券案"中,德邦证券未按规定对应收账款等重要风险问题履行充分的核查程序,大信会计师事务所未获取充分、适当的审计证据,未及时调整项目风险级别并进一步追加审计程序。四是未按规定使用募集资金、公司内控失范。如富贵鸟擅自改变募集资金用途,使用募集资金购买短期银行理财产品;神雾集团可交换债资金用途与约定不符。[①]

上市公司债券发行,应当恰当履行相关信息披露义务。根据《公司债券发行与交易管理办法》(2021 年修订)第 54 条之规定,发生可能对上市交易公司债券的交易价格产生较大影响的重大事件,投资者尚未得知时,发行人应当立即将有关该重大事件的情况向中国证监会、证券交易场所报送临时报告,并予公告,说明事件的起因、目前的状态和可能产生的法律后果。这里的重大事件包括:(1)公司股权结构或者生产经营状况发生重大变化;(2)公司债券信用评级发生变化;(3)公司重大资产抵押、质押、出售、转让、报废;(4)公司发生未能清偿到期债务的情况;(5)公司新增借款或者对外提供担保超过上年末净资产的 20%;(6)公司放弃债权或者财产超过上年末净资产的 10%;(7)公司发生超过上年末净资产 10% 的重大损失;(8)公司分配股利,作出减资、合并、分立、解散及申请破产的决定,或者依法进入破产程序、被责令关闭;(9)涉及公司的重大诉讼、仲裁;(10)公司涉嫌犯罪被依法立案调查,公司的控股股东、实际控制人、董事、监事、高级管理人员涉嫌犯罪被依法采取强制措施;(11)中国证监会规定的其他事项。发行人的控股股东或者实际控制人对重大事件的发生、进展产生较大影响的,应当及时将其知悉的有关情况书面告知发行人,并配合发行人履行信息披露义务。

(一)债券违约风险

债券违约是指债券发行主体不能按照事先达成的债券协议履行其义务,在合同的约定日无法按期兑付全额本金和利息的行为。根据中国证券业协会制定发布的《公司债券受托管理人处置公司债券违约风险指引》,债券违约可以分为预期违约和实质违约。预期违约是指发行人偿还债券本息存在重大不确定

① 参见《证监会依法严厉打击债券市场违法违规行为》,载中国证券监督管理委员会网,http://www.csrc.gov.cn/pub/newsite/zjhxwfb/xwdd/202109/t20210917_405499.html,2021 年 12 月 26 日访问。

性,实质违约是指发行人未能按期足额偿还债券本息。

通常情况下,根据债券发行主体的实际情况和可能违约的期限长短,一般将债券违约分为长期债券违约与短期债券违约。

对于长期债券违约而言,出现下列情形之一的可以被定义为长期债券违约:(1)在债券到期前,发债主体破产或者被接管;(2)发债主体无法在债券到期日后90日内足额还本付息;(3)发行的债券产生对债权人不利的债务重组行为;(4)在债券到期前有足够的证据证明债券发行主体无法足额还本付息;(5)债务人在债券到期日使用贷款来还本付息。

对于短期债券违约而言,出现下列情形之一的可以被定义为短期债券违约:(1)债券发行主体无法在债券到期30日后足额还本付息;(2)发行的债券产生对债权人不利的债务重组行为;(3)在债券到期前有足够的证据证明债券发行主体无法足额还本付息;(4)债务人在债券到期日使用贷款来还本付息。

《全国法院审理债券纠纷案件座谈会纪要》第21条规定:债券发行人未能如约偿付债券当期利息或者到期本息的,债券持有人请求发行人支付当期利息或者到期本息,并支付逾期利息、违约金、实现债权的合理费用的,人民法院应当予以支持。

债券持有人以发行人出现债券募集文件约定的违约情形为由,要求发行人提前还本付息的,人民法院应当综合考量债券募集文件关于预期违约、交叉违约等的具体约定以及发生事件的具体情形予以判断。

债券持有人以发行人存在其他证券的欺诈发行、虚假陈述为由,请求提前解除合同并要求发行人承担还本付息等责任的,人民法院应当综合考量其他证券的欺诈发行、虚假陈述等行为是否足以导致合同目的不能实现等因素,判断是否符合提前解除合同的条件。

大部分债券违约案件,所涉及的均是债券发行人和债券持有人之间的纠纷,民事方面的风险主要集中于公司债券交易纠纷、债券回购合同纠纷等方面,且一般不存在根本性争议。据检索,在此类案件中,主要的争议焦点一般可能集中于对管辖权的异议以及对违约金计算方式的适用等。

(二)债券涉刑风险

债券的违约背后,可能不仅仅是因为公司在某个重要决策上产生了失误、公司经营不善导致亏损等原因,还可能涉及发行人在债券发行和销售阶段就埋下了隐患,甚至存在发行人与中介机构人员相互串通、欺骗投资者的情况。

通常情况下,债券违约案件涉及的受害人众多、涉案金额巨大,极有可能触发相应的刑事责任。其中,上市公司作为债券发行人可能触犯以下几个罪名:

1. 欺诈发行证券罪

《刑法》第160条规定:在招股说明书、认股书、公司、企业债券募集办法等发行文件中隐瞒重要事实或者编造重大虚假内容,发行股票或者公司、企业债券、存托凭证或者国务院依法认定的其他证券,数额巨大、后果严重或者有其他严重情节的,处五年以下有期徒刑或者拘役,并处或者单处罚金;数额特别巨大、后果特别严重或者有其他特别严重情节的,处五年以上有期徒刑,并处罚金。

控股股东、实际控制人组织、指使实施前款行为的,处五年以下有期徒刑或者拘役,并处或者单处非法募集资金金额百分之二十以上一倍以下罚金;数额特别巨大、后果特别严重或者有其他特别严重情节的,处五年以上有期徒刑,并处非法募集资金金额百分之二十以上一倍以下罚金。

单位犯前两款罪的,对单位判处非法募集资金金额百分之二十以上一倍以下罚金,并对其直接负责的主管人员和其他直接责任人员,依照第一款的规定处罚。

2. 擅自发行股票、公司、企业债券罪

《刑法》第179条规定:未经国家有关主管部门批准,擅自发行股票或者公司、企业债券,数额巨大、后果严重或者有其他严重情节的,处五年以下有期徒刑或者拘役,并处或者单处非法募集资金金额百分之一以上百分之五以下罚金。

单位犯前款罪的,对单位判处罚金,并对其直接负责的主管人员和其他直接责任人员,处五年以下有期徒刑或者拘役。

3. 伪造、变造股票、公司、企业债券罪

《刑法》第178条规定:伪造、变造股票或者公司、企业债券,数额较大的,处三年以下有期徒刑或者拘役,并处或者单处一万元以上十万元以下罚金;数额巨大的,处三年以上十年以下有期徒刑,并处二万元以上二十万元以下罚金。

单位犯前两款罪的，对单位判处罚金，并对其直接负责的主管人员和其他直接责任人员，依照前两款的规定处罚。

（三）防控建议

上市公司作为债券发行人，应当时刻关注市场动态，完善公司治理体系，注重债券发行过程中的合规性审查，以降低债券违约和涉刑风险。

1. 关注市场发展，合理规划公司融资结构

上市公司应关注交易所债券市场发展新态势，围绕公司发展需求实际，合理利用公司债券和其他融资模式，拓宽融资渠道、优化融资结构、降低融资成本。同时，上市公司可定期对自身债务比例、资金情况、融资结构等开展定期自查，对自查过程中发现的风险隐患，及时采取整改、补救措施，防范风险的发生。

2. 提高合规意识，完善公司治理

上市公司应认真学习《公司法》《证券法》《公司债券发行与交易管理办法》等有关法律法规和自律规则，优化建设合理完善的公司治理结构。上市公司的信用与其大股东密切相关，大股东的负面信息可能会直接影响上市公司的再融资能力。上市公司的内部治理问题，如违规担保、募集资金挪作他用、投资决策机制等内部控制失效因素必然带来债券违约的风险，管理层异常变更或长期缺失、控股权纷争也反映出上市公司存在或产生内部控制失效问题。

3. 合理安排兑付资金，增强偿债能力

上市公司应按规定或约定完成债券付息、回售与兑付。在公司债券即将到期或回售之前，上市公司应及时做好兑付资金安排，做好存续期信用风险管理，避免发生实质违约或技术性违约。如出现不能按时还本付息或其他重大风险等情形，应制定风险预案，采取有效措施防范并化解可能影响偿债能力及还本付息的风险事项。要看到，上市公司的业务规模和经营能力是其偿债能力的根本性决定因素。借新还旧或依靠资本套利的做法往往只能解燃眉之急，若想实现上市公司的持续发展和壮大，还需要加强内部经营管理能力、增强盈利能力，进而提升自身的偿债能力。

（四）典型案例

案例5－8：江苏中显集团有限公司、袁某胜等欺诈发行股票、债券、非法吸收公众存款案①

【基本案情】

2012年年底至2013年年初，被告单位江苏中显集团申报发行企业债券，在相关单位进行尽职调查、增信担保过程中，被告人袁某胜（原江苏中显集团有限公司法定代表人）、夏某龙（原江苏中显集团有限公司财务主管）隐瞒民间借款及对外担保、虚报年销售及年利润，伪造其他单位印章及假冒他人签名虚增应收款，欺骗中兴华会计师事务所作出中兴华审字〔2014〕JS2000005号审计报告。

2014年3月，被告单位江苏中显集团骗取国家发改委批复。2014年6月9日，被告人袁某胜、夏某龙明知企业严重亏损，大量负债，不符合企业债券发行条件，仍将虚假的江苏中显集团2011年、2012年、2013年审计报告（连审）以及据此形成的《2014年扬州中小企业集合债券总募集说明书》《2014年扬州中小企业集合债券分募集说明书》在中国货币网上公开披露，公开发行企业债券4000万元，总募集、分募集说明书中隐瞒了2013年年底江苏中显集团实际所有者权益亏损1亿余元的事实，虚报所有者权益为1.35亿余元。2014年6月23日，江苏中显集团企业债券发行完成，江海证券有限公司扣除承销费用后将企业债券募集资金余额3770.5万元转至江苏中显集团在兴业银行扬州分行40××××53债券专户内。

2014年6月24日，因被告单位江苏中显集团大量负债，该账户被高邮市人民法院、扬州市邗江区人民法院扣划共计987.642736万元、被兴业银行扬州分行回收贷款353.60214万元，后又陆续被多家法院冻结金额计1亿余元。

2017年3月6日，一审法院依法冻结被告单位江苏中显集团在兴业银行扬州分行40××××53账户余额2459.095601万元。

【裁判结果】

法院认为，原审被告单位江苏中显集团有限公司在企业债券募集过程中隐

---

① （2017）苏刑终334号。

瞒重要事实、编造重大虚假内容,数额巨大、后果严重,已构成欺诈发行债券罪。上诉人袁某胜作为直接负责的主管人员,原审被告人夏某龙作为直接责任人员,应以欺诈发行债券罪定罪处罚。

法院最终针对欺诈发行债券部分的犯罪事实,判决被告单位江苏中显集团有限公司犯欺诈发行债券罪,判处罚金人民币60万元;被告人袁某胜犯欺诈发行债券罪,判处拘役6个月;被告人夏某龙犯欺诈发行债券罪,判处拘役5个月。

四、其他风险

(一)贷款风险

1. 违约风险

贷款违约,顾名思义,就是借款的客户不能如期地偿还贷款人本金和利息,造成了贷款人的损失。但是,根据现代经济市场实践情况来看,贷款违约大致可分为两种:第一,类似于传统意义,也就是借款人没有办法按期履行偿还本金利息的义务时,造成的贷款违约。第二,随着经济环境等情况发生变化,借款人存在无法在这种情况下进行还款的可能性,即使还款日期未到,但是实际上借款人有着很大的可能无法履行义务,即通常所说的预期违约。这种情况下会给银行、其他金融机构或出借资金的企业造成损失,存在违约风险,而违约的上市公司也往往会面临被提起诉讼要求还款、公司信誉遭受影响的局面。

2. 刑事风险

《刑法》第193条规定:有下列情形之一,以非法占有为目的,诈骗银行或者其他金融机构的贷款,数额较大的,处五年以下有期徒刑或者拘役,并处二万元以上二十万元以下罚金;数额巨大或者有其他严重情节的,处五年以上十年以下有期徒刑,并处五万元以上五十万元以下罚金;数额特别巨大或者有其他特别严重情节的,处十年以上有期徒刑或者无期徒刑,并处五万元以上五十万元以下罚金或者没收财产:

(一)编造引进资金、项目等虚假理由的;

(二)使用虚假的经济合同的;

(三)使用虚假的证明文件的;

（四）使用虚假的产权证明作担保或者超出抵押物价值重复担保的；

（五）以其他方法诈骗贷款的。

《立案追诉标准（二）》（2022年修订）第45条规定：以非法占有为目的，诈骗银行或者其他金融机构的贷款，数额在五万元以上的，应予立案追诉。

值得注意的是，根据刑法分则的规定，贷款诈骗罪的主体只能是自然人而不包括单位。在司法实践中，对于单位以非法占有为目的，利用签订、履行借款合同诈骗银行或其他金融机构的贷款，以贷款诈骗罪追究直接负责的主管人员和直接责任人员的刑事责任。

案例5－9：冠福控股股份有限公司、雪松国际信托股份有限公司借款合同纠纷案①

【基本案情】

2016年10月31日，雪松信托（贷款人）与冠福公司（借款人）签订编号为中江国际[2016信托301]第2号的《借款合同》。雪松信托为发放本案所涉款项，成立了“金鹤158号信托计划”，并于2016年11月28日、12月8日、12月21日、12月29日，2017年1月12日、1月19日，分别向冠福公司发放了6期信托借款。

2017年2月15日，冠福公司向雪松信托出具《提前还款申请》。2017年2月17日，雪松信托（甲方）与冠福公司（乙方）签订编号为中江国际[2016信托301]第2号补充的《补充协议》，约定：鉴于甲乙双方已于2016年10月31日签署了《借款合同》（编号为中江国际[2016信托301]第2号）及其补充协议（如有，以下简称原合同），甲方以“金鹤158号信托计划”所募集的信托资金向乙方共发放信托借款29,881万元；乙方分别于2017年2月15日、17日向甲方出具《提前还款申请》《申请继续按原合同操作的函》，甲方同意乙方前述函件请求。

2017年2月20日，雪松信托通过浦发银行南昌分行天宝支行代冠福公司向堑和公司发放29,881万元。2017年6月8日至2018年7月19日，堑和公司代冠福公司先后支付各期利息共计36,969,373.29元。

---

① （2020）最高法民终314号。

2018 年 10 月 26 日，雪松信托向冠福公司发出《债务提前到期通知书》，通知书载明：鉴于贵公司涉及多起诉讼案件，贵公司及子公司账户、股权陆续遭到司法冻结，同时存在贵公司在未履行贵公司等内部审批决策程序以贵公司及贵公司控股子公司的名义开具商业承兑汇票、对外担保、违规借款等事件，保证人林某昌、林某智重大资产被司法查封冻结等情形，经我公司催告后贵公司仍未能提出有效解决措施及回复，已违反《借款合同》项下的约定，严重损害了我公司债权和利益，我公司宣布贵公司《借款合同》项下剩余尚未到期债务于 2018 年 10 月 29 日全部提前到期，贵公司在收到本通知书后立即清偿《借款合同》项下所有债务，包括但不限于偿还剩余全部本金 29,881 万元，依据《借款合同》及相关协议约定计付的利息、罚息、复利、违约金，按照合同约定应付未付的其他款项及赔偿我公司的相关损失。同时向林某昌、宋某榕、林某智、陈某娇发出《履行担保义务通知书》，要求按《保证合同》约定履行主合同项下债务的连带清偿义务。

冠福公司抗辩称，首先，冠福公司没有向雪松信托申请贷款的相关决议，案涉《借款合同》《合作协议书》等文件，冠福公司均不知晓，不是冠福公司的真实意思表示，上述文件对冠福公司不发生效力。

其次，根据雪松信托对真实性予以认可的冠福公司章程的规定，冠福公司对外向金融机构融资需经公司董事会决议或股东会决议，公司总经理行使职权需经董事会授权。雪松信托可以通过公开途径核实冠福公司对外融资的流程规定，但其一直未能提供冠福公司董事会决议以及对相关人员的授权文件。作为金融机构，雪松信托应比一般债权人负有更高的注意义务，对于上市公司关于融资的特殊限制，该公司应该知晓。雪松信托疏于审查，明显存在过错，应承担过错责任。

最后，《借款合同》约定该合同项下全部借款用于偿还冠福公司对子公司五天公司的内部借款，雪松信托应当要求冠福公司或五天公司提供借款凭证。本案第一次借款 303,380,086.21 元已经提前偿还，五天公司向堑和公司购买如此大金额的货物，货物品种、有无交付等，雪松信托均未进行基本审查。

【裁判结果】

法院认为，雪松信托为证明其与冠福公司成立借款合同关系，提交了加盖有冠福公司公章及其时任法定代表人林某智私章的案涉《借款合同》《补充协议》《合作协议书》《合作协议书(二)》等证据。对于上述证据的真实性,林某智作为本案当事人明确表示予以认可。在此情形下,雪松信托的该项举证义务已经完成。冠福公司名称变更并没有影响其以原名称签订的《借款合同》及《合作协议书》的履行,其以变更名称后的公章签订的上述《信托借款发放确认书》及《补充协议》、《合作协议书(二)》已经对原《借款合同》及《合作协议书》的真实性及效力进行了确认。案涉《借款合同》中关于该合同项下借款用于归还冠福公司对其子公司五天公司的内部借款的约定,不违反法律规定,冠福公司以雪松信托未审查冠福公司与五天公司之间是否存在内部借款以及五天公司与堑和公司之间是否存在购销关系等为由,主张雪松信托存在过错,亦不能成立。

本案《借款合同》《补充协议》《合作协议书》《合作协议书(二)》均系各方当事人真实意思表示,内容不违反法律、行政法规禁止性、强制性规定,应认定合法有效。根据《借款合同》的约定,冠福公司出现经营和财务状况恶化,无法清偿到期债务,或卷入或即将卷入重大诉讼或仲裁程序及其他法律纠纷,足以影响或损害贷款人在本合同项下的权益违约情形时,雪松信托有权宣布贷款提前到期。从本案查明的事实看,自 2018 年 9 月以来,冠福公司涉及多起诉讼,合同约定的宣布贷款提前到期的情形已发生。此外,根据《合同法》第 203 条规定,提前收回贷款亦是承担违约责任的一种形式。故雪松信托宣布本案所涉信托贷款于 2018 年 10 月 29 日提前到期有事实和法律依据,予以支持。

此外,法律并未就公司向金融机构融资时其法定代表人的职权作出特别规定,就冠福公司章程中关于公司对外融资的规定,金融机构并无法定审查义务,雪松信托即便在订立《借款合同》时未审查冠福公司章程,亦不违反法律禁止性规定。

法院最终判决:(1)确认雪松信托与冠福公司签订的《借款合同》和《补充协议》项下全部借款于 2018 年 10 月 29 日提前到期;(2)冠福公司于本判决生效之日起 15 日内向雪松信托偿还借款本金 29,881 万元及利息;(3)冠福公司自本判决生效之日起 15 日内向雪松信托支付违约金 29,881,000 元……

(二)应收款风险

当今市场经济往来中,应收账款管理作为企业财务管理的关键一环也日益得到企业的重视,尤其对上市公司而言,面临的财务风险本身就大,应收账款的情况又直接关系企业能否得到有效的融资,能否对股东有效负责,对企业发展至关重要。企业需要加强对应收账款的重视,采取有效的策略进行优化管理,减少损失。上市公司应收账款风险会直接带来以下危害:

1. 增多的应收账款加剧公司成本

应收账款本质上就是上市公司流动资金的暂时性冻结,公司在产品生产和服务提供过程中提前投入了大量的生产资金,在以账款方式进行销售商品的过程中并没有真正把产品转换为资金,而只是把资金转换成了一张账单,妨碍了生产资金的再次循环,无法使资金在流通中带动公司利润的产生,如果应收账款处理不好,还会造成亏损。应收账款的增加致使公司成本的加剧主要表现在成本资金补充和账款管理这两个方面。

2. 影响公司营业周期

上市公司的运营就是对生产进行资金投入然后再把产品转换成货币的一个过程,并且在这个过程中产生利润,只有当产品的销售款回收之后才算这个过程完成。上市公司的账户上可流动的资金往往都是有限的,如果公司的账款没能及时进行回收,那就会造成公司出现流动资金短缺危机,打乱公司生产资料购买、员工薪酬发放、项目工程的发展等正常生产和运行的秩序,公司的营业周期被迫延长。

3. 高龄账以及坏账危险变大

随着账龄老龄化加重,上市公司的经营风险也越来越大。高龄账款和坏账主要是因为欠款方没有偿还能力或者是公司已经倒闭,这主要与当前企业内部缺乏有效的管理制度有关。企业员工在工作过程中存在较大的主观能动性,甚至会出现应收帐款贪污的情形,进一步加剧企业应收账款问题,从而造成企业的损失。

4. 增加催缴收款的风险

在账款进行回收的过程中,对于欠款方的催缴环节也必不可少,在这个过程产生的一切雇员费、邮电费等都属于生产成本,间接提高了公司产品的成本含量,给公司的经营提出了挑战。在公司进行催缴收款的过程中,公司都需要派遣专门的人力资源进行,有时候为了博取欠款方的欢心还要花钱进行一系列的应酬活动，对于一些高龄账款和坏账公司无法进行收取的情况就会进入司法途径，这个过程也会产生一些诉讼费、应酬费等费用，且会增加应收账款的收回风险。

5. 降低公司实际支付能力

应收账款的增加导致了上市公司的可流动资金减少，对公司的员工薪酬发放、原料购置等的实际支付能力降低，同时由于目前在财务处理上对资金的统计都使用权责发生制，把还没收取回来的应收账款也作为公司的盈亏统计范围，使财务账簿上资金与实际可支配的资金不符合，造成公司的实际财力情况混乱，未能及时了解公司的实际支付能力，给公司的方案制定和实施造成误区。

案例 5－10：精英数智科技股份有限公司科创板上市被否案①

【基本案情】

招股说明书显示，精英数智科技股份有限公司（以下简称精英数智）是一家为煤炭等高危行业提供以自主软件为主的安全生产监测及管理整体解决方案的高新技术企业，产品和服务面向煤矿等高危行业企业、安全监管部门、保险及安全服务机构。2017 年、2018 年、2019 年，精英数智营业收入分别为 16,106.69 万元、21,063.34 万元、25,321.50 万元，其归属于公司股东扣除非经常性损益后的净利润分别为 2052.84 万元、3488.40 万元、5735.92 万元。

精英数智于 2015 年在新三板挂牌上市，其年报均受审计，2020 年 5 月 15 日公告停止新三板交易。本次 IPO 精英数智拟募集资金 3.37 亿元，用于安全生产智能感知系统产业化项目和补充流动资金。

2020 年 9 月 1 日上午，上海证券交易所科创板股票上市委员会（以下简称上市委）召开 2020 年第 68 次审议会议，要求精英数智现场澄清以下主要问题：

1. 采用项目服务商方式开展业务的商业合理性；是否已建立与项目服务外包业务相关的内部控制制度；项目服务商与回款相关的履约义务是否未能切实履行、相关合同条款是否流于形式。

① 载上海证券交易所科创板股票审核网，http://kcb.sse.com.cn/home/，2021 年 12 月 26 日访问。

2. 发行人对资信状况恶化客户应收账款的坏账准备计提是否充分;对应收账款逾期风险采取的有效的应对措施。

3. 发行人主营业务未来持续经营能力,募投项目的必要性。

4. 发行人自身地理信息系统的核心 GIS 平台作为核心技术的产品特点、技术壁垒。

【审核结果】

2020 年 9 月 1 日,上市委在上海证券交易所科创板股票审核网上发布《科创板上市委 2020 年第 68 次审议会议结果公告》,不同意精英数智发行上市(首发)。

(三)资产证券化风险

自 20 世纪 80 年代以来,资产证券化(Asset Backed Securitization, ABS)逐渐成为一种被广泛运用的金融创新工具而得到了迅猛发展。能够满足发行人、投资者乃至整个金融市场的多方面的需求,是资产证券化能够广受关注并快速发展的重要原因。值得关注的是,2020 年 4 月 30 日,中国证监会与国家发展改革委联合发布《关于推进基础设施领域不动产投资信托基金(REITs)试点相关工作的通知》(证监发〔2020〕40 号),标志着基础设施公募 REITs 的大幕正式拉开,对上市公司来说将又是一大机遇。具体而言,资产证券化常见风险有以下几点。

1. 增信措施和证券设计结构风险

根据来源不同,ABS 产品在发行设计过程中会采用内部和外部增信措施。内部增信是从基础资产池设计结构角度出发达到信用增级目的,普遍采取的方式是构造优先级/次级的本息偿付次序,部分产品同时辅以信用触发机制、储备账户和超额利息收入方式。外部增信采取的普遍方式包括原始权益人或发起人的差额支付承诺、抵质押、保证担保、回购承诺、流动性支持等。

若基础资产较难穿透或基础资产类别属于收益权资产,内外部增信就成为评估违约风险大小的决定性因素。ABS 产品在设计证券结构过程中,通过引入主体信用或第二方信用增加信用等级时,增信主体的信用会对 ABS 产品资质产生影响。

2. 资产池集中度风险

通常情况下,债权类资产证券化产品的底层债权债务存在多级关系,这样设置是为了在资产池集中度过高情况下,规避由个别债务人的偿付危机导致的整个产品的兑付压力。在考虑资产池集中度问题时,一般考虑债务人、债务人所属行业、债务人所在区域3个维度的集中度情况。若3个层次的资产分散情况均能达到一定水平,那么资产池的抗风险能力就会相应提高,产品的安全性相应得到保障。

3. 债务人逾期或早偿风险

债务人还款的逾期也会对产品的流动性带来压力,而债务人提前偿还则会对产品的收益率带来影响。债权类资产的偿还一般在买卖双方约定的账期内进行,若债务人因自身经营或流动性情况等因素,导致无法在约定账期内还款,且这种逾期并未在专项计划设立时进行充分的考虑和预估,则专项计划的兑付将无法按期完成。相应地,对于债权类资产,也存在债务人提前偿还的情形,特别是对于融资租赁资产、小额贷款资产等未偿还期间有利息产生的资产,如承租人提前退租或借款人提前偿还借款本息,则会导致资产证券化产品现金流回款不足的风险。

4. 关联交易风险

在应收账款资产证券化产品、保理债权资产证券化产品中,存在购销双方属于同一控制下关联方的情况。因关联交易情况下底层贸易的真实性,贸易合理性的识别均具有较大难度,一般情况下,不建议将关联交易形成的债权作为债权类资产证券化产品的基础资产。

5. 利率风险

ABS 产品对市场利率的变化具有一定敏感性:当市场利率上升时,ABS 产品的市场价格随之下降;当市场利率下降时,ABS 产品的市场价格随之上升。若投资者想要提前出售债券,可能受到因市场利率上升导致的证券减值损失。在其他条件相同的情况下,息票利率越高,到期期限越长,市场利率水平越低,证券化产品的价格对利率的变化越敏感。此外,资产端和证券端利率变动模式不同,利率基准调整导致资产端难以满足证券端还本付息时,也会产生相应风险。

案例5－11:庆汇租赁一期资产支持专项计划违约案①

【基本案情】

庆汇租赁一期资产支持专项计划(以下简称庆汇一期)发行于2016年1月,存续期2.83年,该计划的基础资产仅有一笔租赁资产,原始承租人为咸阳鸿元石油化工有限责任公司(以下简称鸿元石化),鸿元石化通过应收账款及其相关权利质押的方式与原始权益人庆汇租赁有限公司(系深交所上市公司西安宝德自动化股份有限公司控股子公司,以下简称庆汇租赁)进行融资租赁;而计划管理人为恒泰证券股份有限公司(以下简称恒泰证券)。庆汇一期发行规模总计5亿元,预计2018年11月到期。其中,4.75亿元为优先档,票面利率6.3,按季付息,到期一次性还本,而剩余的0.25亿元为次级档,由鸿元石化自持,庆汇一期规定在偿付完优先级资产支持证券本息之后,剩余资产再分配次级资产支持证券本息。庆汇一期采取超额抵押、超额利差的增信措施,并且原始权益人与承租人及承租人的上游主要供货商三方签订了《存货回购协议》与《存货回购协议之补充协议》来保证计划后续的本息偿付。

自2017年10月31日后,恒泰证券官网便没有再公布收益分配公告。

2017年12月15日,庆汇一期的管理人恒泰证券收到原始承租人鸿元石化邮寄的《告知函》,告知原始承租人鸿元石化因存在重大问题,需停产予以整改。雪上加霜的是,经调查发现鸿元石化对外存在巨额欠款,已被多家金融机构起诉,进入法律程序催收欠款。恒泰证券对鸿元石化的债权安全受到了重大影响。恒泰证券认为,根据鸿元石化、恒泰证券、庆汇租赁三方之间的《资产证券化合作协议》,鸿元石化及庆汇租赁均构成违约。

2017年12月22日,评级机构中诚信重新评估庆汇一期优先级的信用等级,从AAA下调至B。中诚信提到,由于鸿元石化存在实际控制人风险,并且公司已经停产整改,加之鸿元石化相关债权人向法院申请诉前财产保全,导致基础资产的回款不能收回,则不能保证庆汇一期资产支持专项计划优先级本金及收益按时足额兑付。

专项计划管理人恒泰证券向原始承租人鸿元石化追索《融资租赁合同(回

---

① 载中国证券监督管理委员会辽宁监管局网,http://www.csrc.gov.cn/pub/zjhpublicofln/xzjgcs/201904/t20190409_354084.htm,2021年12月26日访问。

租)》项下共计5.3亿元的全部到期未付租金、未到期租金以及逾期利息等款项。同时,恒泰证券要求赔偿其作为管理人寻求司法解决所支付的诉讼费、律师费等费用,以及因鸿元石化未履行合同而使其受到的损失,并要求原始权益人庆汇租赁对相关费用及损失承担连带赔偿责任。

这只ABS利息违约本在市场上悄无声息。2018年3月9日,庆汇租赁控股母公司、上市公司西安宝德自动化股份有限公司发布子公司涉及重大诉讼的公告,庆汇租赁收到《应诉通知书》,法院已受理恒泰证券融资租赁合同纠纷案,这一违约事件才浮出水面。

【违约分析】

基础资产分散度较低,潜在违约风险较大。庆汇一期的资产池由鸿元石化这笔单一承租人的融资租赁合同构成。承租人均处于安全性较差且属于高能耗的石化行业,且鸿元石化的业务经营和客户均较为单一,基本是按需生产,而应收账款债务人主要为中石油兰州分公司,一旦承租人拖欠偿付,就会增加资产支持专项计划的资金压力,流动性风险增强。该资产专项计划中承租人地处兰州,其经济发展很大程度上受当地经济发展的影响,当兰州经济增速下行,也会在一定程度上影响承租人鸿元石化的偿付能力。另外,本项目没有担保措施(如连带责任担保)等,最终导致违约。

承租人现金流不稳定,违约风险上升。2016年7月,庆汇一期单一承租人鸿元石化因设备着火,导致全面停产,当时公告宣称其将尽快恢复生产,专项计划分配不会受到影响。2016年9月,原始权益人庆汇租赁受到客户大连特钢破产重组的影响,虽正常经营,但2016年第3季度主营业务收入同比下降20%。但是至此,庆汇一期再无收益分配公告。再到2017年12月恒泰证券被告知鸿元石化存在巨大问题及外债。可以看到,一旦承租人出现经营风险,影响现金流稳定,能否按时足额偿还出资人的租金与利息充满未知,甚至形成违约。

庆汇一期相关管理服务机构疏于监督的风险。资产支持专项计划的正常运行离不开多方机构的尽责服务,任何一个环节出现失误,都可能会给整个资产支持专项计划造成不可估量的损失。2016年7月,鸿元石化设备内着火、全面停产,之后鸿元石化复产然而未按约定时间将资金存入监管账户,形成违约。但无论是专项计划管理人恒泰证券,还是监管银行、托管银行平安银行、评级机构中诚信并未对这一违约及时发现,也未立即通知计划管理人,计划管理人和托管银行对指定收款账户都负有疏于监督的责任。

【处理结果】

2019年4月3日,中国证监会辽宁监管局向庆汇租赁作出〔2019〕9号《关于对庆汇租赁有限公司采取出具警示函措施的决定》:"经查,你公司作为庆汇租赁一期资产支持专项计划的原始权益人,存在在融资租赁业务合同签署过程中没有对《应收账款质押确认书》、《存货回购协议》及相关的《确认函》、《承诺函》等文件进行面签等问题。上述行为违反了《证券公司及基金管理公司子公司资产证券化业务管理规定》第十条规定,根据《证券公司及基金管理公司子公司资产证券化业务管理规定》第四十六条规定,现对你公司采取出具警示函的监督管理措施。"

(四)票据风险

票据市场是我国金融市场的重要组成部分,在促进我国经济发展,完善金融市场功能等方面发挥着不可替代的作用。自20世纪80年代以来,我国票据市场快速发展,市场规模不断增长,市场层次逐渐丰富,市场体制和机制日益完善,市场参与主体不断增加,产品创新层出不穷。然而,票据业务风险也越发引人关注。假票、融资票、票据违约、票据私募基金暴雷等一系列风险正严重干扰着票据市场的正常运行,下文就票据业务常见风险进行分析。

1. 信用风险

信用风险是指由于票据承兑人或票据融资业务交易对手的信用出现问题,造成票据迟付或拒付,进而造成损失的风险。

信用风险的来源主要有两大类,第一类是票据债务人的履约意愿出现问题,如汇票承兑人违反支付结算规定制造借口故意压票或无理拒付退票;再如对出票人资金不足或被司法冻结的票据,承兑人拒绝垫付票款。第二类是票据债务人的履约能力出现问题,如回购业务的交易对手到期无资金赎回票据;又如承兑方信用状况恶化,陷入流动性困境,无力按时偿付到期票据;再如出票人、贴现申请人及其他关系人资质不佳,遇追索时无偿还能力。

2. 市场风险

票据业务的市场风险主要包括利率风险和流动性风险。利率风险是指票据交易主体在办理票据融资业务时由于市场价格(如贴现或转贴现利率等)的变动对交易主体的资金损益产生影响的风险。流动性风险是指票据交易主体无法及时获得充足资金支付到期票据(如卖出回购到期)债务的风险,或因买入票据的变现能力不足而产生的经营性风险。在全额资金集中管理和配置管理模式下,普通商业银行的经营机构一般不存在支付困难,流动性风险主要表现为难以以合理成本将票据资产变现。

3. 操作风险

如果说上述两类风险受市场因素影响较大,那么操作风险则主要表现为操作人的问题,既有操作人本身的道德风险,也有操作人对票据业务不熟悉或其他失误所导致的风险。本书仅对伪假票据风险进行分析。

2020 年 2 月 27 日,上海票据交易所颁布了《上海票据交易所处置伪假票据操作规程》,该规程第 2 条给出了伪假电票的官方定义。

本规程所称伪假票据包括:(一)票据业务主体名称恶意记载为其他单位名称的电子商业汇票;(二)冒用其他单位身份开立账户并通过该账户作出票据行为的电子商业汇票;(三)经有权机关认定的其他虚假电子商业汇票。

案例 5-12:崔某等票据诈骗罪案[①]

【基本案情】

2016 年年初,被告人崔某、逯某、张某出于赚取高额中介费或为他人融资等目的,预谋假冒焦作中旅银行名义接入中国人民银行电子商业汇票系统(以下简称央行电票系统),并联系好有资金需求的企业开具电子银行承兑汇票(以下简称电子汇票),由焦作中旅银行对电子汇票进行虚假承兑,再将电子汇票贴现、转贴现给其他银行,从而骗取转贴现资金。

2016 年 4 月,胡某因中储公司急需资金,有开具承兑汇票融资的需求,遂通过资金中介联系上张某。之后,崔某、张某等假冒焦作中旅银行名义,并由逯某冒充焦作中旅银行领导与中国工商银行股份有限公司票据营业部郑州分部(以下简称工行票据部郑州分部)联系对接;同年 6 月 21 日,双方签订代理服务协

① (2017)沪 01 刑初 78 号;(2019)沪刑终 26 号。

议，工行票据部郑州分部同意将焦作中旅银行接入央行电票系统。同时，因焦作中旅银行系中小银行，不能直接接入央行电票系统，需在有资质的银行开设同业结算账户，张某又通过胡某联系中国工商银行股份有限公司廊坊开发区支行（以下简称工行廊坊支行）办理同业结算账户。

在办理同业结算账户过程中，崔某、张某、胡某、涉案人马某某（另案处理）等人向工行廊坊支行提交了伪造的焦作中旅银行营业执照、金融许可证、法定代表人身份证等证明文件。同年7月14日，工行廊坊支行安排员工至焦作中旅银行总部核实确认相关信息。在逯某事先借用的该行办公室内，由涉案人李某某（另案处理）冒充焦作中旅银行法定代表人，逯某、马某某等人分别冒充焦作中旅银行其他领导与员工，骗过工行廊坊支行的上门核查，成功开设同业结算账户并开通电子票据代理接口。

2016年7月，崔某、逯某、张某等人冒用焦作中旅银行名义正式接入央行电票系统并完成系统测试后，张某遂通过周某寻求有资金需求的企业。同期，黄某因公司资金紧张试图通过周某融资。后黄某经周某与张某反复沟通，双方确认黄某参与融资人民币15亿元以及贴现资金的分配比例，即黄某使用六成资金，崔某、张某等人将四成资金分款给河南三家企业使用。

2016年7月25日，黄某安排公司员工带上黄某实际控制的9家公司的网银、密钥等，与周某一起至河北省廊坊市开具电子汇票；后确定上海汇鎏公司等5家公司作为出票人，鑫创公司等4家公司作为收款人。胡某则以其实际控制的中储公司作为出票人，以中能源电力燃料有限公司作为收款人（该公司网银、密钥由胡某掌握）。7月25日至28日，崔某、张某、胡某、周某等人在河北省廊坊市七修酒店内，以焦作中旅银行名义接入央行电票系统后，在明知无真实交易关系的情况下，通过黄某、胡某各自控制企业或关联企业之间签发无资金保证的电子汇票，并以焦作中旅银行名义进行虚假承兑、贴现，一共开具了40份共计金额20亿元的电子汇票。

【裁判结果】

一审法院上海市第一中级人民法院认为，被告人崔某、逯某、张某以及作为单位直接负责的主管人员的胡某，以非法占有为目的，明知是伪造的汇票而使用；被告人黄某作为单位直接负责的主管人员，伙同周某以非法占有为目的，签发无资金保证的汇票，骗取财物，6名被告人的行为均已构成票据诈骗罪，且数额特别巨大。

一审法院判决后，各被告人均提起上诉，二审法院上海市高级人民法院认为，6 名上诉人均具有非法占有目的，其行为构成票据诈骗罪，故驳回上诉、维持原判。

第五节 舆情危机

一、上市公司舆情危机概述

舆情危机是指突发、紧急的负面事件给当事公司造成危机的现象,即当民众对作为客观存在的事件或现象表达自己的信念、态度、意见和情绪时,舆论影响范围会空前扩大,给当事公司带来影响也就不可避免。本书所探讨的上市公司舆情危机主要是指上市公司面临的网络舆情危机。上市公司网络舆情是指在网络空间内,各个利益相关者如消费者、媒体、股东、债权人、政府、竞争对手等,对上市公司的产品、服务、社会责任及其他有关事件引发的热点、焦点问题所持有的具有较强影响力的认知、观点、态度、情感和行为倾向的总和。①

(一)上市公司网络舆情现状

当前,互联网媒体作为新兴大众主流媒体,其特有的快捷性、延展性、互动性、即时性等传播特性使网络传播的舆情环境更为复杂。作为社会思潮和社会心理的动态反映,网络舆情生成主要是由网民通过论坛发帖、新闻跟帖、转发评论等形成的“民间网络舆论场”。由于网民参与度高、表达自由度大、意见交互便捷,其舆论反响较大,所以存在舆论主体相对模糊、舆论内容多元、缺乏理性引导等不足。同时,网上自由传播行为还存在社会监管的滞后性缺陷,容易导致网上有害、虚假信息泛滥,使网络舆论的产生、扩散和形成处于自在无序的状态中。加之网络舆论的草根化以及多元化、多极化和匿名化的交织作用,使网

① 参见王怡:《上市公司的网络舆情事件演化与股价变动的关联性研究》,南京理工大学2016年硕士学位论文。

络舆论更加具有不确定性、易爆发性和偏激性。此外，网民道德自律、网络传播行业自律和管理有待加强，网络舆情环境越来越复杂，进而导致网络舆情危机频发。在上述背景下，上市公司一旦遭遇负面网络舆情，稍有不慎就会陷入舆情危机之中，影响投资者对上市公司的信心并对上市公司的运营产生不利影响。

中国互联网络信息中心发布的《中国互联网络发展状况统计报告》显示，截至2020年12月，我国网民规模达9.89亿人次，较2020年3月增长8540万人次，互联网普及率达70.4%。[①] 如此庞大规模的网民，早已成为任何人都不能忽视的一支重要力量，尤其对于上市公司来说，众多的股民、投资者同时也是网民，网民接受信息主要途径是通过网络，对于上市公司来说，包括投资信息、舆论信息等内容是投资者、股民关注的重点领域，这些信息中有好有坏、有利有弊。一些上市公司就是因为没有处理好网络上的负面信息而身陷困境，轻者导致股民、投资者对上市公司信任度下降，重者影响上市公司正常运营甚至导致公司倒闭。

此外，上市公司在经济活动中扮演的角色决定了其被公众的高关注度，而这种高关注度则使上市公司极有可能会遭遇舆情危机事件。因此在一部手机就可以成为新闻源的自媒体、全媒体时代，如何进行舆情危机管理及处理公共关系危机，是当前上市公司面临的一项重要工作。

（二）上市公司网络舆情危机成因

网络舆情的发展和演变是各方观点表达、汇集与利益诉求的结果。利益相关体的利益诉求是舆情发展的基础动力。如涉及企业产品质量安全、功能缺陷、服务质量问题的上市公司舆情事件，其舆情的的发展与演变是由消费者与潜在消费者、投资者等对事件的关注上升与意见表达的结果。在舆情出现的初期阶段，关注该事件的网友或媒体对该事件的信息传播，是在表述自身的立场和观点，在此过程中，网友的关注度会随着信息的传播不断上升。而该信息能够得到传播的根本原因在于其本身具备传播的价值，或具备新奇性，或与社会

---

① 中国网信网2021年2月3日，中国互联网络信息中心（CNNIC）在北京发布第47次《中国互联网络发展状况统计报告》。

的发展趋势有重大相关,或与多数人的利益密切相关等。与上市公司相关的社会性事件容易演化成上市公司舆情事件,如环保问题、重大安全事件、食品卫生事件等。

我国目前正处在社会转型的特殊时期,人民内部的各种社会矛盾比较突出。有学者指出,我国正处于社会转型期,随着改革的深入,政治制度与经济制度等正在发生深刻的变化,使社会经济的成分、分配方式、利益关系等均呈现日益多样化局面,社会利益分化日渐加大,使人民内部矛盾日益突出。如收入差距、企业改制、物价、医疗、住房等,无一不表现为物质利益关系的矛盾。[①] 这些人民内部矛盾在上市公司的网络舆情事件中也得到了一定的体现,虽表现的形式各有差异,究其本质都是人民对涉及自身利益的诉求表达。

(三)上市公司舆情危机特点

上市公司的舆情因其多样化的来源,专业化的内容以及网络媒体的主导,造就了它独有的特点。相对其他的社会舆情传播,从传播学角度看,上市公司舆情传播的特点主要体现在传播渠道、接受者与影响效果上三个方面:

1. 在传播渠道上,不同媒体对舆情的关注与传播内容存在差异。由于不同媒体的属性、定位与远景等差异,所以在对于事件报道的出发点、针对的传播对象与预期的效果上有着不同的设计,就会在传播相同的事件时,产生不同的关注点和侧重点,而且传播的舆情内容也各不相同。例如,《中国证券报》《上海证券报》等的一些证券类报纸,披露的信息也大都是与证券市场挂钩的,同时隶属于半官方媒体。而一些独立财经媒体如《证券市场周刊》《证券投资周刊》,他们追求报道的独特和深入,而且最好信息来源相当充足,这样若要对某一事件进行深入探究,就会更全面,权威性也相对较高。但是这种舆情经过传播,会使上市公司的地位受到一定的撼动,并为其带来很大的危机。相对来说,如东方财富网、新浪财经等专业的财经网络优点就相对突出,即传播速度快、覆盖面积广、针对性强等特点。与传统媒体相比,网络媒体更擅长用敏感的标题引起群众的注意,同时负面敏感舆情的传播也需要它的介入。

---

① 参见杨清涛:《社会转型期人民内部利益矛盾问题探析》,载《郑州大学学报(哲学社会科学版)》2012 年第 6 期。

2. 在传播方式上,传播途径更加多元化。以前公众获取信息的渠道和表达信息的途径,都紧紧地握在政府部门手中,普通民众想要按照自己的意愿表达几乎是不可能的。随着智能手机的出现、高速网络的普及,各种新媒体、自媒体平台的纷纷涌现,人们能够更加真实、自由地表达自己的观点。公众对于公司的舆情危机,不仅止于关注,还会对该信息进行评论、传播或转发,形成大量的二次传播。例如,舆情可以从百度平台传到微信,从微信到微博、再到今日头条和抖音平台,再到官媒新闻平台等。舆情信息的传播渠道不只是以前的官媒平台了,而是现阶段的所有能够传播信息的渠道。这种多元化的渠道极大地提高了信息传播的速度和效率,使信息传播快速化和多元化。

3. 在传播接受者上,负面舆情比正面舆情更易引起人们的关注与传播。相对于正面舆情,负面舆情更容易引发人们激烈的情绪,尤其是当今我国正处于社会较大变化时期,各种社会矛盾频现,并伴随新媒体的支撑,关乎社会民生的负面舆情常常在很短时间内得到响应与传播。

4. 在传播效果上,负面舆情对于上市公司产生的危机影响更大。在资本市场中,负面舆情危机出现的高频期间,通常在上市公司业绩公布前夕,拟上市公司披露期间,高管人事变动,重组并购等这些企业出现变动的期间。然而这个时间点出现的舆情危机并不是那么单纯、恰巧就出现了,而是带有一定的目的性,或是为了在市场竞争中获得优势,又或是出于做空机构等原因,更有甚者则是媒体业绩公布或预披露期间发生的问题,通过一定的调查研巧,发表与之相关的报道,从而造成了负面舆情危机的出现。资本市场中的舆情热度可以称得上是各个领域之最,而且持续时间相对更长。

(四)上市公司网络舆情危机传播机制

在以微博、抖音等为代表的自媒体时代,各平台以其裂变式的传播速度打破了由传统媒体垄断的信息发布格局,此种传播方式在突发事件中的效果尤为显著。我们根据有关学者的观点将舆情发展过程与自媒体时代下的网络舆情特点相结合,用图 5 - 1 表示网络舆情传播整个过程,包括潜伏、成长、蔓延、爆发、稳定及衰退期和消亡期。

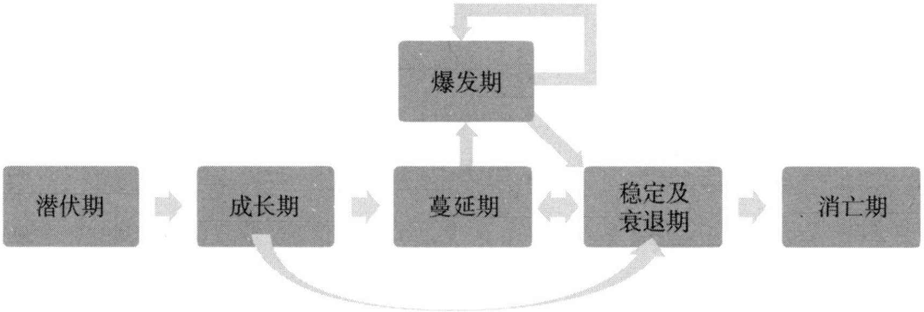

图 5 –1　网络舆情传播过程

依据图 5 –1 来分析,舆情信息发布者可能是公司自身,也可能是包括公司竞争对手、网络平台大 V 等其他人,总体来说,在网络舆情的潜伏期和成长期内该舆情仍未得到较大的关注,此时是解决舆情危机的最佳时机,即公关行业里所谓的“黄金 24 小时”。在舆情蔓延期,网络平台大 V、网络意见领袖等为了使更多网民了解该事件而通过微博、微信、抖音等平台传播扩大影响力,使舆情发展进入成长期,若得到有效控制将直接进入稳定及衰退期。否则,舆情蔓延、扩散后会引发更多网民的评论、转发进而进入爆发期,经媒体跟踪报道和网络平台大 V、意见领袖的推动,公司将面临更严重的舆情危机。①

对于上市公司来说,舆情风险爆发点主要集中在 IPO 申报期间、重大资产重组期间、定期报告发布等三个主要时间段,在这期间上市公司更容易受到竞争对手的攻击与新闻媒体的关注,进而爆发舆情危机。

从范围上来看,容易引发关注、爆发重大舆情危机的点主要集中在股价波动、股东矛盾、财务造假、高管言行、内幕交易、经营业绩、人事变动、市值规模、关联交易等 9 个领域。对于上市公司来说,要尤其关注上述期间内公司的舆情治理工作。

二、上市公司舆情危机类型

根据理论研究,从不同角度划分,上市公司所面临的舆情危机主要有以下

---

① 参见李纲、董琦:《Web2.0 环境下企业网络舆情传播过程的研究及实证分析》,载《情报科学》2011 年第 12 期。

几种类型。

(一)元危机与次生危机

元危机与次生危机这种分类方法着眼于从网络舆情危机产生源的不同进行分类,所谓元危机是指直接由产生危机源的原始舆情信息扩散到大众舆论场所进而形成的舆论危机;而次生危机是指可能产生网络舆论危机的元信息在信息产生之初并未被大众知悉,而是经过拥有网络舆论话语权的平台(如微博、微信公众号、今日头条、抖音等)转发后被大众知悉,进而对上市公司形成网络舆论危机的情形。实践中,次生危机是最常见的网络舆论危机类型。

(二)公司运营管理舆情危机

从公司运营管理的角度来看,上市公司舆情危机事件诱因可以归纳为产品或服务缺陷型、内部管理漏洞型、公共安全型、领导或员工言行失当型等类型。这些类型的危机相信读者可以见文识意,不再赘述。

(三)外部舆情危机和内部舆情危机

上市公司舆情危机还可以分为外部舆情危机和内部舆情危机。

所谓外部舆情危机多指公司外部的公众对公司的负面评价。新媒体尤其是微博、微信、抖音、今日头条等平台的普及,使网络形成一个强大的外部舆论场,公司若不能妥善回应公众的质疑,便可能出现因短时间内汇聚的大量不利信息,让自身陷入巨大的舆情压力旋涡,导致网络舆情危机,这类舆情危机对公司有着巨大的杀伤力。

公司内部舆情危机,多指公司员工及其家属通过网络表达对公司的负面观点、看法而形成的内部舆论场。网络时代的办公环境使每个上市公司都有自己的自媒体平台,如 OA 系统、钉钉、官方微博、微信公众号、微信群等,一旦公司成员通过这些自媒体平台表达对公司管理制度、福利待遇等的不满或者将内部的负面信息泄露至网络,上市公司就会遭受比传统媒体时代的舆情危机更为严重的创伤。因此抓好上市公司的网络舆情管理,对于处理网络舆情危机、构建和谐的公司文化至关重要。

三、舆情危机对上市公司的危害

舆情危机对上市公司的影响主要体现在两个方面：一是对公司股票价格的影响；二是对公司运营的影响。

(一)影响公司股价

信息是证券市场的基础要素之一，投资者会时刻关注着上市公司的正面或负面信息进而决定投资与否。对于上市公司来说投资者或股东们最关切的事情莫过于股价的不利波动。一旦上市公司出现舆情风险，最先受到影响的就是上市公司的股价。

统计数据表明，上市公司的股票成交量与其舆情传播程度呈简单正相关关系。在不考虑其他因素的前提下，舆情事件发生之前，股票的成交量不会出现显著变化，但是在舆情事件发生当日以及随后几天，上市公司股票的成交量会显著高于历史平均水平。其中，尤以事件发生后第二天的成交量最为明显。此变化说明，上市公司若是出现重大舆情，市场的关注度将会明显上升，交易变得更加活跃，并且在事件发生第三天后市场才会逐步恢复平静。需要引起重视的是，上市公司的负面舆情将会对公司股价形成持续性的影响，使之重挫，造成公司市值大量蒸发。一般情况下，在公司出现重大负面舆情的 5 日内，公司的股价将可能下跌 10% 或更多。市场对上市公司的负面舆情作出了明确的回应，负面舆情降低了股民对公司价值的评判。

(二)影响公司运营

影响公司运营主要体现在对上市公司运营策略、人事制度安排以及公司隐形价值的影响上。以领导或员工言行失当型舆论危机为例，无论是上市公司的高管还是普通员工都可能因自身行为失当而成为舆情危机的引爆点。

（三）典型案例

案例5－13：华谊兄弟"阴阳合同"事件

事件背景：2018年5月28日，国内影视行业陷入"阴阳合同""偷税漏税"的舆情危机中，关于华谊兄弟"偷税漏税""朝阳税务局进驻华谊兄弟审查公司"的负面舆论很快占据各大网络媒体平台的头条热门，公众大量发表、转载、评论"华谊兄弟疑似偷税漏税"的相关消息，华谊兄弟遭受舆情危机。

舆情影响：华谊兄弟于2018年6月6日发布《关于股东部分股份质押及解押的告》称，截至公告日，王某军共持有公司股份612,229,855股，截至2018年3月31日占公司总股本的22.07%。（见图5－2）

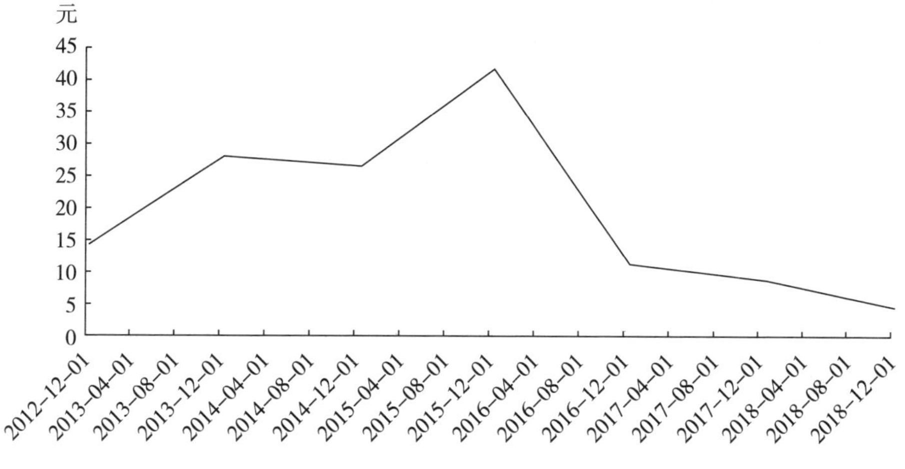

图5－2　华谊兄弟2012～2018年股价变动趋势

（资料来源：RESSET金融研究数据库）

华谊兄弟公司面对舆情危机采取了下列的一系列应对措施：

2018年6月11日，华谊兄弟发布澄清公告，宣称股权质押不等同于抛售股票，也不代表大股东不看好华谊兄弟的未来，并且这一举动不会影响到华谊兄弟的正常经营。

2018年6月12日，华谊兄弟推出第二期股权激励计划，计划授予激励对象3000万股股票，大约占华谊兄弟总股份的1.08%。

2018年6月14日，华谊兄弟发布公告称其将启动法律程序，追究在自媒体平台上传播谣言的网络用户的法律责任。

2018 年 6 月 15 日，华谊兄弟发布了“H 计划”第六季 20 部新片单，展示了华谊兄弟对企业未来发展的信心。

2018 年 6 月 18 日，华谊兄弟发布关于公司实际控制人计划增持公司股份的公告，其对外宣称华谊兄弟的实际控股人之一王某军计划在 6 月 19 日起的 12 个月内，也就是 2018 年 6 月 19 日至 2019 年 6 月 18 日，通过深圳证券交易所的交易系统以自筹资金的方式增持不少于 1 亿元的公司股票，并许诺在增持股份期间及增持完成后的 6 个月之内不转让其所持有的公司股份。

2018 年 7 月 20 日，华谊兄弟实际控制人之一的王某军通过“西藏信托—盛景 18 号单一资金信托”增持公司股份 3,103,944 股，增持金额大约为 1.99 亿元。

同年，华谊兄弟将业务布局到实景娱乐，斥重金在全国各地打造不同风格的影视小镇。苏州、长沙影视小镇分别在 2018 年 7 月、9 月正式开业，华谊兄弟打造产业循环链条，实景娱乐将成为华谊兄弟收入的支柱。

此后，舆情危机逐渐进入稳定及衰退期，投资者逐渐“接受”甚至“忘却”舆情信息，华谊兄弟股价下跌的趋势逐步得到缓解，并有一定程度的回升。（见图 5－3）

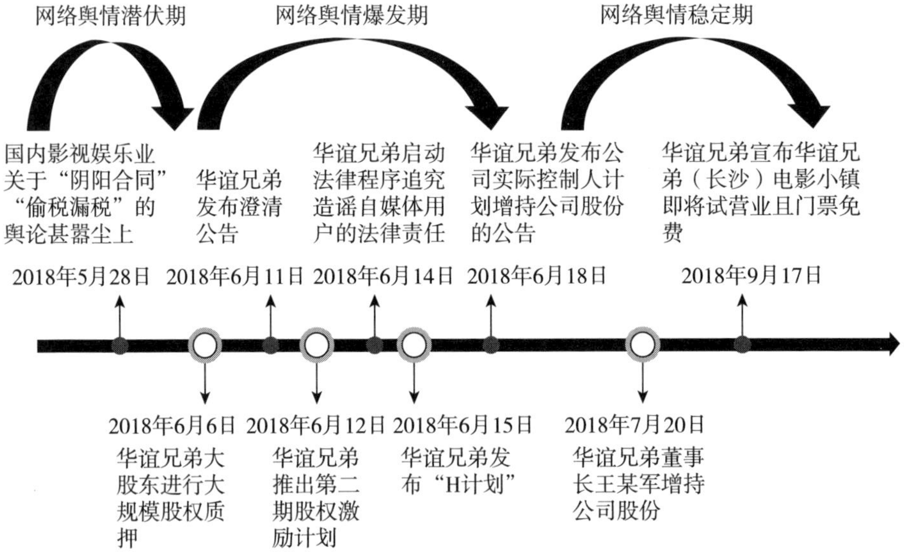

图 5－3　华谊兄弟舆情危机事件时间轴

结语:从华谊兄弟"阴阳合同"事件中我们可以看到,舆情危机对于上市公司的股价影响之直接和迅速。对此上市公司的快速反应必不可少,华谊兄弟公司通过一系列的措施使投资者可以更加快速、全面地获取华谊兄弟积极经营的信息,从而大幅度压缩其股价回升的周期,并在较短的时间内引起股价反转,在一定程度上缓解了当时影视行业股价的长期低迷对企业带来的消极影响,为企业的发展排除了潜在隐患。

四、上市公司舆情危机防控策略

在网络时代任何一家上市公司爆发的危机事件都会在第一时间被舆论关注,甚至可能成为重大新闻题材。由此,传统的危机应付方法必须根据网络时代的特点进行变革。对于上市公司来说,如果想要在网络时代更好地生存下去就必须重视网络传播背景下的企业舆情危机控制和管理。根据之前的分析,舆情危机从产生到消亡共要经历6个时期,由此我们总结出对于舆情危机的应对应当从以下三个方面进行:事前预防、事中应对、事后修复,从而将舆情危机对上市公司的负面影响降到最小。

(一)事前预防策略

1. 立足产品与服务

在网络时代每一个上市公司都不可能脱离网络而存在,上市公司在网络社区中的形象在很大程度上就是公众心目中的形象。公众的声音热闹而寂静,在滚滚洪流中最终会裹挟着上市公司不断向前或将其淹没,所以没有一家上市公司能够完全隔绝掉公众的声音。为了塑造一个正面、积极的"人设",上市公司从根本上还是要打磨好产品或服务,因为客户的满意才是上市公司生存下去的空气、阳光和水源。这也能从根本上减少负面舆情爆发的可能。当然在做好自己的同时,上市公司也要关注同业或其他竞争对手的恶性竞争,要提前做好应对被偷袭的准备措施,时刻关注对手情况避免被动情形的出现。

2. 建立舆情危机监测系统

在网络时代,面对海量的网络信息必须有对应的互联网思维,我们不可能再使用人工审核的方式来面对宇宙般浩瀚的信息,而是建立一套具有对应技术的舆情危机监测系统。一方面其能够在舆情危机潜伏期和成长期快速全面地抓取和上市公司有关的舆情危机信息;另一方面监测系统基于抓取的内容,可以自发地判断舆情信息的主要内容,进而作出初步处理,使上市公司的舆情监控工作效率大为提升。①

(二)事中应对策略

1.上市公司面对舆情危机姿态要真诚

开诚布公永远是上市公司解决舆情危机的不二法宝。无论是因为上市公司自身的产品、服务或其他活动引起的舆情危机还是关联公司的负面舆情波及甚至是同业诬陷等发生舆情危机,最好的处理办法就是直接面对不回避,对于股民、公众要真诚相对。具体来说可以参考如下步骤:

首先,要在第一时间展开调查工作并将调查的结果在最短时间内公布,如果不能在短时间内得到调查结果,要将上市公司对于舆情危机的关切心态及时表达出来。情况允许的话,可以以滚动方式随时公布调查结果,以保证信息发布及时、透明,安抚公众尤其是股民的紧张情绪。②

其次,上市公司要善于接受公众的监督和建议。对于公众提出的有价值的问题或建议要及时作出回应,展现亲民姿态,不要让公众认为上市公司的态度傲慢从而进一步激发舆情危机。上市公司对于监督、建议中对上市公司的发展有利的意见要善于接受,让公众看到公司在认真考虑公众的意见。

最后,在处置舆情危机的过程中要主动组织策划引导舆论,在和公众形成良性互动后上市公司要积极尝试主动引导舆情危机的发展,朝着有利于自己的方向最终实现"剧情反转"。

2.善于利用舆情管理系统

如上所述,在网络时代任何微小的危机事件在一定条件下都可能演化成重大舆论题材进而成为大众关注的对象。上市公司要善于利用舆情管理系统在网络时代对舆情危机进行监控、处置。从工作内容上来说主要关注两个方面:一是重视关键词的检索,面对海量舆情信息,如何快速了解每次舆情危机的实

---

① 参见屈伟、周颖:《决胜碎片化时代的舆情监测》,载《中外管理》2015年第2期。

② 参见曾润喜:《我国网络舆情研究与发展现状分析》,载《图书馆学研究》2009年第8期。

质内容,重要的工作就是学会关键词检索,这在专门的舆情管理系统中属于一项基本的功能;二是合理利用舆情管理系统的处置建议,要结合上市公司面临舆情危机的具体情况来灵活采纳其建议。

(三)事后修复策略

舆情危机结束后,对于上市公司来说有关舆情危机的工作并没有结束。因为即使顺利解决了舆情危机也并不代表着完全消除了产生舆情危机的因素。作为上市公司应当从舆情危机出现的原因、处理舆情危机过程中的得失、防止此类舆情危机应当采取的措施等方面进行研究。尤其要重视以下几个方面:

1. 强化企业组织,并加强与客户、股东的沟通机制

通过对舆情危机处置,上市公司应重新审视自身的优劣势并思考如何在市场竞争中扬长避短。重视客户、股东的意见、建议,建立一个有效的沟通或互动机制。保证上市公司能够实时获取外部对公司发展的意见和看法。

2. 在处理舆情危机中要主动引导舆情发展

在经历舆情危机后,上市公司应当在复盘中总结处理此类舆情危机时如何能够或者更好地掌握主动,可以引导舆情危机的发展,并最终将舆情导向对上市公司有利的方向发展。下文腾讯公司与老干妈公司的争议就是一个很好的范例。

3. 不断提升产品或服务质量,以工匠精神作为应对舆情危机的坚固盾牌

无论是哪个行业的上市公司,消费者的口碑始终是上市公司在市场洪流中稳步远行的指南针。我国的上市公司要有大国工匠的情怀和追求,对服务和产品不断精益求精,进而稳固企业的立身安命之本,唯有这样才能在应对舆情危机中做到闲庭信步,从容应对。

综上所述,上市公司的舆情危机应对是一项系统、科学、有迹可循的工作。通过研究舆情危机从产生到消亡的六个阶段,对于不同阶段应当作出不同的决策,通过研究经典案例总结经验,为成功解决上市公司舆情危机打下基础。

(四)典型案例

案例5－14:腾讯公司诉“老干妈”事件①

【事件背景】

2020年6月30日网传一份案号为(2020)粤0305执保1106号的民事裁定书,主要内容是深圳市腾讯计算机系统有限公司(以下简称腾讯公司)向深圳市南山区人民法院申请保全了贵阳南明老干妈风味食品销售有限公司(以下简称老干妈公司)16,240,600元的财产。一时间“吃瓜群众”纷纷驻足关注互联网巨头和食品界明星的掐架事件。对此腾讯公司回应,2019年3月腾讯公司与老干妈公司签订了一份《联合市场推广合作协议》,腾讯公司投放大量资源用于老干妈油辣椒系列推广,腾讯公司已依约履行相关义务、但老干妈公司未按照合同约定付款。腾讯公司多次催办无果,因此不得不依法进行起诉。老干妈公司在6月30日当晚发表声明,称老干妈公司从未与腾讯公司或授权他人与腾讯公司签署《联合市场推广合作协议》,且从未与腾讯公司进行任何商业合作。针对此事,老干妈已经向公安机关报案。贵阳市公安局双龙分局在7月1日发布《警方通报》确认曹某、刘某、郑某3人为获私利,伪造老干妈公司印章,冒充该公司市场经营部经理与腾讯签协议,目前3人已被刑拘。

至此腾讯公司起诉“老干妈”事件水落石出,但是公众的“吃瓜”热情并未停歇,关注重点开始转向腾讯公司的法务部门的失职,因为腾讯公司法务部门在审查合同时的疏忽,导致公司被骗。腾讯公司为履行合同在QQ飞车手游S联赛推广“老干妈”品牌、推出了手游限定款老干妈礼盒、期间还发布1000多条推广“老干妈”的微博、老干妈公司的产品更是频繁出现在赛事直播之中。但腾讯公司“终究还是错付了”,很可能免费为老干妈公司做了大半年广告,这非常容易使腾讯公司的投资者、股民对其产生负面评价。由此腾讯公司陷入舆情危机的潜伏期。

【事件处理】

面对此次可能形成负面影响的舆情危机,腾讯公司没有利用互联网巨头的

---

① 参见《腾讯悬赏1000瓶老干妈寻求被骗线索,委屈的像个宝宝》,载搜狐网,https://www.sohu.com/a/405347892_120006059?_f=index_pagefocus_4,2021年12月26日访问。

身份强势发言，而是选择以自我调侃的方式和公众互动进而化解了舆情危机。如在上述事件发生后，腾讯b站很快动态更新："中午的辣椒酱突然不香了"，引来支付宝、盒马、金山等一大波友商官号前来围观慰问。网上开始流传各种消遣腾讯公司的段子，如"逗鹅冤""妈化腾"等戏谑词汇流行一时。腾讯公司公共部门"乘胜追击"，在官方微博中主动承认被骗，愿以1000瓶老干妈悬赏类似线索。老干妈公司也在淘宝旗舰店默契地上线9999元1000瓶的"辣椒酱大客户专属套装"为公众助兴。加之腾讯公司公关总监在网上晒出食堂晚饭仅辣酱拌饭，腾讯官号在b站上线自黑视频《我就是那个吃了假辣椒酱的憨憨企鹅》，腾讯QQ上线"辣椒酱"表情等操作彻底使公众对于腾讯公司的负面情绪变得同情和支持，舆情危机变得正面和积极，由此我们不得不承认腾讯公司公关部门的专业和对于网络时代公众心理的洞悉。

第六节 内部腐败风险

一、上市公司内部腐败概述

上市公司内部腐败是指上市公司内部人员或机构违背公司意志，利用职务或工作上的便利，谋取私利的违法犯罪行为，即内部“个人获益、整体受损”。[①]上市公司腐败既包括上市公司权力行使者利用权力谋取私利的行为，也包括对权力有所求者向权力行使者提供私利进而间接损害上市公司利益的行为。

（一）内部腐败的特征

1. 监守自盗

监守自盗主要表现为上市公司人员利用职务、工作上的便利或公司体制机制漏洞等，将本人职权范围内或者因执行职务、熟悉环境而主管、经手、接触到的本单位的财物非法占为己有或挪作他用。司法实践中，这类犯罪多为一人犯罪，隐蔽性较强。

2. 内外勾结

内外勾结主要指上市公司人员违反上市公司正常管理制度或与外界的合法约定，与上市公司外部人员互相勾结，借助本人职务、工艺技术及对上市公司环境熟悉等便利条件，非法侵蚀或损害本单位利益的犯罪行为。

3. 群体腐败

上市公司内部多人参与腐败是涉企“窝案”“串案”数量增多以及上市公司

---

① 贾宇：《民营企业内部腐败犯罪治理的体系性建构——以〈刑法修正案（十一）〉的相关修改为契机》，载《法学》2021 年第 5 期。

人员塌方式"陷落"的主要原因,通常表现为上市公司内部多名工作人员结成犯罪同盟、共同实施一系列侵犯上市公司产权的内部腐败犯罪行为。这类犯罪包括有组织性、预谋性、勾连性的共同犯罪,主要系上市公司内部不同职能部门特别是权力制约条线或同一部门的人员相互串通作案。

4. 从众腐败

从众腐败具体表现为腐败或违规现象已在上市公司内部形成负面的示范效应,相关内部人员之间虽无直接合意,但彼此心照不宣或上行下效、竞相模仿,相继实施侵犯上市公司产权的犯罪行为,导致上市公司风险呈多领域、多环节、多点式爆发。

(二)上市公司内部腐败的危害

实践中,上市公司内部腐败主要表现为高管腐败,影响恶劣。上市公司高管腐败行为是体现一个国家或地区道德风气败坏的重要窗口,上市公司高管腐败现象频发将恶化企业所在地区的道德风气;而且大部分上市公司高管的腐败行为都与政府官员有密切的关系,因此上市公司高管腐败也是导致政府官员腐败的重要因素。上市公司高管腐败造成的直接后果是上市公司各种成本无形中大大增加,导致上市公司价值和投资者利益一并受损。管理层寻租行为对上市公司内部资本配置效率有破坏作用。显性腐败容易使上市公司陷入财务困境,甚至陷入破产清算境地。威胁社会经济的健康发展,同时也不利于建立良好的上市公司文化,损害一部分利益相关者的利益。①

高管腐败会给上市公司带来极大危害,包括但不限于股价暴跌、市值蒸发。以 A 股上市公司"天圣制药"为例,2018 年 4 月,"天圣制药"曝出高管腐败案,其股价在 2 个月内缩水近 78%,并在 2019 年被 * ST,成为 A 股历史上最快由上市到退市边缘的公司。

① 参见胡振兴:《上市公司高管腐败对经营业绩的危害及鉴证研究》,载《财经理论与实践》2016 年第 4 期。

(三)典型案例

案例5－15:天圣制药内部腐败案①

【基本案情】

2003年至2018年年初,时任天圣制药法定代表人及实际控制人的被告人刘某为使其实际控制的天圣制药及其关联公司谋取不正当利益,给予多名国家工作人员财物共计折合人民币1474.8015万元,其中刘某代表天圣制药给予国家工作人员财物共计人民币970.074万元。

2006年下半年至2017年下半年,被告人刘某为使被告单位天圣制药谋取不正当利益,给予国有事业单位财物共计人民币405万元,其中刘某代表天圣制药给予国有事业单位财物人民币260万元。

2016年年底至2017年年初,被告人刘某向国家工作人员行贿共计人民币200万元,为掩饰行贿罪行,捏造行贿款系借款的事实和证据提起民事诉讼并获得胜诉判决,判决均未申请执行。

2016年5月至2018年3月,被告人刘某利用担任天圣制药董事长职务上的便利,采用虚增款项及费用等方式将天圣制药资金共计人民币9182.495万元非法占为己有。被告人李某利用担任天圣制药总经理职务上的便利,帮助刘某非法占有天圣制药资金人民币435万元。

2017年7月至2018年2月,被告人刘某利用担任天圣制药董事长职务上的便利,通过缴纳保证金、虚增款项、支付预付款和往来款等方式挪用天圣制药资金人民币3325万元借贷给他人,超过3个月未还。被告人李某利用担任天圣制药总经理职务上的便利,伙同被告人刘某挪用天圣制药资金人民币260万元归个人使用或借贷给他人,超过3个月未还。

【裁判结果】

法院认为,天圣制药犯单位行贿罪,判处罚金300万元,犯对单位行贿罪,判处罚金80万元,决定执行罚金380万元;刘某犯单位行贿罪,判处有期徒刑4年,并处罚金150万元。犯对单位行贿罪,判处有期徒刑2年,并处罚金30万元。犯职务侵占罪,判处有期徒刑11年,并处没收财产800万元。犯挪用资金

① (2019)渝01刑初68号。

罪,判处有期徒刑7年。犯虚假诉讼罪,判处有期徒刑1年,并处罚金20万元。决定执行有期徒刑19年,并处罚金200万元,没收财产800万元。

【本案影响】

截至2020年3月24日,*ST天圣股价报于5.49元每股,按照3.18亿股的总股本,公司最新市值17.46亿元。值得一提的是,按照公司2017年首次公开发行股票上市时22.37元每股的发行价格,71.14亿元总市值来看,市值蒸发超50亿元。

二、上市公司内部腐败常涉罪名

从统计数据看,检察机关受理的公司内部腐败犯罪案件(不限于上市公司),集中于职务侵占罪、挪用资金罪与非国家工作人员受贿罪、对非国家工作人员行贿罪四项罪名。在内部腐败犯罪立案追溯标准上,最高人民检察院联合公安部于2022年修订的《立案追诉标准(二)》对"两高"《关于办理贪污贿赂刑事案件适用法律若干问题的解释》(以下简称《贪污贿赂司法解释》)中的相关规定进行了重构,一定程度上降低内部腐败相关犯罪的立案追溯标准,彰显监管机关对企业内部腐败行为"零容忍"的态度。

(一)职务侵占罪

1.定罪量刑

《刑法》第271条第1款规定:公司、企业或者其他单位的工作人员,利用职务上的便利,将本单位财物非法占为己有,数额较大的,处三年以下有期徒刑或者拘役,并处罚金;数额巨大的,处三年以上十年以下有期徒刑,并处罚金;数额特别巨大的,处十年以上有期徒刑或者无期徒刑,并处罚金。

根据《公司法》第147条之规定,董事、监事、高级管理人员应当遵守法律、行政法规和公司章程,对公司负有忠实义务和勤勉义务。因此,若其利用职权侵占公司财产,将构成职务侵占罪。实践中常见董事、监事、经理利用职务之便擅自使用公司财产为自己或者他人购买房屋、汽车或者其他物品,有的甚至直接支取公司财产用于购买土地、厂房等个人用途。

2. 追诉标准

2016 年最高人民法院、最高人民检察院出台的《贪污贿赂司法解释》第 11 条第 1 款规定，职务侵占罪“数额较大”及“数额巨大”按照贪污罪的相关标准的 2 倍、5 倍执行。

《贪污贿赂司法解释》第 1 条规定，贪污数额在 3 万元以上不满 20 万元的，应当认定为“数额较大”；第 2 条规定，贪污数额在 20 万元以上不满 300 万元的，应当认定为“数额巨大”。据此，职务侵占数额在 6 万元以上的，属于职务侵占“数额较大”的情形，依法判处 3 年以下有期徒刑或者拘役，并处罚金；职务侵占数额在 100 万元以上的，属于职务侵占“数额巨大”的情形，依法判处 3 年以上十年以下有期徒刑，并处罚金。《刑法修正案（十一）》对职务侵占罪进行了修改，新增“数额特别巨大”情形，但“数额特别巨大”的具体标准有待司法解释予以进一步明确。

《立案追诉标准（二）》（2022 年修订）第 76 条规定，公司、企业或者其他单位的人员，利用职务上的便利，将本单位财物非法占为已有，数额在 3 万元以上的，应予立案追诉。

（二）挪用资金罪

1. 定罪量刑

《刑法》第 272 条规定：公司、企业或者其他单位的工作人员，利用职务上的便利，挪用本单位资金归个人使用或者借贷给他人，数额较大、超过三个月未还的，或者虽未超过三个月，但数额较大、进行营利活动的，或者进行非法活动的，处三年以下有期徒刑或者拘役；挪用本单位资金数额巨大的，处三年以上七年以下有期徒刑；数额特别巨大的，处七年以上有期徒刑。

……

有第一款行为，在提起公诉前将挪用的资金退还的，可以从轻或者减轻处罚。其中，犯罪较轻的，可以减轻或者免除处罚。

常见的挪用资金行为主要包括以下三种。

（1）超期未还型

超期未还型即挪用本单位资金，数额较大，超过 3 个月未还。此种情况，挪用本单位资金既不是进行非法活动，也不是进行营利活动，而是进行其他活动。常见的有购房购车、借贷给有关联关系的其他自然人或公司等。至于挪用物品是否可以视作挪用资金的问题,《贪污贿赂司法解释》肯定了一些情况下的物可以作为挪用资金的对象。虽然司法解释将挪用的对象限于预防、控制突发传染病疫情等灾害的款物,但无疑表明了立法机关认为物与资金并非绝缘的立场。

(2)营利活动型

营利活动型即挪用本单位资金虽未超过3个月,但数额较大,进行营利活动的。营利活动,是以营利为目的所实施的合法的一切经营活动。例如,以挪用的资金作为资本,从事经商、生产、入股分红、存入银行或者借给他人而个人得利等。在"营利活动"的认定上,应限定在一定范围内,不宜将一般存款、购买国债等行为均纳入其中。从保护财产法益的角度来看,只有那些有可能产生亏损风险、危害所挪用资金安全的行为,如购买股票、高风险理财产品、用于经营上市公司等,才是挪用资金罪所要规制的"营利活动"。

(3)非法活动型

非法活动型即挪用本单位资金进行非法活动的。非法活动包括一切违法犯罪活动,常见的有非法经营、赌博、走私、行贿等。

2. 追诉标准

根据《贪污贿赂司法解释》第11条第2款的规定,挪用资金罪中的"数额较大"、"数额巨大"以及"进行非法活动"情形的数额起点,按照挪用公款罪"数额较大"、"情节严重"以及进行"非法活动"的数额标准规定的2倍执行。

《贪污贿赂司法解释》第6条规定,挪用公款归个人使用,进行营利活动或者超过3个月未还,数额在5万元以上的,应当认定为"数额较大";数额在500万元以上的,应当认定为"数额巨大"。挪用公款数额在200万元以上的,应当认定为《刑法》第384条第1款规定的"情节严重"。据此,挪用资金数额在10万元以上的,属于挪用资金"数额较大"的情形,依法判处3年以下有期徒刑或者拘役;挪用资金数额在400万元以上的,属于挪用资金"数额巨大"的情形。《刑法修正案(十一)》增加了"数额特别巨大"这一定罪量刑的数额标准,关于"数额特别巨大"的标准有待司法解释予以进一步明确。

对于挪用资金"进行非法活动",《贪污贿赂司法解释》第5条规定,挪用公款归个人使用,进行非法活动,数额在3万元以上的,应当依照《刑法》第384条的规定以挪用公款罪追究刑事责任;数额在300万元以上的,应当认定为“数额巨大”。挪用公款数额在100万元以上的,应当认定为“情节严重”。因此,挪用资金数额在6万元以上的,属于挪用资金“数额较大”的情形,依法判处3年以下有期徒刑或者拘役;挪用资金数额在200万元以上的,属于挪用资金“数额巨大”的情形,依法判处3年以上7年以下有期徒刑。

《立案追诉标准(二)》(2022年修订)第77条规定:公司、企业或者其他单位的工作人员,利用职务上的便利,挪用本单位资金归个人使用或者借贷给他人,涉嫌下列情形之一的,应予立案追诉:

(一)挪用本单位资金数额在五万元以上,超过三个月未还的;

(二)挪用本单位资金数额在五万元以上,进行营利活动的;

(三)挪用本单位资金数额在三万元以上,进行非法活动的。

具有下列情形之一的,属于本条规定的“归个人使用”:

(一)将本单位资金供本人、亲友或者其他自然人使用的;

(二)以个人名义将本单位资金供其他单位使用的;

(三)个人决定以单位名义将本单位资金供其他单位使用,谋取个人利益的。

(三)非国家工作人员受贿罪

1.定罪量刑

《刑法》第163条规定:公司、企业或者其他单位的工作人员,利用职务上的便利,索取他人财物或者非法收受他人财物,为他人谋取利益,数额较大的,处三年以下有期徒刑或者拘役,并处罚金;数额巨大或者有其他严重情节的,处三年以上十年以下有期徒刑,并处罚金;数额特别巨大或者有其他特别严重情节的,处十年以上有期徒刑或者无期徒刑,并处罚金。

公司、企业或者其他单位的工作人员在经济往来中,利用职务上的便利,违反国家规定,收受各种名义的回扣、手续费,归个人所有的,依照前款的规定处罚。

公司员工招聘时收受劳务派遣公司的人头费,商场品牌进驻拿客户回扣,房产开发商售楼人员索要好处费,上至高管,下至普通员工,只要资源稀缺,权力就会寻租。

2. 追诉标准

根据《贪污贿赂司法解释》第 11 条第 1 款之规定，非国家工作人员受贿罪“数额较大“及”数额巨大“参照受贿罪的相关标准（受贿罪中“数额较大”为 3 万元以上，“数额巨大”为 20 万元以上）的 2 倍、5 倍执行，即 6 万元以上、100 万元以上。

《贪污贿赂司法解释》第 1 条规定，受贿数额在 3 万元以上的，应当认定为“数额较大”；第 2 条规定，受贿数额在 20 万元以上的，应当认定为“数额巨大”。因此，非国家工作人员受贿数额在 6 万元以上的，属于非国家工作人员受贿“数额较大”的情形，依法判处 3 年以下有期徒刑或者拘役，并处罚金；非国家工作人员受贿数额在 100 万元以上的，属于非国家工作人员受贿“数额巨大”的情形，依法判处 3 年以上 10 年以下有期徒刑，并处罚金。《刑法修正案（十一）》对非国家工作人员受贿罪进行了修改，新增“数额特别巨大”情形，同样，关于“数额特别巨大”的标准有待司法解释予以进一步明确。

《立案追诉标准（二）》（2022 年修订）第 10 条规定：公司、企业或者其他单位的工作人员利用职务上的便利，索取他人财物或者非法收受他人财物，为他人谋取利益，或者在经济往来中，利用职务上的便利，违反国家规定，收受各种名义的回扣、手续费，归个人所有，数额在三万元以上的，应予立案追诉。

（四）对非国家工作人员行贿罪

1. 定罪量刑

《刑法》第 164 条规定：为谋取不正当利益，给予公司、企业或者其他单位的工作人员以财物，数额较大的，处三年以下有期徒刑或者拘役，并处罚金；数额巨大的，处三年以上十年以下有期徒刑，并处罚金。

……

行贿人在被追诉前主动交待行贿行为的，可以减轻处罚或者免除处罚。

行贿犯罪中的“谋取不正当利益”，是指行贿人谋取的利益违反法律、法规、规章、政策规定，或者要求国家工作人员违反法律、法规、规章、政策、行业规范的规定，为自己提供帮助或者方便条件。违背公平、公正原则，在经济、组织人事管理等活动中，谋取竞争优势的，应当认定为“谋取不正当利益”。

商业贿赂中的财物，既包括金钱和实物，也包括可以用金钱计算数额的财产性利益，如提供房屋装修、含有金额的会员卡、代币卡（券）、旅游费用等。具体数额以实际支付的资费为准。收受银行卡的,不论受贿人是否实际取出或者消费,卡内的存款数额一般应全额认定为受贿数额。使用银行卡透支的,如果由给予银行卡的一方承担还款责任,透支数额也应当认定为受贿数额。

2. 追诉标准

根据《贪污贿赂司法解释》第 11 条第 3 款,对非国家工作人员行贿罪中的"数额较大""数额巨大"的数额起点,按照行贿罪的数额标准规定的 2 倍执行。该解释第 7 条第 1 款规定,行贿罪的数额起点为 3 万元;那么,对非国家工作人员行贿数额在 6 万元以上的,属于对非国家工作人员行贿"数额较大"的情形,依法判处 3 年以下有期徒刑或者拘役,并处罚金。该解释第 8 条第 1 款规定,犯行贿罪,行贿数额在 100 万元以上的,应当认定为"情节严重";那么,对非国家工作人员行贿数额达到 200 万元以上的,属于"数额巨大"的情形,依法判处 3 年以上 10 年以下有期徒刑,并处罚金。

《立案追诉标准(二)》(2022 年修订)第 11 条规定:为谋取不正当利益,给予公司、企业或者其他单位的工作人员以财物,个人行贿数额在三万元以上的,单位行贿数额在二十万元以上的,应予立案追诉。

三、上市公司内部腐败防控策略

(一)事前防范:制度建设、文化教育

1. 反腐败制度构建与执行

反腐败制度建设是上市公司合规建设的有机组成部分,依托于上市公司合规委员会、首席合规官等机构或高管,通过借助律师、会计师等专业人士的帮助,通过设计科学合理的上市公司合规框架,包括合规策略、合规培训、合规监督检查、合规评估检测以及合规风险应对和合规纠正奖惩等,建立有效的合规管理体系。值得一提的是,在实现对现有职务犯罪的全面打击、职务违法行为的内部处置之基础上,可探索通过信息化手段将内部稽查工作模块化,以完善企业反腐败合规建设。如可建立员工个人信息管理数据库模块,使之连入司法裁判文书网、执行信息公开网、人行征信中心,便于企业随时掌握职工动态,对于出现违法违规苗头的人员,提前布局人事调整,力争从源头上杜绝职务违规、违法行为。

2. 反腐败合规文化教育

上市公司反腐败工作应当着力长远，通过合规化建设和专项督察行动形成合力，对潜在的违规、犯罪行为形成震慑，并通过这种有效的合规举措在上市公司形成合规文化，规范各级员工的行为，从而形成文化和制度的合力，进而可以帮助上市公司避免法律陷阱和风险，使上市公司健康长久地发展壮大。在日常工作中，可聘请专业律师团队向上市公司提供合规咨询、提交合规报告、进行合规相关法律知识培训和法律风险讲解，提升合规意识、建立合规文化。

（二）事中调查：反腐败内部调查

在腐败案件线索初步发掘后，聘请专业律师及早介入，提供专业化、特色化的内部稽查专项法律服务方案，有助于在具体个案中尽可能挽回公司损失、减少不利影响、杜绝二次犯罪风险。

公司内部腐败犯罪行为隐蔽性强，犯罪结果短期难以暴露，具有发现难、挽损难的特点。律师可以通过将上市公司工作流程细分进行监督防控。在内部调查过程中，可组建专门的内部稽查团队，尝试运用多元化信息手段，发挥专业性优势，通过提高职务犯罪成案发现率、提升职务犯罪案件侦办效率，增效刑事追赃挽损、震慑上市公司内部腐败。

（三）事后应对：内部腐败处理应对

1. 惩处相关腐败人员

上市公司遇到腐败事件时，应当视情况严重程度，采取不同的对应措施。如果情节较轻的，可以采用通报、降级、降职、扣绩效、内部通报、开除等上市公司管理方式。如果情节严重的，可以视情况移交行政处罚甚至刑事处理，追究刑事责任。其中，对违规责任人员的上市公司管理处理方式主要可分为：

（1）通报。通报就是批评典型人物的错误行为、不良倾向、丑恶现象和违章违规等。通过通报的震慑作用，使违规人员得到名誉上的惩罚，同时对其他员工起到警示作用，让全体员工从中吸取教训，以免重蹈覆辙。

（2）行政处分。在现时的上市公司规章制度中，行政处分最常见措施有口头警告、书面警告、严重书面警告、诫勉谈话、记过、记大过、降级、撤职及辞退等。根据《劳动合同法》第 39 条的规定，劳动者严重违反用人单位规章制度的，或严重失职,营私舞弊,给用人单位造成重大损害的,或被依法追究刑事责任的,用人单位可以直接解除劳动合同,且无须向劳动者支付经济补偿。

(3)经济处罚,如减发绩效奖金、降薪、罚款、要求赔偿损失等。需要特别注意的是,《劳动合同法》第39条第3项之规定,劳动者有严重失职,营私舞弊,给用人单位造成重大损害的情形下,用人单位享有的权利是可以解除劳动合同且无须向劳动者支付经济补偿金,并未规定此种情况下劳动者造成的损害用人单位能否要求赔偿。

(4)移交司法机关处置。当前,大型民企员工收受商业贿赂等腐败行为已呈现涉案人员普遍年轻并具有高学历、受贿额总体偏大、受贿岗位分散、窝案频发等特点。上市公司内部反腐败情势日益复杂严峻,调查处置难度较大。上市公司应当建立一套快速反应机制,在条件允许的情况下,可成立专业的反舞弊调查部门以监督、调查、处置上市公司内部腐败行为。

对于员工腐败行为达到刑事标准的,则上市公司应当第一时间固定相关证据并向公安机关控告。若上市公司发现遭受损失,但尚未知晓具体的犯罪嫌疑人,应当立刻采取补救措施并向公安机关报案,防止损失扩大。

2. 及时说明,做好信息披露

上市公司或员工贪污受贿被公安机关调查时,上市公司除了积极配合警方调查之外,应主动与各大媒体、公众真诚沟通,详细说明事情的真相,消除公众的疑虑和不安,树立良好的上市公司形象和品牌信誉。这也是保障上市公司在进入司法程序后,能够更好地主张自身的合法权利,并表明对腐败分子决不姑息的立场。同时,最重要的是让员工"不敢收"、让行贿人"不敢送",避免事态的恶化并最大限度地减小损失。

《上市公司信息披露管理办法》(2021年修订)第22条规定:发生可能对上市公司证券及其衍生品种交易价格产生较大影响的重大事件,投资者尚未得知时,上市公司应当立即披露,说明事件的起因、目前的状态和可能产生的影响。前款所称重大事件包括:……(十六)公司或者其控股股东、实际控制人、董事、监事、高级管理人员受到刑事处罚,涉嫌违法违规被中国证监会立案调查或者受到中国证监会行政处罚,或者受到其他有权机关重大行政处罚;(十七)公司的控股股东、实际控制人、董事、监事、高级管理人员涉嫌严重违纪违法或者职务犯罪被纪检监察机关采取留置措施且影响其履行职责……

第六章

上市公司法律风险防范、控制与化解策略

第一节 企业合规

一、企业合规概述

企业合规，是指企业为有效防范、识别、应对可能发生的合规风险所建立的一整套公司治理体系，在本质上属于公司治理问题。[①] 合规的价值在于合规可以创造价值。有效的合规，不仅会直接预防公司的员工包括管理层被行政处罚或刑事追责，而且会帮助公司避免发生重大的违规风险，可为公司维护稳定的经营环境以及良好的国内国际商誉等，从而间接为公司带来效益。中国国家质量监督检验检疫总局和国家标准化管理委员会于 2017 年联合发布的《合规管理体系指南》指出，合规是组织可持续发展的基石，是实现"良好治理原则"的保障。做好企业合规，可成功规避各类法律风险，避免遭受重大财产损失和声誉损失。

（一）企业合规的内涵

企业合规有三方面的内涵：其一，从积极层面看，企业合规是指企业在经营过程中要遵守法律和遵守规则，并督促员工、第三方以及其他商业合作伙伴依法依规进行经营活动；其二，从消极层面看，企业合规是指企业为避免或减轻因违法违规经营而可能受到的行政责任、刑事责任，避免受到更大的经济或其他

---

① 本书有关"企业合规"的论述参考了陈瑞华教授近年的研究成果，如《刑事诉讼的合规激励模式》（载《中国法学》2020 年第 6 期）、《论企业合规的中国化问题》［载《法律科学（西北政法大学学报）》2020 年第 3 期］、《论企业合规的性质》（载《浙江工商大学学报》2021 年第 1 期）、《企业合规的基本问题》（载《中国法律评论》2020 年第 1 期）等，在此表示感谢。

损失,而采取的一种公司治理方式;其三,从外部激励机制看,为鼓励企业积极建立或者改进合规计划,可将企业合规作为宽大行政处理和宽大刑事处理的重要依据,使企业可以通过建立合规计划而收到一定程度的法律奖励。

企业合规本质上是合规风险的控制体系。合规风险,是指企业因未遵守法律法规或相关准则而可能遭受相应处罚、制裁,并因此遭受重大经济损失和声誉损失的风险。现代公司治理经营过程中,一般会面临三方面风险:经营风险、财务风险、合规风险。经营风险,是指企业在开展投资并购、市场销售、质量保障等多项业务活动过程中,或将面临的投资得不到回报、企业无法营利、面临生存困难等风险;财务风险,是指由于财务管理上的混乱、舞弊、贪腐行为,企业遭受经济损失,无法实现营利目的,甚至濒临破产的风险;合规风险既不同于经营风险,也不同于财务风险,是指企业在经营中因为存在违法违规乃至犯罪行为,而可能遭受行政监管部门处罚和司法机关刑事追究的风险。基于此分析可知,企业合规不是一般的"风险控制",而是一种具有"合规风险控制"职能的治理体系。

企业合规是企业对高管、员工和第三方等相关主体所展开的一种自我管理、自我防范、自我约束机制,属于企业内部治理的重要方式。企业合规机制的实施,可以有效地分割企业责任与员工、高管、第三方的责任,最大限度地保护企业的利益。在企业经营过程中,一旦发生高管或员工违法违规行为,企业可以将合规管理作为免除企业责任的重要依据。此外,企业一旦出现违法违规行为,为避免损失扩大化,企业需在配合监管的基础上进行内部审查,查明造成违法违规行为的直接责任人,必要时将责任人员移交司法机关追究相关法律责任。从这一层面看,企业合规的实施,不仅不会减免企业家及高管的法律风险,而且可能带来惩戒负有责任的高管,甚至追究其法律责任的后果。

(二)企业合规激励机制

企业合规这一概念源自西方,美、英等国的暂缓起诉协议是践行该制度的典型例证。我国监管部门近年来重视企业合规的借鉴引入,直接动因在于该制度可有效防控企业经营过程中所面临的各项不确定合规风险(如行政处罚风险和刑事处罚风险),同时,若企业构建了完善的合规制度,在涉嫌行政违法或刑事犯罪时,可获得从轻处理的行政监管激励或刑事处罚激励。合规激励机制,是指企业在违法违规行为发生之后,可通过建立或者完善合规计划,来换取政府部门的宽大处理。通常,合规激励可分为行政监管激励和刑法激励两大类。

1. 行政监管激励机制

行政监管激励机制,是指行政监管机构对于已经建立合规机制的企业,可以处以较为宽大的行政处罚,如通过科处罚款,来免除更为严厉的行政处罚。企业也可以与监管机构达成和解协议,承诺在考验期内缴纳高额罚款,建立有效的合规计划,在考验期结束后,监管部门可以对其免除或者减轻行政处罚。

(1)行政和解机制的引入

《证券法》第171条规定:"国务院证券监督管理机构对涉嫌证券违法的单位或者个人进行调查期间,被调查的当事人书面申请,承诺在国务院证券监督管理机构认可的期限内纠正涉嫌违法行为,赔偿有关投资者损失,消除损害或者不良影响的,国务院证券监督管理机构可以决定中止调查。被调查的当事人履行承诺的,国务院证券监督管理机构可以决定终止调查;被调查的当事人未履行承诺或者有国务院规定的其他情形的,应当恢复调查。具体办法由国务院规定。国务院证券监督管理机构决定中止或者终止调查的,应当按照规定公开相关信息。"该新规是企业合规在行政监管激励机制中发挥作用的表现。

(2)公司严格责任的抗辩

2017年修订的《反不正当竞争法》首次引入了严格责任制度,对于企业员工存在贿赂行为的,一律推定为"经营者"的行为,但当经营者"有证据证明该工作人员的行为与为经营者谋取交易机会或者竞争优势无关的",可以不负法律责任。企业要证明这一点,就需要证明自己建立了有效的反商业贿赂合规计划,即制定了合法合规合理的预防商业贿赂的措施,在反商业贿赂方面采取了有效的监督、管理、识别、报告措施,以显示企业没有放纵员工的商业贿赂行为。由此,企业合规就被引入反不正当竞争领域,具有无责任抗辩事由的效力。

2. 刑法激励机制

刑法激励机制,即合规不起诉制度,是指刑事追诉机构对那些涉嫌实施违法犯罪行为的企业,可以建立合规计划为依据,对其作出不起诉决定,或者申请法院减轻刑事处罚。检察机关在探索合规不起诉过程中,创造出了两种制度模式:一是"检察建议模式";二是"附条件不起诉模式"。但要注意的是合规不起诉仅适用于那些犯罪情节轻微,自愿认罪认罚,且具有积极配合刑事执法的意愿和行动的企业。

(1)检察建议模式

检察建议模式,是指检察机关在审查起诉过程中,对于犯罪情节轻微同时认罪认罚的涉案企业,在作出相对不起诉决定之后,通过提出检察建议的方式,责令其建立合规管理体系的制度。从激励效果来看,检察机关提出建立合规体系的检察建议,是与作出不起诉决定同步展开的。检察机关一旦对企业作出不起诉决定,即意味着企业以及主要责任人都被宣告为无罪,企业不仅免受高额罚金处罚,还有可能保住上市、从事特许经营资格、继续从事营业等方面的资格,从而避免出现灾难性的后果,由此获得巨大的利益。

(2)附条件不起诉模式

附条件不起诉模式,是指检察机关在审查起诉过程中,设立一定的考验期,对涉嫌犯罪的企业暂时不予起诉,并对企业建立刑事合规的情况进行监督考察,在期满后根据企业建立合规管理体系的进展情况,对其作出起诉或者不起诉决定的制度。采取附条件不起诉模式的检察机关,一般会建立合规监管协议制度,即检察机关与涉案企业就企业配合调查、采取补救措施、建立合规计划、接受合规监管、报告合规进展情况等所达成的协议。若在考验期届满之前,检察机关认为涉案企业遵守合规监管协议,成功地推进合规计划实施的,就可以据此作出不起诉的决定。

(三)典型案例

案例6-1:上海市A公司、B公司、关某某虚开增值税专用发票案[①]

2021年6月3日,最高人民检察院举办“依法督促涉案企业合规管理 将严管厚爱落到实处”新闻发布会,发布企业合规改革试点典型案例,本书援引其中的上海市A公司、B公司、关某某虚开增值税专用发票案,以说明企业合规的重要价值。

【基本案情】

被告单位上海A医疗科技股份有限公司(以下简称A公司)、上海B科技

---

① 参见《最高检发布企业合规改革试点典型案例》,载最高人民检察院网,https://www.spp.gov.cn/spp/xwfbh/wsfbh/202106/t20210603_520232.shtml,2021年12月26日访问。

有限公司(以下简称B公司),被告人关某某系A、B两家公司实际控制人。

2016年至2018年,关某某在经营A公司、B公司业务期间,在无真实货物交易的情况下,通过他人介绍,采用支付开票费的方式,让他人为两家公司虚开增值税专用发票共219份,价税合计2887余万元,其中税款419余万元已申报抵扣。2019年10月,关某某到案后如实供述上述犯罪事实并补缴涉案税款。

2020年6月,公安机关以A公司、B公司、关某某涉嫌虚开增值税专用发票罪移送检察机关审查起诉。上海市宝山区人民检察院受理案件后,走访涉案企业及有关方面了解情况,督促企业作出合规承诺并开展合规建设。

【企业合规整改情况及处理结果】

检察机关走访涉案企业了解经营情况,并向当地政府了解其纳税及容纳就业情况。经调查,涉案企业系我国某技术领域的领军企业、上海市高新技术企业,科技实力雄厚,对地方经济发展和增进就业有很大贡献。公司管理人员及员工学历普遍较高,对合规管理的接受度高、执行力强,企业合规具有可行性,检察机关遂督促企业作出合规承诺并开展合规建设。同时,检察机关先后赴多地税务机关对企业提供的纳税材料及涉案税额补缴情况进行核实,并针对关某某在审查起诉阶段提出的立功线索自行补充侦查,认为其具有立功情节。

2020年11月,检察机关以A公司、B公司、关某某涉嫌虚开增值税专用发票罪对其提起公诉并适用认罪认罚从宽制度。12月,上海市宝山区人民法院采纳检察机关全部量刑建议,以虚开增值税专用发票罪分别判处被告单位A公司罚金15万元,B公司罚金6万元,被告人关某某有期徒刑3年,缓刑5年。

法院判决后,检察机关联合税务机关上门回访,发现涉案企业的合规建设仍需进一步完善,遂向其制发检察建议并公开宣告,建议进一步强化合法合规经营意识,严格业务监督流程,提升税收筹划和控制成本能力。检察机关在收到涉案企业对检察建议的回复后,又及时组织合规建设回头看。经了解,涉案企业已经逐步建立合规审计、内部调查、合规举报等有效合规制度,聘请专业人士进行税收筹划,大幅节约生产经营成本,提高市场占有份额。

二、构建企业合规的意义——基于典型案例的分析

(一)案例6－2:湖南建工集团诚信合规计划案①

【事件回顾】

湖南建工集团有限公司是一家位列中国五百强的大型国有企业。该公司曾参加由世界银行资助的一起道路翻修项目的竞标,并提供了全套旨在证明自身具有施工经验和竞争实力的材料。世界银行廉政局(INT)经过审查发现,该公司在竞标时提交的业务经验文件是不真实的,构成了《世界银行集团诚信合规指引》所定义的欺诈行为。对此,湖南建工予以承认,并配合了世界银行的调查。2013年10月,世界银行对该公司作出了“附解除条件的取消资格”2年的制裁决定。根据这份制裁决定,湖南建工集团包括其关联企业在2年内不得参与世界银行资助的项目,也不得因世界银行贷款而获得收益。2年期满后,该公司满足以下两个条件,就可以申请恢复资格:一是针对被制裁的违规行为采取了适当的补救措施;二是建立并执行了符合世界银行要求的、有效的诚信合规计划。

世界银行的制裁给湖南建工集团既造成了贷款融资上的困难,也造成了声誉上的重大损失。为挽回声誉,避免更大损失,解除制裁,湖南建工在世界银行的监控和指导下开始了建立有效合规计划的行动。2017年6月29日,湖南建工建立和实施诚信合规体系的努力得到了世界银行的认可,收到了世界银行的解除制裁通知书。这标志着世界银行对该公司的制裁正式撤销。

【湖南建工集团的合规体系】

1. 制定合规政策和程序

湖南建工集团依照世界银行的建议,并参照《世界银行集团诚信合规指引》的标准,制定并实施了《诚信合规政策和程序》,使其成为公司实施合规体系的基础性规范。同时,集团还颁布与之配套的《诚信合规管理办法》,从顶层制度、组织结构、人员配备、工作程序等方面构建了一套完整的合规工作机制。

---

① 参见陈瑞华:《湖南建工的合规体系》,载《中国律师》2019年第11期。

2. 建立合规组织体系

湖南建工成立了直接隶属于董事会的诚信合规委员会。集团纪委书记担任该委员会负责人。集团主要高层管理人员为该委员会成员。集团任命了首席合规官，该项职位由集团总法律顾问兼任。与此同时，集团设置了合规部门，将合规职能划入原来的法律事务部，将其名称改为法律合规部。法律合规部下设合规处，负责集团的诚信合规体系的建立和实施工作。在法律合规部下设若干合规专员。不仅如此，集团还将所属各单位原来的法律事务部统一更名为法律合规部，增加其诚信合规工作职能，负责各单位诚信合规管理工作。每个单位的法律合规部下设若干合规专员。

3. 组织合规培训

集团要求每位员工宣读、遵守《合规宣言》；每年接受定期合规培训，并签署《合规证书》。

4. 对商业伙伴加强合规管理

集团在与商业伙伴（第三方）进行合作之前，在进行合规尽职调查的前提下，要求其签署《反贿赂陈述、保证与承诺函》与《合规证书》，承诺在合同期内遵守集团《诚信合规政策和程序》以及有关反商业贿赂的法律。

5. 展开合规风险评估

由集团合规委员会对合规风险进行定期评估，对集团每个部门和分公司、子公司进行“高”“中”“低”三类风险级别分类。

6. 组织合规审计

集团审计部每年对集团遵守反贿赂反欺诈法律以及执行《诚信合规政策和程序》的情况进行合规审计，尤其是高风险的部门或分公司、子公司进行重点审计。

7. 建立举报制度

集团及其所属单位设立咨询举报热线，鼓励员工或任何第三方对集团的任何欺诈、贿赂、腐败、串通、施加压力和其他不符合合规政策的行为进行举报。

8. 全面配合世界银行的合规审查和持续监督

按照世界银行的合规要求，接受制裁的企业，要向世界银行定期汇报合规进展情况，接受世界银行战略委员会顾问、首席合规官的诚信合规检查。世界银行还会聘请独立的合规监督员对企业合规建设进展情况进行监督和审查。

在实施合规体系过程中,湖南建工不仅定期向世界银行进行了合规进展情况报告,而且数次接待世界银行首席合规官和独立合规监督员的现场检查,接受他们有关改进合规体系的建议和要求。集团接受了世界银行合规部门的数次现场审查,按照该银行的要求进行整改,并接受了独立合规监督人的监督和指导。最终在合规体系建设上得到了世界银行的首肯。

(二)案例6－3:我国企业合规无罪抗辩第一案[①]

【基本案情】

2011年至2013年9月,被告人郑某、杨某分别担任雀巢(中国)有限公司西区婴儿营养部市务经理、兰州分公司婴儿营养部甘肃区域经理期间,为了抢占市场份额,推销雀巢奶粉,授意该公司兰州分公司婴儿营养部员工杨某甲、李某某、杜某某、孙某通过拉关系、支付好处费等手段,多次从兰州多家医院医务人员手中非法获取公民个人信息。

【裁判结果】

一审法院认为多名辩护人提出本案系单位犯罪,应追究雀巢(中国)有限公司的刑事责任的辩护意见,经查,陈某某等证言、雀巢公司DR任务材料,雀巢公司证明、雀巢公司政策、员工行为规范等,证明雀巢公司不允许向医务人员支付任何资金或者其他利益。不允许员工以非法方式收集消费者个人信息。对于这些规定要求,雀巢公司要求所有营养专员接受培训并签署承诺函。被告人郑某、杨某甲、杨某、李某某、杜某某等明知法律法规以及公司禁止性规定的情况下,为完成工作业绩而置法律规范、公司规范于不顾,违规操作进而贿买医务人员,获取公民个人信息的行为,并非雀巢公司的单位意志体现,故本案不属于单位犯罪,对该辩护意见不予支持。判决雀巢公司郑某、杨某、孙某等人构成侵犯公民个人信息罪。

一审法院宣判后,各被告提起上诉。其中,上诉人郑某的上诉理由是自己的行为系属公司行为;杨某某的辩护人提出本案属于单位犯罪的辩护意见;李某某上诉的主要理由是自己的行为都是公司下达的任务;杜某某上诉的主要理由是自己的行为是按照公司要求所作的,所获取的信息都是提供给公司的。

---

① (2016)甘0102刑初605号;(2017)甘01刑终89号。

2017年5月31日，兰州市中级人民法院经过不开庭审理后认为各上诉人系个人行为，故裁定驳回上诉，维持原判。

本案在区分单位责任与员工个人责任方面作出了全新的探索。雀巢公司以其公司内部治理结构作为抗辩的根据，证明了员工违法行为是在追求个人工作业绩，而雀巢公司尽到了注意义务和管理、培训的责任，这些员工违背了雀巢公司的管理规定，这也说明这些员工违背了雀巢公司的主观意志，对于这些员工违背公司规定实施的犯罪行为，雀巢公司不承担法律责任。可以看出，"主观意志"是区分公司责任和个人责任的重要因素，因为雀巢公司内部已经建立的合规管理体系，排除了公司的间接故意和过失问题，成为该公司不承担刑事责任的直接依据，而这一裁决的突破点在于法院以企业合规管理体系为依据，认定单位不存在构成犯罪所需要的主观意志因素，将单位责任和员工责任进行了切割。①

三、上市公司企业合规体系的构建

（一）防范体系——恰当履行信息披露义务

所谓防范，是针对可能的合规风险所采取的预防性措施。对于上市公司而言，构建企业合规防范体系最重要的策略在于恰当履行信息披露义务。从法理学角度考量，之所以要实施强制性信息披露制度，根本宗旨在于保障投资者知情权，从而增强公众对市场的信心，促进市场繁荣发展。而重视投资者知情权保护的法理基础源于平等和一般正义的法律理念。② 在我国证券市场全面推行注册制改革的大背景下，完善的信息披露制度越发重要，《证券法》增设"信息披露"专章是对此的回应。可以说，我国的上市公司信息披露制度从无到有并不断完善，对维护证券市场正常秩序，保护投资者利益起到了积极的作用。规范的信息披露是提高公司透明度的必要手段，是公司的法定持续义务，也是成熟证券市场的重要标志之一。

---

① 参见陈瑞华：《企业合规基本理论》，法律出版社2020年版，第180～182页。

② 参见周友苏主编：《证券法新论》，法律出版社2020年版，第317页。

上市公司信息披露作为投资者、债权人以及其他利益相关者了解公司的财务状况、经营成果、现金流量等情况的主要途径以及决策依据,其质量和数量会直接影响到资本市场的有效性。毕竟,证券市场的重要规制目标是纠正信息不对称和优化资源配置,现代证券市场中,立足于解决信息不对称问题的信息披露制度已发展为以投资者为导向的制度构造,“及时、公平地披露信息,所披露的信息真实、准确、完整”成为《证券法》的法定内容。[①] 信息披露是促进证券市场资本流通顺畅、投资者能够投资获利的大前提,对市场相关信息真实、准确、及时地披露,既能改善上市公司的管理结构,保障合理配置社会资源,减少因为信息不对等而导致的各类经济问题,有助政府对市场宏观和微观上的把控,也能保证投资者的知情权,在保证投资者对信息准确全面了解的前提下,促使其作出客观合理的价值选择,确保最大限度上地获利和止损。

关于上市公司信息披露的具体内容与要求,本书第三章第一节已进行了详细探讨,不再赘述。需要特别注意的是,在监管机构“零容忍”“追首恶”执法趋严监管态势下,为更好履行信息披露义务,上市公司董监高应当树立勤勉尽责的合规意识,否则将对上市公司违规信息披露行为承担连带赔偿责任。

《证券法》第82条规定:发行人的董事、高级管理人员应当对证券发行文件和定期报告签署书面确认意见。

发行人的监事会应当对董事会编制的证券发行文件和定期报告进行审核并提出书面审核意见。监事应当签署书面确认意见。

发行人的董事、监事和高级管理人员应当保证发行人及时、公平地披露信息,所披露的信息真实、准确、完整。

董事、监事和高级管理人员无法保证证券发行文件和定期报告内容的真实性、准确性、完整性或者有异议的,应当在书面确认意见中发表意见并陈述理由,发行人应当披露。发行人不予披露的,董事、监事和高级管理人员可以直接申请披露。

《证券法》第85条规定:信息披露义务人未按照规定披露信息,或者公告的证券发行文件、定期报告、临时报告及其他信息披露资料存在虚假记载、误导性

---

① 参见丁鸫文:《新〈行政处罚法〉下信息披露违法主观要件研究》,载《证券市场导报》2021年第6期。

陈述或者重大遗漏，致使投资者在证券交易中遭受损失的，信息披露义务人应当承担赔偿责任；发行人的控股股东、实际控制人、董事、监事、高级管理人员和其他直接责任人员以及保荐人、承销的证券公司及其直接责任人员，应当与发行人承担连带赔偿责任，但是能够证明自己没有过错的除外。

(二)监控体系——综合运用信息化手段

监控体系包括四项流程：控制管理、审计、投诉处理以及报告责任。控制管理，是指控制管理人员在进行业务活动时，都要在其职责范围内进行可持续的控制管理检查，包括对具体项目进行随机检查，以确保项目符合反垄断法和反腐败法的规定。而审计则是指公司审计人员要定期检查合规体系是否在各个集团及分公司内得到了贯彻和执行，并定期检查是否存在违规情况。投诉处理是一种为发现违规情况而设置的特殊程序。根据这一程序，任何员工均可向其主管、人事经理或公司指定的其他人员或部门提交投诉，或提供违反商业行为准则事项的线索。接到投诉后，首席合规官将启动由公司审计人员执行的专项调查，并向审计委员会进行汇报。

本书认为，上市公司在构建监控体系的诸多措施中，应特别重视信息化手段的运用。如利用信息化手段完善合同管理系统，提高工作效率之余，还可以最大化防控合同签署、履行中的各类法律风险。具体而言，对企业法律风险防控，信息化手段可在以下三个场景发挥巨大作用：第一，信息化有助于优化合同管理。商事合同纷繁复杂，靠人工难以妥善管理，企业可以利用光学字符识别(OCR)或自然语言处理(NLP)等技术做到“科技+法律”智能化合同管理。第二，信息化有助于构建企业风险预警机制。对于法律风险管理而言，事后控制不如事中控制，事中控制不如事前控制。企业可以与专业的法律服务机构保持通畅的沟通交流渠道，构建相应的风险预防模块实现企业法律风险预警专业化、智能化。第三，信息化手段有助于健全丰富企业合规体系。企业在开展诸如个人信息与知识产权保护、反垄断、反腐败等方面的合规建设中，可充分利用信息化平台，对合规效果进行实时、可视化、可量化的监测评析，推动企业数字化合规建设。

关于信息化手段的具体方案，本书第五章合同风险管理、网络舆情危机管理、内部腐败风险管理等防控措施中均有所论及，不再赘述。

(三)应对体系——积极应对,化解风险

1. 行政处罚的应对

(1)申请听证

证监会在作出行政处罚前,会告知相关主体拥有听证的权利,对此权利,上市公司应当积极行使。针对证监会的调查的相关事实,积极找寻有利于己方的证据材料予以答辩。

《行政处罚法》(2021年修订)第63条规定:行政机关拟作出下列行政处罚决定,应当告知当事人有要求听证的权利,当事人要求听证的,行政机关应当组织听证:

(一)较大数额罚款;

(二)没收较大数额违法所得、没收较大价值非法财物;

(三)降低资质等级、吊销许可证件;

(四)责令停产停业、责令关闭、限制从业;

(五)其他较重的行政处罚;

(六)法律、法规、规章规定的其他情形。

当事人不承担行政机关组织听证的费用。

(2)行政复议与行政诉讼

在证监会作出相关行政处罚后,上市公司应积极应对,依法维护自己的合法权益。在诸多救济措施中,行政复议与行政诉讼为最直接的方案。当事人如果对相关处罚决定不服,可在收到处罚决定书之日起60日内向中国证券监督管理委员会申请行政复议,或者在收到处罚决定书之日起6个月内直接向有管辖权的人民法院提起行政诉讼。

行政复议,是指上市公司及相关责任主体认为证监会行政处罚措施不当侵犯其合法权益,依法向主管行政机关提出复查该具体行政行为的申请,行政复议机关依照法定程序对被申请的具体行政行为进行合法性、适当性审查,并作出行政复议决定的一种法律制度。

行政诉讼,是指上市公司及相关责任主体认为证监会的行政处罚行为侵犯了其合法权利,依法向人民法院起诉,人民法院在当事人及其他诉讼参与人的参加下,依法对被诉具体行政行为进行审查并作出裁判,从而解决行政争议的

制度。

《行政复议法》第 6 条规定：有下列情形之一的，公民、法人或者其他组织可以依照本法申请行政复议：

（一）对行政机关作出的警告、罚款、没收违法所得、没收非法财物、责令停产停业、暂扣或者吊销许可证、暂扣或者吊销执照、行政拘留等行政处罚决定不服的；

（二）对行政机关作出的限制人身自由或者查封、扣押、冻结财产等行政强制措施决定不服的……

《行政诉讼法》第 12 条规定：人民法院受理公民、法人或者其他组织提起的下列诉讼：

（一）对行政拘留、暂扣或者吊销许可证和执照、责令停产停业、没收违法所得、没收非法财物、罚款、警告等行政处罚不服的；

（二）对限制人身自由或者对财产的查封、扣押、冻结等行政强制措施和行政强制执行不服的；

（三）申请行政许可，行政机关拒绝或者在法定期限内不予答复，或者对行政机关作出的有关行政许可的其他决定不服的……

2. 投资者民事索赔的应对

近年来，证券市场投资者民事索赔案件呈递增趋势，是投资者维权意识提升的结果，《证券法》增设“投资者保护”专章也在一定程度上提供便利。当面临投资者巨额索赔时，上市公司及相关责任人应积极应对，善于运用多元纠纷解决机制化解纠纷，如综合运用调解、诉讼、先行赔付制度妥善解决争议。对此，《证券法》第 93 ~ 94 条进行了相关规定。

《证券法》第 93 条规定：发行人因欺诈发行、虚假陈述或者其他重大违法行为给投资者造成损失的，发行人的控股股东、实际控制人、相关的证券公司可以委托投资者保护机构，就赔偿事宜与受到损失的投资者达成协议，予以先行赔付。先行赔付后，可以依法向发行人以及其他连带责任人追偿。

《证券法》第 94 条规定：投资者与发行人、证券公司等发生纠纷的，双方可以向投资者保护机构申请调解。普通投资者与证券公司发生证券业务纠纷，普通投资者提出调解请求的，证券公司不得拒绝。

投资者保护机构对损害投资者利益的行为，可以依法支持投资者向人民法院提起诉讼。

发行人的董事、监事、高级管理人员执行公司职务时违反法律、行政法规或者公司章程的规定给公司造成损失，发行人的控股股东、实际控制人等侵犯公司合法权益给公司造成损失，投资者保护机构持有该公司股份的，可以为公司的利益以自己的名义向人民法院提起诉讼，持股比例和持股期限不受《中华人民共和国公司法》规定的限制。

3. 刑事诉讼的应对

当上市公司及相关责任主体的行为涉嫌刑事犯罪时，善用《刑事诉讼法》所赋予的程序性权利，积极应对。如在不同阶段，可采取不同的应对策略。在立案侦查阶段，积极与承办案件民警、检察官沟通，并在专业律师的介入帮助下，第一时间会见涉案嫌疑人了解案情。当案件符合变更强制措施条件时，第一时间申请取保候审。若案件步入诉讼阶段，可在专业律师的帮助下，积极应诉，在遵守庭审规则及诉讼规则的前提下，依法依事实答辩，以最大化争取从轻处理的诉讼结果。

值得一提的是，在刑事诉讼全过程中，相关人员可善用认罪认罚从宽制度争取从轻处罚的机会。最高人民法院、最高人民检察院、公安部、国家安全部、司法部于2019年10月24日联合发布的《关于适用认罪认罚从宽制度的指导意见》对认罪认罚的内涵进行了界定：

(1)认罪认罚从宽制度中的“认罪”，是指犯罪嫌疑人、被告人自愿如实供述自己的罪行，对指控的犯罪事实没有异议。承认指控的主要犯罪事实，仅对个别事实情节提出异议，或者虽然对行为性质提出辩解但表示接受司法机关认定意见的，不影响“认罪”的认定。犯罪嫌疑人、被告人犯数罪，仅如实供述其中一罪或部分罪名事实的，全案不作“认罪”的认定，不适用认罪认罚从宽制度，但对如实供述的部分，人民检察院可以提出从宽处罚的建议，人民法院可以从宽处罚。

(2)认罪认罚从宽制度中的“认罚”，是指犯罪嫌疑人、被告人真诚悔罪，愿意接受处罚。“认罚”，在侦查阶段表现为表示愿意接受处罚；在审查起诉阶段表现为接受人民检察院拟作出的起诉或不起诉决定，认可人民检察院的量刑建议，签署认罪认罚具结书；在审判阶段表现为当庭确认自愿签署具结书，愿意接受刑罚处罚。“认罚”考察的重点是犯罪嫌疑人、被告人的悔罪态度和悔罪表现,应当结合退赃退赔、赔偿损失、赔礼道歉等因素来考量。犯罪嫌疑人、被告人虽然表示"认罚",却暗中串供、干扰证人作证、毁灭、伪造证据或者隐匿、转移财产,有赔偿能力而不赔偿损失,则不能适用认罪认罚从宽制度。犯罪嫌疑人、被告人享有程序选择权,不同意适用速裁程序、简易程序的,不影响"认罚"的认定。

4. 典型案例

案例6-4:苏某鸿诉中国证监会行政处罚和行政复议决定案①

【基本案情】

中国证监会认为苏某鸿涉嫌内幕交易,决定对其进行立案调查,并对威华股份及相关人员进行了检查、调查。经核查,中国证监会认为苏某鸿在内幕信息公开前与内幕信息知情人员殷某国联络、接触,相关交易行为明显异常,且其没有提供充分、有说服力的理由排除其涉案交易行为系利用内幕信息,违反了2005年《证券法》第73条、第76条第1款的规定,构成2005年《证券法》第202条所述内幕交易行为。2015年8月27日,中国证监会向苏某鸿作出《行政处罚事先告知书》,并委托上海局于同年12月9日送达。同年12月11日,苏某鸿表示需要陈述申辩并举行听证会。同年12月25日,中国证监会向苏某鸿送达了《听证通知书》。2016年1月19日,中国证监会举行听证会,听取了苏某鸿的陈述申辩意见。

中国证监会认为,苏某鸿交易威华股份的时点与资产注入及收购铜矿事项的进展情况高度吻合,但是苏某鸿没有为其与殷某国在涉案期间存在接触联络以及其交易行为与内幕信息形成过程高度吻合提供充分、有说服力的解释。苏某鸿的上述行为违反了2005年《证券法》第73条、第76条第1款的规定,构成内幕交易行为。根据苏某鸿违法行为的事实、性质、情节与社会危害程度,依据2005年《证券法》第202条的规定,中国证监会作出〔2016〕56号行政处罚决定:没收苏某鸿违法所得65,376,232.64元,并处以65,376,232.64元罚款。苏某鸿不服被诉处罚决定,向中国证监会申请行政复议。中国证监会经审查作出

---

① 参见《为何这起证券行政处罚被撤销北京高院判决详解内幕交易调查规则与标准》,载北京法院网,http://bjgy.chinacourt.gov.cn/article/detail/2018/07/id/3395185.shtml,2021年12月26日访问。本案系首例证监会行政处罚被撤销案。

〔2017〕63 号行政复议决定，决定维持被诉处罚决定。苏某鸿仍不服，诉至法院。

围绕当事人争议焦点，北京市高级人民法院对内幕信息认定、证券行政调查的规则和要求、内幕交易推定的适用条件和标准、违法所得认定标准以及程序合法性正当性等五个方面的问题进行了审理，并逐一进行了论证说理（限于篇幅，本书未予全部援引）。

【裁判结果】

2018 年 7 月 17 日下午，北京市高级人民法院依法公开宣判苏某鸿诉中国证监会对其作出的行政处罚和行政复议决定上诉案，以事实不清、程序违法为由终审判决撤销被诉行政处罚决定和行政复议决定，一并撤销此前驳回苏某鸿诉讼请求的一审判决。

第二节 监管机构服务与监管

一、证监会行政监管

《证券法》为证监会进行行政监管赋能，完善证监会的行政监管权限，赋予证监会对不配合监管行为的直接处罚权。国务院《关于进一步提高上市公司质量的意见》对证监会行政监管提出新要求，要求证监会要持续提升监管效能，形成提高上市公司质量的工作合力。坚持服务实体经济和保护投资者合法权益方向，把提高上市公司质量作为上市公司监管的重要目标。加强全程审慎监管，推进科学监管、分类监管、专业监管、持续监管，提高上市公司监管有效性。

（一）证监会职能

1. 市场监管

中国证监会为国务院直属事业单位，依照法律、法规和国务院授权，统一监督管理全国证券期货市场，维护证券期货市场秩序，保障其合法运行。依据有关法律法规，中国证监会在对证券市场实施监督管理中履行下列职责：

（1）研究和拟订证券期货市场的方针政策、发展规划；起草证券期货市场的有关法律、法规，提出制定和修改的建议；制定有关证券期货市场监管的规章、规则和办法。

（2）垂直领导全国证券期货监管机构，对证券期货市场实行集中统一监管；管理有关证券公司的领导班子和领导成员。

（3）监管股票、可转换债券、证券公司债券和国务院确定由证监会负责的债券及其他证券的发行、上市、交易、托管和结算；监管证券投资基金活动；批准企业债券的上市；监管上市国债和企业债券的交易活动。

(4)监管上市公司及其按法律法规必须履行有关义务的股东的证券市场行为。

(5)监管境内期货合约的上市、交易和结算；按规定监管境内机构从事境外期货业务。

(6)管理证券期货交易所；按规定管理证券期货交易所的高级管理人员；归口管理证券业、期货业协会。

(7)监管证券期货经营机构、证券投资基金管理公司、证券登记结算公司、期货结算机构、证券期货投资咨询机构、证券资信评级机构；审批基金托管机构的资格并监管其基金托管业务；制定有关机构高级管理人员任职资格的管理办法并组织实施；指导中国证券业、期货业协会开展证券期货从业人员资格管理工作。

(8)监管境内企业直接或间接到境外发行股票、上市以及在境外上市的公司到境外发行可转换债券；监管境内证券、期货经营机构到境外设立证券、期货机构；监管境外机构到境内设立证券、期货机构、从事证券、期货业务。

(9)监管证券期货信息传播活动，负责证券期货市场的统计与信息资源管理。

(10)会同有关部门审批会计师事务所、资产评估机构及其成员从事证券期货中介业务的资格，并监管律师事务所、律师及有资格的会计师事务所、资产评估机构及其成员从事证券期货相关业务的活动。

(11)依法对证券期货违法违规行为进行调查、处罚。

(12)归口管理证券期货行业的对外交往和国际合作事务。

(13)承办国务院交办的其他事项。

2. 服务企业

(1)支持优质企业上市

在证券发行注册制改革背景下，证监会鼓励支持优质企业上市。具体鼓励措施：优化发行上市标准，增强包容性；加强对拟上市企业的培育和辅导，提升拟上市企业规范化水平；鼓励和支持混合所有制改革试点企业上市；发挥股权投资机构在促进公司优化治理、创新创业、产业升级等方面的积极作用；大力发展创业投资，培育科技型、创新型企业，支持制造业单项冠军、专精特新“小巨人”等企业发展壮大；发挥全国中小企业股份转让系统、区域性股权市场和产权交易市场在培育企业上市中的积极作用。

(2)促进市场化并购重组

充分发挥资本市场的并购重组主渠道作用,证监会鼓励上市公司盘活存量、提质增效、转型发展。完善上市公司资产重组、收购和分拆上市等制度,丰富支付及融资工具,激发市场活力。发挥证券市场价格、估值、资产评估结果在国有资产交易定价中的作用,支持国有企业依托资本市场开展混合所有制改革。此外,证监会支持境内上市公司发行股份购买境外优质资产,允许更多符合条件的外国投资者对境内上市公司进行战略投资,提升上市公司国际竞争力。

(3)完善上市公司融资制度

加强资本市场融资端和投资端的协调平衡,证监会积极引导上市公司兼顾发展需要和市场状况优化融资安排。如完善上市公司再融资发行条件,研究推出更加便捷的融资方式;支持上市公司通过发行债券等方式开展长期限债务融资;稳步发展优先股、股债结合产品;大力发展权益类基金。丰富风险管理工具;探索建立对机构投资者的长周期考核机制,吸引更多中长期资金入市。

(4)健全激励约束机制,拓宽多元化退出渠道

完善上市公司股权激励和员工持股制度,在对象、方式、定价等方面作出更加灵活的安排。优化政策环境,支持各类上市公司建立健全长效激励机制,强化劳动者和所有者利益共享,更好地吸引和留住人才,充分调动上市公司员工积极性。

完善并购重组和破产重整等制度,优化流程、提高效率,畅通主动退市、并购重组、破产重整等上市公司多元化退出渠道。有关地区和部门要综合施策,支持上市公司通过并购重组、破产重整等方式出清风险。

(二)证监会执法程序

证监会对行政相对人的立案调查应当在法定程序框架下进行,根据《证券期货违法行为行政处罚办法》的相关规定,证监会的立案执法行为应当符合以下基本要求。

1. 基本原则

中国证监会及其派出机构实施行政处罚,遵循公开、公平、公正、效率和审慎监管原则,依法、全面、客观地调查、收集有关证据。中国证监会及其派出机构作

出的行政处罚决定,应当事实清楚、证据确凿、依据正确、程序合法、处罚适当。

中国证监会及其派出机构发现自然人、法人或者其他组织涉嫌违反证券期货法律、法规和规章,符合下列条件,且不存在依法不予行政处罚等情形的,应当立案:(1)有明确的违法行为主体;(2)有证明违法事实的证据;(3)法律、法规、规章规定有明确的行政处罚法律责任;(4)尚未超过2年行政处罚时效。涉及金融安全且有危害后果的,尚未超过5年行政处罚时效。

2. 执法规范

中国证监会及其派出机构通过文字记录等形式对行政处罚进行全过程记录,归档保存。根据需要,可以对容易引发争议的行政处罚过程进行音像记录,被调查的单位和个人不配合的,执法人员对相关情况进行文字说明。

中国证监会及其派出机构执法人员必须忠于职守,依法办事,公正廉洁,不得滥用权力,或者利用职务便利牟取不正当利益;严格遵守保密规定,不得泄露案件查办信息,不得泄露所知悉的国家秘密、商业秘密和个人隐私;对于依法取得的个人信息,应当确保信息安全。

中国证监会及其派出机构进行调查时,执法人员不得少于2人,并应当出示执法证和调查通知书等执法文书。执法人员少于2人或者未出示执法证和调查通知书等执法文书的,被调查的单位和个人有权拒绝。执法人员应当在询问笔录或现场笔录等材料中对出示情况进行记录。

3. 调查终结

案件调查终结,中国证监会及其派出机构根据案件不同情况,依法报单位负责人批准后,分别作出如下决定:确有应受行政处罚的违法行为的,根据情节轻重及具体情况,作出行政处罚决定;违法行为轻微,依法可以不予行政处罚的,不予行政处罚;违法事实不能成立的,不予行政处罚;违法行为涉嫌犯罪的,依法移送司法机关。对情节复杂或者重大违法行为给予行政处罚,中国证监会及其派出机构负责人应当集体讨论决定。

(三)证券行政和解

1. 证券行政和解的界定

2015年,中国证监会发布《行政和解试点实施办法》(已失效),在证券期货监管领域试点行政和解制度。经过几年试点,2019年《证券法》确立了该制度,为中国证券市场投资者保护的一项重要制度创新。2021 年 7 月，中办、国办联合印发的《关于依法从严打击证券违法活动的意见》明确提出“贯彻实施新修订的证券法，加快制定证券期货行政执法当事人承诺实施办法等配套法规制度。”遵循此立法要求，国务院于 2021 年 11 月发布《证券期货行政执法当事人承诺制度实施办法》，与之相衔接，证监会出台了《证券期货行政执法当事人承诺制度实施规定》和《证券期货行政执法当事人承诺金管理办法》两项部门规章，三者均于 2022 年 1 月 1 日生效实施。至此，规范证券行政和解制度的法律、行政法规、部门规章三位一体法律规制格局形成。

行政和解，是指证监会在对公民、法人或者其他组织（以下简称行政相对人）涉嫌违反证券期货法律、行政法规和相关监管规定行为进行调查执法过程中，根据行政相对人的申请，与其就改正涉嫌违法行为，消除涉嫌违法行为不良后果，交纳行政和解金补偿投资者损失等进行协商达成行政和解协议，并据此终止调查执法程序的行为。

《证券法》第 171 条规定：国务院证券监督管理机构对涉嫌证券违法的单位或者个人进行调查期间，被调查的当事人书面申请，承诺在国务院证券监督管理机构认可的期限内纠正涉嫌违法行为，赔偿有关投资者损失，消除损害或者不良影响的，国务院证券监督管理机构可以决定中止调查。被调查的当事人履行承诺的，国务院证券监督管理机构可以决定终止调查；被调查的当事人未履行承诺或者有国务院规定的其他情形的，应当恢复调查。具体办法由国务院规定。国务院证券监督管理机构决定中止或者终止调查的，应当按照规定公开相关信息。

从《证券法》第 171 条的法律规范分析，证券行政和解的主体是证监会与涉嫌违法行为主体的行政相对人；从监管执法调查期间看，是监管者与被监管者的监管关系；从法律关系看，是执法主体证监会与行政相对人的行政法律关系。① 基于对《证券法》第 171 条的解读，可以将证券行政和解制度界定为行政相对人缴纳行政和解金，补偿投资者损失，以此替代行政处罚决定的制度。证监会实施证券行政和解制度，是证券监管理念的转变与执法方式的创新，一定程度上节约了行政执法资源，有利于上市公司减损剩余损失、持续开展生产经营活动，同

① 参见席涛：《证券行政和解制度分析》，载《比较法研究》2020 年第 3 期。

时可以快捷地对受损投资者进行赔偿,保障投资者利益。

2. 证券行政和解对上市公司的影响

证券行政和解的本质特征是证券监管理念转变。证监会监管执法,具有事前与事中的监管措施,也有事后的行政处罚决定与市场禁入决定。监管措施、监管处罚与市场禁入决定,都是《证券法》赋予证监会的监管权力,这些监管权力都有自由裁量权。证券行政和解只要能够实现证监会的监管口标,以投资者保护与维护证券市场稳定为判断标准,行政和解就具有可行性、必要性与正当性。证监会执法从完全以行政处罚决定的终止方式,转变为赔偿投资者损失的部分行政和解的终止方式,监管理念的转变带来监管执法方式的转变,激励投资者信心。应该说,证券行政和解具有兼顾对违法违规者经济制裁和对利益受损的投资者经济补偿的执法方式,是一种成本比较低,效率比较高的监管执法机制。

证券行政和解制度对上市公司影响重大,有助于降低声誉损失、开展持续生产经营。众所周知,证监会通知上市公司对其涉嫌违法行为立案进行调查,上市公司必须公开披露收到证监会对其涉嫌违法行为立案进行调查的公告。证监会(局)立案调查通知书就向证券市场发布了一个重要信息,提醒投资者注意,重新判断投资价值,上市公司的股票价格就会出现大跌。上市公司的资金链可能发生断裂,随之而来的可能会影响到上市公司的生产、需求、供给、减产、停产与裁员,更为严重的影响可能是上市公司破产,或者退市。为了避免上市公司生产经营的损失,考虑行政和解与行政调查程序结束后行政处罚决定所产生的不同的成本与收益,行政相对人及时主动提出行政和解申请,及时通过补偿受损投资者损失,及时减少个股大幅下跌对股票市场的影响,维护证券市场的稳定,证监会终止行政调查。尽管上市公司的生产经营受到了影响,但证监会决定终止调查,上市公司降低了声誉损失,并继续生产经营。

3. 证券行政和解的适用

《证券期货行政执法当事人承诺制度实施办法》对行政和解的适用原则、适用范围、实施程序等基本问题进行了规范。

(1)适用原则

《证券期货行政执法当事人承诺制度实施办法》第3条规定:行政执法当事人承诺制度的实施应当遵循公平、自愿、诚信原则,不得损害国家利益、社会公共利益和他人合法权益。

(2)适用范围

《证券期货行政执法当事人承诺制度实施办法》第5条规定：当事人自收到国务院证券监督管理机构案件调查法律文书之日至国务院证券监督管理机构作出行政处罚决定前，可以依照《证券法》等法律和本办法的规定，申请适用行政执法当事人承诺。国务院证券监督管理机构应当在送达当事人的案件调查法律文书中告知其有权依法申请适用行政执法当事人承诺。

《证券期货行政执法当事人承诺制度实施办法》第7条规定：有下列情形之一的，国务院证券监督管理机构对适用行政执法当事人承诺的申请不予受理：

(一)当事人因证券期货犯罪被判处刑罚，自刑罚执行完毕之日起未逾3年，或者因证券期货违法行为受到行政处罚，自行政处罚执行完毕之日起未逾1年；

(二)当事人涉嫌证券期货犯罪，依法应当移送司法机关处理；

(三)当事人涉嫌证券期货违法行为情节严重、社会影响恶劣；

(四)当事人已提出适用行政执法当事人承诺的申请但未被受理，或者其申请已被受理但其作出的承诺未获得国务院证券监督管理机构认可，没有新事实、新理由，就同一案件再次提出申请；

(五)当事人因自身原因未履行或者未完全履行经国务院证券监督管理机构认可的承诺，就同一案件再次提出申请；

(六)国务院证券监督管理机构基于审慎监管原则认为不适用行政执法当事人承诺的其他情形。

4. 典型案例

案例6-5：证监会与高盛亚洲证券行政和解案①

证监会与高盛(亚洲)有限责任公司(以下简称高盛亚洲)、北京高华证券有限责任公司(以下简称高华证券)以及高盛亚洲和高华证券的相关工作人员等9名行政和解申请人于2019年4月23日就下列事项的处理达成行政和解协议：2013年10月8日至2015年7月3日，高盛亚洲自营交易员通过在高华证券开立的高盛经纪业务账户进行交易，同时向高华证券自营交易员提供业务指导。双方于2015年5月至7月的4个交易日的部分交易时段，从事了其他相关

① 中国证券监督管理委员会公告〔2019〕11号。

股票及股指期货合约交易。中国证监会于2016年7月对申请人的上述行为进行立案调查。根据行政和解协议:(1)申请人已交纳行政和解金共计人民币1.5亿元。(2)申请人已采取必要措施加强公司的内控管理,并在完成后向中国证监会提交书面整改报告。(3)根据《行政和解试点实施办法》第29条的规定,证监会终止对申请人有关行为的调查、审理程序。

案例6-6:证监会与上海司度等五家机构证券行政和解案①

2015年1月1日至7月31日,司度(上海)贸易有限公司(以下简称上海司度)委托资产管理机构设立多个资产管理计划,并控制、使用资产管理计划开立的账户进行了交易,其行为涉嫌违反账户管理使用的有关规定。富安达基金、中信期货、北京千石资本、国信期货为满足上海司度的交易需求,为其设立资产管理计划,供委托人控制、使用,其行为涉嫌违反资产管理业务的有关规定。证监会对上述行为进行了立案调查。其后,上述五家机构及其相关工作人员(以下简称申请人)就其涉嫌的违法行为向证监会申请行政和解,于2019年12月31日达成行政和解。根据行政和解协议:(1)上海司度及其相关工作人员已交纳行政和解金人民币6.7亿元,富安达基金及其相关工作人员已交纳行政和解金人民币180万元,中信期货及其相关工作人员已交纳行政和解金人民币1000万元,千石资本及其相关工作人员已交纳行政和解金人民币235万元,国信期货及其相关工作人员已交纳行政和解金人民币100万元。(2)申请人已采取必要措施加强公司的内控管理,并在完成后向证监会提交书面整改报告。(3)根据《行政和解试点实施办法》第29条的规定,证监会终止对申请人有关行为的调查、审理程序。

二、证券交易所自律管理

《证券法》赋予了证券交易所自律管理职能,《证券法》第96条第1款明确规定,证券交易所、国务院批准的其他全国性证券交易场所为证券集中交易提供场所和设施,组织和监督证券交易,实行自律管理,依法登记,取得法人资格。

我国目前在上海、深圳、北京三地设置了专业证券交易所。值得一提的是,

① 中国证券监督管理委员会公告〔2020〕1号。

北京证券交易所于2021年9月3日注册成立，坚持服务创新型中小企业的市场定位，是深化金融供给侧结构性改革、完善多层次资本市场体系的重要内容，对于更好地发挥资本市场功能作用、促进科技与资本融合、支持中小企业创新发展具有重要意义。

从证券交易所一线监管的角度看，证券交易所监管处于市场一线，反应相对迅速，往往能在早期察觉问题，并及时解决，使市场风险和潜在危机尽早得到缓解。[①] 根据《证券法》第99条之规定，证券交易所履行自律管理职能，应当遵守社会公共利益优先原则，以维护市场的公平、有序、透明。

（一）证券交易所职能

交易所开展监管工作主要有三种方式：一是配合证监会进行联合监管；二是自主发起监管调查；三是受证监会委托实施监管调查。从历史上看，上述第一种方式最为传统。[②]

《证券法》第112条规定：证券交易所对证券交易实行实时监控，并按照国务院证券监督管理机构的要求，对异常的交易情况提出报告。

证券交易所根据需要，可以按照业务规则对出现重大异常交易情况的证券账户的投资者限制交易，并及时报告国务院证券监督管理机构。

《证券法》第113条规定：证券交易所应当加强对证券交易的风险监测，出现重大异常波动的，证券交易所可以按照业务规则采取限制交易、强制停牌等处置措施，并向国务院证券监督管理机构报告；严重影响证券市场稳定的，证券交易所可以按照业务规则采取临时停市等处置措施并公告。

证券交易所对其依照本条规定采取措施造成的损失，不承担民事赔偿责任，但存在重大过错的除外。

（二）证券交易所纪律处分措施

根据《上海证券交易所上市公司自律监管指引第10号——纪律处分实施标准》（2022年1月7日发布实施）第13.2.3条之规定，证券交易所对上市公司及相

① 参见缪因知：《中国证券法律实施机制研究》，北京大学出版社2017年版，第488～492页。
② 参见吴则涛：《中国资本市场争议解决：前沿问题与法律实务》，法律出版社2020年版，第325页。

关监管对象实施的纪律处分包括：(1)通报批评；(2)公开谴责；(3)公开认定一定期限内不适合担任上市公司董事、监事和高级管理人员或者境外发行人信息披露境内代表；(4)建议法院更换上市公司破产管理人或者管理人成员；(5)暂不接受发行上市申请文件；(6)暂不接受中介机构或者其从业人员出具的相关业务文件；(7)限制投资者账户交易；(8)收取惩罚性违约金；(9)其他纪律处分。

上海证券交易所、深圳证券交易所分别公开发布了《上海证券交易所纪律处分和监管措施实施办法》《深圳证券交易所自律监管措施和纪律处分》。具体的纪律处分及监管措施详见表6－1和表6－2：

表6－1　证券交易所纪律处分

<table>
<tr><th>上海证券交易所</th><th>深圳证券交易所</th></tr>
<tr><td>通报批评</td><td>通报批评</td></tr>
<tr><td>公开谴责</td><td>公开谴责</td></tr>
<tr><td rowspan="2">公开认定不适合担任上市公司董事、监事、高级管理人员或者信息披露境内代表</td><td>公开认定不适合担任相关职务</td></tr>
<tr><td>报请中国证监会认定会员董事、监事、高级管理人员为不适当人选</td></tr>
<tr><td>建议法院更换上市公司破产管理人或管理人成员</td><td>建议法院更换上市公司破产管理人或者管理人成员</td></tr>
<tr><td>暂不接受发行人提交的发行上市申请文件</td><td>暂不接受发行人、上市申请人提交的发行上市申请文件</td></tr>
<tr><td>暂不接受控股股东、实际控制人及其控制的其他发行人提交的发行上市申请文件</td><td>暂不接受控股股东、实际控制人及其控制的其他发行人提交的发行上市申请文件</td></tr>
<tr><td>暂不接受保荐人、承销商、证券服务机构提交的文件</td><td rowspan="2">暂不受理专业机构或者其从业人员出具的相关业务文件</td></tr>
<tr><td>暂不接受保荐代表人及保荐人其他相关人员、承销商相关人员、证券服务机构相关人员签字的文件</td></tr>
<tr><td>暂停或者限制交易权限</td><td>暂停或者限制交易权限</td></tr>
<tr><td>取消交易参与人资格</td><td>取消交易权限</td></tr>
<tr><td>取消会员资格</td><td>取消会员或者其他交易参与人资格</td></tr>
<tr><td>限制投资者账户交易</td><td></td></tr>
</table>

续表

上海证券交易所	深圳证券交易所
要求会员拒绝接受投资者港股通交易委托	
认定为不合格投资者	
收取惩罚性违约金	收取惩罚性违约金
其他纪律处分	其他纪律处分

表6-2　证券交易所自律监管措施

上海证券交易所		深圳证券交易所	
在上海证券交易所上市或转让证券的发行人及相关主体出现违规行为的监管措施	口头警示	在深圳证券交易所上市或者转让股票、债券、基金等证券的发行人、管理人、上市公司及相关主体出现违规行为的监管措施	口头警示
	书面警示		书面警示
	监管谈话		约见谈话
	要求限期改正		要求限期改正
	要求公开更正、澄清或说明		要求公开更正、澄清或说明
	要求公开致歉		要求公开致歉
	要求聘请保荐机构、证券服务机构进行核查并发表意见		要求中介机构或者要求聘请中介机构核查并发表意见
	要求保荐人聘请第三方机构进行核查并发表意见		
	要求限期参加培训或考试		
	要求限期召开投资者说明会		要求限期召开投资者说明会
	要求上市公司董事会追偿损失		要求上市公司董事会追偿损失
	对未按要求改正的上市公司暂停适用信息披露直通车业务		暂停适用信息披露直通车业务
	建议更换相关任职人员		建议更换相关任职人员
	对未按要求改正的证券发行人相关证券实施停牌		对未按要求改正的证券发行人相关证券实施停牌
	向相关主管部门出具监管建议函		向相关主管部门出具监管建议函
			暂停受理或者办理相关业务
			限制交易
	其他监管措施		其他自律监管措施

续表

上海证券交易所		深圳证券交易所	
上海证券交易所会员、其他交易参与人及相关主体出现违规行为的监管措施	口头警示	深圳证券交易所会员、其他交易参与人及相关主体出现违规行为的监管措施	口头警示
	书面警示		书面警示
	监管谈话		约见谈话
	要求限期改正		
	暂停受理或办理相关会员、其他交易参与人业务		暂停受理或者办理相关业务
			限制交易
	其他监管措施		其他自律监管措施
投资者出现违规行为的监管措施	口头警示	投资者出现违规行为的监管措施	口头警示
	书面警示		书面警示
	监管谈话		约见谈话
			限制交易
	将账户列为重点监控账户		将证券账户列入重点监控账户
	要求投资者提交合规交易承诺书		要求提交书面承诺
	暂停投资者账户交易		
	暂停联交所证券交易服务公司交易		提请香港联合交易所有限公司采取相关措施
			不接受相关投资者的深股通交易申报
	其他监管措施		其他自律监管措施

(三)证券交易所纪律处分程序——以上海证券交易所为例

1. 发送纪律处分意向书

根据《上海证券交易所纪律处分和监管措施实施办法》(2019 年修订)第 39～41 条规定,上海证券交易所监管部门认为应对监管对象实施纪律处分的,应当以部门名义向监管对象发送纪律处分意向书,但属于下列情形之一的除外:监管对象违规事实清楚且情况紧急,需要立即启动纪律处分程序的;拟实施限制投资者账户交易的纪律处分的;拟实施要求会员拒绝接受投资者港股通交易委托的纪律处分的;发送纪律处分意向书可能对纪律处分实施效果产生重大影响的其他情形。

纪律处分意向书应当向监管对象说明违规事实、拟实施的纪律处分及简要理由,要求其在5个交易日内予以书面答复。监管对象应当自收到纪律处分意向书后5个交易日内,书面回复是否接受交易所将实施的纪律处分,对将实施的纪律处分有异议的,应当书面说明理由。监管对象无正当理由逾期不回复的,视为无异议。

2. 提交纪律处分建议书

根据《上海证券交易所纪律处分和监管措施实施办法》(2019年修订)第42~44条规定,监管对象对纪律处分意向书予以书面回复或者届期未作回复的,上海证券交易所监管部门应当及时向纪律处分工作小组提交书面的纪律处分建议书及相关材料。这里的纪律处分建议书,应当包括监管对象违规的基本事实、建议实施的纪律处分类型及理由等内容。

上海证券交易所监管部门提交纪律处分建议书时,应当同时提交监管对象违规的基本证据材料、纪律处分意向书(如有)、监管对象的回复(如有)等材料。纪律处分工作小组应当及时对交易所监管部门提交的纪律处分建议书及相关材料进行形式审核。材料完备的,予以接纳并及时安排召开纪律处分审核会议。

需要注意的是,具有下列情形之一的,上海证券交易所纪律处分工作小组可以通过通讯表决方式进行审核:拟实施通报批评的纪律处分;拟实施限制投资者账户交易的纪律处分;拟实施要求会员拒绝接受投资者港股通交易委托的纪律处分;监管对象表示接受纪律处分意向书提出的纪律处分;事实清楚、情况紧急,需要立即启动的纪律处分。

3. 纪律处分审核程序

根据《上海证券交易所纪律处分和监管措施实施办法》(2019年修订)第46~49条规定,纪律处分审核会议由召集人主持。审核会议按照下列程序进行:上海证券交易所参与该纪律处分事项调查的人员向参审委员报告有关情况,并接受参审委员询问;召集人组织委员对审核事项逐一发表个人审核意见,并进行总结;参审委员对审核事项进行投票表决;会议秘书统计投票结果;召集人宣布表决结果,形成处分意见;参审委员在审核会议记录及表决结果上签名。

纪律处分审核会议表决，以记名方式进行，表决票设同意票和反对票两种。同意票数达到3票为通过，少于3票为未通过。由3名委员审核的，同意票数达到2票为通过，少于2票为未通过。参审委员投反对票的，应当在表决票上说明反对的理由。参审委员发现存在明显影响判断且尚待进一步调查核实的重大问题时，可以在审核会议上提议暂缓表决。经2名以上参审委员提议，应当暂缓表决。

4. 作出纪律处分决定

根据《上海证券交易所纪律处分和监管措施实施办法》(2019年修订)第51条规定，纪律处分委员会根据审核表决结果，对提请审核的纪律处分事项作出如下处理：

(1)认为应当予以纪律处分的，制作纪律处分意见书；

(2)认为相关事实不清、证据不足，或遗漏违规事实、违规行为人的，退回交易所监管部门补充调查；

(3)认为不存在违反交易所业务规则情形，或者虽违反交易所业务规则但情节轻微，无须给予纪律处分的，转交交易所监管部门处理。

三、其他部门服务监管

为有效防控证券资本市场法律风险，证监会、最高人民法院、人民银行、银保监会、公安部、国家发展改革委、财政部、工业和信息化部、商务部、税务总局、国务院国资委等单位都应当参与到上市公司监管工作中，各单位应当凝聚合力，完善上市公司综合监管体系。上市公司的监管工作需要凝聚各方合力，推进上市公司监管大数据平台建设，建立健全财政、税务、海关、金融、市场监管、行业监管、地方政府、司法机关等单位的信息共享机制。

(一)公检法

证券资本市场的健康有序发展，离不开公检法等机关的有效参与服务保障，公检法机关在具体工作中分工负责，相互制约，相互配合，共同为上市公司等诸多市场主体的规范健康发展保驾护航。公检法对上市公司的服务主要体现在：规范冻结、拍卖上市公司股票程序；对违法失信上市公司相关责任主体的联合惩戒;规范上市公司破产重整案件审理程序;清理大股东占用上市公司资金等多个层面,具体则是通过严格规范的执法、司法程序予以规制。

1. 人民法院

人民法院是国家的审判机关。人民法院通过审判刑事案件、民事案件、行政案件以及法律规定的其他案件,惩罚犯罪,保障无罪的人不受刑事追究,解决民事、行政纠纷,保护个人和组织的合法权益,监督行政机关依法行使职权,维护国家安全和社会秩序,维护社会公平正义,维护国家法制统一、尊严和权威,保障中国特色社会主义建设的顺利进行。

值得一提的是,为完善上海金融审判体系、营造良好金融法治环境,上海金融法院于2018年8月20日,正式挂牌成立。根据最高人民法院《关于上海金融法院案件管辖的规定》(2021年修订)第1条之规定,上海金融法院管辖上海市辖区内应由中级人民法院受理的下列第一审金融民商事案件:证券、期货交易、营业信托、保险、票据、信用证、独立保函、保理、金融借款合同、银行卡、融资租赁合同、委托理财合同、储蓄存款合同、典当、银行结算合同等金融民商事纠纷;资产管理业务、资产支持证券业务、私募基金业务、外汇业务、金融产品销售和适当性管理、征信业务、支付业务及经有权机关批准的其他金融业务引发的金融民商事纠纷;涉金融机构的与公司有关的纠纷;以金融机构为债务人的破产纠纷;金融民商事纠纷的仲裁司法审查案件;申请认可和执行香港特别行政区、澳门特别行政区、台湾地区法院金融民商事纠纷的判决、裁定案件,以及申请承认和执行外国法院金融民商事纠纷的判决、裁定案件。

2. 人民检察院

人民检察院是国家的法律监督机关。人民检察院通过行使检察权,追诉犯罪,维护国家安全和社会秩序,维护个人和组织的合法权益,维护国家利益和社会公共利益,保障法律正确实施,维护社会公平正义,维护国家法制统一、尊严和权威,保障中国特色社会主义建设的顺利进行。

《人民检察院组织法》第20条规定,检察院行使下列职权:依照法律规定对有关刑事案件行使侦查权;对刑事案件进行审查,批准或者决定是否逮捕犯罪嫌疑人;对刑事案件进行审查,决定是否提起公诉,对决定提起公诉的案件支持公诉;依照法律规定提起公益诉讼;对诉讼活动实行法律监督;对判决、裁定等生效法律文书的执行工作实行法律监督;对监狱、看守所的执法活动实行法律监督;法律规定的其他职权。

3. 公安机关

公安机关是人民民主专政的重要工具,人民警察是武装性质的国家治安行政力量和刑事司法力量,承担依法预防、制止和惩治违法犯罪活动,保护人民,服务经济社会发展,维护国家安全,维护社会治安秩序的职责。

根据《人民警察法》第 6 条的规定,公安机关的人民警察按照职责分工,依法履行下列职责,以维护社会经济秩序的稳定:预防、制止和侦查违法犯罪活动;维护社会治安秩序,制止危害社会治安秩序的行为;维护交通安全和交通秩序,处理交通事故;组织、实施消防工作,实行消防监督;管理枪支弹药、管制刀具和易燃易爆、剧毒、放射性等危险物品;对法律、法规规定的特种行业进行管理;警卫国家规定的特定人员,守卫重要的场所和设施;管理集会、游行、示威活动;监督管理计算机信息系统的安全保护工作等。

公安机关在打击证券犯罪行为中发挥巨大作用。根据《公安机关办理刑事案件程序规定》第 3 条规定,公安机关在刑事诉讼中的基本职权,是依照法律对刑事案件立案、侦查、预审;决定、执行强制措施;对依法不追究刑事责任的不予立案,已经追究的撤销案件;对侦查终结应当起诉的案件,移送人民检察院审查决定;对不够刑事处罚的犯罪嫌疑人需要行政处理的,依法予以处理或者移送有关部门;对被判处有期徒刑的罪犯,在被交付执行刑罚前,剩余刑期在 3 个月以下的,代为执行刑罚;执行拘役、剥夺政治权利、驱逐出境。

(二)税务、工商

上市公司作为重要的市场主体,在我国经济体制框架下,其健康有序发展,离不开税务、工商等部门的服务监管。具体而言,税务、工商对上市公司的服务主要体现在以下两个方面:规范对上市公司及相关主体企业所得税、个人所得税、印花税等征税管理;对违法失信上市公司相关责任主体的联合惩戒。

1. 税务局

依法纳税是各市场主体的应有义务,此项义务的完整落实离不开国家税务局的监管帮扶。国家税务总局的主要职责:具体起草税收法律法规草案及实施细则并提出税收政策建议,与财政部共同上报和下发,制定贯彻落实的措施。负责对税收法律法规执行过程中的征管和一般性税政问题进行解释,事后向财政部备案；承担组织实施税收及社会保险费、有关非税收入的征收管理责任，力争税费应收尽收；参与研究宏观经济政策、中央与地方的税权划分并提出完善分税制的建议，研究税负总水平并提出运用税收手段进行宏观调控的建议；负责组织实施税收征收管理体制改革，起草税收征收管理法律法规草案并制定实施细则，制定和监督执行税收业务、征收管理的规章制度，监督检查税收法律法规、政策的贯彻执行；负责规划和组织实施纳税服务体系建设，制定纳税服务管理制度，规范纳税服务行为，制定和监督执行纳税人权益保障制度，保护纳税人合法权益，履行提供便捷、优质、高效纳税服务的义务，组织实施税收宣传，拟订税务师管理政策并监督实施；组织实施对纳税人进行分类管理和专业化服务，组织实施对大型企业的纳税服务和税源管理；负责编报税收收入中长期规划和年度计划，开展税源调查，加强税收收入的分析预测，组织办理税收减免等具体事项；负责制定税收管理信息化制度，拟订税收管理信息化建设中长期规划，组织实施金税工程建设等。

2. 市场监管局

企业发展应当遵循基本的市场规范，对此，市场监管局对各市场主体的行为予以监督。具体而言，市场监管局的主要职责：

(1)负责市场综合监督管理。起草市场监督管理有关法律法规草案，制定有关规章、政策、标准，组织实施质量强国战略、食品安全战略和标准化战略，拟订并组织实施有关规划，规范和维护市场秩序，营造诚实守信、公平竞争的市场环境。

(2)负责市场主体统一登记注册。指导各类企业、农民专业合作社和从事经营活动的单位、个体工商户以及外国(地区)企业常驻代表机构等市场主体的登记注册工作。建立市场主体信息公示和共享机制，依法公示和共享有关信息，加强信用监管，推动市场主体信用体系建设。

(3)负责组织和指导市场监管综合执法工作。指导地方市场监管综合执法队伍整合和建设，推动实行统一的市场监管。组织查处重大违法案件。规范市场监管行政执法行为。

(4)负责反垄断统一执法。统筹推进竞争政策实施，指导实施公平竞争审查制度。依法对经营者集中行为进行反垄断审查，负责垄断协议、滥用市场支配地位和滥用行政权力排除、限制竞争等反垄断执法工作。指导企业在国外的反垄断应诉工作。承担国务院反垄断委员会日常工作。

(5)负责监督管理市场秩序。依法监督管理市场交易、网络商品交易及有关服务的行为。组织指导查处价格收费违法违规、不正当竞争、违法直销、传销、侵犯商标专利知识产权和制售假冒伪劣行为。指导广告业发展,监督管理广告活动。指导查处无照生产经营和相关无证生产经营行为。指导中国消费者协会开展消费维权工作。

(三)证券业协会

中国证券业协会是依据《证券法》和《社会团体登记管理条例》的有关规定设立的证券业自律性组织,属于非营利性社会团体法人,接受中国证监会和国家民政部的业务指导和监督管理。

我国证券业协会成立于1991年8月28日。30余年来,协会认真贯彻《中国证券业协会章程》,在中国证监会的监督指导下,团结和依靠全体会员,切实履行"自律、服务、传导"三大职能,在推进行业自律管理、反映行业意见建议、改善行业发展环境等方面做了一些工作,发挥了行业自律组织的应有作用。

证券业协会的宗旨:在国家对证券业实行集中统一监督管理的前提下,进行证券业自律管理;发挥政府与证券行业间的桥梁和纽带作用;为会员服务,维护会员的合法权益;维持证券业的正当竞争秩序,促进证券市场的公开、公平、公正,推动证券市场的健康稳定发展。

《中国证券业协会章程》明确了证券业协会在以下三方面的主要职责:

1. 依据《证券法》的有关规定,行使下列职责:教育和组织会员遵守证券法律、行政法规;依法维护会员的合法权益,向中国证监会反映会员的建议和要求;收集整理证券信息,为会员提供服务;制定会员应遵守的规则,组织会员单位的从业人员的业务培训,开展会员间的业务交流;对会员之间、会员与客户之间发生的证券业务纠纷进行调解;组织会员就证券业的发展、运作及有关内容进行研究;监督、检查会员行为,对违反法律、行政法规或者协会章程的,按照规定给予纪律处分。

2. 依据行政法规、中国证监会有关要求,行使下列职责:制定证券业执业标准和业务规范,对会员及其从业人员进行自律管理;负责证券业从业人员资格考试、执业注册;负责组织证券公司高级管理人员、保荐代表人及其他特定岗位专业人员的资质测试或胜任能力考试;负责对首次公开发行股票网下投资者进行注册和自律管理;负责非公开发行公司债券事后备案和自律管理;负责场外证券业务事后备案和自律管理;行政法规、中国证监会规范性文件规定的其他职责。

3. 依据行业规范发展的需要,行使下列自律管理职责:推动行业诚信建设,督促会员履行社会责任;组织证券从业人员水平考试;推动会员开展投资者教育和保护工作,维护投资者合法权益;推动会员信息化建设和信息安全保障能力的提高,经政府有关部门批准,开展行业科学技术奖励,组织制定行业技术标准和指引;组织开展证券业国际交流与合作,代表中国证券业加入相关国际组织,推动相关资质互认;对会员及会员间开展与证券非公开发行、交易相关业务活动进行自律管理;其他涉及自律、服务、传导的职责。①

① 参见《中国证券业协会简介》,载中国证券业协会网,https://www.sac.net.cn/ljxh/xhjj/,2021年12月26日访问。

第三节 中介机构勤勉尽责

一、证券中介机构概述

证券中介机构是指为证券的发行与交易提供服务的各类机构的统称，主要包括证券公司和资产评估机构、会计师事务所、律师事务所等证券服务机构。证券中介机构是连接证券投资人与筹资人的桥梁，是证券市场运行的组织系统。证券市场功能的发挥，很大程度上取决于证券中介机构的活动。证券中介机构沟通了证券需求者与证券供应者之间的联系，不仅保证了各种证券的发行和交易，还起到维持证券市场秩序的作用，可谓资本市场的“看门人”。需要注意的是，证券中介机构“看门人”角色的行使，要以保护投资者利益为价值依归，其功能实现的前置要件为具有独立性，核心要义为勤勉尽责。①

（一）证券公司

证券公司是指依照《公司法》和《证券法》的规定设立并经国务院证券监督管理机构审查批准而成立的专门经营证券业务，具有独立法人地位的有限责任公司或者股份有限公司。

证券公司是证券市场重要的中介机构，在证券市场的运作中发挥着重要作用。一方面，证券公司是证券市场投融资服务的提供者，为证券发行人和投资者提供专业化的中介服务，如证券发行和上市保荐、承销、代理证券买卖等；另一方面，证券公司也是证券市场重要的机构投资者。此外，证券公司还通过资

---

① 参见刘志云、史欣媛：《论证券市场中介机构“看门人”角色的理性归位》，载《现代法学》2017 年第 4 期。

产管理方式，为投资者提供证券及其他金融产品的投资管理服务等。

根据《证券法》的规定，我国证券公司的业务范围主要包括证券经纪，证券投资咨询，与证券交易，证券投资活动有关的财务顾问，证券承销与保荐，证券融资融券，证券做市交易，证券自营及其他证券业务。

《证券法》第120条规定：经国务院证券监督管理机构核准，取得经营证券业务许可证，证券公司可以经营下列部分或者全部证券业务：

（一）证券经纪；

（二）证券投资咨询；

（三）与证券交易、证券投资活动有关的财务顾问；

（四）证券承销与保荐；

（五）证券融资融券；

（六）证券做市交易；

（七）证券自营；

（八）其他证券业务。

国务院证券监督管理机构应当自受理前款规定事项申请之日起三个月内，依照法定条件和程序进行审查，作出核准或者不予核准的决定，并通知申请人；不予核准的，应当说明理由。

证券公司经营证券资产管理业务的，应当符合《中华人民共和国证券投资基金法》等法律、行政法规的规定。

除证券公司外，任何单位和个人不得从事证券承销、证券保荐、证券经纪和证券融资融券业务。

证券公司从事证券融资融券业务，应当采取措施，严格防范和控制风险，不得违反规定向客户出借资金或者证券。

（二）证券服务机构

证券服务机构包括投资咨询机构、财务顾问机构、资信评级机构、资产评估机构、会计师事务所等从事证券服务业务的机构。证券服务机构受发行人委托收集、验证、加工和生产有关发行人的信息，为发行人服务，向发行人收费。但发行人中介信息核实与鉴定服务的受领者是公众投资者，其服务实质是向发行人出借声誉，使发行人取得证券市场的准入资格。发行人中介提高证券市场的透明度和安全性,起到市场“看门人”的作用。①

鉴于此,证券服务机构在从事证券服务业务时应当勤勉尽责,不得虚假陈述,否则,应当与发行人、上市公司承担连带赔偿责任。“勤勉尽责”的含义为勤勉义务,勤勉义务在大陆法系被称为“善良管理人的注意义务”,在英美法系被称为“注意义务”“勤勉注意和技能义务”。证券机构的勤勉义务的实质是一种管理义务,其具体要求为“依据的文件资料内容的真实性、准确性、完整性进行核查和验证”。依此,证券服务机构在制作、出具审计报告、资产评估报告、财务顾问报告、资信评级报告或者法律意见书时,必须根据专业机构应有的勤勉义务要求,对所制作、出具的文件内容进行专业核查与专业验证,以确保其真实性、准确性、完整性。②

《证券法》第160条规定:会计师事务所、律师事务所以及从事证券投资咨询、资产评估、资信评级、财务顾问、信息技术系统服务的证券服务机构,应当勤勉尽责、恪尽职守,按照相关业务规则为证券的交易及相关活动提供服务。

从事证券投资咨询服务业务,应当经国务院证券监督管理机构核准;未经核准,不得为证券的交易及相关活动提供服务。从事其他证券服务业务,应当报国务院证券监督管理机构和国务院有关主管部门备案。

《首次公开发行股票并上市管理办法》第5条规定:保荐人及其保荐代表人应当遵循勤勉尽责、诚实守信的原则,认真履行审慎核查和辅导义务,并对其所出具的发行保荐书的真实性、准确性、完整性负责。

《首次公开发行股票并上市管理办法》第6条规定:为证券发行出具有关文件的证券服务机构和人员,应当按照本行业公认的业务标准和道德规范,严格履行法定职责,并对其所出具文件的真实性、准确性和完整性负责。

《证券从业人员职业道德准则》第2条规定:诚实守信,勤勉尽责。从业人员应表里如一、言而有信,珍视行业声誉与职业声誉,坚守契约精神,保护并合理运用受托资产,真实、准确、完整地披露相关信息,自觉抵制弄虚作假、误导欺骗等行为。

---

① 参见周淳:《证券服务机构诚信义务统合论》,载《兰州大学学报(社会科学版)》2020年第6期。

② 参见范健、王建文:《证券法》(第3版),法律出版社2020年版,第274页。

二、证券中介机构的责任

（一）民事责任

根据《证券法》《民法典》《九民纪要》《虚假陈述规定》等相关规定，中介机构制作、出具的文件有虚假记载、误导性陈述或者重大遗漏，给他人造成损失的，应当与委托人承担连带赔偿责任。

《证券法》第163条规定：证券服务机构为证券的发行、上市、交易等证券业务活动制作、出具审计报告及其他鉴证报告、资产评估报告、财务顾问报告、资信评级报告或者法律意见书等文件，应当勤勉尽责，对所依据的文件资料内容的真实性、准确性、完整性进行核查和验证。其制作、出具的文件有虚假记载、误导性陈述或者重大遗漏，给他人造成损失的，应当与委托人承担连带赔偿责任，但是能够证明自己没有过错的除外。

中介机构承担虚假陈述赔偿连带责任应满足以下要件：一是中介机构存在侵权行为，包括未尽勤勉尽职义务，制作出具的文件有虚假记载、误导性陈述或者重大遗漏。二是中介机构的上述行为与投资者的损失之间具有因果关系。其虚假记载、误导性陈述或者重大遗漏客观上导致投资人损失。三是中介机构具有主观过错，包括故意或者过失。根据《证券法》的规定，中介机构承担责任的归责原则为过错推定责任原则。证券发行中介服务具有很强的专业性，法院在判决中介机构侵权赔偿责任时应对应上述要件，以事实为依据，并结合不同机构的专业范畴、职业要求，听取专家意见，作出专业判断，以准确定性、合理定责。

（二）行政责任

《证券法》在法律责任部分对证券服务机构违反勤勉义务所应承担的行政责任作了明确规定。

《证券法》第213条规定：证券投资咨询机构违反本法第一百六十条第二款的规定擅自从事证券服务业务，或者从事证券服务业务有本法第一百六十一条规定行为的，责令改正，没收违法所得，并处以违法所得一倍以上十倍以下的罚款;没有违法所得或者违法所得不足五十万元的,处以五十万元以上五百万元以下的罚款。对直接负责的主管人员和其他直接责任人员,给予警告,并处以二十万元以上二百万元以下的罚款。

会计师事务所、律师事务所以及从事资产评估、资信评级、财务顾问、信息技术系统服务的机构违反本法第一百六十条第二款的规定,从事证券服务业务未报备案的,责令改正,可以处二十万元以下的罚款。

证券服务机构违反本法第一百六十三条的规定,未勤勉尽责,所制作、出具的文件有虚假记载、误导性陈述或者重大遗漏的,责令改正,没收业务收入,并处以业务收入一倍以上十倍以下的罚款,没有业务收入或者业务收入不足五十万元的,处以五十万元以上五百万元以下的罚款;情节严重的,并处暂停或者禁止从事证券服务业务。对直接负责的主管人员和其他直接责任人员给予警告,并处以二十万元以上二百万元以下的罚款。

(三)刑事责任

《刑法》第229条规定了提供虚假证明文件罪、出具证明文件重大失实罪,以打击证券中介机构及其工作人员的重大违法犯罪行为。

1. 定罪量刑

《刑法》第229条规定:承担资产评估、验资、验证、会计、审计、法律服务、保荐、安全评价、环境影响评价、环境监测等职责的中介组织的人员故意提供虚假证明文件,情节严重的,处五年以下有期徒刑或者拘役,并处罚金;有下列情形之一的,处五年以上十年以下有期徒刑,并处罚金:

(一)提供与证券发行相关的虚假的资产评估、会计、审计、法律服务、保荐等证明文件,情节特别严重的;

(二)提供与重大资产交易相关的虚假的资产评估、会计、审计等证明文件,情节特别严重的;

(三)在涉及公共安全的重大工程、项目中提供虚假的安全评价、环境影响评价等证明文件,致使公共财产、国家和人民利益遭受特别重大损失的。

有前款行为,同时索取他人财物或者非法收受他人财物构成犯罪的,依照处罚较重的规定定罪处罚。

第一款规定的人员,严重不负责任,出具的证明文件有重大失实,造成严重后果的，处三年以下有期徒刑或者拘役，并处或者单处罚金。

2. 追诉标准

《立案追诉标准(二)》(2022年修订)第73条规定：承担资产评估、验资、验证、会计、审计、法律服务、保荐、安全评价、环境影响评价、环境监测等职责的中介组织的人员故意提供虚假证明文件，涉嫌下列情形之一的，应予立案追诉：

(一)给国家、公众或者其他投资者造成直接经济损失数额在五十万元以上的；

(二)违法所得数额在十万元以上的；

(三)虚假证明文件虚构数额在一百万元以上且占实际数额百分之三十以上的；

(四)虽未达到上述数额标准，但二年内因提供虚假证明文件受过二次以上行政处罚，又提供虚假证明文件的；

(五)其他情节严重的情形。

《立案追诉标准(二)》(2022年修订)第74条规定：承担资产评估、验资、验证、会计、审计、法律服务、保荐、安全评价、环境影响评价、环境监测等职责的中介组织的人员严重不负责任，出具的证明文件有重大失实，涉嫌下列情形之一的，应予立案追诉：

(一)给国家、公众或者其他投资者造成直接经济损失数额在一百万元以上的；

(二)其他造成严重后果的情形。

(四)典型案例

案例6-7："五洋债"欺诈发行案①

【基本案情】

五洋建设集团股份有限公司(以下简称五洋建设)于2015年8月发行了公司债"15五洋债"，规模8亿元，期限2+1年，第二年年末附投资者回售选择权。2015年9月，五洋建设发行了第二期公司债"15五洋02"，规模5.6亿元，期限

① 参见《五洋债欺诈发行案判了，券商、会计师事务所承担连带赔偿责任》，载东方财富网，http://finance.eastmoney.com/a/202101021759301376.html，2021年12月26日访问。

3+2年,第三年年末附投资者回售选择权。两期债券主承销商均为德邦证券。

2017年8月,五洋建设因未按规定披露2016年年报与临时报告,被上海证券交易所通报批评。

2017年8月11日,五洋建设发布公告,称被中国证监会立案调查。

2017年8月14日,“15五洋债”未能偿还回售及付息资金,发生回售违约,“15五洋02”触发交叉违约。

2018年7月6日,证监会发布消息,证监会开出首张债券欺诈发行罚单,对五洋建设等作出行政处罚和市场禁入决定。

证监会认定,五洋建设在自身最近3年平均可分配利润明显不足以支付所发行公司债券1年的利息,不具备公司债券公开发行条件的情况下,违反会计准则,通过将所承建工程项目应收账款和应付账款“对抵”的方式,同时虚减企业应收账款和应付款项,导致少计提坏账准备,于2015年7月以虚假申报材料骗取中国证监会的公司债券公开发行审核许可,并最终于2015年8月和9月分两期向合格投资者公开发行公司债券8亿元和5.6亿元,合计13.6亿元。

在骗取公开发行公司债券后,五洋建设又于2015年11月以相同的虚假财务数据制作了非公开发行公司债券的募集说明书并向合格投资者披露,于2015年12月和2016年4月分别在上海证券交易所和深圳证券交易所非公开发行1.3亿元和2.5亿元公司债券。此外,五洋建设还存在未按规定及时披露相关信息等违法行为。

中国证监会决定对五洋建设责令改正,给予警告,并处以罚款4140万元;对相关责任人员给予警告并合计罚款254万元;对直接负责的主管人员陈某樟采取终身市场禁入措施。

此后多家中介机构被处罚:

2018年8月,银行间市场交易商协会发布消息,给予大公国际资信评估有限公司(以下简称大公国际)严重警告处分,责令其限期整改,并暂停债务融资工具市场相关业务1年。

接着,中国证监会北京证监局则作责令大公国际限期1年的整改处分。

2019年1月22日,中国证监会对大信会计师事务所(以下简称大信会计所)作出行政处罚决定。

2019年11月,证监会下发行政处罚决定书,因未充分核查五洋建设应收账款、投资性房地产等问题,德邦证券股份有限公司(以下简称德邦证券)被责令改正、给予警告,没收非法所得1857.44万元,并处以55万元罚款;时任相关负责人、项目组成员也被予以处罚。

2019年以来,债券投资者陆续起诉至杭州市中级人民法院,请求五洋建设偿付债券本息及逾期利息;陈某樟作为实际控制人,德邦证券、大信会计所等作为承销商和中介机构承担连带责任。

2020年3月13日,杭州中级人民法院发布《“15五洋债”、“15五洋02”债券自然人投资者诉五洋建设集团股份有限公司等人证券虚假陈述责任纠纷系列案件公告》,通知适格投资者参加登记。在开庭审理前共有496名适格投资者申请参加代表人诉讼,涉及诉讼请求总金额8.1亿余元,投资者共同推选产生4名投资者作为诉讼代表人,代表全体适格投资者进行本案诉讼。

【裁判结果】

2020年12月31日,杭州市中级人民法院就债券持有人起诉五洋建设、五洋建设实际控制人陈某樟,以及德邦证券、大信会计所、上海市锦天城律师事务所(以下简称锦天城律所)、大公国际证券虚假陈述责任纠纷案件作出一审判决。

法院认为,债券承销商德邦证券和出具审计报告的大信会计,都未勤勉尽职,存在重大过错,应对五洋建设应负债务承担连带赔偿责任。大公国际作为债券发行的资信评级机构、锦天城律所为债券发行出具法律意见书,未勤勉尽职,存在一定过错,法院酌定大公国际在五洋建设应负责任10%范围内,锦天城律所在五洋建设应负责任5%范围承担连带责任。

2021年8月17日上午,投资者王某等487人诉五洋建设、陈某樟、德邦证券、大信会计所、锦天城律所、大公国际等六被告因五洋建设发行公司债券“15五洋债”“15五洋02”之证券虚假陈述责任纠纷代表人诉讼案二审案在浙江省高级人民法院二审正式开庭(互联网开庭),浙江省高级人民法院于2021年9月作出二审判决,维持原判。

案例6-8:北京东易律师事务所行政处罚案①

【基本案情】

北京市东易律师事务所(以下简称东易所),系丹东欣泰电气股份有限公司(以下简称欣泰电气)首次公开发行股票并在创业板上市(IPO)法律服务机构,郭某军与陈某殊,系《北京市东易律师事务所关于丹东欣泰电气股份有限公司首次公开发行股票申请在深圳证券交易所创业板上市之法律意见书》(以下简称《法律意见书》)签字律师。

依据《证券法》的有关规定,证监会对东易所违法违规行为进行了立案调查、审理,并依法向当事人告知了作出行政处罚的事实、理由、依据及当事人依法享有的权利。应当事人的要求,证监会举行听证会,听取了其陈述、申辩。本案现已调查、审理终结。

经查明,东易所在为欣泰电气IPO提供法律服务过程中未勤勉尽责,违反依法制定的业务规则,出具含有虚假记载的文件。具体违法事实如下:

一、东易所出具的《法律意见书》存在虚假记载

经查明,欣泰电气在2011年、2012年、2013年财务会计报告中虚构应收账款的收回。东易所2014年1月23日出具的《法律意见书》中"三、上市申请人本次上市的实质条件"第6项"根据上市申请人提供的相关文件、北京兴华会计师事务所出具的《审计报告》及交易所律师核查,上市申请人在最近三年内无重大违法行为,上市申请人在最近三年财务会计报告中无虚假记载……"的表述,与欣泰电气相关财务数据存在虚假记载的事实不符,《法律意见书》含有虚假记载的内容。

二、东易所违反律师事务所从事证券法律业务规则的情况

(一)未审慎核查和验证相关资料

东易所工作底稿中留存的对主要客户的承诺函、询证函、访谈记录,大多数直接取自兴业证券股份有限公司(以下简称兴业证券)。兴业证券在对主要销售客户进行访谈时,部分客户未对应收账款余额进行确认,其中包括7家欣泰电气虚构应收账款收回的公司。东易所对访谈记录未履行一般的注意义务,未审慎履行核查和验证义务。

---

① 中国证监会行政处罚决定书〔2017〕70号。

（二）未编制查验计划，未对《法律意见书》进行讨论、复核

经查阅东易所工作底稿，未发现东易所及其指派的律师为欣泰电气项目编制查验计划，未发现东易所对《法律意见书》进行讨论、复核的记录。

（三）违反《律师事务所从事证券法律业务管理办法》（以下简称《管理办法》）、《律师事务所证券法律业务执业规则（试行）》（以下简称《执业规则》）的其他情形

东易所的工作底稿未加盖律师事务所公章，且大部分底稿未标明目录索引。东易所的工作底稿中，大部分访谈笔录没有经办律师签字，还存在访谈笔录中律师和访谈对象均未签字的情形。

以上事实，有东易所出具的《法律意见书》、东易所工作底稿、相关人员询问笔录等证据证明，足以认定。东易所的行为违反了2005年《证券法》第20条第2款、第173条，《管理办法》第12条、第13条、第14条、第23条及《执业规则》第9条、第37条、第39条、第40条、第41条的有关规定，构成了2005年《证券法》第223条所述"证券服务机构未勤勉尽责，所制作、出具的文件有虚假记载"及第226条第3款所述"违反本法规定或者依法制定的业务规则"的情形。郭某军、陈某殊是对上述行为直接负责的主管人员。

【处理结果】

根据当事人违法行为的事实、性质、情节与社会危害程度，依据2005年《证券法》第223条的规定，证监会决定：

1. 责令东易所改正，没收业务收入90万元，并处以180万元罚款。

2. 对郭某军、陈某殊给予警告，并分别处以10万元罚款。

案例6-9：广东正中珠江会计师事务所行政处罚案[①]

【基本案情】

一、正中珠江出具的康美药业2016年至2018年年度审计报告存在虚假记载

经证监会另案查明，康美药业2016年、2017年、2018年年度报告存在虚增收入、虚增货币资金等虚假记载行为。广东正中珠江会计师事务所（以下简称

① 参见中国证监会行政处罚决定书〔2021〕11号。

正中珠江)为康美药业2016年、2017年、2018年年度报告提供审计服务。2017年4月18日、2018年4月24日,正中珠江分别为康美药业2016年、2017年财务报表出具了标准无保留的审计意见;2019年4月28日,正中珠江为康美药业2018年财务报表出具了保留意见。经查,正中珠江出具的前述审计报告存在虚假记载。

二、2016年和2017年年报审计期间,正中珠江未对康美药业的业务管理系统实施相应审计程序,未获取充分适当的审计证据

捷科SCM3.0新架构供应链系统(以下简称捷科系统)为康美药业的业务管理信息系统,金蝶EAS系统是康美药业进行账务处理的信息系统。正中珠江相关审计人员明知康美药业捷科系统的存在,未关注捷科系统与金蝶EAS系统是否存在差异,未分析差异形成的原因及造成的影响,未实施必要的审计程序。

三、正中珠江对康美药业2016年财务报表的审计存在缺陷

2016年度,康美药业的货币资金、营业收入均存在舞弊风险,正中珠江在进行审计时,在风险识别与评估阶段部分认定结论错误;在实施风险应对措施时,未严格执行舞弊风险应对措施等审计计划,执行审计程序违反诚信原则,未对函证保持有效控制,未保持应有的职业怀疑,未执行进一步审计程序消除疑虑,导致未获取充分、适当的审计证据,甚至出现审计项目经理配合康美药业财务人员拦截询证函、将伪造的走访记录作为审计证据的行为。最终,正中珠江出具的康美药业2016年财务报表审计报告存在虚假记载。此外,项目经理苏创升严重违反独立性要求,正中珠江对内部员工管理监控不到位,实施的内部质量控制不符合《质量控制准则第5101号——会计师事务所对执行财务报表审计和审阅、其他鉴证和相关服务业务实施的质量控制》第35条、第38条、第47条的规定。

四、正中珠江对康美药业2017年财务报表的审计存在缺陷

2017年度,康美药业的货币资金、营业收入均存在舞弊风险,正中珠江在审计过程中,在风险识别与评估阶段部分认定结论错误;实施风险应对措施时,未严格执行舞弊风险应对措施等审计计划,执行审计程序违反诚信原则,未对银行、往来款函证保持有效控制,未保持应有的职业怀疑,未执行进一步审计程序消除疑虑,导致未获取充分、适当的审计证据,甚至出现项目经理配合康美药业

财务人员拦截询证函、将伪造走访记录作为审计证据的行为。最终，正中珠江出具的康美药业2017年财务报表审计报告存在虚假记载。此外，项目经理苏创升严重违反独立性要求，正中珠江对内部员工管理监控不到位，实施的内部质量控制违反了《质量控制准则第5101号——会计师事务所对执行财务报表审计和审阅、其他鉴证和相关服务业务实施的质量控制》第35条、第38条和第47条的规定。

五、正中珠江对康美药业2018年财务报表的审计存在缺陷

2018年度，康美药业的营业收入存在舞弊风险，中药材贸易属于当期营业收入异常且重要的组成部分，正中珠江对其单独执行实质性审计程序以应对存在的舞弊风险。实际执行过程中，正中珠江在风险识别与评估阶段部分认定结论错误；在实施风险应对措施时，未严格执行审计计划，未保持应有的职业怀疑，未执行进一步审计程序消除疑虑，导致未获取充分、适当的审计证据。虽然正中珠江出具的康美药业2018年财务报表审计报告带有保留意见的事项，但其并未对营业收入事项发表保留意见，不符合《中国注册会计师审计准则第1231号——针对评估的重大错报风险采取的应对措施》第27条的规定。

上述违法事实，有相关审计报告、收费凭证及发票、审计工作底稿、康美药业出具的情况说明、当事人和相关人员询问笔录等证据证明，足以认定。

证监会认为，正中珠江在对康美药业2016年、2017年、2018年财务报表审计过程中，未按照《中国注册会计师审计准则》《中国注册会计师职业道德守则第1号——职业道德基本原则》等相关要求，执行恰当的审计程序，获取充分适当的审计证据，形成真实客观的审计结论，发表正确的审计意见，出具的财务报表审计报告存在虚假，该行为违反了2005年《证券法》第173条有关规定，构成2005年《证券法》第223条所述“证券服务机构未勤勉尽责，所制作、出具的文件有虚假记载、误导性陈述或者重大遗漏”的行为。

杨某蔚、张某璃作为康美药业2016年和2017年审计项目的签字注册会计师，是正中珠江出具2016年和2017年虚假财务报表审计报告直接负责的主管人员；苏创升作为康美药业2016年和2017年年报审计的项目经理，曾连续多年担任康美药业年报审计的项目经理，与康美药业财务人员串通拦截询证函，将伪造的走访记录、虚假的询证函和银行流水等作为审计证据，应当认定为其他直接责任人员。杨某蔚、刘某作为康美药业2018年审计项目的签字注册会

计师,是正中珠江出具2018年虚假财务报表审计报告的直接负责的主管人员。

【处理结果】

根据当事人违法行为的事实、性质、情节与社会危害程度,依据2005年《证券法》第223条,证监会于2021年2月18日作出处罚决定:

1. 对广东正中珠江会计师事务所(特殊普通合伙)责令改正,没收业务收入1425万元,并处以4275万元罚款;

2. 对杨某蔚、张某璃、苏某升给予警告,并分别处以10万元罚款;

3. 对刘某给予警告,并处以3万元罚款。

值得一提的是,在证监会行政处罚基础上,上海证券交易所于2021年5月28日发布纪律处分决定书,对康美药业股份有限公司年审会计师事务所广东正中珠江会计师事务所及时任年审注册会计师杨某蔚、张某璃、刘某、苏某升予以公开谴责。①

三、律师事务所的作用

在证券市场全面推行注册制改革的新情势下,上市公司应特别重视企业合规建设,在这一过程中,离不开专业法律服务机构的帮助。专业律师团队可以帮助企业预测、预防法律风险,权衡多种法律解决方案的优劣利弊,以企业利益最大化为出发点,在相关法律风险产生前后,进行有效地识别、规避和化解,大大降低相关法律风险及纠纷的处理成本,进而实现企业健康良性发展。具体而言,专业的律师事务所及律所可为企业提供以下服务事项。

(一)传统法律服务

1. 日常法律服务

(1)企业常见法律问题的咨询和建议;

(2)企业员工个人涉及法律问题的咨询和建议;

(3)参与起草、修订企业合同管理制度,规范合同的管理与使用,预防合同

① 上海证券交易所纪律处分决定书〔2021〕51号。

纠纷的发生；

（4）参与合同谈判，制定谈判策略与方案，起草和审定经济合同，参与企业的重大经济项目谈判，并提供法律意见；

（5）参与起草、修订企业人事管理制度，起草、审查劳动用工合同，规范员工的招聘、培训、福利等劳动人事管理；

（6）参与起草、修订企业财务管理制度，杜绝财务管理的漏洞；

（7）参与起草、修订企业仓储、物流管理制度，压缩企业运营成本，提高工作效率；

（8）帮助企业制定、修改、梳理内部的规章制度、条例及相关文书，助推企业经营活动符合法律要求、内部管理纳入法制轨道；

（9）对企业管理层进行法律辅导，提高管理人员的法律意识；

（10）对企业员工进行法律培训，提高员工的法律意识，保障企业规章制度得到有效贯彻执行；

（11）对新注册企业工商登记资料、企业章程等法律文件进行起草、审核，提前介入公司各项投资活动，并提供有关的法律服务；

（12）对企业的商标权、专利权、著作权、商业秘密和专有经营权的法律文件进行审核，并协助顾问单位制定保密制度和保密协议，有效保护企业知识产权；

（13）对涉及企业工商管理和税收法规等法律事务提供指导；

（14）对企业重大经营决策提出法律意见，并就重大项目进行法律分析论证；

（15）列席企业董事会，对董事会议议题涉及的法律问题进行分析论证；

（16）对企业的法人治理结构（包括董事会结构、股东会结构、监事会结构）的合法性提供律师建议；

（17）根据企业需要，以法律顾问的名义对外签发律师函；

（18）不定期向企业介绍与企业经营业务相关的最新法律法规。

2. 重大经营活动专项服务

（1）参与企业的合并与分立活动，对其法律可行性和操作性进行论证，参与相关法律文件的起草、审订，参与项目谈判并进行有效跟进监督；

（2）参与企业招标投标活动，参加项目谈判，对招标投标活动出具法律意见书，协助制作项目标书；

(3)参与企业的股份制改造或资产重组,出具法律意见书和起草、审核相关法律文件;

(4)参与企业收购与反收购,配合企业进行法律论证分析,起草审核相关法律文件并处理相关法律事务;

(5)参与投资项目的选择、谈判,设计投资方案,协助寻找投资机会和投资伙伴;

(6)参与融资租赁、资产转让等其他重要经济活动,处理相关法律事务。

3. 非诉讼法律服务

(1)为顾问单位进行有关的企业资信调查,并出具调查报告;

(2)为顾问单位的法律行为和法律事实出具律师见证书;

(3)为顾问单位的企业设立、股权转让、增资减资、招标投标、合并分立、清算注销、资产重组、改制上市等全面提供法律服务;

(4)代理顾问单位办理各类公证事宜;

(5)代理顾问单位办理工商、房管、商标、专利等登记、注册、转让和报批手续;

(6)代理顾问单位办理信贷、抵押贷款、商业贷款、专案融资、融资租赁及其它筹资事宜的法律事务;

(7)查询涉外投资所在国有关法律,境外法律纠纷全案策划与研究等;

(8)办理顾问单位委托的其他非诉讼法律事务。

4. 诉讼法律服务

(1)接受企业委托,代理相关民事、经济纠纷的调解、和解;

(2)接受企业委托,代理相关民事、刑事、经济和行政案件的诉讼;

(3)接受企业委托,代理相关经济、劳动和涉外案件的仲裁。

(二)证券法律服务

证券法律业务,是指律师事务所接受当事人委托,为其证券发行、上市和交易等证券业务活动,提供的制作、出具法律意见书等文件的法律服务。

律师与律师事务所作为法律专业服务机构,在证券发行与交易中主要提供以下几项服务内容:第一,作为发行人律师,为证券的发行、上市和交易出具法律意见书和律师工作报告;第二,作为承销商律师,为证券承销出具验证笔录及其他法律服务；第三，肩负合规性审查，制作与修改企业发行上市事前事中事后的有关法律文件，对发行人进行法律辅导，协助发行人应对其他市场参与主体关于法律方面的其他事宜；第四，根据规定，作为专业机构，依法向证监会等监管机构出具律师承诺函。

此外，律师事务所在上市公司重大资产重组中也发挥着巨大作用。律师事务所主要对重大重组涉及的法律问题发表意见，即对交易主体、步骤、程序等是否符合相关法律法规进行严格审查，并通过详尽的书面资料发表结论性的法律意见，以杜绝重大重组中的非法操作。综观重组交易的全部过程，出自律师的法律意见书在下列情形中为必需：上市公司董事会对重大资产重组方案形成决议之前，需要聘请律师对重大重组方案发表法律意见；上市公司股东大会批准重大资产重组交易方案后，上市公司应及时实施交易，并需要聘请律师对实施结果发表法律意见；收购方出于挽救财务困难的上市公司需实施收购并拟对其进行重组，其间涉及申请要约豁免时，应聘请律师就其申请的具体豁免事项出具法律意见；上市公司国有股权转让的同时伴随有重大资产重组交易的，需要聘请律师就国有股持股单位的产权变动出具法律意见书。

《律师事务所从事证券法律业务管理办法》第 3 条规定：律师事务所及其指派的律师从事证券法律业务，应当遵守法律、行政法规及相关规定，遵循诚实、守信、独立、勤勉、尽责的原则，恪守律师职业道德和执业纪律，严格履行法定职责，保证其所出具文件的真实性、准确性、完整性。

《律师事务所从事证券法律业务管理办法》第 6 条规定：律师事务所从事证券法律业务，可以为下列事项出具法律意见：(一)首次公开发行股票及上市；(二)上市公司发行证券及上市；(三)上市公司的收购、重大资产重组及股份回购；(四)上市公司实行股权激励计划；(五)上市公司召开股东大会；(六)境内企业直接或者间接到境外发行证券、将其证券在境外上市交易；(七)证券公司、证券投资基金管理公司及其分支机构的设立、变更、解散、终止；(八)证券投资基金的募集、证券公司集合资产管理计划的设立；(九)证券衍生品种的发行及上市；(十)中国证监会规定的其他事项。

附录 1
关于依法从严打击证券违法活动的意见[①]

打击证券违法活动是维护资本市场秩序、有效发挥资本市场枢纽功能的重要保障。党的十八大以来,各有关方面认真贯彻党中央、国务院决策部署,扎实推进资本市场执法司法体系建设,依法打击资本市场违法活动,维护投资者合法权益,取得积极成效。同时,在经济金融环境深刻变化、资本市场改革开放不断深化背景下,资本市场违法行为仍较为突出,案件查处难度加大,相关执法司法等工作面临新形势新挑战。为进一步推动资本市场高质量发展,现就依法从严打击证券违法活动提出如下意见。

一、总体要求

(一)指导思想。以习近平新时代中国特色社会主义思想为指导,全面贯彻党的十九大和十九届二中、三中、四中、五中全会精神,坚持市场化、法治化方向,坚持建制度、不干预、零容忍,加强资本市场基础制度建设,健全依法从严打击证券违法活动体制机制,提高执法司法效能,有效防范化解重大风险,为加快建设规范、透明、开放、有活力、有韧性的资本市场提供有力支撑。

(二)工作原则

——坚持零容忍要求。依法严厉查处证券违法犯罪案件,加大对大案要案的查处力度,加强诚信约束惩戒,强化震慑效应。

——坚持法治原则。遵循公开、公平、公正原则,坚持严格执法、公正司法,统一标准、规范程序,提高专业化水平,提升透明度,不断增强公信力。

---

① 载中国政府网,http://www.gov.cn/zhengce/2021-07/06/content_5622763.htm。

——坚持统筹协调。加强证券期货监督管理机构与公安、司法、市场监管等部门及有关地方的工作协同,形成高效打击证券违法活动的合力。

——坚持底线思维。将依法从严打击证券违法活动与有效防范化解风险、维护国家安全和社会稳定相结合,加强重点领域风险排查,强化源头风险防控,严防风险叠加共振、放大升级。

(三)主要目标。到2022年,资本市场违法犯罪法律责任制度体系建设取得重要进展,依法从严打击证券违法活动的执法司法体制和协调配合机制初步建立,证券违法犯罪成本显著提高,重大违法犯罪案件多发频发态势得到有效遏制,投资者权利救济渠道更加通畅,资本市场秩序明显改善。到2025年,资本市场法律体系更加科学完备,中国特色证券执法司法体制更加健全,证券执法司法透明度、规范性和公信力显著提升,行政执法与刑事司法衔接高效顺畅,崇法守信、规范透明、开放包容的良好资本市场生态全面形成。

二、完善资本市场违法犯罪法律责任制度体系

(四)完善证券立法机制。充分运用法律修正、法律解释、授权决定等形式,提高证券领域立法效率,增强法律供给及时性。

(五)加大刑事惩戒力度。贯彻实施刑法修正案(十一),同步修改有关刑事案件立案追诉标准,完善相关刑事司法解释和司法政策。

(六)完善行政法律制度。贯彻实施新修订的证券法,加快制定修订上市公司监督管理条例、证券公司监督管理条例、新三板市场监督管理条例、证券期货行政执法当事人承诺实施办法等配套法规制度,大幅提高违法违规成本。加快制定期货法,补齐期货市场监管执法制度短板。

(七)健全民事赔偿制度。抓紧推进证券纠纷代表人诉讼制度实施。修改因虚假陈述引发民事赔偿有关司法解释,取消民事赔偿诉讼前置程序。开展证券行业仲裁制度试点。

(八)强化市场约束机制。推进退市制度改革,强化退市监管,严格执行强制退市制度,研究完善已退市公司的监管和风险处置制度,健全上市公司优胜劣汰的良性循环机制。加强证券投资基金发行和运作监管,对严重违法违规的基金管理人依法实施市场退出,做好风险处置工作,保护基金持有人合法利益。完善交易场所、行业协会等对证券违法违规行为的自律监管制度。

三、建立健全依法从严打击证券违法活动的执法司法体制机制

（九）建立打击资本市场违法活动协调工作机制。成立打击资本市场违法活动协调工作小组，加大对重大案件的协调力度，完善信息共享机制，推进重要规则制定，协调解决重大问题。

（十）完善证券案件侦查体制机制。进一步发挥公安部证券犯罪侦查局派驻中国证监会的体制优势，完善线索研判、数据共享、情报导侦、协同办案等方面的行政刑事执法协作机制。进一步优化公安部证券犯罪侦查编制资源配置，加强一线侦查力量建设。

（十一）完善证券案件检察体制机制。根据案件数量、人员配备等情况，研究在检察机关内部组建金融犯罪办案团队。探索在中国证监会建立派驻检察的工作机制，通过参与案件线索会商研判、开展犯罪预防等，加强最高人民检察院与中国证监会、公安部的协同配合。加强证券领域检察队伍专业化建设。涉嫌重大犯罪案件移送公安机关时，同步抄送检察机关。

（十二）完善证券案件审判体制机制。充分利用现有审判资源，加强北京、深圳等证券交易场所所在地金融审判工作力量建设，探索统筹证券期货领域刑事、行政、民事案件的管辖和审理。深化金融审判专业化改革，加强金融审判队伍专业化建设。落实由中级法院和同级检察院办理证券犯罪第一审案件的级别管辖。加大行政处罚、司法判决的执行力度。建立专家咨询制度和专业人士担任人民陪审员的专门机制。

（十三）加强办案、审判基地建设。在证券交易场所、期货交易所所在地等部分地市的公安机关、检察机关、审判机关设立证券犯罪办案、审判基地。加强对证券犯罪办案基地的案件投放，并由对应的检察院、法院分别负责提起公诉、审判，通过犯罪地管辖或者指定管辖等方式，依法对证券犯罪案件适当集中管辖。

（十四）强化地方属地责任。加强中国证监会与地方政府及有关部门之间的信息互通和执法合作，研究建立资本市场重大违法案件内部通报制度，有效防范和约束办案中可能遇到的地方保护等阻力和干扰，推动高效查办案件。在坚持金融管理主要是中央事权前提下，强化属地风险处置责任。地方政府要规范各类区域性交易场所，依法打击各种非法证券期货活动，做好区域内金融风险防范处置工作，维护社会稳定。

四、强化重大证券违法犯罪案件惩治和重点领域执法

（十五）依法严厉查处大案要案。坚持分类监管、精准打击，全面提升证券违法大案要案查处质量和效率。依法从严从快从重查处欺诈发行、虚假陈述、操纵市场、内幕交易、利用未公开信息交易以及编造、传播虚假信息等重大违法案件。对资金占用、违规担保等严重侵害上市公司利益的行为，要依法严肃清查追偿，限期整改。加大对证券发行人控股股东、实际控制人、董事、监事、高级管理人员等有关责任人证券违法行为的追责力度。加强对中介机构的监管，存在证券违法行为的，依法严肃追究机构及其从业人员责任，对参与、协助财务造假等违法行为依法从重处罚。加快推进相关案件调查、处罚、移送等工作。依法严格控制缓刑适用。

（十六）依法严厉打击非法证券活动。加强市场监管、公安等部门与中国证监会的协同配合，完善跨部门协作机制，坚决取缔非法证券经营机构，坚决清理非法证券业务，坚决打击非法证券投资咨询等活动。加强场外配资监测，依法坚决打击规模化、体系化场外配资活动。严格核查证券投资资金来源合法性，严控杠杆率。加强涉地方交易场所案件的行政处置与司法审判工作衔接，有效防范区域性金融风险。

（十七）加强债券市场统一执法。强化对债券市场各类违法行为的统一执法，重点打击欺诈发行债券、信息披露造假、中介机构未勤勉尽责等违法行为。不断优化债券市场监管协作机制。

（十八）强化私募违法行为的法律责任。加大对私募领域非法集资、私募基金管理人及其从业人员侵占或挪用基金财产等行为的刑事打击力度。加快制定私募投资基金管理暂行条例，对创业投资企业和创业投资管理企业实行差异化监管和行业自律。

五、进一步加强跨境监管执法司法协作

（十九）加强跨境监管合作。完善数据安全、跨境数据流动、涉密信息管理等相关法律法规。抓紧修订关于加强在境外发行证券与上市相关保密和档案管理工作的规定，压实境外上市公司信息安全主体责任。加强跨境信息提供机制与流程的规范管理。坚持依法和对等原则，进一步深化跨境审计监管合作。探索加强国际证券执法协作的有效路径和方式，积极参与国际金融治理，推动建立打击跨境证券违法犯罪行为的执法联盟。

(二十)加强中概股监管。切实采取措施做好中概股公司风险及突发情况应对,推进相关监管制度体系建设。修改国务院关于股份有限公司境外募集股份及上市的特别规定,明确境内行业主管和监管部门职责,加强跨部门监管协同。

(二十一)建立健全资本市场法律域外适用制度。抓紧制定证券法有关域外适用条款的司法解释和配套规则,细化法律域外适用具体条件,明确执法程序、证据效力等事项。加强资本市场涉外审判工作,推动境外国家、地区与我国对司法判决的相互承认与执行。

六、着力提升证券执法司法能力和专业化水平

(二十二)增强证券执法能力。加强证券执法力量,优化证券稽查执法机构设置,推动完善符合资本市场发展需要的中国特色证券执法体制机制。充分发挥证券期货行政执法当事人承诺制度功能。完善证券违法线索举报奖励制度,加强违法线索举报受理平台建设。

(二十三)丰富证券执法手段。有效运用大数据、人工智能、区块链等技术,建立证券期货市场监测预警体系,构建以科技为支撑的现代化监管执法新模式,提高监管执法效能,加强对严重违法隐患的排查预警,做到有效预防、及时发现、精准打击。

(二十四)严格执法公正司法。牢固树立权责意识、证据意识、程序意识,切实提升执法司法专业性、规范性、权威性和公信力。加强统一执法,制定行政处罚裁量基准,规范执法行为。发挥复议监督、诉讼监督和检察监督作用,强化对监管执法机构的规范与监督,坚决纠正执法司法工作中的不规范现象,为资本市场发展营造公平公正的法治环境。

七、加强资本市场信用体系建设

(二十五)夯实资本市场诚信建设制度基础。在相关法律法规中增设诚信建设专门条款,建立资本市场诚信记录主体职责制度,明确市场参与主体诚信条件、义务和责任,依法合规开展资本市场失信惩戒和守信激励。

(二十六)建立健全信用承诺制度。建立资本市场行政许可信用承诺制度,明确适用主体范围和许可事项。将信用承诺事项及其履行情况纳入信用记录,作为事中事后监管的重要依据。对严重违反承诺的当事人,依法撤销有关行政许可。

(二十七)强化资本市场诚信监管。建立健全全国统一的资本市场诚信档案,全面记录资本市场参与主体诚信信息。健全诚信信息共享机制,加大信息归集、查询、公示力度。将相关信息纳入全国信用信息共享平台和“信用中国”网站,形成各方共建共治共享的资本市场诚信建设格局。

八、加强组织保障和监督问责

(二十八)加强组织领导。各地区各部门要高度重视资本市场执法司法工作,切实把思想和行动统一到党中央、国务院决策部署上来,明确职责分工,加强工作协同,落实工作责任,确保各项任务落到实处。

(二十九)加强舆论引导。做好立体化打击证券违法活动的新闻舆论工作,多渠道多平台强化对重点案件的执法宣传,充分发挥典型案件查处的警示教育作用,向市场传递零容忍明确信号,推动形成崇法守信的良好资本市场生态。

(三十)加强监督问责。坚持全面从严治党,坚决落实深化金融领域反腐败工作要求。执法司法机关与纪检监察机关协同推进风险处置和金融领域反腐败工作,坚决查处金融风险背后的各种腐败问题,同时注重防范腐败案件可能诱发的资本市场风险。优先查处可能影响资本市场重大改革进程、可能引发系统性风险的案件,以及监管工作人员与市场人员内外勾连等案件。依法严格规范证券监督管理机构工作人员到与原工作业务直接相关的企业或者其他营利性组织任职等行为。对不严格执行法律法规、发现线索不报、有案不立、查处不力以及影响干扰案件正常查办的,依规依纪依法严肃追究责任。

附录2
国务院关于进一步提高上市公司质量的意见①

国发〔2020〕14 号

各省、自治区、直辖市人民政府,国务院各部委、各直属机构:

资本市场在金融运行中具有牵一发而动全身的作用,上市公司是资本市场的基石。提高上市公司质量是推动资本市场健康发展的内在要求,是新时代加快完善社会主义市场经济体制的重要内容。《国务院批转证监会关于提高上市公司质量意见的通知》(国发〔2005〕34 号)印发以来,我国上市公司数量显著增长、质量持续提升,在促进国民经济发展中的作用日益凸显。但也要看到,上市公司经营和治理不规范、发展质量不高等问题仍较突出,与建设现代化经济体系、推动经济高质量发展的要求还存在差距。同时,面对新冠肺炎疫情影响,上市公司生产经营和高质量发展面临新的考验。为进一步提高上市公司质量,现提出如下意见。

一、总体要求

以习近平新时代中国特色社会主义思想为指导,全面贯彻党的十九大和十九届二中、三中、四中全会精神,认真落实党中央、国务院决策部署,贯彻新发展理念,坚持市场化、法治化方向,按照深化金融供给侧结构性改革要求,加强资本市场基础制度建设,大力提高上市公司质量。坚持存量与增量并重、治标与治本结合,发挥各方合力,强化持续监管,优化上市公司结构和发展环境,使上市公司运作规范性明显提升,信息披露质量不断改善,突出问题得到有效解决,

① 载中国政府网,http://www.gov.cn/zhengce/content/2020-10/09/content_5549924.htm。

可持续发展能力和整体质量显著提高,为建设规范、透明、开放、有活力、有韧性的资本市场,促进经济高质量发展提供有力支撑。

二、提高上市公司治理水平

(一)规范公司治理和内部控制。完善公司治理制度规则,明确控股股东、实际控制人、董事、监事和高级管理人员的职责界限和法律责任。控股股东、实际控制人要履行诚信义务,维护上市公司独立性,切实保障上市公司和投资者的合法权益。股东大会、董事会、监事会、经理层要依法合规运作,董事、监事和高级管理人员要忠实勤勉履职,充分发挥独立董事、监事会作用。建立董事会与投资者的良好沟通机制,健全机构投资者参与公司治理的渠道和方式。科学界定国有控股上市公司治理相关方的权责,健全具有中国特色的国有控股上市公司治理机制。严格执行上市公司内控制度,加快推行内控规范体系,提升内控有效性。强化上市公司治理底线要求,倡导最佳实践,加强治理状况信息披露,促进提升决策管理的科学性。开展公司治理专项行动,通过公司自查、现场检查、督促整改,切实提高公司治理水平。(证监会、国务院国资委、财政部、银保监会等单位负责)

(二)提升信息披露质量。以提升透明度为目标,优化规则体系,督促上市公司、股东及相关信息披露义务人真实、准确、完整、及时、公平披露信息。以投资者需求为导向,完善分行业信息披露标准,优化披露内容,增强信息披露针对性和有效性。严格执行企业会计准则,优化信息披露编报规则,提升财务信息质量。上市公司及其他信息披露义务人要充分披露投资者作出价值判断和投资决策所必需的信息,并做到简明清晰、通俗易懂。相关部门和机构要按照资本市场规则,支持、配合上市公司依法依规履行信息披露义务。(证监会、国务院国资委、工业和信息化部、财政部等单位负责)

三、推动上市公司做优做强

(三)支持优质企业上市。全面推行、分步实施证券发行注册制。优化发行上市标准,增强包容性。加强对拟上市企业的培育和辅导,提升拟上市企业规范化水平。鼓励和支持混合所有制改革试点企业上市。发挥股权投资机构在促进公司优化治理、创新创业、产业升级等方面的积极作用。大力发展创业投资,培育科技型、创新型企业,支持制造业单项冠军、专精特新"小巨人"等企业发展壮大。发挥全国中小企业股份转让系统、区域性股权市场和产权交易市场

在培育企业上市中的积极作用。(证监会、国务院国资委、国家发展改革委、财政部、工业和信息化部等单位与各省级人民政府负责)

(四)促进市场化并购重组。充分发挥资本市场的并购重组主渠道作用,鼓励上市公司盘活存量、提质增效、转型发展。完善上市公司资产重组、收购和分拆上市等制度,丰富支付及融资工具,激发市场活力。发挥证券市场价格、估值、资产评估结果在国有资产交易定价中的作用,支持国有企业依托资本市场开展混合所有制改革。支持境内上市公司发行股份购买境外优质资产,允许更多符合条件的外国投资者对境内上市公司进行战略投资,提升上市公司国际竞争力。研究拓宽社会资本等多方参与上市公司并购重组的渠道。(证监会、工业和信息化部、国务院国资委、国家发展改革委、财政部、人民银行、商务部、市场监管总局、国家外汇局等单位与各省级人民政府负责)

(五)完善上市公司融资制度。加强资本市场融资端和投资端的协调平衡,引导上市公司兼顾发展需要和市场状况优化融资安排。完善上市公司再融资发行条件,研究推出更加便捷的融资方式。支持上市公司通过发行债券等方式开展长期限债务融资。稳步发展优先股、股债结合产品。大力发展权益类基金。丰富风险管理工具。探索建立对机构投资者的长周期考核机制,吸引更多中长期资金入市。(证监会、财政部、人民银行、国家发展改革委、银保监会等单位负责)

(六)健全激励约束机制。完善上市公司股权激励和员工持股制度,在对象、方式、定价等方面作出更加灵活的安排。优化政策环境,支持各类上市公司建立健全长效激励机制,强化劳动者和所有者利益共享,更好吸引和留住人才,充分调动上市公司员工积极性。(证监会、国务院国资委、财政部等单位负责)

四、健全上市公司退出机制

(七)严格退市监管。完善退市标准,简化退市程序,加大退市监管力度。严厉打击通过财务造假、利益输送、操纵市场等方式恶意规避退市行为,将缺乏持续经营能力、严重违法违规扰乱市场秩序的公司及时清出市场。加大对违法违规主体的责任追究力度。支持投资者依法维权,保护投资者合法权益。(证监会、最高人民法院、公安部、国务院国资委等单位与各省级人民政府负责)

(八)拓宽多元化退出渠道。完善并购重组和破产重整等制度,优化流程、提高效率,畅通主动退市、并购重组、破产重整等上市公司多元化退出渠道。有关地区和部门要综合施策,支持上市公司通过并购重组、破产重整等方式出清风险。(证监会、最高人民法院、司法部、国务院国资委等单位与各省级人民政府负责)

五、解决上市公司突出问题

(九)积极稳妥化解上市公司股票质押风险。坚持控制增量、化解存量,建立多部门共同参与的上市公司股票质押风险处置机制,强化场内外一致性监管,加强质押信息共享。强化对金融机构、上市公司大股东及实际控制人的风险约束机制。严格执行分层次、差异化的股票质押信息披露制度。严格控制限售股质押。支持银行、证券、保险、私募股权基金等机构参与上市公司股票质押风险化解。(证监会、最高人民法院、人民银行、银保监会、国务院国资委等单位与各省级人民政府负责)

(十)严肃处置资金占用、违规担保问题。控股股东、实际控制人及相关方不得以任何方式侵占上市公司利益。坚持依法监管、分类处置,对已形成的资金占用、违规担保问题,要限期予以清偿或化解;对限期未整改或新发生的资金占用、违规担保问题,要严厉查处,构成犯罪的依法追究刑事责任。依法依规认定上市公司对违规担保合同不承担担保责任。上市公司实施破产重整的,应当提出解决资金占用、违规担保问题的切实可行方案。(证监会、最高人民法院、公安部等单位与各省级人民政府负责)

(十一)强化应对重大突发事件政策支持。发生自然灾害、公共卫生等重大突发事件,对上市公司正常生产经营造成严重影响的,证券监管部门要在依法合规前提下,作出灵活安排;有关部门要依托宏观政策、金融稳定等协调机制,加强协作联动,落实好产业、金融、财税等方面政策;各级政府要及时采取措施,维护劳务用工、生产资料、公用事业品供应和物流运输渠道,支持上市公司尽快恢复正常生产经营。(国家发展改革委、财政部、工业和信息化部、商务部、税务总局、人民银行、银保监会、证监会等单位与各省级人民政府负责)

六、提高上市公司及相关主体违法违规成本

(十二)加大执法力度。严格落实证券法等法律规定,加大对欺诈发行、信息披露违法、操纵市场、内幕交易等违法违规行为的处罚力度。加强行政机关与司法机关协作,实现涉刑案件快速移送、快速查办,严厉查处违法犯罪行为。

完善违法违规行为认定规则，办理上市公司违法违规案件时注意区分上市公司责任、股东责任与董事、监事、高级管理人员等个人责任；对涉案证券公司、证券服务机构等中介机构及从业人员一并查处，情节严重、性质恶劣的，依法采取暂停、撤销、吊销业务或从业资格等措施。（证监会、公安部、最高人民法院、财政部、司法部等单位与各省级人民政府负责）

（十三）推动增加法制供给。推动修订相关法律法规，加重财务造假、资金占用等违法违规行为的行政、刑事法律责任，完善证券民事诉讼和赔偿制度，大幅提高相关责任主体违法违规成本。支持投资者保护机构依法作为代表人参加诉讼。推广证券期货纠纷示范判决机制。（证监会、最高人民法院、司法部、公安部、财政部等单位负责）

七、形成提高上市公司质量的工作合力

（十四）持续提升监管效能。坚持服务实体经济和保护投资者合法权益方向，把提高上市公司质量作为上市公司监管的重要目标。加强全程审慎监管，推进科学监管、分类监管、专业监管、持续监管，提高上市公司监管有效性。充分发挥证券交易所一线监督及自律管理职责、上市公司协会自律管理作用。（证监会负责）

（十五）强化上市公司主体责任。上市公司要诚实守信、规范运作，专注主业、稳健经营，不断提高经营水平和发展质量。上市公司控股股东、实际控制人、董事、监事和高级管理人员要各尽其责，公平对待所有股东。对损害上市公司利益的行为，上市公司要依法维权。鼓励上市公司通过现金分红、股份回购等方式回报投资者，切实履行社会责任。（证监会、国务院国资委、财政部、全国工商联等单位负责）

（十六）督促中介机构归位尽责。健全中介机构执业规则体系，明确上市公司与各类中介机构的职责边界，压实中介机构责任。相关中介机构要严格履行核查验证、专业把关等法定职责，为上市公司提供高质量服务。相关部门和机构要配合中介机构依法依规履职，及时、准确、完整地提供相关信息。（证监会、财政部、司法部、银保监会等单位与各省级人民政府负责）

（十七）凝聚各方合力。完善上市公司综合监管体系，推进上市公司监管大数据平台建设，建立健全财政、税务、海关、金融、市场监管、行业监管、地方政府、司法机关等单位的信息共享机制。增加制度供给，优化政策环境，加强监管执法协作,协同处置上市公司风险。充分发挥新闻媒体的舆论引导和监督作用,共同营造支持上市公司高质量发展的良好环境。(各相关单位与各省级人民政府负责)

国务院

2020 年 10 月 5 日

附录 3
本书涉及的重要法律、法规等规范性文件

一、法律类

1.《中华人民共和国证券法》,2019 年 12 月 28 日修订、2020 年 3 月 1 日起施行。

2.《中华人民共和国民法典》,2020 年 5 月 28 日通过、2021 年 1 月 1 日起施行。

3.《中华人民共和国刑法修正案(十一)》于 2020 年 12 月 26 日通过、2021 年 3 月 1 日起施行。

4.《中华人民共和国行政处罚法》,2021 年 1 月 22 日修订、2021 年 7 月 15 日起施行。

5.《中华人民共和国公司法》,2018 年 10 月 26 日修订施行。

6.《中华人民共和国证券投资基金法》,2015 年 4 月 24 日修订施行。

7.《中华人民共和国企业破产法》,2007 年 6 月 1 日起施行。

8.《中华人民共和国民事诉讼法》,2021 年 12 月 24 日修订、2022 年 1 月 1 日起施行。

二、司法解释及会议纪要

1. 最高人民法院、最高人民检察院《关于办理内幕交易、泄露内幕信息刑事案件具体应用法律若干问题的解释》,2012 年 6 月 1 日发布施行。

2. 最高人民法院《关于审理证券市场因虚假陈述侵权民事赔偿案件的若干规定》,2022 年 1 月 22 日起施行。

3. 最高人民法院、最高人民检察院《关于办理操纵证券、期货市场刑事案件

适用法律若干问题的解释》,2019 年 6 月 27 日通过、2019 年 7 月 1 日起施行。

4. 最高人民法院《全国法院审理债券纠纷案件座谈会议纪要》,2020 年 7 月 15 日发布施行。

5. 最高人民法院《关于审理证券行政处罚案件证据若干问题的座谈会纪要》,2011 年 7 月 13 日发布施行。

6. 最高人民法院《全国法院民商事审判工作会议纪要》,2019 年 11 月 8 日发布施行。

7. 最高人民法院《关于证券纠纷代表人诉讼若干问题的规定》,2020 年 7 月 30 日发布施行。

8. 最高人民法院《关于适用〈中华人民共和国民法典〉有关担保制度的解释》,2021 年 1 月 1 日起施行。

9. 最高人民法院《关于修改关于适用〈中华人民共和国公司法〉若干问题的规定的决定》,2014 年 2 月 20 日发布施行,2020 年 12 月 23 日修订。

10. 最高人民法院《关于在审理经济纠纷案件中涉及经济犯罪嫌疑若干问题的规定》,2020 年 12 月 29 日公布,2021 年 1 月 1 日起施行。

11. 最高人民检察院、公安部《关于公安机关管辖的刑事案件立案追诉标准的规定(二)》,2022 年 4 月 29 日,2022 年 5 月 15 日起施行。

12. 最高人民检察院、公安部《关于公安机关办理经济犯罪案件的若干规定》,2018 年 1 月 1 日起施行。

三、证监会相关规定

1. 中国证券监督管理委员会《首次公开发行股票并上市管理办法》,2022 年 4 月 8 日修订实施。

2. 中国证券监督管理委员会《证券期货行政执法当事人承诺制度实施规定》,2022 年 1 月 1 日发布实施。

3. 中国证券监督管理委员会《证券市场禁入规定》,2021 年 7 月 19 日起施行。

4. 中国证券监督管理委员会《证券期货违法行为行政处罚办法》,2021 年 7 月 14 日起施行。

5. 中国证券监督管理委员会《非上市公众公司信息披露管理办法》,2021 年 6 月 11 日修订施行。

6. 中国证券监督管理委员会《上市公司信息披露管理办法》,2021 年 5 月 1 日起施行。

7. 中国证券监督管理委员会《证券公司股权管理规定》,2021 年 4 月 18 日起施行。

8. 中国证券监督管理委员会《公司债券发行与交易管理办法》,2021 年 2 月 26 日修订施行。

9. 中国证券监督管理委员会《首次公开发行股票并上市管理办法》,2020 年 7 月 10 日修订施行。

10. 中国证券监督管理委员会《证券发行上市保荐业务管理办法》,2020 年 6 月 12 日修订施行。

11. 中国证券监督管理委员会《上市公司证券发行管理办法》,2020 年 2 月 14 日修订施行。

12. 中国证券监督管理委员会《上市公司非公开发行股票实施细则》,2020 年 2 月 14 日修订施行。

13. 中国证券监督管理委员会《上市公司重大资产重组管理办法》,2020 年 3 月 20 日修订施行。

14. 中国证券监督管理委员会《上市公司治理准则》,2018 年 9 月 30 日修订施行。

15. 中国证券监督管理委员会《关于改革完善并严格实施上市公司退市制度的若干意见》,2018 年 7 月 27 日修订施行。

16. 中国证券监督管理委员会《证券交易所管理办法》,2018 年 1 月 1 日起施行。

17. 中国证券监督管理委员会《上市公司股东、董监高减持股份的若干规定》,2017 年 5 月 27 日发布施行。

18. 中国证券监督管理委员会《信息披露违法行为行政责任认定规则》,2011 年 4 月 19 日发布施行。

19. 中国证券监督管理委员会《证券公司股票质押贷款管理办法》,2007 年 12 月 18 日修订施行。

20. 中国证券监督管理委员会《律师事务所从事证券法律业务管理办法》,2007 年 5 月 1 日起施行。

21.《上市公司监管指引第8号——上市公司资金往来、对外担保的监管要求》,2022年1月5日施行。

22.《上市公司监管指引第6号——上市公司董事长谈话制度实施办法》,2022年1月5日施行。

23.《上市公司监管指引第4号——上市公司及其相关方承诺》,2022年1月5日施行。

24.《上市公司监管指引第5号——上市公司内幕信息知情人登记管理制度》,2022年1月5日施行。

25.《上市公司监管指引第7号——上市公司重大资产重组相关股票异常交易监管》,2022年1月5日施行。

26.《上市公司监管指引第2号——上市公司募集资金管理和使用的监管要求(2022年修订)》,2022年1月5日施行。

27.《上市公司监管指引第3号——上市公司现金分红(2022年修订)的公告》,2022年1月5日施行。

四、证券交易所相关规定

1.《上海证券交易所股票上市规则》,2022年1月7日修订施行。

2.《深圳证券交易所股票上市规则》,2022年1月7日修订施行。

3.《深圳交易所交易规则》,2021年3月31日修订施行。

4.《北京证券交易所股票上市规则(试行)》,2021年10月30日发布,2021年11月15日起施行。

5.《深圳证券交易所创业板股票上市规则》,2020年12月31日修订施行。

6.《上海证券交易所科创板股票上市规则》,2020年12月31日修订施行。

7.《上海证券交易所纪律处分和监管措施实施办法》,2019年10月11日修订施行。

8.《深圳证券交易所自律监管措施和纪律处分实施办法》,2020年12月31日修订施行。

9.《上海证券交易所上市公司自律监管指引第1号——规范运作》,2022年1月7日施行。

10.《上海证券交易所上市公司自律监管指引第2号——信息披露事务管理》,2022年1月7日施行。

11.《上海证券交易所上市公司自律监管指引第 3 号——行业信息披露》,2022 年 1 月 7 日施行。

12.《上海证券交易所上市公司自律监管指引第 5 号——交易与关联交易》,2022 年 1 月 7 日施行。

13.《上海证券交易所上市公司自律监管指引第 6 号——重大资产重组》,2022 年 1 月 7 日施行。

14.《上海证券交易所科创板上市公司自律监管指南》,2022 年 1 月 7 日施行。

15.《深圳证券交易所上市公司自律监管指引第 1 号——主板上市公司规范运作》,2022 年 1 月 7 日施行。

16.《深圳证券交易所上市公司自律监管指引第 2 号——创业板上市公司规范运作》,2022 年 1 月 7 日施行。

17.《深圳证券交易所上市公司自律监管指引第 3 号——行业信息披露》,2022 年 1 月 7 日施行。

18.《深圳证券交易所上市公司自律监管指引第 4 号——创业板行业信息披露》,2022 年 1 月 7 日施行。

19.《深圳证券交易所上市公司自律监管指引第 5 号——信息披露事务管理》,2022 年 1 月 7 日施行。

20.《深圳证券交易所上市公司自律监管指引第 7 号——交易与关联交易》,2022 年 1 月 7 日施行。

21.《深圳证券交易所上市公司自律监管指引第 8 号——重大资产重组》,2022 年 1 月 7 日施行。

22.《深圳证券交易所上市公司自律监管指引第 12 号——纪律处分实施标准》,2022 年 1 月 7 日施行。

扫描二维码,可查看上述规定